RESEARCH
ON
HOT ISSUES
OF
CONSTRUCTION ENGINEERING LEGAL PRACTICE

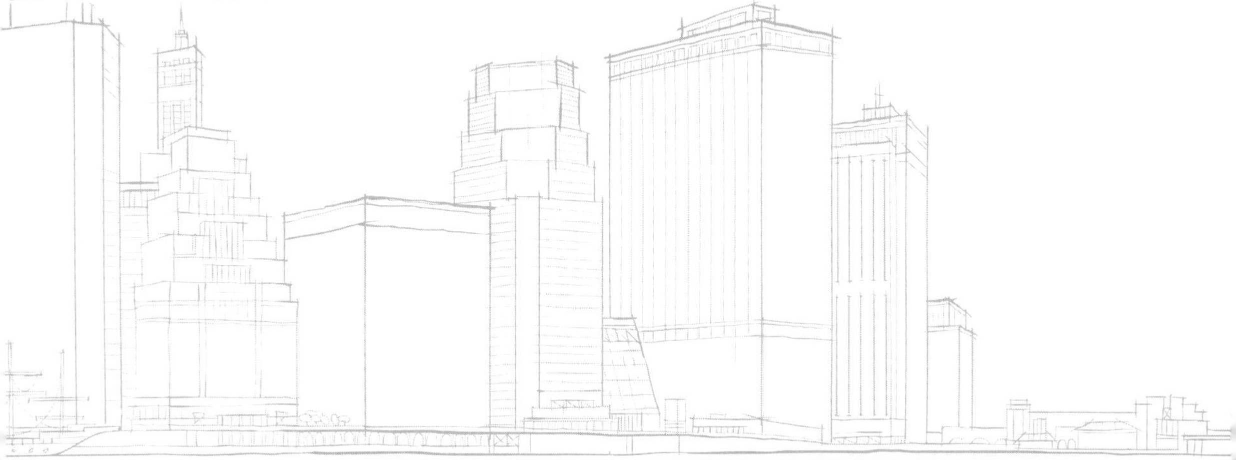

建设工程法律实务
热点问题研究

彭　钊◎著

法律出版社 LAW PRESS · CHINA

序

“专业、勤奋、诚信”和“来日方长、厚积薄发”是我倡导的法舟律师事务所的价值观和执业原则，一直以来，已作为我经常对法舟年轻律师及有接触的青年律师之诫导。我想让本所年轻律师们耳熟能详、铭记在心。本书作者彭钊作为法舟律师事务所年轻律师的模范，其经由自身的职业规划和行为选择而成为这个价值观的积极践行者和诠释者；本书的出版也充分显示了这个价值观的正确性以及对年轻律师们的可适用性。

彭钊自中国政法大学研究生毕业后即立志在建设工程法律领域有一番作为。在他步入社会伊始，并没有选择法官、律师甚或法务等与法律直接相关的职业，而是首先到位于宁波的国有装配式钢结构制作和施工的浙江省二建钢结构有限公司从事施工企业管理之职。该段职业经历使纯粹具有法科背景的他得以从工程实务的视角观察和实践法律知识，并积累了深厚的包括工程招投标、工程造价、工程质量和工期等不完全等同于法律知识的工程专业知识和一线经验。也正是这段职业经历的积累，使其在本书的创作中，能够摆脱一般工程法律著作的结构和框架，并在充分融合工程和法律知识的基础上深入探讨和分析诸如工程价款、工期、工程质量和工程招投标等工程法律司法实践中最为重要的争议焦点问题。

然而，即使同时兼具法律知识和工程知识的人士，如若欠缺将二者进行有机结合的更高一层的实践和思维训练，恐也难形成此书所示之成就。彭钊在其后主持浙江省二建建设集团有限公司法务工作的经历恰恰弥补了这一欠缺。该段职业经历使他得以回归法律专业，从法律的视角审视和服务于工程实践，并积累了深厚的工程法律方面的专业知识，接触了大量的工程方面的规范，培养了必不可少的规范性思维。

如若全貌窥视建设工程法律实务中的相关问题,甲方(业主方)思维和甲方视角对于立志从事工程法律实务的法律人亦同等重要。为此,彭钊又耗费了三年的时间和精力在某于香港上市的商业地产企业从事法务管理工作,并有意识地通过大量代理诉讼案件而克服了诉讼经验不足的问题。该段职业经历使他得以甲方的视角审视建设工程法律实务,并深谙建设工程领域中的各类工程和法律问题,为当下专职从事施工合同纠纷案件的代理和研究工作奠定了扎实和全面的基础。

因缘与彭钊认识后,一则他是我原求学的中国政法大学师弟,二则在交流中感知其深谙建筑施工领域法律专业知识和实践(我本人以前也担任过诸多房地产企业和施工企业的法律顾问等),我于2018年年底即邀请他加盟法舟律师事务所并配合我及其他律师处理建筑施工专业法律事务。入职后,每有当事人与其洽谈施工纠纷案件时,他总能通过简短的交流于第一时间抓住问题的核心,赢得了当事人的信赖和欣赏。这不仅得益于其丰富的工作经历,也是其一直笔耕不辍地就此前和当下工作经历中遇到的工程法律问题进行深入思考、研究和梳理的结果。

众所周知,大部分的施工纠纷案件法律关系复杂、证据材料繁多、专业要求较高;于案件代理人言,仅能与具有工程专业背景的当事人进行有效交流还远远不够,其亦必须具有将繁杂的法律事实经由细致的扒梳,以证据的形式呈现于法庭,并进而说服法官接受己方意见的能力。说服,作为一门艺术,尤其是在施工纠纷案件中,需要借助彭钊所一直贯彻的规范性思维的运用——对此,我深以为然!所谓规范性思维的运用,其最为核心者,系代理律师在对工程施工过程中所形成的各类法律文件、现行之法律、行政法规以及由行政主管机关所构筑的有关工程造价、工程质量等规范体系进行深入研究的基础上,将高度专业化的工程事实转化为能被具有深厚法律素养的法官所熟悉的法言法语,以期使庭审各造之思维统一在为各造所熟悉的规范性思维之轨,从而促进庭审的高效。本书所重点讨论的工程价款等法律问题,即是作者充分运用该等规范性思维的体现;彭钊在案件代理过程中对该等规范性思维的运用也同时给法官留下了良好的专业印象。

如今,彭钊长期思考和研究的成果即将编选付梓,而此书的出版距他步入社会之时恰好十年。十年间，他不骄不躁，本着“来日方长、厚积薄发”的心态，终结正果，也正可谓“十年磨一剑”！

本书的内容仅是彭钊日常撰文的部分，他经常连续沉心钻研而原创，并刊登于他名为“法律与建筑和人生”的公众号上。我也经常以他为例激励年轻律师们向他学习。日积月累，不仅是期许，我亦相信——彭钊将成为国内更为知名的建设工程领域的专家型律师。

值本书即将出版之际，我受邀为本书作序，为彭钊而骄傲，为法舟律师事务所拥有他这样的专业人才而欣慰。

是为序。

范凯洲

二〇二〇年十二月二十二日

于江苏法舟律师事务所

本书常用法律文件及缩略语

一、法律与行政法规类

全　称	简　称
原《中华人民共和国民法通则》	原《民法通则》
原《中华人民共和国民法总则》	原《民法总则》
原《中华人民共和国合同法》	原《合同法》
《中华人民共和国建筑法》	《建筑法》
《中华人民共和国招标投标法》	《招标投标法》
《中华人民共和国招标投标法实施条例》	《招标投标法实施条例》
《中华人民共和国安全生产法》	《安全生产法》
《中华人民共和国劳动合同法》	《劳动合同法》
《中华人民共和国标准化法》	《标准化法》
《中华人民共和国税收征收管理法》	《税收征收管理法》
《中华人民共和国民事诉讼法(试行)》	《民诉法试行》
《中华人民共和国民事诉讼法》	《民事诉讼法》
《全国人民代表大会常务委员会关于司法鉴定管理问题的决定》(2015年)	《全国人大常委会司法鉴定决定》
《中华人民共和国审计法》	《审计法》
《中华人民共和国审计法实施条例》	《审计法实施条例》
《保障农民工工资支付条例》	《民工工资支付条例》

二、最高人民法院司法解释类

全　称	简　称
原《最高人民法院关于贯彻执行〈中华人民共和国民法通则〉若干问题的意见(试行)》	原《民通意见》
原《最高人民法院关于适用〈中华人民共和国合同法〉若干问题的解释(二)》	原《合同法司法解释二》
《最高人民法院关于审理民间借贷案件适用法律若干问题的规定》(2020 年)	《民间借贷司法解释》
《最高人民法院关于审理商品房买卖合同纠纷案件适用法律若干问题的解释》	《商品房买卖合同解释》
《最高人民法院关于审理涉及国有土地使用权合同纠纷案件适用法律问题的解释》	《国有土地使用权合同解释》
《最高人民法院关于审理建设工程施工合同纠纷案件适用法律问题的解释》(2004 年)	《2004 版司解一》
《最高人民法院关于审理建设工程施工合同纠纷案件适用法律问题的解释(二)》(2018 年)	《2018 版司解二》
《最高人民法院关于审理建设工程施工合同纠纷案件适用法律问题的解释(一)》(2020 年)	《司解一》
《最高人民法院关于建设工程价款优先受偿权问题的批复》	《工程价款优先权批复》
《全国法院民商事审判工作会议纪要》(法〔2019〕254 号)	《九民会议纪要》
《最高人民法院关于适用〈中华人民共和国民事诉讼法〉的解释》	《民诉法司法解释》
《最高人民法院关于调整高级人民法院和中级人民法院管辖第一审民商事案件标准的通知》	《关于调整管辖的通知》
《最高人民法院关于民事诉讼证据的若干规定》(2002 年)	《02 版民诉证据规定》
《最高人民法院关于民事诉讼证据的若干规定》(2020 年)	《新民诉证据规定》

三、地方法院司法文件类

全　称	简　称
《江苏省高级人民法院关于审理建设工程施工合同纠纷案件若干问题的意见》(2008 年)	《江苏高院关于施工合同的意见》
《江苏省高级人民法院关于审理建设工程施工合同纠纷案件若干问题的解答》(2018 年)	《江苏高院关于施工合同的解答》
《江苏省高级人民法院民一庭建设工程施工合同纠纷案件司法鉴定操作规程》	《江苏高院施工合同鉴定规程》
《河北省高级人民法院建设工程施工合同案件审理指南》(2018 年)	《河北高院施工合同审理指南》
《北京市高级人民法院关于审理建设工程施工合同纠纷案件若干疑难问题的解答》(2013 年)	《北京高院关于施工合同的解答》
《浙江省高级人民法院关于审理建设工程施工合同纠纷案件若干疑难问题的解答》(2012 年)	《浙江高院关于施工合同的解答》
《安徽省高级人民法院关于审理建设工程施工合同纠纷案件适用法律问题的指导意见》(2009 年)	《安徽高院关于施工合同的指导意见(一)》
《安徽省高级人民法院关于审理建设工程施工合同纠纷案件适用法律问题的指导意见(二)》(2013 年)	《安徽高院关于施工合同的指导意见(二)》

四、部门规章类

全　称	简　称
《建设工程工程量清单计价规范》(GB50500 - 2013,中华人民共和国住房和城乡建设部公告第 1567 号)	《13 版清单规范》
《房屋建筑和市政基础设施工程施工招标投标管理办法》(2018 年)	《招标投标管理办法》

目录

Contents

上编　建设工程在实体法中的热点法律问题

下编 建设工程在程序法中的热点法律问题

上　编

建设工程在实体法中的热点法律问题

第一章

建设工程合同价款中的热点法律问题(一)

第一节　工程合同价款确定机制的历史沿革

因建设工程固有的复杂性以及交易主体间基于各自利益最大化所展开的激烈博弈,对于建设工程的定价方式,无论是国家行政主管部门的行政监管抑或三个版本的《建设工程施工合同(示范文本)》,均经历了较长时间的认识、再认识以及规范、再规范的演进过程。目前,不同版本的工程合同价款确定机制仍在实践中(包括在司法实践中)不断复现,且对相关术语的称谓呈现较为失序的状态。故此,无论是工程人、造价人抑或法律人,对于不同的合同价款确定机制进行演化式的理解并准确把握不同术语的内涵和外延仍具有重要的实践价值和意义。

一、制度层面对工程合同价款确定机制的历史沿革

较早对工程合同价款确定机制予以规制的文件是原建设部于2001 年发布的《建筑工程施工发包与承包计价管理办法》(本节简称《管理办法 A》,已被废止)。《管理办法 A》第 12 条规定了三种工程合同价款的方式,即固定价(是指合同总价或者单价在合同约定的风险范围内不可调整)、可调价(是指合同总价或者单价在合同实施期内,根据合同约定的办法调整)和成本加酬金。

2004 年,财政部和原建设部印发《建设工程价款结算暂行办

法》(本节简称《暂行办法》),其第 8 条规定了三种工程合同价款的方式,即固定总价、固定单价和可调价格:(1)合同工期较短且工程合同总价较低的工程,可以采用固定总价合同方式。(2)固定单价是指双方在合同中约定综合单价包含的风险范围和风险费用的计算方法,在约定的风险范围内综合单价不再调整;风险范围以外的综合单价调整方法,应当在合同中约定。(3)可调价格包括可调综合单价和措施费等,双方应在合同中约定综合单价和措施费的调整方法,调整因素包括:①法律、行政法规和国家有关政策变化影响合同价款;②工程造价管理机构的价格调整;③经批准的设计变更;④发包人更改经审定批准的施工组织设计(修正错误除外)造成费用增加;⑤双方约定的其他因素。

住建部《13 版清单规范》中也规定了三种工程价款的合同方式,即单价合同、总价合同和成本加酬金合同。其中,单价合同是指发承包双方约定以工程量清单及其综合单价进行合同价款计算、调整和确认的建设工程施工合同;总价合同是指发承包双方约定以施工图及其预算和有关条件进行合同价款计算、调整和确认的建设工程施工合同;成本加酬金合同是指发承包双方约定以施工工程成本再加合同约定酬金进行合同价款计算、调整和确认的建设工程施工合同。

2013 年,住建部发布《建筑工程施工发包与承包计价管理办法》(本节简称《管理办法 B》)并于 2014 年 2 月 1 日起施行,其第 13 条明确:发承包双方在确定合同价款时,应当考虑市场环境和生产要素价格变化对合同价款的影响。它同时规定了三种工程合同价款的方式及具体的适用情形,即单价方式(实行工程量清单计价的建筑工程,鼓励发承包双方采用单价方式确定合同价款)、总价方式(建设规模较小、技术难度较低、工期较短的建筑工程,发承包双方可以采用总价方式确定合同价款)、成本加酬金方式(紧急抢险、救灾以及施工技术特别复杂的建筑工程,发承包双方可以采用成本加酬金方式确定合同价款)。

根据上述文件对建设工程合同价款确定方式的规定,可将工程合同价款确定机制的制度性沿革绘制如图 1。

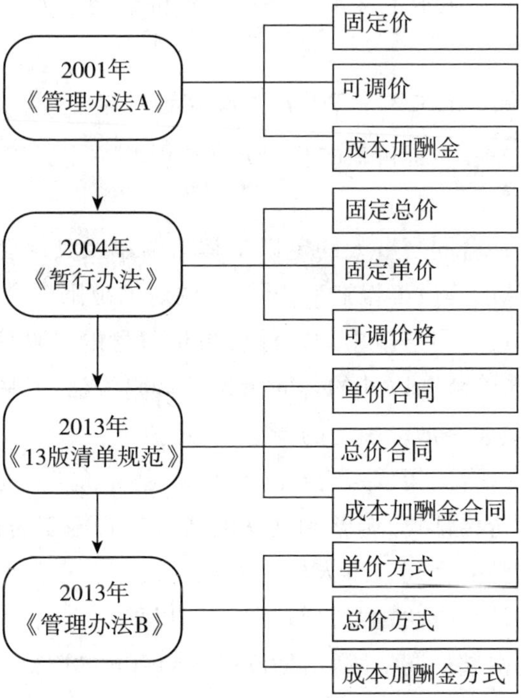

图 1　建设工程合同价款确定机制的制度性沿革

二、示范文本层面对工程合同价款确定机制的沿革

目前,住建部和原国家工商总局总计颁布了三个版本的《建设工程施工合同(示范文本)》,分别为 1999 年版、2013 年版和 2017 年版。

(一)1999 年版示范文本

该示范文本列明了三种工程价款的合同方式:

1. 固定价格合同——双方在专用条款内约定合同价款包含的风险范围和风险费用的计算方法,在约定的风险范围内合同价款不再调整。风险范围以外的合同价款调整方法,应当在专用条款内约定。

2. 可调价格合同——合同价款可根据双方的约定而调整,双方在专用条款内约定合同价款调整方法。

3. 成本加酬金合同——合同价款包括成本和酬金两部分,双方在专用条款内约定成本构成和酬金的计算方法。

可以看出,1999年版示范文本确立的三种价款确定方式与《管理办法A》中的规定较为相似。

(二)2013年版示范文本和2017年版示范文本

这两个示范文本在工程价款的合同方式以及相关定义等方面的内容相同,均包括如下三种:

1. 单价合同——合同当事人约定以工程量清单及其综合单价进行合同价格计算、调整和确认的建设工程施工合同,在约定的范围内合同单价不作调整。合同当事人应在专用合同条款中约定综合单价包含的风险范围和风险费用的计算方法,并约定风险范围以外的合同价格的调整方法,其中因市场价格波动引起的调整按"市场价格波动引起的调整"约定执行。

2. 总价合同——合同当事人约定以施工图、已标价工程量清单或预算书及有关条件进行合同价格计算、调整和确认的建设工程施工合同,在约定的范围内合同总价不作调整。合同当事人应在专用合同条款中约定总价包含的风险范围和风险费用的计算方法,并约定风险范围以外的合同价格的调整方法,其中因市场价格波动引起的调整按"市场价格波动引起的调整"、因法律变化引起的调整按"法律变化引起的调整"约定执行。

3. 其他价格形式——合同当事人可在专用合同条款中约定其他价格形式。

上述两个示范文本中约定的工程合同价款确定方式明显带有《13版清单规范》和《管理办法B》的印迹。

三、实践中需要澄清的两个问题

历史地考察上述制度和示范文本可以发现,不同的文件和文本对工程合同价款的确定方式使用了不同的称谓,不同的文件和文本称谓中基本都包含诸如"单价""总价""固定"等关键词;但无论是何种工程合同价款的确定机制,又都无法脱离对"风险"和"调整"等术语的依赖。当上述关键词进行不同的组合时,往往就意味着不同的内涵,加之当事人双方可以在施工合同专用条款中作出进一步的具体约定,这就使得即使是相同的称谓术语也可能因专用条款有无约定或者约定内容的不同而具有不同的内涵和外延,在工程款结算中也相应地存在巨大的差异。

为此,笔者根据自身处理建设工程施工合同案件的经历,试图厘清和澄清以下两个工程和法律问题。

(一)正确理解固定价与固定总价

两个概念虽一字之差,但其中的内涵却相差万里。实践中存在一种误解,即将固定价等同于固定总价,并认为,但凡施工合同中约定的价格方式为固定价或者固定总价的,司法实践中即不应允许当事人一方或多方提起的造价鉴定申请且须按照固定价或者固定总价结算工程价款。笔者以为,该种错误认识系源于人们对该两个概念中相同的定语,即"固定"一词的认识错位。两个概念虽然存在相同的定语——"固定",但二者所"固定"的范围和内容并不相同而各有侧重。故,有必要厘清两个概念究竟具体"固定"的是什么。

1. 固定价格——固定的是风险

从字面理解,"固定价格"这一术语本身并未限定固定的是合同总价还是合同单价,因此,无论是合同总价的固定还是合同单价的固定都可以被称为"固定价格"。这首先可以从《管理办法 A》对固定价的界定中得知,固定价实际上既包含固定总价也包含固定单价。

另外,无论是《管理办法 A》抑或 1999 年版示范文本中所定义的"固定价",其"固定"的部分仅仅系施工合同中约定的风险,即风险的固定,它是在专用条款约定的风险范围内的总价或者单价的固定,超出专用条款约定的风险范围的,相应的总价或者单价可以也应当按照约定进行调整而不按照固定价格予以执行。因此,固定价侧重的是风险负担①的问题。

例如,在某医院项目中,发承包双方签订的施工合同采用的是 1999 年版示范文本,双方在专用条款中约定的合同确定方式为固定价格合同,同时约定:合同价款中包括的风险范围为施工期间的政策性调整及市场风险;并同时约定了上述风险范围以外的合同价款调整方式。该工程项目在招标时采用的是工程清单招标方式,承包人在投标时根据招标人提供的招标工程量清单进行报价,并最终汇总成施工合同中约定的合同价格(但在施工合同协议书的部分并未注明是固定总价还是固定单价)。

在施工过程中,承包人发现施工图纸中的工程量与招标工程量清单中的工程量相去甚远。在结算过程中,承包人认为,应当按照投标报价的单价对招标

---

① "风险"是工程施工领域中一个非常重要且经常遇到的概念,它更多是指工程价款的风险,具体是指施工过程中所发生的一系列可能引起费用变化的事项。相应地,风险负担就是随工程价款风险发生而产生的工程价款损失的归属。

工程量清单范围之外且施工图纸中存在的工程量进行结算,并相应调整合同价格。但发包人认为,施工合同中既然约定的计价方式为固定价,那么除了施工合同中明确约定的价款调整部分(主要包括设计变更和合同中约定的主材价格上涨)以外,均不应再进行调整。显而易见,此处争议之处即充分体现了发承包双方对固定价格的不同理解。

笔者认为,根据施工合同通用条款对固定价的解释(双方在专用条款内约定价款包含的风险范围和风险费用的计算方法,在约定的风险范围内合同价款不再调整,风险范围以外的合同价款调整方法应当在专用条款内约定)可知,在专用条款约定的风险范围内合同价款不再调整,而风险范围以外的部分应当进行调整。本案中,既然专用条款约定的风险范围为"施工期间的政策性调整及市场风险",这便意味着若有政策性调整和市场风险之外的因素,应当进行工程价款的调整。而本案所涉招标工程量清单与施工图纸之间就工程量的差异并未含括在施工合同约定的风险范围之内,根据固定价格合同的定义,二者偏差部分所产生的风险即应属于工程价款可予调整的范畴;只不过,专用条款中对于该二者之间的偏差如何进行调整并未作出明确之约定。虽如此,但笔者认为,首先,既然施工合同中约定的合同价格形式为固定价,承包人投标报价中的单价也属于固定价格的表现形式,在施工合同对于招标工程量清单与施工图纸之间的差异风险没有作出调整约定的情况下,对该部分差异的结算理应适用投标文件中的单价(已标价工程量清单中存在相同项目的情况下)。其次,根据建设工程施工合同的一般理论和国家规范①,招标工程量清单是由招标人提供的供承包人投标报价的基础资料,招标工程量清单中的工程量风险由招标人承担;招标人要对其提供的工程量清单的项目完备性、工程量的准确性负责,并对工程量偏差进行调整。这意味着,因招标工程量清单与施工图纸之间就工程量偏差引起的风险应由招标人即发包人承担;具体的承担方式应按照合同中"有适用"、"有类似适用"和"无适用或类似"三种情况具体进行。

2. 固定总价——固定的是承包范围

固定总价合同则不然,它直接明确的是总价的固定而与单价的固定无涉。固定总价以及与之相对应的综合单价的形成,系基于人们对工程计价便宜和更

---

① 《13 版清单规范》第 4.1.2 条:"招标工程量清单必须作为招标文件的组成部分,其准确性和完整性由招标人负责。"

少歧义的考虑而对“量价分离”原则的理性运用。固定总价合同所固定的是承包范围或者说是承包范围的风险,即在施工合同约定的承包范围内,工程价款不作任何调整。它更多的是侧重工程量范围内的价款包干,或者说承包人承包范围内的风险由承包人自身承担——这种从风险的角度对固定总价合同的理解也符合上文关于固定价系固定风险的结论。根据不同的施工合同约定,固定总价合同项下所固定的承包范围一般与已标价工程量清单中载明的工程项目、工程预算范围内的工程量、施工图纸范围内的工程量等相关;当然,实践中还有在施工合同专用条款中,甚至将设计变更[①]或者因勘察单位未能勘察到的地质状况而引起的工程量增加亦含括在总价范围内的情形。

例如,在笔者曾处理的一起建设工程纠纷案件中,施工合同通用条款部分采用了 2017 年版示范文本,在专用条款中约定的合同价款方式为固定总价合同,并同时明确约定合同价格已包含了一切材料和人工风险并已充分考虑了市场价格及政策等因素的波动风险,总价和单价均不作调整。施工合同约定的承包范围为工程预算和施工图纸范围内的建筑与安装工程,且承包人需自行踏勘施工现场并已充分考虑本工程施工范围内的一切风险系数,包括但不限于施工现场范围内的暗河、暗沟、淤质土等(该种约定方式类似于《13 版清单规范》中规定的“无限风险”之概念)。该种约定方式首先明确了施工工程的计量按照预算和施工图纸进行,其次明确了在上述工程量范围内的工程款总额固定不变,同时也明确了不因物价及政策变动而调整工程价款。

施工单位在施工过程中,发现施工现场地下有暗河的存在。为确保建设工程的安全性,施工单位额外花费了 60 余万元的暗河部分施工费用。然而,根据上述约定内容,在发承包双方进行工程款结算时,不仅合同约定的施工范围内所对应工程量的价款不得进行调整,施工单位因暗河施工而增加的费用也无权向发包人主张。

(二)对可调价格的废弃

通过上述对工程合同价款确定机制历史沿革的考察,在 2013 年之前的制度和示范文本中存在“可调价格”这一合同价款的确定形式,但在 2013 年之后

---

① 例如,在河北省石家庄市中级人民法院二审审理的(2019)冀 01 民终 12936 号案件中,发承包双方的固定总价施工合同中即约定,合同价款中包括的风险包括工程设计变更、设计修改、工程变更等造成返工、修补等工作即工程费用的增减。

便废弃了该种称谓表达。笔者认为,这种称谓表达的变更深刻地体现了人们对建设工程合同价款理性认识的愈趋成熟。

字面上看,既然存在“可调价格”这一术语,实践中便非常容易造成一种误解,即其他种类的合同价款形式——如固定价项下的工程价格不能予以调整。而这种误解也许是造成《2004 版司解一》第 22 条之规定①在司法实践中无法得以有效适用的根本性原因。根据该条规定的字面理解,若施工合同中约定的价款方式为固定价的,则发承包双方的结算就应当按照施工合同中约定的价格予以执行,不再允许通过造价鉴定的方式确定工程结算款(幸运的是,司法实践对该条并未进行纯粹字面的解释,尤其是在施工过程中出现设计变更或者出现施工合同中约定的工程价款调整等情形的②)。考虑到该部司法解释公布于 2004 年这一较早的时间点,彼时,无论是制度层面抑或示范文本层面均存在“可调价”这一称谓;那么自然可以得出一个与今日之理解相左的观点,即与“可调价”相对应的“固定价”便意味着价格的不可调整,对固定价合同也就没有进行造价鉴定之必要。

以现在的视角察之,上述司法解释的条文并未能精准表达其欲规制的生活事实,该规范的“假定部分”存在瑕疵,其假定内容中的“固定价”应表述为“固定总价”;且,欲达至其“处理部分”所规定的“不予支持一方当事人的造价鉴定请求”,尚需在该规范的假定部分增设另一必要条件,即在施工合同中约定的承包范围内——毕竟固定总价合同项下所固定的价款与承包人的承包范围直接相关。但遗憾的是,《司解一》第 28 条仍沿用了《2004 版司解一》第 22 条的规定。

四、实践中需要注意的问题

工程合同价款确定机制的如上流变充分反映了制度及示范文本对工程价款争议本质和对相关术语误读的不断完善性之回应。然而,实践中又不能回避的一个现实问题是,建设工程交易各方基于思维惯性,仍然以自身对相关术语的理解而误用相关表达。因此,在施工合同的起草和审核过程中,人们应当对各自所要表达的意思进行明确的界定和清晰的再表述而不应迷信于某一个术

---

① 《2004 版司解一》第 22 条:“当事人约定按照固定价结算工程价款,一方当事人请求对建设工程造价进行鉴定的,不予支持。”

② 参见本书第十一章第一节的内容。

语本身能够解决自身所有的关切,更应当在施工合同专用条款中用更加精致的语言将自身所关切的总价包干的范围和风险进行细致的表述。唯有如此,方能最大限度地降低交易双方对工程价款结算的争议和分歧。

另外,值得注意的是,为了能够有效解决因固定价和固定总价,以及因固定总价合同价款调整等问题而产生的争执,《13 版清单规范》第 8.2.1 条和第 8.2.3 条明确规定了两种方式形成的总价合同的计量和风险承担规则:(1)若采用工程量清单方式招标形成的总价合同,招标清单中工程量的风险应由发包人承担,即当发现招标工程量清单中出现缺项、工程量计算偏差,或因工程变更引起工程量的增减时,应按承包人在履行合同义务中完成的工程量计算;(2)若采用经审定批准的施工图纸及其预算方式发包形成的总价合同,除按照工程变更规定引起的工程量增减外,总价合同各项目的工程量是承包人用于结算的最终工程量,即除工程变更外,合同总价不予调整。

以上述规定的第一种情形反观本节所举示的第一个案例,即使能够将固定价理解为固定总价,因该工程采用工程量清单方式招标,施工图纸与招标工程量清单中工程量不一致的风险亦应由发包人承担。

第二节　人工费的调差

在施工合同履行期间,因人工、材料、工程设备、机械台班价格波动对合同价款产生影响的,合同价款能否进行调整以及如何调整等问题是司法实践中常见的争议焦点。本节通过人工费调差的例示方式并结合对司法案例的考察,对人工费的调差进行分析。

【引例】

某工程合同总额为 1700 万元,投标人人工费单价报价为 18.22 元/工日,投标时的当地人工费定额为 25 元/工日。由于发包人的原因导致开工日期推延,项目开工时当地的人工费定额调整为 36 元/工日。施工过程中,发承包双方同意对人工费进行调差,但就如何调差以及调差幅度无法达成一致意见。承包人认为调整价格为:36 元/工日 - 18.22 元/工日 = 17.78 元/工日,发包人则认为调整价格为:36 元/工日 - 25 元/工日 = 11 元/工日。

问:本案人工费应如何调整?

一、实践中人工费调差的主要方式

(一)价格指数调差法

价格指数法又称调值公式法,有兴趣的读者可以参阅2017年版《建设工程施工合同(示范文本)》通用条款第11.1款中的调整公式,本书不再赘述。

但需要说明的是,与材料调差一致,采用价格指数调整人工费的难点在于施工合同没有明确基准价格指数时的基准价格指数之确定(不同的基准价格指数对于发包人或者承包人将带来巨大的利益差额)。

试以杭州市中级人民法院二审审理的浙江龙申市政园林工程有限公司与杭州东都房地产开发有限公司建设工程施工合同纠纷案件①为例析之。

2010年11月21日签署的案涉施工合同约定:计价方式为可调价格,工程总价依据该省定额及造价管理机构发布的有关文件和补充定额计算。在合同签订日之前存在2010年第三季度的价格指数(指数137)和第四季度的价格指数(指数152),依据两个不同的基准价格指数将产生103万余元的人工费差额。故,发承包双方对采取何者作为基准价格指数产生分歧。承包人认为,因为正式合同的谈判期即施工招标价编制期为2010年七八月,而相关文件中规定的基准期为招标价编制期,因此应当以第三季度价格指数作为基准价格指数。

但法院经审理认为,承包人的上述主张没有证据支撑;既然施工合同签订日期为2011年11月21日,双方在合同签订之时确定了合同价款,因此就应当将与合同签订日期最近的2010年第四季度的价格指数作为基准价格指数。

本案在鉴定过程中,鉴定人虽认为承包人的主张具有一定道理,但由于没有证据支撑,尤其是因为本案工程项目未经过招投标程序而难以确立招标价编制期,故而承包人的主张没有获得法院的支持。

值得注意的是,《13版清单规范》第9.2.1条对这一问题给出了明确的规定:"招标工程以投标截止日前28天、非招标工程以合同签订前28天为基准日,其后因国家的法律、法规、规章和政策发生变化引起工程造价增减变化的,发承包双方应按照省级或行业建设主管部门或其授权的工程造价管理机构据此发布的规定调整合同价款。"据此,基准日以及基准价格指数的确立便有了规范依据。故,笔者赞成本案判决,既然案涉工程未经招投标程序,基准价格指数

---

① 参见(2016)浙01民终5979号民事判决书。

应当以工程合同签订前28天为基准日进行确定。

(二)造价信息调差法

《13版清单规范》第3.4.2条规定:"由于下列因素出现,影响合同价款调整的,应由发包人承担:……2　省级或行业建设主管部门发布的人工费调整,但承包人对人工费或人工单价的报价高于发布的除外;……"

试以最高院再审审理的河北省建材建设有限公司与昌江华盛天涯水泥有限公司建设工程施工合同案件[①]为例析之。

2008年5月1日,发承包双方签署施工合同约定:工程价款暂估1000万元(具体以竣工结算为准),通用条款第23.3条约定:"可调价格、合同中合同价款的调整因素包括:(1)法律、行政法规和国家有关政策变化影响合同价款;(2)工程造价管理部门公布的价格调整……"其中存在一份合同附件,为单项工程的综合单价表。

承包人开始施工的时间为2008年5月11日。2008年5月6日,案涉工程所在省建设厅颁布《关于调整建筑工人人工单价的通知》,该通知第1条规定:"建筑、安装、市政、园林绿化、修缮工程人工单价由现行的34.39元/工日调至41.27元/工日。"第4条规定:"本次调整自2008年6月1日起施行。2008年6月1日前已经完成的工作量按原标准执行,未完成部分的工作量按本调整标准执行。如合同有约定的,按约定的内容执行。"

最高院经审理认为,案涉工程造价应为可调价格,且主要施工开始于《关于调整建筑工人人工单价的通知》正式施行的2008年6月1日之后,因此,应当按照该通知规定的单价调整,将案涉工程造价鉴定意见中的人工调差费用计入工程造价。

因此,人工费调差文件虽然正式实施于施工合同订立之后,但由于承包人主要的施工内容发生在调差文件正式实施之后,承包人有权基于该调差文件请求对人工费进行调整。

另外,值得注意的问题是,如果在施工过程中,行业主管部门发布了新版的定额,而发承包双方也约定了如果政府出台人工费调差新规则按照新规调差执行的情况下,人民法院是否还需要对人工费进行调整,也即,施工定额的调整能否作为人工费调差的依据?试以最高院二审审理的海天建设集团有限公司与

① 参见(2013)民提字第182号民事判决书。

西双版纳盛泰房地产开发有限公司建设工程施工合同纠纷案件[①]为例析之。

本案中,发承包双方在施工合同中约定的工程价款计价方式为工程所在地的2003版定额。在施工期间,该版定额自2014年4月1日起被废止并施行2013版定额。承包人认为,根据双方于2015年4月2日签订的《补充协议》中"如在工程竣工验收前政府有相关人工费调差新规出台,则新规出台次日起的工程量按新规调差执行"之约定,2014年9月以后产生的人工费应按照2013版定额进行调差。最高院经审理认为,双方当事人对于案涉工程整体造价采用2003版定额计价并无争议,但根据《补充协议》的上述约定,当事人之间就调差产生争议实质上是对于该条的理解与适用存在分歧。针对该争议问题,最高院依法通知鉴定机构的鉴定人员出庭接受询问。鉴定机构的鉴定人员在二审庭审中表示,双方当事人约定适用的2003版定额同2013版定额在人工费取费上是不同的计价体系,每一版本定额的人工费用调差均应由政府部门通过单独的文件也即人工费调差新规进行调整,2013版定额不是2003版定额人工费调差的新规,鉴定机构并出示了政府对2003版定额出台的相应人工费调差文件进行辅证。最高院认为鉴定机构对该问题的解释有政府相关文件予以佐证,解释合理,应当予以采纳。双方当事人《补充协议》的上述约定,并非对案涉工程人工费计价定额适用的变更,案涉工程人工费用仍应按2003版定额进行计算。鉴定机构按照2003版定额计算案涉工程人工费并无不当,故对承包人提出的2014年9月以后的人工费按照2013版定额计价的主张,不予支持。

二、承包范围外工程的人工费调差

对此,笔者以最高院二审审理的深圳市中建南方建设集团有限公司与重庆喜福实业有限公司装饰装修合同纠纷案件[②]为例予以阐析。

施工合同约定的承包范围为共计33层客房层的施工图深化设计、装修施工及安装。合同价款及计算方式:(1)合同总价款以最终现场验收后双方办理并确认的结算金额为准。(2)合同签订后国家发布、实施的定额和政府政策性相关文件均不适用于本合同,乙方不得以此为依据要求计取任何费用。(3)具体定额计价方式:①室内装饰工程执行2008年《重庆市装饰工程计价定额》及

---

① 参见(2019)最高法民终262号民事判决书。

② 参见(2018)最高法民终282号民事判决书。

配套的《重庆市建设工程费用定额》,工程类别按一类工程。执行装饰定额的人工费按 90 元/工日补贴,补贴部分只计取税金,不再计取其他费用。②室内安装工程套用 2000 年《重庆市安装工程单位基价表》配套取费文件《重庆市安装工程费用定额》。执行安装定额的人工费按 40 元/工日补贴,补贴部分只计取税金,不再计取其他费用。前述装饰和安装部分工程总造价税前下浮 8%(人工补贴、材料价差、未计价材料费、安全文明施工费不下浮)。签证部分能套用定额的执行合同税前下浮 8%,前述不下浮的亦不下浮。③装饰缺项部分借套 2008 年相关定额,安装缺项部分依次借套 2000 年和 2008 年相关定额。

施工过程中,发包人要求承包人将酒店客房楼层内原土建隔墙拆除。这部分工作内容属于施工合同约定的装饰装修承包范围之外的土建施工,其无法适用施工合同中有关装饰装修人工费调差标准;究竟对该部分工作内容如何调差是发承包双方争议较大的焦点——承包人主张应该按照 90 元/工日进行调差,发包人认为该调差标准系针对装饰装修工程,不适用于该部分土建内容。

根据双方往来函件,因发包人同意土建人工费按照 47 元/工日进行调差,法院最终裁决按照该标准调整人工费。

笔者认为,发包人单方面同意的 47 元/工日调差在未经承包人同意的情况下很难证成其适用的正当性,但法院的判决亦属无奈之下的抉择。这也提醒施工单位,在发生承包范围外工作内容时,应当及时对该部分施工内容的价格进行签证以在施工过程中迅速确定该部分施工内容所对应的工程价款。

三、工期延误情形下的人工费调差

物价随着时间的变动而发生波动的风险较大,若承包人未能在合同约定的工期内完工的,超出合同工期施工期间引起的物价变动已经不再属于发承包双方在签约时能够预料的风险。该种情况下,应当在区分工期延误责任归属的情形下分配风险负担。为此,《13 版清单规范》第 9.8.3 条规定:“发生合同工程工期延误的,应按照下列规定确定合同履行期的价格调整:1　因非承包人原因导致工期延误的,计划进度日期后续工程的价格,应采用计划进度日期与实际进度日期两者的较高者。2　因承包人原因导致工期延误的,计划进度日期后续工程的价格,应采用计划进度日期与实际进度日期两者的较低者。”

但上述规定系针对仅仅有一方原因导致工期延误的情形,实践中更多的是存在交叉违约的情况。对此,司法实践往往会根据工期延误原因责任的比例,进而判定发承包双方人工费调差风险的承担比例。

试以江苏省高院二审审理的张成杰、泰州市众星房地产开发有限公司与北京市第二建筑工程有限责任公司、江苏屹峰建设工程有限公司建设工程施工合同纠纷案件[①]为例析之。

施工过程中,发包人多次变更设计,客观上造成了工期的拖延;从相关会议纪要表明,承包人一方存在管理不善、施工存在质量问题应及时采取补救措施的情形。双方对工期迟延均有责任,在工期迟延期间人工费价格也的确发生上涨(根据鉴定机构的鉴定意见,按照实际施工期计算的人工费应另增加1,274,161.56元)。法院最终根据双方责任事由分配各自承担50%的工期延误责任,人工调增费用按照该比例由双方承担。

四、解题引例

由于以上援引之案例——甚至司法实践中绝大部分有关工程造价争议的案例——均是借助鉴定程序作出判决,因此,在判决书的说理部分很少能够清晰地展示人工调差的具体依据、步骤及计算方法。为揭示人工费调差之过程,笔者试图通过本节开头处之具有范式意义的引例对该问题加以阐释,以便读者理解。

根据该引例,首先需要明确其中包含的法律事实:(1)发包人原因导致承包人没有能够按约开工,实际开工时人工价格上涨;(2)发承包双方均同意对人工进行调差;(3)根据双方的主张,调差的依据为当地人工费定额,调整方法为上文提及的造价信息调差法。根据以上事实,具体的调差过程如下:

投标时的人工定额为25元/工日,承包人报价为18.22元/工日,意味着承包人自愿让利或者自愿承担的人工价差风险为25元/工日 - 18.22元/工日 = 6.78元/工日。由于发包人原因导致工程在实际开工日的人工价格上涨,根据过错原则,该部分价格上涨之风险应由发包人承担;但6.78元/工日的人工价差已经由承包人承担,在人工费上涨后,该部分涨价风险仍应由承包人承担,也即承包人无权再要求就这部分风险进行调差,发包人应承担的人工费上涨风险

---

① 参见(2016)苏民终1251号民事判决书。

应为 36 元/工日 －25 元/工日 ＝11 元/工日。发承包人双方最终结算时的人工单价应当按照 18.22 元/工日 ＋11 元/工日 ＝29.22 元/工日计算。

五、小结

工程施工周期长的特性加之人的理性有限性决定了发承包双方在签订施工合同时不可能完全预料并在施工合同中约定所有的计价风险之分配。但在工程实践和司法实践中,发承包双方毕竟在物价变动时频繁发生争议,为有效规避这一冲突,尽量在施工合同中根据不同的调差方法明确约定相关的调价幅度和调价方式是解决和预防纠纷的不二法门;这同时也是有效保障和平衡发承包双方共同利益的途径。当然,这也为律师群体审核施工合同提出了更高的有关工程造价知识的要求。

第三节　甲供材料结算争议

甲供材料,顾名思义,是指在施工过程中,由发包人采购并按照约定和工程进度计划的安排向承包人供应的材料。在双方结算时,该部分材料费用不计入结算总价。

在司法实践中,基于甲供材引发的争议主要体现在对其应该如何结算以及因发包人原因导致甲供材供货延迟的法律责任等问题。

一、关于甲供材的结算问题

《13 版清单规范》第 3.2.1 条规定:“发包人提供的材料和工程设备(以下简称甲供材料)应在招标文件中按照本规范附录 L.1 的规定填写《发包人提供材料和工程设备一览表》,写明甲供材料的名称、规格、数量、单价、交货方式、交货地点等。承包人投标时,甲供材料单价应计入相应项目的综合单价中,签约后,发包人应按合同约定扣除甲供材料款,不予支付。”

如上条规定,若存在甲供材情形的,发包人需在招标文件中列明数量和价格;投标人在投标时,招标清单中甲供材的数量和单价不可更改,但该等材料费相对应的其他费用应当在投标报价中予以列明。但在结算时,需按照承包人的投标报价确定甲供材相对应的工程款总额,然后再扣除甲供材料价格后作为发包人应付承包人的工程款。

例如,在最高院二审审理的通州建总集团有限公司与内蒙古兴华房地产有限责任公司建设工程施工合同纠纷案件[①]中,一审法院组织发承包双方对甲供材料进行核对。承包人提交了一份经发包人签字认可的甲供材料汇总表,证明甲供材料价值2457万元,但明确注明该数字属于阶段性对账。为此,发包人认为,该数额为阶段性对账,除此之外仍有部分甲供材未核对清楚,其并在二审中提交购销合同、付款凭证等证据,主张甲供材价值大约2500万元;但发包人明确表示该证据不作为二审新证据。最高院经审理认为,由于发包人明确表示相应证据不作为二审新证据,而且这些证据也不足以证明相应的材料已提供给承包人用于案涉工程施工建设,或者与承包人在一审中已经认可的甲供材之间不存在任何重复包含关系,故发包人应当对此承担相应的不利后果。最高院判决在工程结算价的基础上扣除2457万元的甲供材价值为发包人应向承包人支付的工程款。

本案中,在承包人就甲供材提供了相应汇总表的情况下,虽然为阶段性汇总,但在发包人未能提供其他证据证明在此汇总表之外另有增加的,应当以该阶段性汇总作为认定甲供材价值的依据。

另外,需要注意的是,若发承包双方就甲供材之数量无法达成或者没有证据证明已经达成一致的,该如何处理?对此,《13版清单规范》第3.2.4条规定:"发承包双方对甲供材料的数量发生争议不能达成一致的,应按照相关工程的计价定额同类项目规定的材料消耗量计算。"

二、未全部使用的甲供材结算问题

发包人向承包人交付甲供材料后,随着施工的进行,甲供材料可能会出现有结余的情形,尤其是在施工合同被解除后则更为明显。在该种情形下,承包人应当就结余的甲供材与发包人进行清点,以确定结余数量和价值;或者应当就结余甲供材做好清点和证据留存工作。否则,在发包人已经交付甲供材的情况下,承包人将有可能面临结余甲供材相对应的价值被视作已支付工程款的法律风险。

例如,在最高院二审审理的江苏宏盛建设工程集团有限公司与山东华城金

---

① 参见(2016)最高法民终字第484号民事判决书。

冠置业有限公司建设工程施工合同纠纷案件[①]中,承包人施工一部分后停止施工并撤场。在诉讼中,经鉴定甲供材造价为1172万元,减去已扣除的甲供材(已经物化到工程中的甲供材)1050万元,余额122万元。对该余额,发包人认为应作为其对承包人的已付款予以扣除;承包人对甲供材的事实和材料已经运至施工现场均予以认可,但认为该批材料并未完全使用,发包人强行占场时绝大部分材料仍留在现场,且发包人在后续的建设过程中已经实际使用,因此认为甲供材余额122万元不应作为已付款予以扣除。一审法院认为,甲供材已经运至施工现场,即应视为交付给了承包人,承包人主张使用的甲供材已由发包人占有使用,但双方未办理移交清点手续,承包人主张留在施工现场的材料价值由于资料不全,鉴定机构无法作出鉴定结论,承包人对其主张留在现场由发包人实际使用的材料数量、价值等皆未完成举证证明责任,故对承包人的这一主张不予采信。

最高院经审理认为:第一,由于双方当事人未办理移交清点手续,承包人主张留在施工现场的材料价值资料不全,鉴定机构认为根据其提交的证据材料,无法作出鉴定结论,承包人应承担举证不能的责任。第二,一审法院认为,承包人可在取得充分证据后,另行主张权利。也就是说,承包人还有救济的途径,其应当根据谁主张谁举证的基本证据规则,完善和充实现有的证据材料。

三、甲供材迟延供货相关问题

在施工过程中,何时需要用到哪些甲供材需要由承包人根据合同工程进度计划的安排,向发包人提出甲供材的申请,申请中需要包括甲供材供应的数量以及供应时间。发包人需要根据承包人的申请按计划供应。

若发包人的供应出现问题,将会产生一系列诸如工期顺延、承担损失赔偿等法律后果。对此,《13版清单规范》第3.2.3条规定:"发包人提供的甲供材料如规格、数量或质量不符合合同要求,或由于发包人原因发生交货日期延误、交货地点及交货方式变更等情况的,发包人应承担由此增加的费用和(或)工期延误,并应向承包人支付合理利润。"

---

① 参见(2017)最高法民终410号民事判决书。

第四节　暂估价的应用和结算

《13 版清单规范》将“暂估价”定义为:“招标人在工程量清单中提供的用于支付必然发生但暂时不能确定价格的材料、工程设备的单价以及专业工程的金额。”在工程实践中,一般也将暂估价材料称作“甲控材料”或“甲控乙购材料”。

《招标投标法实施条例》第 29 条第 2 款将“暂估价”定义为:“前款所称暂估价,是指总承包招标时不能确定价格而由招标人在招标文件中暂时估定的工程、货物、服务的金额。”2017 年版《建设工程施工合同(示范文本)》中约定的暂估价范围的内容与之一致。与《招标投标法实施条例》和上述示范文本的内容相比,《13 版清单规范》排除了暂估价范围中“服务”的部分。之所以产生这种不一致,笔者认为,是因为《招标投标法实施条例》的规定考虑到了对工程总承包(EPC)的规制,工程总承包合同项下包括勘察、设计、监理等服务内容,而《13 版清单规范》更偏重于对建设工程施工合同价款结算的规制。

一、暂估价与暂定价、暂列金额

根据上述法律法规及 2017 年版《建设工程施工合同(示范文本)》的内容,暂估价是具有特定含义的法律术语,在实践中,需注意区分其与“暂定价”和“暂列金额”两组概念的不同。

(一)暂估价与暂定价

二者虽仅有一字之差,但法律内涵却是天壤之别。暂定价是在非以固定总价方式计价的施工合同中,发承包双方根据承包人的投标报价在施工合同中暂时约定的签约合同总价款,它反映的是发承包双方认为的在签约状态时对于完成设计图纸和招标工程量清单内的工作内容所需要的工程价款。因此,暂定价是发承包双方对工程价款的阶段性合意,具体是指非固定总价计价模式下的签约合同价,亦称合同签约价、签约合同价。按照《13 版清单规范》第 2.0.47 条的规定,“签约合同价”是“发承包双方在工程合同中约定的工程造价,即包括了分部分项工程费、措施项目费、其他项目费、规费和税金的合同总金额”。

而暂估价是招标人在工程量清单中提供的用于支付必然发生但暂时不能确定价格的材料、工程设备的单价以及专业工程的金额,它包含在签约时所确定的暂定价之中。

因此,暂定价与暂估价系两个具有本质差异的法律术语(二者关系可用图2表示)。但在实践中,却经常能够遇到发承包人将暂定价表述为暂估价的情形,如江苏省高院二审审理的上海南汇建工建设(集团)有限公司与连云港市晶都房地产开发有限公司建设工程施工合同纠纷案件①中,发承包双方在施工合同中约定:"工程承包范围为'土建、安装、装饰、室外总体',开工时间2006年4月30日(以甲方开工通知书为准),工期总日历天数630天,合同价款暂估价为5898.3971万元。"此处的"合同价款暂估价"即为概念的混淆使用,它实际上应该为"合同价款暂定价"。虽然两种表述的混淆使用不至于在实践中引起意义的分歧,但其毕竟属于两个具有完全不同法律内涵的术语,从合同条款表述的精确性而言,在施工合同的审核中应该予以区分。

(二)暂估价与暂列金额

依照住建部和财政部印发的《建筑安装工程费用项目组成》,建筑安装工程费用按照建筑工程造价的形式是由分部分项工程费、措施项目费、其他项目费、规费和税金组成;暂列金额是"其他项目费"的一部分,它是指建设单位在工程量清单中暂定并包括在工程合同价款中的一笔款项,用于施工合同签订时尚未确定或者不可预见的所需材料、工程设备、服务的采购,施工中可能发生的工程变更、合同约定调整因素出现时的工程价款调整以及发生索赔、现场签证确认等的费用(《13版清单规范》亦采用了相同的定义②)。

因此,暂估价与暂列金额至少具有以下三个不同点。

1.二者法律性质不同。从上文的分析可以得知,暂列金额属于建筑安装费用中的"其他项目费",应汇总至"其他项目清单";而暂估价并非建筑安装费用中单独的一项,按照《13版清单规范》第4.4.1条,暂估价在工程量清单中也需要编制在"其他项目清单"项下(见图2),但暂估价材料、工程设备应进入"分部分项工程项目清单"综合单价,在"其他项目清单"中并不汇总。

---

① 参见(2016)苏民终316号民事判决书。

② 参见《13版清单规范》第2.0.18条之规定。

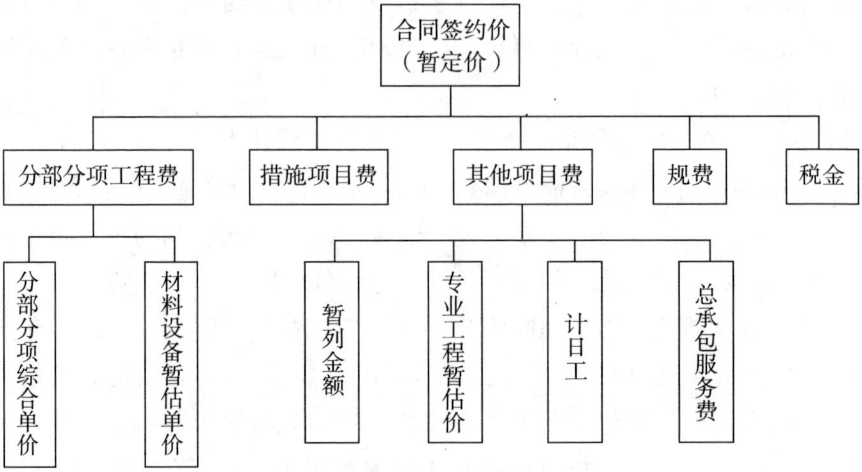

图2　合同签约价(暂定价)组成

2.二者在施工中发生的可能性不同。暂估价所涉材料、工程设备和专业工程是在实际施工中必然要发生的;而暂列金额所涉材料、工程设备和服务在签约时尚不确定实际施工过程中是否确需发生。

3.二者在工程价款调整体系中的依据不同。暂估价在结算中进行调整的依据可以归属于物价变动,而暂列金额在结算中进行调整的依据应归属于其他事项(见图3)。

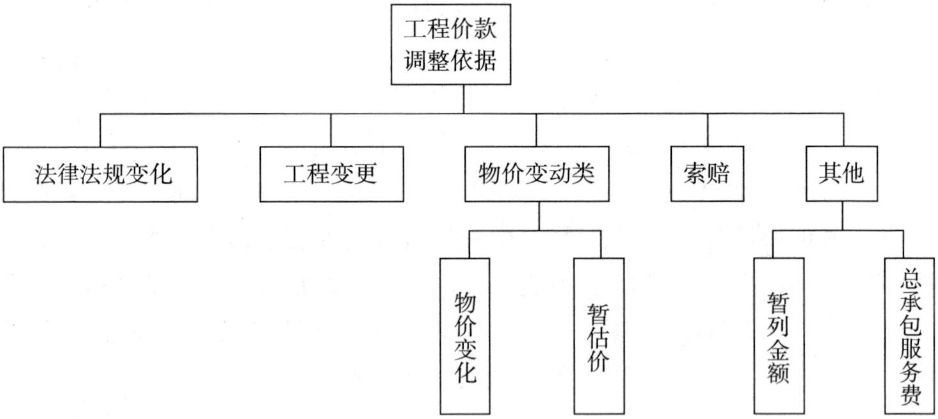

图3　工程价款调整依据

二、暂估价在合同签约价不同形成阶段的编制

(一)暂估价在招标工程量清单中的编制

如上文所述,暂估价在招标工程量清单编制中是列在"其他项目清单"项下,暂估价中的材料、工程设备应根据工程造价信息或者参照市场价格估算,列出明细表,并进入"分部分项工程项目清单"综合单价;暂估价中的专业工程应分不同专业按有关计价规定估算,列出明细表,并汇总至"其他项目清单"中。

(二)暂估价在招标控制价中的编制

在编制招标控制价时,招标人提供的暂估价材料、工程设备应按招标工程量清单中暂定的单价计入综合单价,未提供的暂估价材料、工程设备应按工程造价管理机构发布的工程造价信息中的单价计算,工程造价信息未发布的材料、工程设备的单价应参考市场价格估算;对于暂估价中的专业工程应按招标工程量清单中列出的金额填写。

(三)暂估价在投标报价中的编制

对于投标人而言,暂估价不得变动和修改,即暂估价中的材料、工程设备单价必须按照招标人提供的暂估单价填入分部分项工程费用中的综合单价,专业工程必须按照招标人提供的其他项目清单中的价格填入。

三、暂估价在施工中的最终价之确定

《招标投标法实施条例》第 29 条第 1 款规定:"招标人可以依法对工程以及与工程建设有关的货物、服务全部或者部分实行总承包招标。以暂估价形式包括在总承包范围内的工程、货物、服务属于依法必须进行招标的项目范围且达到国家规定规模标准的,应当依法进行招标。"因此,最终价之确定需要考虑到暂估价材料、工程设备或者专业工程是否属于依法必须进行招标且达到国家规定规模标准,最终价的确定也因是否需要经过强制性招标程序而不同。《13 版清单规范》和 2017 年版《建设工程施工合同(示范文本)》亦在这种区分的基础上进行了不同的规定和约定。

(一)暂估价材料、工程设备最终价的确定程序

根据上文之阐述,暂估价材料、工程设备是包括在签约总价之中的,它也包括在承包人的承包范围之中,在施工合同没有另外约定的情况下,暂估价

材料、工程设备的采购应当由总承包人与经过一定程序确定的供应商签署采购协议,并由总承包人根据采购协议向供应商进行结算和付款。实践中,需要区分暂估价材料、工程设备按照法律规定是否属于强制招标的范围,因强制招标与否的不同,暂估价材料、工程设备供应商的选定程序和最终价的确定程序也稍有差异。

根据《必须招标的工程项目规定》第5条之规定,重要设备、材料等货物的采购,单项合同估算价在200万元人民币以上的必须招标。属于强制性招标的暂估价材料、工程设备的,应由发承包双方在施工过程中以招标方式确定供应商及价格;非强制性招标的暂估价材料、工程设备应由承包人按照合同约定采购。上述价款确定系《13版清单规范》规定的程序,在工程实践中,发承包双方可以通过合同约定改变这一程序。

但在司法实践中,可能会发生因承包人未向中标供应商采购暂估价材料或者工程设备而产生争议的情形。以最高院再审审理的深圳市奇信建设集团股份有限公司与绵阳市中心医院建设工程施工合同纠纷案件为例[①]析之。

本案中,发承包双方在施工合同中约定:“工程量清单给定暂估价的材料、工程设备和专业工程,属于依法必须招标的,由发包人和承包人以招标的方式选择供应商或分包人时双方的权利义务关系的约定:项目暂估材料(主要指花岗石、铝单板)采购方法:以承包人为招标采购主体,由市级医院灾后办牵头,市级相关职能监督部门参与,用三轮竞价方式选最低价,经上述各部门共同确认后,由承包人和中标材料供应商签订供货合同。”现将本案中所涉及的与暂定价氟碳铝单板、白麻花岗石和粉红麻石相关的法律问题分析如下:

该部分材料在施工过程中按照合同约定采取三轮竞价招标程序,最终选定福建万辉石业公司为中标单位;但承包人在实际采购中并未向中标单位进行采购,而是从第三人处购买。在诉讼中,承包人对该三类材料的单价仍然是按照三轮竞价后确定的单价向发包人主张。最高院再审认为,虽然承包人擅自变更了采购单位,但发包人在施工过程中对这部分材料的质量等并未提出异议,不能依此否认该部分材料的计价标准。

笔者认为,在类似情形下,需要发承包双方注意的是:(1)在施工合同签

---

① 参见(2018)最高法民再185号民事判决书。

订时,应当考虑承包人在发生未与中标单位签订供应合同之违约行为时的违约责任;如若没有对违约责任的具体约定,在违约采购的材料没有质量问题的情况下,发包人向承包人主张相应的权利或者主张变更单价的诉请将缺乏相应依据。(2)《招标投标法》第46条规定:“招标人和中标人应当自中标通知书发出之日起三十日内,按照招标文件和中标人的投标文件订立书面合同。……”在承包人出现类似本案违约情形时,承包人有可能面临中标供应商根据相关法律文书向承包人主张违约责任的法律风险。(3)承包人也可能面临被行政主管部门依据《招标投标法》第59条之规定①进行行政处罚的法律风险。

(二)暂估价专业工程最终价的确定程序

1. 强制性招标的暂估价专业工程

根据《必须招标的工程项目规定》第5条的规定,施工单项合同估算价在400万元人民币以上的必须招标。如果总承包人参与暂估价专业工程竞标的,由首次招标的发包人组织招标以确定暂估价专业工程的承包人(并在同等条件下优先选择总承包人中标),专业工程施工合同由首次招标人与中标承包人签署,首次招标人就暂估价专业工程与中标承包人之间进行工程价款的结算;如果总承包人不参与暂估价专业工程竞标的,则由总承包人组织招标以确定暂估价专业工程的承包人(但拟定的招标文件、评标工作、评标结果应报送发包人批准),专业工程施工合同由总承包人与中标承包人签署,总承包人就暂估价专业工程与中标承包人之间进行工程价款的结算。

2. 非强制性招标的暂估价专业工程

依据《13版清单规范》第9.9.3条②,非强制性招标的暂估价专业工程按工程变更的规定确定最终价。

暂估价专业工程最终价的确定程序如图4所示。

---

① 《招标投标法》第59条:“招标人与中标人不按照招标文件和中标人的投标文件订立合同的,或者招标人、中标人订立背离合同实质性内容的协议的,责令改正;可以处中标项目金额千分之五以上千分之十以下的罚款。”

② 《13版清单规范》第9.9.3条:“发包人在工程量清单中给定暂估价的专业工程不属于依法必须招标的,应按照本规范第9.3节相应条款的规定确定专业工程价款,并应以此为依据取代专业工程暂估价,调整合同价款。”

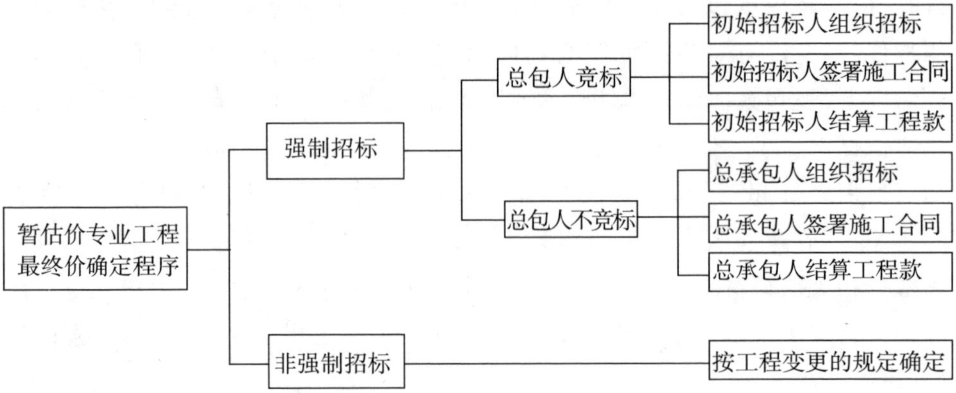

图4　暂估价专业工程最终价的确定程序

3. 暂估价专业工程与肢解发包

实践中需要注意，发包人可能存在以暂估价专业工程为由将总承包范围内的工程进行肢解发包，以及对于暂估价专业工程违反合同约定或者相关规定单独招标后进行分包等行为。试举湖北省襄阳市中级人民法院二审审理的武汉市十建集团有限公司与枣阳市第一人民医院建设工程施工合同纠纷一案①为例析之。

本案中，发承包双方在施工合同中约定的工程范围包括："按新建外科大楼设计图，土建工程、水电安装工程、消防工程、通风与空调工程等，清单工程量包含的内容和工程设计变更工程的全部工程内容；其中暂估价工程为：二次装修（380万元）；变配电（295万元）；空调工程（740万元）；消防喷淋（265万元）；弱电工程（130万元）；弱电设备（475万元）；医用气体（275万元）；污水处理（80万元）八项，合同金额共计2640万元。"合同履行过程中，发承包双方按国家相关规定和合同约定将空调工程和消防喷淋工程共同进行招标确定分包人，变配电工程经双方协商一致，由发包人确定了分包人。但是，二次装修、弱电工程、弱电设备、医用气体、污水处理五项工程，发包人在未征得承包人同意的情况下单独进行了招投标工作，将上述五项工程进行了分包并分别与其他施工单位签订了相应的承包合同，涉及合同总金额约3248万元。

现将本案中与暂估价专业工程相关的法律问题分析如下。

---

① 参见（2016）鄂06民终1162号民事判决书。

(1)发包人单独发包二次装修、弱电工程、弱电设备、医用气体、污水处理五项工程的法律性质。

首先,按照暂估价专业工程理论和本案施工合同之约定,暂估价专业工程包含在总承包施工合同范围之内,除非是总承包人参与该五项工程投标的,否则应当由总承包人进行招标以确定暂估价专业工程的中标人。发包人单独进行招标发包的行为首先违背了合同之约定,系违约行为,总承包人有权向发包人主张违约责任。

其次,《建筑法》第24条第2款规定:"建筑工程的发包单位可以将建筑工程的勘察、设计、施工、设备采购一并发包给一个工程总承包单位,也可以将建筑工程勘察、设计、施工、设备采购的一项或者多项发包给一个工程总承包单位;但是,不得将应当由一个承包单位完成的建筑工程肢解成若干部分发包给几个承包单位。"而本案中,发包人将总承包范围内的五项专业工程单方从施工合同中切除进行单独发包的行为明显违反了《建筑法》本款关于禁止肢解发包的强制性规定。

(2)以暂估价形式肢解发包规避招标程序行为的法律评价。暂估价专业工程系法律所允许,但它同时也确为发包人进行肢解发包提供了便宜和"合法"形式,它极有可能滑入《招标投标法》第4条的禁止性规定:"任何单位和个人不得将依法必须进行招标的项目化整为零或者以其他任何方式规避招标。"为了防止招标人对必须进行招标的项目规避招标,浙江省人民政府发布的《关于严格规范国有投资工程建设项目招标投标活动的意见》中规定:"严格控制招标文件中设立材料、设备的暂估价。确需设立暂估价的材料、设备必须由业主方供应,估价材料或设备的总价值应达到规定的必须进行依法招标的额度,且保证今后能够通过依法招标的方式确定供应商,否则视同肢解发包、规避监督行为。原则上不得设立专业工程、分部分项工程等的暂估价。"该意见确立了专业工程不得设立暂估价的原则,不可不谓对工程实践的精准规制;但司法实践中为了解决发承包人之间的民事争议,对通过暂估价专业工程形式进行肢解发包的情形,通常根据承包人的诉请追究违约责任,除此以外并无其他制裁措施。故此,承包人应当在尽可能的范围内设置对该等违约情形出现后相应的违约责任条款。若施工合同中没有具体约定的,承包人只能向发包人主张实际发生的损失和可得利益损失。

具体到本案,因发包人出现违约发包的情形,承包人关于投标预算费用损失(包括交通、图纸设计等在内的其他费用损失),建筑管理、保险等费用损失以及按照规定应当享有的五项工程总承包服务费(按分包的五项工程总计分包款项的5%计取)等主张得到法院的最终支持。

四、暂估价对合同价款的调整及司法争议

根据《13版清单规范》确立的暂估价对合同价款调整的原则,可以将暂估价材料、工程设备和专业工程的具体调整绘制成图5。图5所示系《13版清单规范》中确立的调整原则,在施工实践中,发承包双方可以通过合同约定的方式排除上述原则的适用。

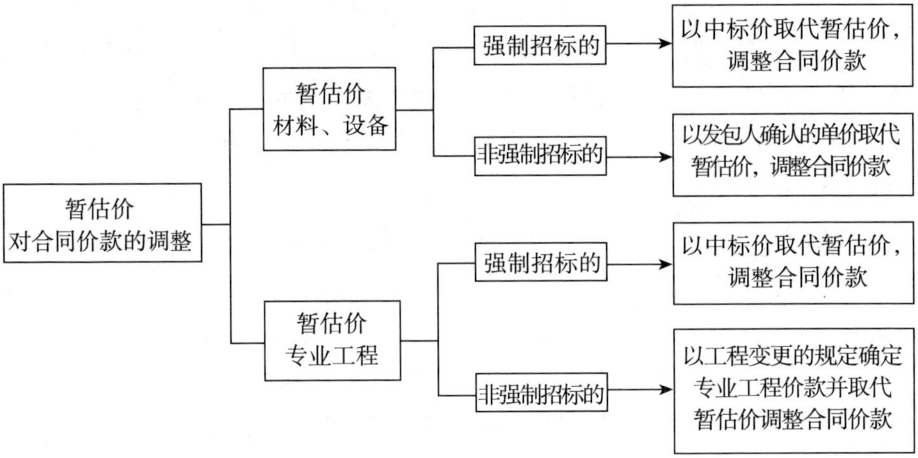

图5 暂估价对合同价款的调整

笔者就因暂估价材料引起的合同价款调整在司法实践中的争议问题进行阐释和评析。

暂估价材料,实践中也称"甲控材料"或者"甲控材",是指招标人在工程量清单中提供的用于支付必然发生但暂时不能确定价格的材料。一般而言,施工合同对于甲控材采取由发包人认质认价,即采购前由发包人确认材料规格、质量及单价等并按照发包人确认的价格予以结算的方式。但在施工过程中,承包人在采购甲控材时,往往没有按照合同约定事先令发包人认质认价或者没有证据证明其采购的材料经过发包人确认,或者发包人基于价格原因不肯认质认价,这都将导致发承包人双方在甲控材结算中发生争议。

下文分析两种常见的结算争议之解决。

(一)依约应招标的暂估价材料,但施工中并未招标定价的情形

以最高院再审审查的河南春基路桥工程有限公司与河南中原高速公路股份有限公司等建设工程施工合同纠纷一案[①]为例析之。

发承包双方就京珠国道主干线郑州至漯河高速公路改扩建工程路面工程第 LM-7 标段签署施工合同,《已标价工程量清单》A 说明中载明:"暂估价的数量及拟用子目的说明:本路面工程所用的重交沥青、改性沥青将由发包人和路面中标人按有关规定联合招标采购。在材料采购价格未确定前,本次招标各投标人一律暂按重交沥青 3850 元/吨、改性沥青 4900 元/吨(均为运到工地价)编制有关投标价格,并在投标附录中说明投标时计算的本合同段重交沥青、改性沥青的定额用量(即相应单价分析中的材料消耗量依据),否则按废标处理。待上述材料价格确定后,再根据项目合同专用条款第 16 条有关规定对承包人的合同价进行调整。"

据上,重交沥青和改性沥青等暂估价材料在《已标价工程量清单》[②]中暂按前者 3850 元/吨、后者 4900 元/吨的单价计算,在施工中需要由发承包双方联合招标定价,再根据合同专用条款第 16 条的约定进行调整。

施工合同组成文件中的《项目合同专用条款》第 16.1.3.3 条约定:"进行材料采购费用价格调整的具体方法为:以最后确定的材料招标价格和发包人路面招标时公布的投标材料价格之差以及承包人投标时标明的材料定额用量计算得出采购费用差。此差额发包人将根据计量支付分批次向承包人予以支付或扣除。另外发包人有权对不准确的材料定额用量进行调整。"第 16.1.3.4 条约定:"本合同实施期间,如果沥青供应商因沥青市场价格波动较大而调整对路面工程承包人的沥青供应价格,如实际采购价格涨跌幅超过 10% 以上的,则对沥青材料进行材料价格调整。"第 16.1.3.5 条约定:"材料价格涨降超出 10% 的可进行价格调整。1. 当施工单位投标报价中可调材料价格低于基准价格(发包人公示价格)时,只对实际价格涨降幅度在基准价 10% 以外的部分进行调整;2. 当施工单位投标报价中可调材料价格高于基准价格时,只对实际价格涨降幅度在投标报价中可调价格 10% 以外的部分进行调整。"

---

① 参见(2013)豫法民二终字第 135 号民事判决书、(2014)民申字第 1614 号民事裁定书。

② 《已标价工程量清单》系构成合同文件组成部分的投标文件中已标明价格、经算术性错误修正(如有)且承包人已确认的工程量清单,包括其说明和表格。

笔者就本案中涉及暂估价材料的三个法律问题分析如下：

1. 工程变更与暂估价系合同价款调整的两个不同要素，但本案的特殊之处在于暂估价的变动系因工程变更引起，此种情况下应该参照合同之约定对合同价款进行调整。在本案合同履行过程中，由于发包人的原因发生了工程变更，改变了招标工程量清单中的工程量，且发生变更的工程中使用了暂估价的重交沥青和改性沥青。

2. 暂估价对合同价款的调整可以通过合同约定进行。本案所涉暂估价材料在实际采购时，重交沥青的实际采购价为 5332.5 元/吨、改性沥青的实际采购价为 6732.5 元/吨，均比《已标价工程量清单》中的暂估价格高。根据暂估价的一般计价原则，合同价款在调整时需要按照实际中标的采购价进行；但本案中，按照河南省高级人民法院和最高人民法院对合同文件的解读，认为对超出暂估价 10% 以上部分应当向承包人进行补偿。

3. 根据最高院的再审裁定书可以看出，本案承包人并没有按照施工合同文件约定对案涉重交沥青和改性沥青采用招标程序进行定价，而是单方面进行实际采购，承包人存在履约瑕疵。该等情形下，最高院认为，即使施工方在施工中擅自采购，在其已将采购材料用于施工且采购材料并未发生质量问题、价格合理的情况下，发包人对其投入应按照上述合同文件约定的对超出暂估价 10% 以上的部分进行补偿。

（二）承包人的采购程序不符合合同约定程序的情形

承包人采购程序不符合合同约定，主要是指承包人在采购时未获得发包人的认价或者虽然获得认价但无书面证据予以证明。对此，司法实践中存在两种不同的处理方式。

方式一：以实际采购价按实结算。以江苏省高级人民法院二审审理的江苏宏盛建设工程集团有限公司与盐城市房屋投资经营有限公司建设工程施工合同纠纷一案①为例析之。

诉讼中，发承包双方一致认可电梯候机厅墙面、地面瓷砖系甲控材，由发包人指定材料品牌、规格及单价并由承包人负责采购和施工；且电梯候机厅墙、地面与楼梯间地面均使用该批瓷砖进行铺设。法院经现场勘查，认定电梯候机厅墙、地面瓷砖的外观与楼梯间瓷砖存在明显差异，电梯候机厅墙面与地面瓷砖

---

① 参见（2016）苏民终 257 号民事判决书。

外观无差异,且经瓷砖供应商现场辨识后亦证实电梯候机厅地面瓷砖与墙面瓷砖系同一种瓷砖;结合审计单位审计时确认电梯候机厅墙面系采用单价为102元/平方米的瓷砖铺设之事实,江苏省高级人民法院认定电梯候机厅地面瓷砖亦采用单价为102元/平方米的瓷砖进行铺设。

由上,本案的审判逻辑在于:

1. 确定系争电梯候机厅地面瓷砖系甲控材,甲控材在采购时需要经过发包人认质认价,但在本案中,承包人并不能提供相应证据证明其在采购系争甲控材时得到了发包人的确认。采用何种价格进行结算即产生争议。

2. 通过现场辨识确认系争电梯候机厅地面瓷砖的规格、型号与楼梯间地面瓷砖并不一致,所以在对系争甲控材进行结算时不能按照审计单位确定的楼梯间地面瓷砖的价格进行;另外,通过辨识已知系争甲控材与电梯候机厅墙面瓷砖外观一致,因此,应当按照审计单位确定的电梯候机厅墙面瓷砖的价格对系争甲控材进行结算。

方式二:以暂估价作为结算依据。以北京市高级人民法院再审审理的北京富天玺建筑工程有限公司与山水文园凯湖房地产开发有限公司建设工程施工合同纠纷一案①为例析之。

本案中,发承包双方在施工合同中对"计量计价原则与结算"约定如下:"材料费:除甲方已认价的材料及暂估价计入的材料以外,其他材料执行2014年第1期《北京市工程造价信息》,信息价缺项的材料,由甲方询价,双方协商确认;执行定额项目的机械费、非实体消耗、其他材料费均执行定额单价,结算时不予调整。材料价格指由工厂到达施工场地指定点的一切费用,包括装卸费和运输费……合同范围内计量计价原则:执行合同附件1预算子目单价及取费,工程量按照竣工图纸据实调整;以暂估价计入的材料(详见合同附件2),结算时按甲方认价调整价差(合同中约定的暂估价为1,005,000元)。"笔者根据两份裁判文书中记载的相关信息将本案中与暂估价材料相关的法律问题分析如下。

1. 根据上述约定的方式和内容,对于暂估价的材料,在结算时需要按照发包人的认价调整价差;这意味着承包人在施工中采购暂估价材料前需要向发包人提请确认。但本案中,承包人并未按照该条约定采购暂估价材料,而是单方面进行暂估价材料的采购,承包人出现履约瑕疵,导致发承包双方对该部分材

---

① 参见(2018)京03民终9610号民事判决书、(2018)京民申935号民事裁定书。

料价款的结算产生争议。

2. 本案诉讼中，法院委托鉴定机构对工程造价进行鉴定，鉴定机构认为，暂估价材料根据合同约定应按发包人签订的认价单调整，由于双方均未能提供认价单，故而鉴定意见按照鉴定时(2017 年)的市场询价计取该部分材料价款。对此，北京市第三中级人民法院和北京市高级人民法院均认为，案涉工程建设施工时间为 2014 年，鉴定机构以 2017 年鉴定时的市场询价作为确定无认价单部分的暂估价材料价格有失公允，应当以双方在合同中约定的 1,005,000 元的暂估价作为计算依据。

3. 在既有资料的支撑下，法院的上述认定似乎误解了“暂估价”之内涵，“暂估价”之所以是“暂估”，是因为发承包双方在签约时并不具体明晓暂估价材料的具体价格，暂估价材料只有在施工过程中按照合同的约定或者法律的规定才能确定，然后再根据实际采购价对相应的价款进行调整。本案中，法院在并未确定应当执行的实际采购价的情况下便直接以签约时的暂估价作为暂估价材料的结算依据应属不妥。另外，承包人在施工中存在履约瑕疵(没有按照合同约定就暂估价材料向发包人确价)，单就合同约定已经无法确定该部分材料结算价款，鉴定机构按照鉴定时的市场价格进行结算的做法亦当属不妥。

笔者认为，基于本案的特殊情况，暂估价材料的价格应按《民法典》第 511 条第 2 项之规定处理：“当事人就有关合同内容约定不明确，依据前条规定仍不能确定的，适用下列规定：……(二)价款或者报酬不明确的，按照订立合同时履行地的市场价格履行；依法应当执行政府定价或者政府指导价的，按照规定履行。……”

据此，鉴定机构在本案鉴定中应当了解当时当地的材料市场价，法院也应在此基础上作出相应的认定；唯如此，一方面符合暂估价材料的法律属性，另一方面也才符合法律的规定。

4. 本案所反映的对鉴定意见的采信问题分析。本案对鉴定结论的态度典型地反映了法院审理建设工程案件的做法，即对于鉴定意见，法院重视“立”(只要在当事人对于鉴定意见没有足够的证据予以推翻的情况下即予采信)，有时虽然有“破”(不采信鉴定意见)但没有对“破”之后的“立”(法院采取的判决方法)进行充分的说理和论证。具体到本案，法院虽然有足够的理由确信不应采信鉴定机构按照鉴定期间的市场询价确定暂估价材料的价格，但并没有对为何要采取签约时的暂估价进行判决以及除此之外有没有其他判决方式的法律可能性进行充分的论证。

第五节　安全文明施工费的司法计取[①]

【基本案情】[②]

上诉人(一审原告、反诉被告):中国建筑股份有限公司(以下简称中建公司)

上诉人(一审被告、反诉原告):昆山市超华投资发展有限公司(以下简称超华公司)

2006年7月27日,超华公司就超华·欧尚购物中心制作招标文件;7月27日,中建公司向超华公司发出投标书及工程量报价单报价表,投标价17,473.8399万元。同日,双方协商下浮3.5%,中建公司再次投标报价16,870万元(以下简称727投标书、727报价单)。

2006年9月15日,超华公司与中建公司签订《建设工程施工合同》(以下简称915合同),该份合同中约定,现场安全文明施工措施费中的基本费按1%计取。

2006年9月19日,超华公司就该项目向包括中建公司在内的五家单位发出投标邀请书。9月21日,超华公司向各投标单位发出"工程最高限价告知书"。2006年9月26日,五家投标单位递交投标文件,中建公司提交投标书及工程量报价单报价表,投标总价:168,701,363.95元(以下简称926投标书、926报价单)。

2006年9月29日,超华公司向中建公司发出中标通知书,确定中建公司为中标人,中标价为16,870.1364万元。同日,双方签订《建筑工程施工合同》(以下简称929合同)。该份合同中约定,现场安全文明施工措施费按2%计取。

【争议焦点】

本案争议焦点之一便在于安全文明施工费的计取标准。

江苏省建设厅苏建价(2005)349号《江苏省建设工程现场安全文明施工措施费计价管理办法》第4条规定,建筑工程(土建工程)基本费率为2%,现场考

---

① 本节内容刊载于《晟典律师评论》2019年第12期(总第11期)(周海荣主编,人民法院出版社2020年版);收录本书时,稍作修改。

② 参见(2014)民一终字第310号民事判决书。

评费率1.1%,奖励费获市级文明工地为0.4%、省级文明工地为0.7%。第5条规定,现场安全文明施工费为不可竞争费。在工程预算、投标报价或标底中应足额计取。因此,中建公司主张应该按照上述文件确定的3.5%计取安全文明施工费。

超华公司主张应该按照929合同中约定的2%计取安全文明施工费。

【法院审理】

一审法院综合全案认为,本案中929合同系无效,应当按照915合同中的约定作为计价依据。虽然915合同约定安全文明施工费按照1%计取,但根据上述管理办法第五条规定,基本费应当计取2%,双方在915合同中约定按1%计取,违反上述规定,不应采信。考评费按照程序应由施工单位向安检部门申请,由安检部门填表打分并签字确认,后由工程造价处核对,手续齐备才可计取。因原告未能提供相关考评手续,故不应计取1.1%考评费。奖励费中的"获市级文明工地"指获得地级市文明工地。虽然本案工程获得昆山市文明工地,但因昆山市属于省管市,不属于地级市,故不应计取0.4%奖励费。综上所述,应按2%调整现场安全文明施工费。

最高人民法院经二审审理认为,一审法院的判决首先符合上述管理办法的规定,其次按照2%计取安全文明施工费未超出超华公司的抗辩范围,遂支持了一审法院关于安全文明施工费的认定。

【法理释评】

对于本案的裁判要旨可以归纳为:"施工合同中约定的安全文明施工费标准与国家主管部门的强制性规定不一致时,应以后者作为结算标准。"

《13版清单规范》第3.1.5条和第3.1.6条将安全文明施工费、规费和税金列为不可竞争性费用,并明确规定上述两个条文系强制性条文。因此,对上述裁判要旨的释评需要结合上述两个强制性条文能否作为《民法典》意义上的效力强制性规定,以至于在施工合同约定与其不符时导致约定无效。

对此,笔者结合最高院审理的相关案例,从工程实践和法律理论的角度对上述问题作出如下分析。

一、安全文明施工费的概念及构成

原建设部于2005年印发的《建筑工程安全防护、文明施工措施费用及使用管理规定》第3条规定:"本规定所称安全防护、文明施工措施费用,是指按照国家现行的建筑施工安全、施工现场环境与卫生标准和有关规定,购置和更新施工安全防护用具及设施、改善安全生产条件和作业环境所需要的费用。……建设单位对建筑工程安全防护、文明施工措施有其他要求的,所发生费用一并计入安全防护、文明施工措施费。”从制度演进的角度而言,安全防护、文明施工措施费是安全文明施工费的前身。

《13版清单规范》第2.0.22条对安全文明施工费作出了如下定义:“在合同履行过程中,承包人按照国家法律、法规、标准等规定,为保证安全施工、文明施工,保护现场内外环境和搭拆临时设施等所采用的措施而发生的费用。”

住建部、财政部于2013年印发的《建筑安装工程费用项目组成》规定了安全文明施工费的范围,它具体包括:

1. 环境保护费:施工现场为达到环保部门要求所需要的各项费用;

2. 文明施工费:施工现场文明施工所需要的各项费用;

3. 安全施工费:施工现场安全施工所需要的各项费用;

4. 临时设施费:施工企业为进行建设工程施工所必须搭设的生活和生产用的临时建筑物、构筑物和其他临时设施费用,包括临时设施的搭设、维修、拆除、清理费或摊销费等。

从以上定义中可知,安全文明施工费是施工单位在施工过程中为了保证施工的安全性、文明性而发生的费用,它是按照国家现行的建筑施工安全、施工现场环境与卫生标准和有关规定,购置和更新施工安全防护用具及设施、改善安全生产条件和资源环境所需要的费用。

作为本节分析对象之案例的争议焦点正是该笔安全文明施工费是否计入以及按照何种标准计入工程价款的结算。

二、安全文明施工费的特征

《建筑工程安全防护、文明施工措施费用及使用管理规定》第6条规定:“依法进行工程招投标的项目……投标方安全防护、文明施工措施的报价,不得低于依据工程所在地工程造价管理机构测定费率计算所需费用总额的90%。”

《13版清单规范》第3.1.5条规定:“措施项目中的安全文明施工费必须按国家或省级、行业建设主管部门的规定计算,不得作为竞争性费用。”该条规定改变了《建筑工程安全防护、文明施工措施费用及使用管理规定》关于安全文明施工费不得低于测定费率90%的规定,而必须按国家或省级、行业建设主管部门的规定计算。

综合以上规定,安全文明施工费具有以下两个重要特征:

1. 安全文明施工费由国家或省级、行业建设主管部门进行具体规定。因此,在发承包双方进行竣工结算或者在工程造价的司法鉴定活动中,国家或省级、行业建设主管部门制定的相关办法将有可能作为竣工结算或造价鉴定的重要依据。

作为本节分析对象的案例中所涉工程项目所在地为江苏省,江苏省建设厅颁发的《江苏省建设工程现场安全文明施工措施费计价管理办法》中对安全文明施工费的组成和计取标准作出了具体规定,它将现场安全文明施工措施费分为基本费、现场考评费和奖励费三个部分:(1)基本费为施工单位在施工过程中必须发生的安全文明措施的基本保障费用,其中建筑工程(土建工程)以分部分项工程费为计费基础,基本费率为2%;(2)现场考评费是施工单位执行有关安全文明施工规定,经考评组织现场核查打分和动态评价获取的安全文明措施增加费,其中建筑工程(土建工程)以分部分项工程费为计费基础,现场考评费率为1.1%;(3)奖励费是施工单位根据与建设单位的约定,加大投入,加强管理,创建省、市级文明工地的奖励费,其中建筑工程(土建工程)以分部分项工程费为计费基础,获市级文明工地的奖励费率为0.4%,省级文明工地的为0.7%。①

2. 安全文明施工费不得作为竞争性费用,这表现在以下两个方面:(1)招标人在编制工程量清单、招标控制价时,必须按照国家或省级、行业建设主管部门规定的费率予以确定,不得调整;(2)投标人在投标报价时,也必须按照国家或省级、行业建设主管部门规定的费率对安全文明施工费进行投标,对该部分费用的报价不得进行让利。

《江苏省建设工程现场安全文明施工措施费计价管理办法》第5条明确规定:"建设工程现场安全文明施工措施费为不可竞争费。在工程预算、投标报价或标底中应足额计取。"

在本节所分析的案例中,安全文明施工费之所以会作为一项争议焦点,根本原因就在于主管部门明确规定安全文明施工费系不可竞争费用并且在相关

---

① 《江苏省建设工程现场安全文明施工措施费计价管理办法》由原江苏省建设厅在2005年颁发,于2006年1月1日起执行;但该管理办法中所规定的安全文明施工费的组成已被江苏省住房和城乡建设厅于2018年颁发的《关于调整建设工程按质论价等费用计取方法》所调整,调整后的安全文明施工费包括基本费、标化工地增加费和扬尘污染防治增加费三部分组成。

规定中对其计取规则进行了明确,但双方的施工合同中对该笔费用的约定却与之相悖。笔者考察了最高院的其他相关案例,发现司法实践对安全文明施工费的司法计取存在不同的甚至是矛盾的认识。

三、安全文明施工费的司法计取规则

通过考察最高院二审或者再审的案例,最高院对于安全文明施工费的计取主要有以下几种不同的裁判观点:

1. 安全文明施工费系强制性规定的不可竞争性费用,结算时必须依据相关规定进行结算。

这也是本节所援引之案例中的司法态度,在发承包双方签署的两份施工合同中,虽然都约定了安全文明施工费的具体计取标准,但由于该约定违反了该工程所在地江苏省建设厅苏建价(2005)349 号《江苏省建设工程现场安全文明施工措施费计价管理办法》的强制性规定而导致该两种约定无效,故而法院最终采纳按照强制性规定的计价标准结算安全文明施工费。

2. 施工合同明确约定了安全文明施工费计价方式的情况下,需依照合同约定结算该笔费用。

在最高院再审审查的福州市一建建设股份有限公司与乐山市昶星置业有限公司建设工程施工合同纠纷案件①中,施工合同中约定"安全、文明、临时设施费按总价 2.9% 合计 78.3 万元";虽然案涉工程所在地的《四川省建设工程安全文明施工费计价管理办法》第 8 条第 4 款规定,"承包人不能出具《建设工程安全文明施工措施评价及费率测定表》的,承包人不得收取安全文明施工费",但该条规定并非法律或者行政性法规的强制性规定,它并不能否定施工合同中相关约定的效力;因此,虽然承包人在本案中不能提供《建设工程安全文明施工措施评价及费率测定表》,但发包人仍应根据施工合同的约定按总价 2.9% 合计 78.3 万元向承包人支付安全文明施工措施费。

3. 施工合同明确约定了安全文明施工费下浮率的情况下,需依照合同约定进行下浮。

在最高院再审审查的林仙龄与耒阳市康鸿盛房地产开发有限公司建设工

① 参见(2016)川民终 673 号民事判决书及(2017)最高法民申 3842 号民事裁定书。

程施工合同纠纷案件[①]中,双方施工合同中明确约定规费、安全文明施工费等已列入工程价款,工程价款按税前造价优惠9%。法院经审理认为,该优惠应视为对全部工程价款的优惠,既然工程价款中已包括了规费、安全文明费,该两笔费用就应当按约定比例下浮。

4. 按照省级主管部门的管理办法结算安全文明施工费。

在最高院再审审查的大连世达集团建设有限公司与尚志市和盛房地产开发有限责任公司建设工程施工合同纠纷案件[②]中,双方施工合同中对于安全文明施工费的计取并没有进行明确约定,承包人也没有证据证明其承包的项目经过评价机构的现场评价;法院审理认为,根据《黑龙江省建设工程安全文明施工费使用管理办法》的规定,未经现场评价的建设工程项目不得计取安全文明施工费,故判令不将该笔费用计入工程造价。

5. 虽未满足合同约定的计取安全文明施工费的条件,但有证据证明施工过程中确实发生了该等费用的,应当计入工程总造价。

在最高院二审审理的中国建筑第六工程局有限公司与哈尔滨凯盛源置业有限责任公司建设工程施工合同案件[③]中,法院经审理认为,虽然根据双方当事人的约定,上述费用未经当地安全检查部门现场评价、未经费用标准核定的,不得计取相关费用,但在中建六公司施工过程中,上述费用已经实际发生,应计入工程总造价。

根据以上最高院的相关案例可以看出:

1. 裁判观点一将行政主管部门作出的管理规定作为强制性适用标准,且能够排除施工合同的具体约定。

2. 裁判观点二、三则严格适用施工合同之约定计取安全文明施工费,即使按照行政主管部门的规定不符合计取条件(未能出具《建设工程安全文明施工措施评价及费率测定表》),或者施工合同中将安全文明措施费作为竞争性费用(对安全文明措施费作了下浮约定)。

3. 裁判观点四在施工合同未约定安全文明措施费计取办法及标准时,依据行政主管部门的管理办法予以计取或者不计取。

4. 裁判观点五则从公平的角度突破施工合同的具体约定,认为虽然按照合

---

① 参见(2015)民申字第2403号民事裁定书。

② 参见(2014)黑民终字第94号民事判决书、(2015)民申字第1828号民事裁定书。

③ 参见(2017)最高法民终730民事判决书。

同约定不应计取,但既然该笔费用已实际发生即应计入工程造价。

上述裁判观点一与裁判观点二、三(甚至包括裁判观点五)是截然相反的两种司法裁判态度。

四、重塑安全文明施工费的司法计取规则——回归《民法典》的裁判路径

笔者认为,之所以出现司法裁判对安全文明施工费的矛盾态度,主要原因在于我国对建筑工程市场管制的范围广、内容深入具体,相关的管制依据不仅有法律、行政法规,而且还有部门规章、国家标准、地方性规范文件等,管制依据的多样性势必导致管制依据之间存在冲突。而建筑市场的各方主体以及工程造价和质量鉴定机构,在市场竞争中已经适应了行政主管部门的管制思维,非法律层面的规范、强制性标准等就成为建筑市场主体参与市场活动的重要依据。因此出现建筑市场主体天然地将这些规范、强制性标准作为"法律"的现象,"发承包双方的工程价款管理活动必须要在计价管理标准的约束下进行,不能违反规章、国家标准的规定,否则即使有《合同法》的保护,发承包双方的工程价款管理仍存在依据的合理性补足问题"①。

但这种认识和做法明显有违现代法治国家的精神,也有违司法规律。建设工程施工合同在法律属性上首先属于私法范畴,基于该类合同的法律行为应首先尊重发承包双方的意思自治;在法律和行政性法规对安全文明施工费没有作出强制性规定的情况下,不宜以强制性标准否定施工合同中对该等费用的有效约定。

(一)法律、行政法规对安全文明施工费并没有作出效力强制性的规定

1. 基于《安全生产法》和《建设工程安全生产管理条例》的分析

如上所述,国家层面直接对安全文明施工费的计取作出规定的是《建筑工程安全防护、文明施工措施费用及使用管理规定》和《13 版清单规范》两部文件,但从层级上看,它们并非属于法律或者行政法规的范畴,二者作出的依据系《安全生产法》和《建设工程安全生产管理条例》。

《安全生产法》中对本节关切之安全文明施工费的规定系:生产经营单位应当具备的安全生产条件所必需的资金投入,由生产经营单位的决策机构、主要负责人或者个人经营的投资人予以保证,并对由于安全生产所必需的资金投入

① 尹贻林:《工程价款管理——基于 DBB 模式的建设工程投资管控百科全书》,机械工业出版社 2018 年版,第 17 页。

不足导致的后果承担责任。

《建设工程安全生产管理条例》则对建设单位和施工单位分别作出了不同的要求:(1)建设单位在编制工程概算时,应当确定建设工程安全作业环境及安全施工措施所需费用。(2)施工单位对列入建设工程概算的安全作业环境及安全施工措施所需费用,应当用于施工安全防护用具及设施的采购和更新、安全施工措施的落实、安全生产条件的改善,不得挪作他用。

上述法律和行政法规对于安全文明施工费仅仅作出了投入保障性的规定,并未将该笔费用作为发包人必须结算给承包人的费用;亦即,即使施工合同没有约定该笔费用或者承包人明确放弃了向发包人主张该笔费用,只要施工单位在施工过程中确保了该笔费用的投入,其行为也系合法。故此,法律和行政法规并没有否定施工合同中与住建部或者省级行政主管部门发布的规范相冲突的关于安全文明施工费约定的效力;只是当出现该种冲突时,行政主管部门可以根据相关法律法规的规定对相关单位予以处罚。

2. 基于《标准化法》的分析

笔者注意到,在对《13 版清单规范》中的强制性条文能否作为效力强制性规定进行讨论时,有论者从《标准化法》第 2 条①第 3 款规定的视角对上述论题得出肯定的结论,毕竟该款对强制性标准使用了“必须执行”的字眼。

但问题是,《13 版清单规范》是否属于《标准化法》中所称的“标准”? 对此,笔者认为不能。《标准化法》第 2 条第 1 款同时也对“标准”的定义进行了规定,它特指在特定领域需要统一的“技术要求”;且该法第 1 条也开宗明义指出其立法目的是“提升产品和服务质量”。而《13 版清单规范》与住建部制定的其他关于工程质量验收的标准②不同,它仅仅是关于工程计量、计价方面的经济性规定,其无论如何都无法与“质量”“技术要求”等相关联。因此,《13 版清单规范》并不属于《标准化法》中的“标准”范畴,即使将其把安全文明施工费、规费和税

---

① 《标准化法》第 2 条:“本法所称标准(含标准样品),是指农业、工业、服务业以及社会事业等领域需要统一的技术要求。标准包括国家标准、行业标准、地方标准和团体标准、企业标准。国家标准分为强制性标准、推荐性标准,行业标准、地方标准是推荐性标准。强制性标准必须执行。国家鼓励采用推荐性标准。”

② 例如,住建部发布的《混凝土结构工程施工质量验收规范》第 4. 1. 2 条规定:“模板及支架应根据安装、使用和拆除工况进行设计,并应满足承载力、刚度和整体稳固性要求。”住建部同时将该条作为强制性条文,该条文规定的内容即为与工程质量、技术要求相关;笔者认为,对于该种强制性条文才可适用《标准化法》关于强制性标准必须执行的规定。

金等规定为不可竞争性费用的条文列为强制性条文,但该种强制性条文与《标准化法》第2条所规定的“强制性标准”不可同日而语。

综上之论述,《安全生产法》《建设工程安全生产管理条例》中对安全文明施工费的相关规定属于管理性规范,其调整对象并不包括安全文明施工费的计取标准,而《13版清单规范》以及省级行政主管部门作出的相关规定不属于法律或者行政法规的范畴,也无法通过《标准化法》的适用将其中的强制性条文认定为效力强制性规定。因此,依据《民法典》第143条之规定,施工合同对安全文明施工费的约定即使与省级行政主管部门的规定不一致,也属有效约定,不能以其“违反法律、行政法规的强制性规定”为由而否定该种约定的效力。

(二)向《民法典》回归的对安全文明施工费的司法裁判

1. 有约定按约定

《司解一》第19条第1款规定:“当事人对建设工程的计价标准或者计价方法有约定的,按照约定结算工程价款。”安全文明施工费是工程价款的一部分,对该部分费用的计价应首先依据施工合同的约定。这也是本节所援引案例二、案例三的裁判要旨。

2. 按照合同有关条款确定

《民法典》第510条规定:“合同生效后,当事人就质量、价款或者报酬、履行地点等内容没有约定或者约定不明确的,可以协议补充;不能达成补充协议的,按照合同相关条款或者交易习惯确定。”

工程合同价款的形成一般经历三个阶段:(1)要约邀请,招标人需要在这个阶段编制招标文件,对于采用工程量清单计价的建设工程,招标人还需要编制招标控制价;(2)要约,投标人结合自身的实力编制投标文件并向招标人投标报价;(3)承诺,招标人向中标人发出中标通知书。由于建设工程的特殊性,施工合同中明确约定上述三个阶段所形成的诸如招标文件、投标文件、中标通知书等文件作为合同的组成部分并约定一定的解释顺序。因此,若在施工合同正文中没有明确的关于安全文明施工费的约定,则应当按照一定的解释顺序,参照上述文件中的条款确定安全文明施工费的计取。

3. 执行政府定价

《民法典》第511条规定:“当事人就有关合同内容约定不明确,依据前条的规定仍不能确定的,适用下列规定:……(二)价款或者报酬不明确的,按照订立合同时履行地的市场价格履行;依法应当执行政府定价或者政府指导价的,依照规定履行。……”

笔者认为,行政主管部门针对安全文明施工费作出的相关规定属于政府定价的范畴,只有当按照《民法典》第 511 条的规定仍然不能确定安全文明施工费的,才应当执行行政主管部门的政府定价。

五、结语及启示

在作为本节分析对象之案例中,由于超华公司并不确定法院最终会认定 915 合同有效还是 929 合同有效,所以在答辩中提出应当按照约定较低的 929 合同中确立的 2% 计取安全文明施工费的意见。但遗憾的是,法院最终认定 929 合同无效,双方之间的结算应当依据 915 合同;虽然 915 合同约定了安全文明施工费按照 1% 计取,但由于超华公司自认按照 2% 计取该笔费用,依据“禁反言”规则,超华公司已经没有回旋之余地。更为遗憾的是,超华公司自认的 2% 与法院根据政府文件计算的安全文明施工费计取标准精准一致——虽然根据上文之阐析,笔者认为,在有效合同有明确约定的情况下,法院不应根据无权对合同之有效约定作出否定性评价的规范文件作出判决。因此,笔者认为,本案一审及二审判决虽有瑕疵,但在超华公司自认的情况下,判决本身应属正确。

从本案而言,无论是建设工程交易双方抑或双方的代理人,在建设工程施工合同纠纷案件中,应当首先对合同效力保有高度的警惕和精准的判断;其次,作为防守一方,不应过早作出肯定性的答辩意见,而应当根据诉讼战场的变化对相关证据作出灵活的质证。唯有如此,方能通过诉讼程序确保己方的合法利益。

第六节　水电费结算争议

施工现场水电费不是一项独立的工程费用项目,作为施工单位必然发生的施工成本,其分散于以下独立的工程费用项目名下:(1)分部分项工程费—施工机具使用费—施工机械使用费—燃料动力费(指施工机械在运转作业中所消耗的各种燃料及水、电等);(2)措施项目费—安全文明施工费—文明施工费—用于现场工人的电风扇、空调等用电费用;(3)措施项目费—夜间施工费用—夜间照明用电费用。虽然相对于整个工程价款,施工水电费的绝对数额较小,但在司法实践中,水电费的分歧仍是一个重要的争议焦点。

一、与施工现场用水用电相关的权利义务承担

施工用水用电的许可或批准一般系发包人的义务范围。例如,2017 年版《建设工程施工合同(示范文本)》通用条款第 2.1 条约定:"发包人应遵守法律,并办理法律规定由其办理的许可、批准或备案,包括但不限于建设用地规划许可证、建设工程规划许可证、建设工程施工许可证、施工所需临时用水、临时用电、中断道路交通、临时占用土地等许可和批准。"

根据 2017 年版《建设工程施工合同(示范文本)》通用条款第 2.4.2(1)条,发包人亦需提供将施工用水、电力、通信线路等施工所必需的条件接至施工现场内的施工条件。

另外,工程施工用水、用电应由建设单位在施工现场装置水电表,并交给施工单位保管使用;施工现场用水用电作为施工单位的施工成本,其应按水电表读数乘以单价付给建设单位。一般而言,施工现场水电费用由发包人向相关单位支付,在工程款进行结算时,发包人已经支付的水电费用可以作为发包人已向承包人支付的工程款在结算中予以扣除;施工合同另有约定的除外。

但在工程款结算时,基于水电费往往很容易产生争议;尤其是施工合同中对水电费没有约定或者约定不明时,在水电费的用量及单价、多个施工单位共同施工情况下的水电费分摊等方面较容易发生分歧。下文从司法案例的裁判规则角度分析上述争议的解决方式。

二、未经发承包双方确认的水电费

为避免发承包双方对水电费的分歧,施工实践中比较规范的做法是在施工单位报送上一计量周期内的工程量时,发承包双方对上一计量周期内产生的水电费用进行书面确认。若双方对某时间段内的水电费没有进行确认的,则对水电费用进行主张的一方需要举证证明水电的使用主体、水电的用量及数额等。对于如何举证的问题,则需要根据施工现场的实际情况和多种证据的累积指向予以具体进行。

例如,在最高院二审审理的中铁建工集团有限公司与天津辉信房地产开发

有限公司建设工程施工合同纠纷案件①中，发包人在一审中提供的汇总表中的水电费为993,079.35元，后提供的明细中水电费用为922,730.79元，其中包括三部分：(1)双方已经确认水电费数额的部分计348,251.05元；(2)双方确认用量部分水电费397,643.24元；(3)双方未确认部分水电费176,836.50元。第一部分系双方已经盖章确认的案涉工程项目水电费，承包人对此表示认可。对于第二部分，发包人提供的现场用水、用电量确认单有双方工作人员签字，但承包人表示不予认可。一审法院认为，自2011年8月双方未再进行水电费结算，就部分水电用量，发包人提供了承包人人员签字的确认单，承包人虽主张未经盖章均不予认可，但并未针对签字人员签字提出反驳证据；而发包人也提供了主管部门发布的水电费计量的单价标准，承包人也未就该计算数额提出存在计算错误的问题。因涉讼工程自停工后一直由承包人人员看守，发生水电费符合客观实际，承包人也从未自行缴纳水电费，故对于发包人主张的确认过水电用量的部分397,643.24元，予以确认。对于未经确认的第三部分水电费，一审法院认为，因该费用没有任何双方确认的证据，无法确认是否为本案工程所发生，故对该部分的176,836.50元，不予确认。

二审审理中，双方就上述未经共同确认部分的176,836.50元水电费争议较大。围绕该争议，最高院经审理查明，对双方争议的该部分水电费，发包人提供了该部分水电费的发票，经核实，发票上记载的水费注册号与双方之前水电费结算单及现场水电量确认单上记载的注册号一致，电费客户户号是双方之前水电费结算单或现场水电量确认单上记载的客户户号之一。故最高院认为，该部分水电费虽未经双方确认，但根据发包人提交的证据可以证明该部分水电费已经实际发生，且发生的时段处于承包人看守案涉工程期间，发生费用的水表和电表亦与双方之前确认的注册号、电表号一致，可视为发生费用的水表和电表处于承包人控制之下，故该部分水电费应由承包人承担。一审法院对该部分水电费认定不当，应予纠正。

三、多个施工单位同时施工时的水电费承担

发包人基于各种原因的考虑，可能在将主体工程发包给某总承包单位进行施工的同时或之后，将某些专业工程另行发包给一个或者数个不同的专业承包

---

① 参见(2019)最高法民终412号民事判决书。

单位进行施工;但在施工现场并不具备对各个施工单位单独设立电表、水表的条件,此时,各施工单位应当分摊多少比例的水电费用极易产生争议且为诉讼案件的举证带来极大困难。

司法实践中确认该部分争议水电费数额的方式主要有以下几种。

(一)根据发包人提供的明细进行确认

一般言之,当事人一方单方制作的文件很难被法庭作为有效证据予以采信,但在特定情形下,尤其是在法官结合其他证据已经形成足够的内心确信的情况下,当事人一方制作的文件也可以被法庭采信。① 在采用该种方式确认水电费承担时,法庭需要结合既有的证据、整个施工过程以及发包人制作的水电费分摊明细的具体情况予以判定。

例如,在最高院二审审理的美建建筑系统(中国)有限公司与青海明瑞房地产开发有限公司建设工程施工合同纠纷案件②中,承包人承包的范围为案涉工程项目的钢结构部分。在一审审理过程中,发包人向法院提交了其预交的水电费的相关凭证、电费账单、通知等证据,证明承包人使用水电所产生的费用。对此,承包人认为,发包人提交的凭证无法证明系承包人独立使用,因施工的还有其他公司的队伍,且电费账单、通知系发包人单方制作,故不予认可。一审法院经审理认为,根据案涉《钢结构施工合同》第2条第3款的约定,"本合同所采用的固定综合单价,包干内容包括人工费、材料费、机械费、管理费、利润、税金,以及美建公司为履行合同所发生的一切费用",故工程施工中产生的水电费用属于承包人的施工成本,发包人提供的证据可以证明承包人与其他施工单位使用水电的事实,且此部分证据中已将各施工单位施工中所使用的水电费用进行了分摊,并非由本案承包人独立承担。承包人虽对发包人提交的扣除水电费的合理性提出了异议,但其未提交在施工中已缴纳水电费用的相关证据,故应按发包人提交的水电费凭证进行确认。

最高院二审认为:首先,水电费用属于施工方的施工成本,根据案涉《钢结构施工合同》的约定,该费用应由承包人负担。其次,根据电费账单、代扣明细、结算通知等证据,可证明发生水电费的事实以及各单位分摊的金额。承包人虽

① 《新民诉证据规定》第88条:"审判人员对案件的全部证据,应当从各证据与案件事实的关联程度、各证据之间的联系等方面进行综合审查判断。"

② 参见(2018)最高法民终59号民事判决书。

然主张上述证据是发包人单方出具，未经其确认，故不予认可；但经查，本案施工现场并未给各施工单位安装分电表，发包人亦承认对于具体分摊情况没有其他书面证据。因此，各单位实际使用水电费的数量已是无法查明的既往事实。但从常理看，承包人知晓或应当知晓水电费分摊问题，在长期的施工过程中从未就此提出过异议，庭审中也没有提供其他足以反驳的证据。在法庭必须对此项费用予以认定的情况下，只能依据现存的有限证据来判断：上述证据从时间和内容来看，并非针对本案承包人一家单位，也非为本次诉讼所制，各单位的分摊比例也没有畸高畸低。因此，一审法院对上述证据予以采纳并据此认定水电费金额并无不当。

（二）依据政府文件予以确定

例如，在最高院二审审理的天津博海缘置业投资有限公司与北京住总第六开发建设有限公司建设工程施工合同纠纷案件[1]中，案涉工程招标文件和施工合同中均明确约定了施工中发生的水电费全部由承包人支付，且承包人向发包人出具了《临时水电量费用支付承诺》，确认了承包人在施工现场租用的独立水表、电表的表号，承诺施工中发生的临时水电费全部由承包人支付，支付依据为当地自来水公司与电力公司开具费用发票金额。故发包人认为，根据水电费票据，承包人应退还发包人水电费 1, 067, 683. 3 元。但承包人认为，其进场施工时，桩基工程由发包人自行委托他人施工，现场并未给其安装独立的水电表，亦未预留独立的水电表接口，发包人要求其与发包人的直属分包单位共用施工现场西北侧的变压器和配电箱，共用一块电表；用水亦是如此。施工过程中，发包人从未向承包人单独确认过水电费；且案涉项目施工现场还有其他施工队伍，管理混乱，无法具体区分水电费使用情况。

鉴定机构在就案涉工程价款进行鉴定时，针对水电费部分，认为投标时涉诉工程现场虽有独立水电表，但不是本案承包人自挂的水电表，双方当事人亦无法共同核实确认发包人实际支付的水电费中哪些是分包方使用以及停工期间的水电费是谁使用、由谁承担，故在鉴定时只能依据工程所在地建委文件规定的甲供水、电退费基数和系数计算出应退水电费。最高院二审认为，对于鉴定机构的上述意见，发包人并未提供足以反驳的相反证据，一审判决根据本案实际情况采信鉴定结论并无不当；发包人关于承包人应当根据缴费凭证中记载

---

① 参见(2016)最高法民终 259 号民事判决书。

的1,067,683.3元的水电费进行退还的主张不应得到支持。

对这一问题,《江苏省建筑与装饰工程计价定额》(2014年版)的“总说明”中的第22条规定:“工程施工用水、电,应由建设单位在现场装置水、电表,交施工单位保管使用,施工单位按电表读数乘以单价付给建设单位;如无条件装表计量,由建设单位直接提供水电,在竣工结算时按定额含量乘以单价付给建设单位。生活用电按实际发生金额支付。”因此,在施工现场无条件装表计量且水电由建设单位提供的情况下,施工单位在结算时可按定额含量乘以单价付给建设单位水电费用。

(三)由法官自由裁量

数个施工单位同时施工,施工现场安装的水电表无法具体区分各施工单位的具体用水用电数量时,固然可以套用定额含量,但若套用定额含量或政府文件明显不公平的,法官则可能根据其自由裁量权判令水电费的承担。

例如,在江苏省高院再审审理的南京嵘鼎置业有限公司与江苏禾田建设有限公司建设工程施工合同纠纷案件[①]中,发承包双方在施工合同补充协议中约定,现场施工水电费用按表数计算。发包人在施工现场装置了水电表,但无法具体区分各施工单位的实际水电用量。发包人认为,应当根据其向水电部门支付水电费的发票中记载的数额(615,536.35元)在承包人的工程款中予以扣除。因为合同约定了案涉工程的水电费应由承包人承担,最后结算,该水电费未包含在审定价中,虽工地上非本案承包人一家使用,但其是案涉工程的施工总承包方,其余单位使用的水电均支付给该承包人;故发包人认为,由其垫付的全部水电费用应由该承包人承担。

对此,一审法院认为,发包人辩称应扣除承包人应支付的水电费,但其提供的证据不足以证明承包人应负担的水电费具体数额,故对该辩称意见不予采信。

二审法院认为,当事人对自己提出的主张,有责任提供证据,没有证据或证据不足以证明当事人的事实主张的,由负有举证责任的当事人承担不利后果。本案中,发包人主张,工程决算书中已包含水电费728,399.89元(套用定额含量计算所得),依据合同约定,水电费应当由承包人自行负担,因此该水电费应当从应付工程款中扣除。二审法院进而认为,双方在合同中约定现场施工水电

① 参见(2019)苏民再164号民事判决书。

费用按表数计算,但发包人在一审中所提交的水电费发票并不能明确哪些为承包人应当实际负担的水电费,而工程造价决算书所包含的水电费为按定额计算所得,系承包人应得的工程款,非实际发生的水电费,发包人以此数额主张需抵扣的水电费,于法无据。故发包人主张应扣除的水电费数额,未提供充分证据证实,二审不予支持。

江苏省高院再审认为,本案中,建设单位在现场装置了水表、电表,且涉案工程全部水电费由其缴纳,故承包人施工过程中使用的水电费,依据双方合同约定及相关法律规定,理应按实计算给发包人。发包人主张按定额计算扣除水电费728,399.89元,无合同依据,不应予以支持。双方对发包人实际缴纳了水电费615,536.35元,以及该数额系包含承包人进场前、退场后、施工中其他单位使用的水电费在内的全部水电费并无异议,但双方对承包人实际使用的水电费具体数额均不能举证证明。尽管承包人实际使用的水电费的举证责任在发包人,但承包人施工中实际使用并产生了水电费,而该费用已由发包人代为缴纳,故仅以发包人未能举证证明该事项,判定承包人实际使用的水电费不返还给发包人,有违公平。根据双方的诉辩主张及全案事实,再审法院对此作如下评析和处理:首先,双方最早签订合同的时间为2012年4月29日,且发包人无证据证明在签订合同前承包人已进场施工,故对发包人于2012年4月缴纳的水电费,视为承包人进场前发生的水电费,排除在承包人应计算给发包人的范围外;涉案工程最迟竣工验收的时间为2014年12月11日,且发包人无证据证明承包人退场时间发生在该时间之后,故对发包人于2014年12月以后缴纳的水电费,视为承包人退场后发生的水电费,排除在承包人应计算给发包人的范围外。综上,发包人于2012年4月、2015年1月、2015年3月缴纳的水电费合计11,553元,排除在承包人应计算给发包人的范围外。其次,对于发包人缴纳的水电费603,983.35元(615,536.35元-11,553元),承包人应计算给发包人的数额问题。双方对涉案工程中存在发包人分包给其他单位施工的项目无异议,但具体是哪些项目,双方各执一词。发包人陈述,涉案工程中,仅消防、绿化由其分包,其余由承包人总包。承包人对此予以否认,陈述绿化、煤气、广电、供电等均由发包人分包。考虑到上述事实,再结合承包人实际施工的项目系涉案工程的土建、水电安装、小区室外附属工程(排水、道路、景观、土方等)等因素,再审法院酌情认定承包人应计算给发包人的水电费数额为301,991元。

四、结语

综上所述,若发包人能够举证证明系其垫付了水电费用,且承包人无法举证证明其已经缴纳水电费的事实,承包人均需要向发包人退还或者在结算款中扣除相应部分的水电费,即使双方对于水电费的具体金额未能予以书面确认,或者根据既有证据无法具体证实承包人具体发生的水电费金额。

第七节　总承包服务费的结算争议

根据《13版清单规范》第2.0.21条,总承包服务费是指总承包人为配合协调发包人进行的专业工程发包,对发包人自行采购的材料、工程设备等进行保管以及施工现场管理、竣工资料汇总整理等服务所需的费用。从该定义可以得知,总承包服务费所对应的是总承包人的三项工作内容,即配合协调发包人的专业工程发包,保管甲供材和甲供设备,以及管理施工现场和汇总整理竣工资料等;它在建设工程造价形成体系中分属于“其他项目费”一栏。

一、总承包服务费在招标控制价中的编制要求

总承包服务费由建设单位在招标控制价中根据总包范围和有关计价规定进行编制,并且需要列明服务项目及服务内容。在估算总承包服务费额度时应根据招标工程量清单列出的内容和要求按照国家或省级、行业建设主管部门的规定计算。例如,四川省规定,在编制招标控制价时,总承包服务费可参考以下标准:

1. 招标人仅要求对分包的专业工程进行总承包管理和协调时,按分包的专业工程估算造价的1.5%计算;

2. 招标人要求对分包的专业工程进行总承包管理和协调并同时要求提供配合服务时,根据招标文件中列出的配合服务内容和提出的要求,按分包的专业工程估算造价的3%~5%计算;

3. 招标人自行供应材料的,按招标人供应材料价值的1%计算。

总承包服务费属于可竞争性费用,因此,施工单位在投标时可根据招标工程量清单中列出的内容和提出的要求,结合招标控制价,对总承包服务费进行

自主报价。

江苏省规定,总承包服务费根据总承包的范围、深度,按工程总造价的2%～3%计算。

在结算中,总承包服务费应依据已标价工程量清单金额计算;发生调整的,应以发承包双方确认调整的金额计算。

下文根据司法案例,阐析总承包服务费在司法实践中的计取规则。

二、总承包人自行分包的工程项目,不应向发包人计取总承包服务费

总承包服务费是发包人向总承包人支付的因总承包人实施总承包服务项目而产生的对价,因此,总承包人是否实施和提供了总承包服务项目是发包人应否向总承包人支付该笔费用的实质条件。

以最高院二审审理的江苏省金陵建工集团有限公司与沛县汉之源商贸有限公司、沛县国有资产经营有限公司建设工程施工合同纠纷案件[①]为例析之。

本案中,总承包人认为,因案涉部分工程系业主单位分包给其他施工单位施工,因此,应当计取总承包服务费。一审法院经审理认为,总承包服务费是总承包人为配合、协调建设单位进行的专业工程分包,对建设单位自行采购的材料、工程设备等进行保管以及施工现场管理等服务所需的费用。总承包服务费应依据招标人在招标文件中列出的分包专业工程内容和供应材料设备情况,按照招标人提出的协调、配合与服务要求和施工现场管理需要由投标人自主确定。竣工结算时总承包服务费应依据合同约定的金额计算。但总承包单位未向分包单位提供服务或由总承包单位分包给其他施工单位的,不应收取总承包服务费。本案中,现有的证据只能证明总承包人将某工程另行分包给第三人施工,并无证据证明发包人另行分包工程及双方在合同中存在总承包服务费的约定。故总承包人主张总承包服务费缺乏事实依据,依法不应予以支持。最高院经二审审理亦支持了一审法院的上述认定。

从本案也可以看出,总承包服务费的计取是基于发包人的原因(发包人的专业发包及甲供材的保管等)而产生,对于总承包人在施工过程中将部分工程分包给他人施工的,由于该部分工程本就属于总承包人的施工范围,其对自身分包的行为自应履行协调和管理义务并就该分包工程向发包人承担责任。故

---

① 参见(2016)最高法民终687号民事判决书。

总承包人对其分包的该部分工程无权向发包人主张总承包服务费。

三、总承包服务费的支付主体

(一)由发包人支付

由发包人直接支付总承包服务费的,常见于在招投标伊始,发包人即已决定将部分专业工程由其专业发包,并在招标文件或者施工合同中予以列明专业分包的范围,发包人与总承包人在施工合同中对总承包服务费直接约定,并由发包人向总承包人支付该笔费用。发承包人在结算时可依据施工合同的约定计取总承包服务费。

例如,在最高院二审审理的中建二局第四建筑工程有限公司与黑龙江省日出康城房地产开发有限公司建设工程施工合同纠纷案件①中,发承包人在施工合同中约定,以下工程属于发包人指定分包工程:土方工程、深基坑支护工程、消防工程、塑钢门窗工程、弱电、监控工程、电梯工程。其中,承包人对土方工程、深基坑支护工程、电梯工程不计取总承包服务费,其余分包工程,承包人按照分包工程总价的2%计取总承包服务费。总承包人在完成部分工程后撤场,发包人将剩余工程交付第三方继续施工。

关于总承包服务费,发包人认为,因是总承包单位与分包单位之间的权利义务,其无义务支付该笔费用。一审法院经审理认为,总承包人有权依据与发包人的约定计取总承包服务费;但总承包人主张应当收取13项分包工程的总承包服务费,而经查明,仅有5家符合约定计取总承包服务费的工程范围,且其中2家的施工期间延续至总承包人撤场后2年,总承包人未能举证证明对该2家分包单位充分履行了总包管理及配合服务义务,故一审法院按照其余3家分包合同价款的2%认定总承包服务费。最高院经审理,维持了一审法院的该认定。

另一种由发包人向总承包人支付该笔费用的常见方式为发包人指定分包且在总承包合同及专业发包或者专业分包合同中均约定由发包人支付。

例如,在最高院二审审理的安徽万特投资发展有限公司与中色十二冶金建设有限公司建设工程施工合同纠纷案件②中,发包人与总承包人于2013年3月

---

① 参见(2018)最高法民终922号民事判决书。

② 参见(2019)最高法民终108号民事判决书。

1 日签署的《施工合同》中约定，土方工程由建设单位指定分包，与总包单位签订总分包合同，总包单位收取分包合同总价 3% 的总包服务费，工程费用进入总承包账户，税费另计，纳入总包管理。2013 年 3 月 1 日，总承包人与第三人、发包人签订《建筑工程施工专业分包合同》，将案涉土方工程交由第三人施工。该分包合同约定，在建设单位向总承包人拨付土方工程款后，扣除 3% 的总包服务费及相关的税费后将工程款支付给第三人。2016 年 1 月 7 日，土方施工单位与发包人对土方工程量进行签字确认，确认土方工程总价款 20,943,073.24 元。

发包人认为，根据上述《建筑工程施工专业分包合同》的约定，有关土石方工程的总承包服务费应由第三人负担，即土石方工程结算价中已包含总承包服务费，总承包人应自行将总承包服务费从发包人向其支付的工程款中扣除，而不应重复计入工程造价中。

一审法院经审理认为，根据《建筑工程施工专业分包合同》的约定，土方工程款应由发包人支付给总承包人后，再由总承包人支付给土方施工单位；且该笔土方工程款中 3% 的部分应计取入总承包服务费。最高院二审认为，发包人与土石方施工单位直接确认土方工程款的数额，但并未明确该工程价款中包含总承包服务费；故此，总承包服务费应计入工程总造价，并由发包人向总承包人支付。

(二) 由专业承包人支付

在总承包人施工过程中可能会出现，发包人基于各种理由，将原本属于总承包范围内的部分专业工程另行指定发包给其他施工单位进行施工的情形。在指定分包过程中，发包人、总承包人及专业承包人签署三方协议，或者直接在总承包合同中约定，总承包人因履行总承包服务义务而产生的总承包服务费由专业承包人支付，在结算时，总承包人应向专业承包人主张总承包服务费。

例如，在江苏省无锡市中级人民法院二审审理的上海一建建筑装饰有限公司与江苏大亚达置业发展有限公司建设工程施工合同纠纷案件①中，发承包双方在施工合同中约定，承包人作为总承包方，负责现场与总监理的协调工作，协助业主进行图纸及现场的管理工作，各专业分包单位的施工用水、用电等临时设施需各施工分包单位自行解决并承担发生的相关费用；同时，各施工分包单位一次性缴纳其工程造价的 3% 给乙方作为总包配合管理费用。另外，在发包

---

① 参见(2017)苏 02 民终 4121 号民事判决书。

人与各专业承包人签订的施工合同中也明确:“由分包人支付给总包人合同价3%的配合费。”故此,一审法院认为,根据上述合同约定,承包人不应向发包人主张总承包服务费,其应根据总包合同、分包合同的约定向分包人主张该项权利。二审法院经审理认为,总包合同及分包合同均约定由分包单位向总包单位支付合同价3%的配合费,总承包服务费支付的义务主体是分包单位,总承包人应当依据总包合同及分包合同向分包单位主张权利;而且关于配合费的金额,虽然本案中通过鉴定确定了总承包服务费,但分包单位未参与本案诉讼,该部分费用的确定涉及分包单位的利益,故总承包人在本案中主张配合管理费依据不足,不应予以支持。

根据本案可以看出,如何在施工合同中约定总承包服务费的计取以及支付主体,对于总包人的权利主张影响甚巨。如上述案例所示,如果总包合同中约定总承包服务费由分包单位向总包单位支付,但分包单位不是该总包合同的主体,总包合同中的该项约定是为他人设定义务,因此,这首先面临总承包人向分包单位主张该笔费用的合同依据问题。其次,即使可以通过发包人与各分包单位关于总承包服务费的约定而赋予总承包人向分包人进行主张的权利依据,但由于在发承包人之间的诉讼中,分包人一般不参与诉讼,这就导致总承包人向分包人主张该笔费用的程序不便宜。

通过以上分析,笔者建议,对于总承包人而言,应尽量在总包合同中直接约定由发包人向其支付总承包服务费(如果有的话)。实在无法做到这一点,则作为发包人与分包单位间施工合同的主体一方,就专业分包工程签署三方协议;这不仅可以在该份分包合同中就总承包人的协调管理内容进行明确,也能够避免因总承包服务费而产生的相关争议。

四、发承包双方对总承包服务费没有约定情况下的计取

(一)总价包干合同形式下的总承包服务费计取

在固定总价计价方式下,如果施工合同中已经明确约定发包人专业发包工程由总承包人进行统一管理和协调但并未对总承包服务费的计取予以约定的,承包人应当依据施工合同之约定提供总承包服务,工程款结算时不应再计取总承包服务费。

例如,在最高院二审审理的江苏南通六建建设集团有限公司与厦门新景地

集团有限公司建设工程施工合同纠纷案件[①]中，最高院经审理认为，发承包人施工合同中约定的工程合同价款采用总包干价方式确定，承包人施工范围不包括电梯及安装、变压器和发电机组等设备及安装、燃气工程和有线电视及景观工程等，但施工合同同时约定了总包人工作范围包含“因设备的安装产生部分的土建、铁件、预埋、施工用水用电等”，以及“承包范围外其他项目施工总进度安排、总包管理及配合等工作”，因而总包管理及配合属于总承包人应完成的工作事项。在双方施工合同中并未对计取总承包服务费进行其他约定的情况下，总承包人无权再就总承包服务费进行主张。

（二）以另行协商方式约定的总承包服务费计取

“另行协商”的实质是双方没有明确约定计费标准，但若总承包人确实已经实施了总承包服务项目的，基于该等服务，发包人应当向总承包人支付总承包服务费，除非施工合同中有例外约定。问题是，在此等没有明确约定计费标准的情况下应当按照何种标准计取？从司法实践看，该种情形下的总承包服务费可以按照市场行情、定额标准以及法官的自由裁量权予以确定。

例如，在最高院二审审理的中扶建设有限责任公司与德化金龙置业有限公司建设工程施工合同纠纷案件[②]中，发承包双方对于总包配合费的计算方法并未约定，只是明确发包人直接发包的专业工程，应向总承包人支付分包工程的配合费和总包管理费，具体费率双方另行协商。庭审中，双方经协商同意以分包合同价为基数进行计算。法院经审理认为，依据相关规定，总承包服务费的取费标准为2% ~4%，由于案涉工程系未完工程，故法院按照最低标准的2%计取。

再例如，在最高院二审审理的中国二十二冶集团有限公司与盘锦新广厦房地产开发有限公司建设工程施工合同纠纷案件[③]中，鉴定机构认为：总承包服务费如何计取应在施工合同中约定，但案涉工程施工合同并未约定，无计取依据。依据市场惯例，配合费率应在施工合同中约定，但本项目施工合同第32页第2条仅约定，“本工程门窗工程、电梯工程、外墙涂料工程、铁艺工程由发包人直接分包，配合费由甲方主持，分包单位与总包单位协商，由分包单位承担”。分包合同中也没有约定配合费计取方法。铁艺工程合同无单价，建设单位来函说铁

① 参见（2014）民一终字第00192号民事判决书。
② 参见（2017）最高法民终766号民事判决书。
③ 参见（2013）民一终字第1111号民事判决书。

艺工程施工时,总包单位已经退场。本次测算没有包括该部分,如果计算配合费,参照现行市场费率按2%测算。法院最终采纳了鉴定机构的该意见,按照市场费率2%计算总承包服务费。

第八节　规费计取的司法争议

一、何谓规费

根据《13版清单规范》第2.0.34条,规费是“根据国家法律、法规规定,由省级政府或省级有关权力部门规定施工企业必须缴纳的,应计入建筑安装工程造价的费用”。规费项目清单包括:(1)社会保险费,包括养老保险费、失业保险费、医疗保险费、工伤保险费和生育保险费;(2)住房公积金;(3)工程排污费。其中,工程排污费应按工程所在地环境保护部门规定的标准缴纳后按实列入。

另外,《建筑安装工程费用项目组成》中也对规费的定义和构成规定如下。

规费是指按国家法律、法规规定,由省级政府和省级有关权力部门规定必须缴纳或计取的费用。包括:

1. 社会保险费。

(1)养老保险费:是指企业按照规定标准为职工缴纳的基本养老保险费。

(2)失业保险费:是指企业按照规定标准为职工缴纳的失业保险费。

(3)医疗保险费:是指企业按照规定标准为职工缴纳的基本医疗保险费。

(4)生育保险费:是指企业按照规定标准为职工缴纳的生育保险费。

(5)工伤保险费:是指企业按照规定标准为职工缴纳的工伤保险费。

2. 住房公积金:是指企业按照规定标准为职工缴纳的住房公积金。

3. 工程排污费:是指按规定缴纳的施工现场工程排污费。

其他应列而未列入的规费,按实际发生计取。

综上,规费因是施工企业在施工过程中所必然发生的工程成本[①]而被计入

---

① 所谓工程成本是指承包人为实施合同工程并达到质量标准,在确保安全施工的前提下,必须消耗或使用的人工、材料、工程设备、施工机械台班及其管理等方面发生的费用和按规定缴纳的规费和税金。见《13版清单规范》第2.0.10条。

工程价款中,且其作为不得竞争性费用之一种,必须按国家或省级、行业建设主管部门的规定计算。

二、自然人承包工程项目中的规费计取

根据上述定义,规费始终没有脱离"企业""施工企业"等定语限制;它从表面上与施工企业之外的作为承包人的自然人无关。也正是基于这一认识,导致自然人承包的工程项目中是否应当计取规费的问题在司法实践中引起了较大分歧和争论。

(一)最高院裁判观点的冲突

在最高院的司法案例中,对这一问题的认识也存在冲突。

1. 支持计取的观点

例如,在最高院再审审查的杨荣与朔州市森杰房地产开发有限责任公司(简称森杰公司)、林州市太行建设工程有限公司建设工程施工合同纠纷案件①中,最高院认为,住房和城乡建设部、财政部《建筑安装工程费用项目组成》规定,建筑安装工程费用项目按费用构成要素组成划分为人工费、材料费、施工机具使用费、企业管理费、利润、规费和税金。其中,规费是指按国家法律、法规规定,由省级政府和省级有关权力部门规定必须缴纳或计取的费用,主要包括养老保险费、失业保险费、医疗保险费、生育保险费、工伤保险费、住房公积金、工程排污费以及其他实际发生的规费。该笔费用无论施工人是否已经负担、以何种形式负担,都属于其应当负担的费用,属于建设工程价款的组成部分。二审判决对案涉工程款中的规费部分是否应支付给杨荣未作认定,在判决森杰公司应支付杨荣的建设工程价款中未包含规费部分,缺乏事实和法律依据。据此,最高院指令二审法院再审本案。

持相同观点的还有最高院再审审理的李柏刚、依兰县教育建筑工程有限责任公司与司玉杰、黑龙江昊诚集团房地产开发有限责任公司建设工程施工合同纠纷案件。② 最高院在本案中认为,工程款由工程直接费、工程间接费、利润和税金四部分组成,税金、规费为建设工程施工过程中依规必须缴纳的费用(值得注意的是,最高院在本案中却酌减了另外一项与企业承担相关的"企业管理

① 参见(2019)最高法民申833号民事裁定书。

② 参见(2017)最高法民再247号民事判决书。

费"),故,规费应当计入工程造价中。

2. 未予支持计取的观点

例如,在最高院再审审查的周焕朋与新疆得华丰投资有限公司、重庆玉屏建筑工程有限公司新疆分公司建设工程施工合同纠纷案件①中,最高院认为,一审法院委托鉴定机构对已完工程进行了造价鉴定并出具鉴定结论,由于该鉴定结论是在以具备施工资质的单位作为施工人的前提下所进行的鉴定,核算结果包含企业管理费、各项规费及各类保险费等相关费用,但本案中,周焕朋作为个人,并未取得建设工程施工资质,在鉴定结论中为其计取包括企业管理费、各种规费及保险费等间接费用缺乏事实依据。再者,经本院审查查明,周焕朋本人亦并未实际产生上述间接费用或缴纳税费。因此,二审法院在计算周焕朋工程价款时,从鉴定报告中扣除企业管理费、规费、保险费等间接费及税费等,只计取工程直接费和人材机价差调整部分的费用作为工程价款,并无不当。

另外,更为明显和直接不支持规费计取的案例发生在由甘肃省高院一审、最高院二审的施永礼与甘肃凯达投资管理有限公司、甘肃第二建设集团有限责任公司建设工程施工合同纠纷案件②中。甘肃省高院一审认为,规费系行政管理部门依照相关法律规定向企业等法人或其他组织主体收取的法定税、费,而施永礼作为自然人,不是规费征缴对象。另外,施永礼也未提交证据证明其因案涉工程而实际缴纳工伤保险、危险作业意外伤害保险费等规费1,447,470.23元。将规费支付给施永礼既不符合权利义务对等原则,也与建设工程施工的交易惯例相悖,故已完工工程量造价中不应当包含规费。若施永礼将来实际缴纳了该部分规费,可另行主张(需要说明的是,由于施永礼并未提起上诉,故最高院并未就是否应当计取规费的问题进行审理)。

(二)本书之观点

据上,支持或者不支持规费计取的观点之分歧主要由规费内涵和外延之规定引起。表面上看,作为工程项目承包人的自然人并非企业而不像作为用人单位的施工企业那般,需依法缴纳相关职工的社会保险费和住房公积金,故,承包工程项目的自然人至少不是规费范围内的社会保险费和住房公积金的征缴对象,其合同相对方不应向其支付该两笔费用所对应的工程价款。但笔者认为:

① 参见(2017)最高法民申161号民事裁定书。

② 参见(2018)最高法民终383号民事判决书。

1. 作为承包人的自然人实际承担了规费项下的各项成本。

首先，规费之所以能够成为建筑安装工程费用项目组成的一部分，缘于该部分费用必然会发生；尤其是在《劳动合同法》的背景下，施工企业必然会为其职工依法缴纳相应的社会保险费和住房公积金。故，规费是工程项目的发包方或者分包人向承包人支付的因相应施工成本而产生的对价。

其次，根据《建筑安装工程费用项目组成》，社会保险费和住房公积金应以定额人工费为计算基础，规费费率可以每万元发承包价的生产工人人工费和管理人员工资含量与工程所在地规定的缴纳标准综合分析确定。故，规费的计取是与人工费相关，而人工费是指按工资总额构成规定，支付给从事建筑安装工程施工的生产工人和附属生产单位工人的各项费用。但众所周知，即使是施工企业中的建筑工人一般也不是与其建立劳动合同关系的自有职工，施工企业无须为其实际缴纳——或者即使按照法律规定也无须缴纳——社会保险费和住房公积金。但实际上，规费仍需依法作为工程费用项目组成中的一项用以弥补施工企业的施工成本；之所以如此，并非因为施工企业无须支付该费用而不产生相关成本，而是因为，施工企业支付的人工费（人工工资）中已经包含了社会保险费和住房公积金。毕竟，在当下甚至将在今后很长的一段时间内，建筑工人所关注的仅仅是其实际能获得的人工工资而非相关的社会保险或住房公积金。

再次，无论是何种形式下的自然人承包工程项目，建筑工人的召集、雇佣以及人工费的支付均是由该自然人承担。其支付的相应人工费亦如施工企业一样，已实际包含了应当为建筑工人缴纳的社会保险费和住房公积金，人工费中已经包含了社会保险费和住房公积金相对应的施工成本。

最后，既然规费的计取是以人工费为基数，而即使是施工企业也基本不用实际为建筑工人缴纳社会保险费和住房公积金，但施工企业仍然有权计取规费（因其支付的人工费中已经实际包含了该费用）；那么，同理，作为工程项目承包人的自然人也当然有权要求其合同相对方支付该笔施工成本所产生的对价。

也正是因为上述理由，在对规费进行定义的两份文件中，笔者更赞同《建筑安装工程费用项目组成》而非《13 版清单规范》，因前者将规费定义为必须缴纳或计取的费用，但后者却将规费定义为因必须缴纳而应计取。“必须缴纳”和“应当计取”不应当是递进关系而应当是选择关系，因为事实是，无论施工企业还是承包工程项目的自然人都不必须为其建筑工人缴纳社会保险费和住房公积金。

2. 无效施工合同中的结算条款应当参照执行。

以上论述是基于交易价格之形成的视角,即规费是施工人所产生之施工成本而发生的交易对价。另外,自然人承包工程项目的具体情形无非包括违法发包、违法分包、转包或者挂靠。根据法律规定,上述情形下的工程项目施工合同系无效,但根据《民法典》第793条第1款,"建设工程施工合同无效,但是建设工程经验收合格的,可以参照合同关于工程价款的约定折价补偿承包人。"故,相应合同虽然无效,但该合同中相应的结算方式和结算条款在结算过程中仍应予以参照执行。

因此,除非工程项目的承包人与其合同相对方所签订的相关协议中明确对规费予以了排除性或者限制性约定,否则,该合同相对方无权以该自然人并非规费征缴对象或者该自然人未能提供实际缴纳规费之证据为由,要求在依据无效施工合同进行结算的工程款中扣除相应规费。如若如此,我们可以推导出另一悖论,即施工企业因不必须或者也无法提供其为建筑工人实际缴纳的社会保险费或者住房公积金等凭证而不应计取规费;而这将直接瓦解整个建筑安装工程费用项目的组成体系。

综上所述,笔者赞同最高院在(2019)最高法民申833号《民事裁定书》中的观点;且笔者也已经注意到,最高院在本案中所援引的规费定义来自《建筑安装工程费用项目组成》而非《13版清单规范》。

三、环境保护税

环境保护税的前身为排污费,征收排污费的法律依据在于国务院于2003年施行的《排污费征收使用管理条例》。该条例第2条规定:"直接向环境排放污染物的单位和个体工商户(以下简称排污者),应当依照本条例的规定缴纳排污费。"据此,住建部在《建筑安装工程费用项目组成》中将工程排污费列为规费的一种,用于弥补施工单位依法支付的排污费成本。该文件规定,工程排污费等其他应列而未列入的规费应按工程所在地环境保护等部门规定的标准缴纳,按实计取列入。

2018年1月1日起,《环境保护税法》和《环境保护税法实施条例》正式施行,《排污费征收使用管理条例》也相应被废止,自此,排污费退出历史舞台。《环境保护税法》第27条规定:"自本法施行之日起,依照本法规定征收环境保护税,不再征收排污费。”据此,江苏省住建厅在《关于调整建设工程按质论价等费用计取方法的公告》中明确,依据《环境保护税法实施条例》规定,从 2018 年 1 月 1 日起,不再征收“工程排污费”,改征“环境保护税”,建设工程费用定额中的“工程排污费”名称相应调整为“环境保护税”;“环境保护税”仍按照工程造价中的规费计列,因各设区市“环境保护税”征收方法和征收标准不同,具体在工程造价中的计列方法,由各设区市建设行政主管部门根据本行政区域内环保和税务部门的规定执行。

但需要注意的是,无论是 2018 年 1 月 1 日之前的“工程排污费”还是其后的“环境保护税”,均非施工过程中所必然发生的费或税;只有在实际产生的情况下,发包人方才应向承包人据实支付。例如,在最高院二审审理的中国建筑一局(集团)有限公司与辽宁上海城置业有限公司建设工程施工合同纠纷案件①中,中建一局为证明其排污费的主张提供了四张发票,即由某环保科技公司于 2014 年 6 月 4 日、2014 年 8 月 13 日、2014 年 8 月 18 日开出的三张排污费发票及另一家环保公司于 2015 年 7 月 3 日开出的发票。最高院经审理认为,前三张发票不能证明所记载的排污费与本案工程之间具有关联性,后一张发票不能证明该发票显示的费用系因本案工程排污发生。故中建一局关于排污费的主张不能成立。

另外,该笔费用因实际发生而列入,故其与合同效力无关。例如,在最高院二审审理的浙江东阳建筑实业工程有限公司(简称东阳公司)与西安市康福房地产开发有限公司(简称康福公司)建设工程施工合同纠纷案件②中,最高院认为,有证据证明该笔费用(工程排污费)已经由康福公司实际支出,且排污费属于国家要求建设工程项目必须负担的费用,属于《陕西省建筑工程综合概预算定额》(1999 年)中现场管理费范畴。虽然,案涉合同因违反我国《招标投标法》而被认定无效,但建设工程基本规费的负担应当参照定额规定确定双方的权利和义务;该笔费用应当由东阳公司承担。

---

① 参见(2019)最高法民终 339 号民事判决书。

② 参见(2014)民一终字第 108 号民事判决书。

第二章

建设工程合同价款中的热点法律问题（二）

第一节　工程变更对合同价款的调整原则和方法

在合同价款调整体系中，因工程变更产生的价款调整相较于其他调整因素要复杂得多，在量价分离的计价原则下，它不仅仅涉及工程量的变动还涉及相关单价的调整，它也可能同时引起量和单价的变动。

一、工程变更的内涵和外延

实践中有一种错误的理解，认为工程变更就是指或者仅仅指工程的设计变更。设计变更固然是工程变更的一种主要形式，但工程变更的外延并不仅仅限于设计变更。根据《13 版清单规范》第 2.0.16 条，工程变更是指：合同工程实施过程中由发包人提出或由承包人提出经发包人批准的合同工程任何一项工作的增、减、取消或施工工艺、顺序、时间的改变；设计图纸的修改；施工条件的改变；招标工程量清单的错、漏从而引起合同条件的改变或工程量的增减变化。

从上述定义可以看出：

1. 工程变更是发包人承担的风险。工程变更属于发包人的主动行为或者虽为被动但经其批准，既如此，则因工程变更产生的风险理应由发包人承担。施工条件的改变由于是实际的现场条件与招标书描述的条件或者与谈判、签订合同时的条件不同，施工过程中为了推进工程的顺利进行，需要承包人增加或者删减一些必要的工作，该等工作调整引起的风险也应由发包人承担。当然，招标工程量清单系由发包人提供，其应对清单的正确性和准确性负责，若出现错漏的，相应风险也应由其承担。

2. 工程变更的落脚点或者其上位概念系合同条件的改变或者工程量的增减变化。在量价分离的计价模式下，工程变更所发生的法律效果是经由工程量的变更引起合同价款（包括综合单价和固定总价，以及固定总价合同项下的相关单价）的调整——即使是施工条件的改变也只有在其引发了工程量增减的情况下方能按照合同约定或者法律规定对合同价款进行调整，最终使得能够调整的合同价款进入建设工程竣工结算。故，工程变更导致合同价款调整的本质在于工程变更导致的工程量的变动。

3. 工程变更的具体情形包括：合同工程任何一项工作的增、减、取消或施工工艺、顺序、时间的改变，该增、减、取消或施工工艺、顺序、时间改变的发生是经发包人批准的（无论是发包人主动提出抑或经承包人提出而获得发包人同意）；设计图纸的修改；施工条件的改变（如勘察单位在勘察时并未发现施工现场地下存在暗河的）；招标工程量清单的错、漏引起的工程量变动。

二、工程变更对工程计量的影响

工程合同价款的约定方式主要包括综合单价和固定总价两种，工程变更对两种合同方式中的工程计量均能产生工程计量的变动并进而影响合同价款的调整。

（一）工程变更对综合单价合同的计量影响

单价合同是指在合同约定的条件下，约定的单价固定不变且不作调整。因此，单价合同固定的是合同单价的风险，单价风险一般由承包人承担，但量的风险则由发包人承担，即工程量需要根据施工人实际施工的工程量予以调整。

无论是否采用招标程序，也无论在签订合同前是否存在招标人编制的招标工程量清单，综合单价合同项下的工程计量，必须以承包人完成合同工程应予计量的工程量确定，即以承包人按照现行国家计量规范规定的工程量计量规则计算的由其实际完成应予计量的工程量确定。这意味着，综合单价合同项下，量的风险由发包人承担。

正因如此，因工程变更引起工程量的增减时，应当按承包人在履行合同义务中实际完成的工程量计算。

(二)工程变更对总价合同的计量影响

固定总价合同项下的固定价格有两种形成方式,即采用工程量清单方式招标形成的固定总价和采用经审定批准的施工图纸及其预算方式发包形成的固定总价。与传统意义上对固定总价合同的理解不同,《13版清单规范》重新界定了总价合同的风险范围,即总价合同并不等于风险的包干。

采用工程量清单方式招标的总价合同,也可称为"包清单"的固定总价,即招标工程量清单范围内的工程量所对应的工程价款在结算时不做调整。但由于工程量清单系由招标人提供,根据《13版清单规范》第4.1.2条,"招标工程量清单必须作为招标文件的组成部分,其准确性和完整性由招标人负责"。因此,如果因为工程变更导致承包人实际施工的范围与招标工程量清单不符的,其工程量也应当按照承包人实际完成的工程量予以调整,即采用工程量清单方式招标的总价合同应当按照综合单价合同的规定计量,该等总价模式下量的风险仍由发包人承担。

采用经审定批准的施工图纸及其预算方式发包形成的固定总价,也可称为"包图纸"的固定总价,在施工过程中,承包人需要自行对施工图纸进行计量,图纸范围各项目的工程量是承包人用于结算的最终工程量,除按照工程变更规定引起的工程量增减外,不作调整。这也意味着,经审定施工图纸范围内的工程量所对应的工程价款不作调整,这是其与综合单价合同最本质的区别。

三、工程变更对合同价款的调整方式

(一)工程变更项目分部分项工程费的确定

如上所述,综合单价施工合同以及采用工程量清单方式招标的总价合同,其工程量需要按照承包人实际完成的工程量予以计量,而工程变更是引起分部分项工程量变动的主要因素,因工程变更引起已标价工程量清单项目或者工程数量发生变化时,变化部分的工程款按照如下方式予以调整。

1. 已标价工程量清单中有适用于变更工程项目的,采用该项目的单价;

2. 已标价工程量清单中没有适用于但有类似于变更工程项目的,可在合理范围内参照类似项目的单价;

3. 已标价工程量清单中没有适用于也没有类似于变更工程项目的,应由承包人根据变更工程资料、计量规则和计价办法、工程造价管理机构发布的信息价格和承包人报价浮动率提出变更工程项目的单价，报发包人确认后调整。

4. 已标价工程量清单中没有适用于也没有类似于变更工程项目，且工程造价管理机构发布的信息价格缺价的，应由承包人根据变更工程资料、计量规则、计价办法和通过市场调查等取得有合法依据的市场价格提出变更工程项目的单价，报发包人确认后调整。

但需要注意的是，即使已标价工程量清单中有适用于变更工程项目的，若变更项目导致工程量浮动较大的，对综合成本的分摊也将带来影响。例如：工程量突然增加太多，若仍按原综合单价计价，对发包人不公平；工程量突然减少太多，仍按原综合单价计价，对承包人不公平。为此，《13 版清单规范》对于因工程变更导致工程量增减较多的综合单价也规定了调整的方法，即当工程量增加 15% 以上时，其增加部分的工程量的综合单价应予调低；当工程量减少 15% 以上时，减少后剩余部分的工程量的综合单价应予调高。

从以上论述可知，对于综合单价合同价款的调整分为量的调整和一定情形下的单价调整，即“综合单价因量裁定，工程量据实结算”，量的风险由发包人承担，但价的风险由发承包双方合理分担。

（二）工程变更项目措施项目费的确定

工程变更引起施工方案改变，并使措施项目发生变化的，承包人提出调整措施项目费的，对于能否调整的问题需要根据一定的程序进行：承包人需事先将拟实施的方案提交发包人确认，并详细说明与原方案措施项目相比的变化情况；拟实施的方案经发承包双方确认后，方可对措施项目费进行调整。如果承包人未能事先将拟实施的方案提交发包人确认，则应视为工程变更不引起措施项目费的调整或承包人放弃调整措施项目费的权利。这是承包人在发生工程变更事项时需要特别予以关注的问题。

措施项目费在调整时，分三种不同的情形进行。

1. 安全文明施工费按照实际发生变化的措施项目依据国家或省级、行业建设主管部门的规定进行调整。

2. 采用单价计算的措施项目费，包括脚手架工程、混凝土模板及支架、垂直运输、超高施工增加、大型机械设备进出场及安拆、施工排水、降水等，需要按照实际发生变化的措施项目，根据分部分项的综合单价估价原则进行综合单价的调整。

3. 采用总价(或系数)计算的措施项目费,包括夜间施工、非夜间施工照明、二次搬运、冬雨季施工、地上地下设施以及建筑物的临时保护设施、已完工程及设备保护等,需要按照实际发生变化的措施项目调整,但应考虑承包人报价浮动因素,即调整金额按照实际调整金额乘以承包人报价浮动率。

(三)删减类工程变更的利润补偿

在发承包双方签署施工合同之时,发承包之间的合同条件(包括双方对施工合同项下的工程量)即已固定,根据民法之诚实信用原则,在合同履行过程中,双方应当保持该合同条件的平衡,充分遵守合同的约定。

根据《民法典》第584条之规定,当事人一方不履行合同义务或者履行合同义务不符合约定,造成对方损失的,损失赔偿额应当相当于因违约所造成的损失,包括合同履行后可以获得的利益。故,在工程施工过程中,如果发包人提出的工程变更因非承包人原因删减了合同中的某项原定工作或工程,致使承包人发生的费用或(和)得到的收益不能被包括在其他已支付或应支付的项目中,也未被包含在任何替代的工作或工程中时,承包人有权提出并得到合理的费用及利润补偿。该等利润补偿不仅符合合同法的规定,也与工程变更系由发包人承担之风险的原则相一致。

第二节　浮动率在工程价款结算中的运用

作为买方市场的典型,建筑市场中的施工单位为了能够获得工程项目的承包权,往往会采取报价下浮的策略,下浮也已成为建筑市场中的惯例;但下浮率如何确定、下浮率能否调整等问题在司法实践中也容易产生争议。

一、下浮率的确定方式

(一)依法定

国家制度层面对浮动率进行明确规定的文件是《13版清单规范》,根据该规范第9.3.1.3条之规定,承包人报价浮动率根据是否为招标工程而存在两种计算方式:在招标工程中,承包人报价浮动率=(1-中标价/招标控制价)×100%;在非招标工程中,承包人报价浮动率=(1-报价/施工图预算)×100%。

上述公式中的招标控制价和施工图预算系建设单位根据一定的规则在发包建设工程项目之前计算所得，但建设工程施工实践具有纷繁复杂之特性，尤其体现在工程发包前可能并不存在上述数据或者在施工合同中亦未明确约定下浮率，此时的下浮率确定将是建设工程施工合同纠纷案件中的难点。

(二)依约定

建设工程实践具有复杂性，施工合同的约定也具有与法律或者规范的不一致性，具体到工程价款下浮率，施工合同约定的下浮率计算方式很可能跟上述《13 版清单规范》中的规定不一致(尤其是发包人在招标时并未编制招标控制价的)，比较典型的约定方式为在计价定额的基础上确定某固定的下浮率。施工合同的上述约定一般而言属于合同双方真实意思的表示，在结算时应当予以遵照处理。但实践永远是复杂且多变的，主要体现在施工单位仅仅施工部分工程后便解除施工合同或者即已撤场的情形。考虑到建设工程底部项目的成本耗费以及施工单位不平衡报价等因素，是否还能直接适用合同中明确约定的该等下浮率以及如若不能适用的该如何进行调整等问题也是司法实践中面临的难点。

(三)依报价与合同价格的比例确定

实践中，尤其是对非国有资本投资的项目，发包人未通过招投标程序选定承包人的，造价审计单位或者鉴定单位一般是按照承包人的报价与合同价格计算下浮率，即下浮率 = (1 - 合同价/报价) ×100%。

司法实践和工程实践中，如果是正常完成的工程，其下浮率依据上述方式予以确定并加以适用一般不存在争议；但对于建设项目并未完工的，合同约定或者法律规定的下浮率是否还能适用，在实践中存在较大的争议。因此，研究司法活动对未完工程下浮率的审判实践和裁判规则具有比较重要的现实意义。

二、未完工程下浮率的确定

投标人在建设工程项目的投标报价中往往会根据实际情况以及自身工程款回收期限及利润率的考量而采取不平衡报价策略，因此，在因各种原因导致发承包双方解除施工合同的情况下，如果完全依据施工合同中约定的下浮率进行工程价款的结算，将会对施工单位造成实质的不公平。如何确定未完工程的下浮率是建设工程施工合同纠纷案件的审理难点；司法实践中，对该等下浮率的确定存在如下几种做法。

(一)依施工过程中形成的补充协议等约定下浮

例如,在由最高院二审审理的江苏宏盛建设工程集团有限公司与云南仟浩房地产开发有限公司建设工程施工合同纠纷案件[①]中,发承包双方约定本合同价款采用定额计价、按实结算方式确定,工程价款暂定9000万元,工程最终结算总价在按约定标准计算的基础上下浮2%(不含签证及变更量);当日,双方又签署《会议纪要》,明确关于签证及工程量变更是否下浮2%的问题:工程最终结算总价下浮2%(含签证及变更量)。在该工程施工一部分后,双方产生争议,在诉讼过程中,双方一致同意解除案涉施工合同。

诉讼中,经鉴定机构鉴定,承包人已完工程总造价为29,939,792.06元,下浮2%后为29,340,996.22元。双方对鉴定机构审计的工程总价款金额及下浮2%后工程总价款金额无异议,但对是否应下浮的问题产生争议。承包人认为,合同约定的2%下浮率适用的前提为完成全部工程项目,但本案中,承包人仅完成部分工程,结算工程价款时不应下浮。

最高院经审理认为,2015年6月12日,双方当事人签订的施工合同专用条款第23.2条约定:本合同价款采用定额计价、按实结算方式确定。总承包人承诺工程最终结算总价在按约定标准计算的基础上下浮2%。当日,双方签订《会议纪要》再次约定工程最终结算总价下浮2%(含签证及变更量)。故双方当事人应当按照合同约定,在工程总造价基础上下浮2%计算工程款。

(二)由法院根据已完工程造价占合同价的比例酌定下浮率

然而,即使施工合同文件中明确约定了下浮率的,从司法实践的角度看,对于是否适用该约定的下浮率也存在不同的观点,其适用问题根据具体案件的不同也存在差异。该等差异的逻辑在于,施工合同中确定的下浮率是发承包双方在签订施工合同时根据承包人将施工范围内的全部工程施工完毕的情况进行的约定;在建设工程并未全部由施工单位完成的情况下(尤其是仅仅完成少部分工作量的情况下),法院可根据施工单位实际的施工进度及实际情况,按照已完工程造价与合同约定工程款总额的占比酌情确定下浮率。

例如,在由最高人民法院二审审理的江苏新兴建设工程有限公司与安徽盛

---

① 参见(2019)最高法民终272号民事判决书。

仁投资有限公司建设工程施工合同纠纷案件[①]中,施工合同中约定的合同价款及调整方式为:采用可调价格合同(暂定金额为3亿元),本工程最终按实结算,依据《安徽省建设工程工程量清单计价依据》编制结算,经审核后下浮13.6%作为结算价(预留金不下浮)。承包人进场施工后,因发承包双方的原因导致承包人未能完成全部工程范围的施工;经造价鉴定,承包人已完成工程的造价为77,776,707.92元。一审法院认为,承包人已完工程的造价只占合同约定工程款的25.9%(77,776,707.92元/3亿元),从公平原则出发,双方约定的工程价款让利幅度13.6%应根据工程完成比例进行确定,即让利3.52%(13.6%×25.9%)。据此,承包人所完工程造价应为75,038,967.8元[77,776,707.92元×(1-3.52%)]。最高院经二审审理认为,虽然施工合同约定工程价款按审核后下浮13.6%确定,但该让利系数适用的前提是承包人依约将施工范围内的工程全部施工完毕。鉴于案涉工程为未完工程,且工程各施工阶段的施工难易程度、施工成本、所获利润等均存在较大差异,一审法院依据承包人的实际施工进度及本案的具体情况,按照已完工程造价与合同约定工程款总额的占比,酌定让利系数为3.52%,符合实际,并无不妥。

(三)由鉴定机构按照定额等计算后再由法院酌情确定

该种情况往往适用于在造价鉴定过程中,发承包双方都无法提供投标报价电子版资料,导致鉴定人无法准确计算下浮率。

例如,在由最高院二审审理的中铁建设集团有限公司与天津辉信房地产开发有限公司建设工程施工合同纠纷案件[②]中,一审法院委托的鉴定人在二审出庭时表示:(1)关于鉴定方法的问题。由于发承包人均不能提供电子版投标报价资料,因此鉴定人是套取天津市安装工程预算定额(2008年)及投标期造价信息与投标报价比对后求出下浮比例。(2)关于能否依据纸质版工程量清单报价鉴定工程款的问题。由于投标报价的所有项与定额所有项综合单价不一致,做不到综合单价一一对应,现有的纸质版报价中,材料费、机械费等比定额信息价格是下浮的,但具体是怎么调整的并不清楚,因此,按照现有的纸质版工程量清单报价计算工程款不准确。

鉴定人据此计算出双方所签合同造价是在定额基础上下浮24.66%。

---

① 参见(2018)最高法民终305号民事判决书。

② 参见(2019)最高法民终412号民事判决书。

对此,一审法院认为,涉讼工程为未完工程,承包人在停工前向发包人送达了停工通知,该通知证明承包人停工系基于发包人不及时支付工程款的事实。结合鉴定单位的鉴定意见书,发包人确实存在大量欠付工程款的情形,故发包人是造成工程停工的责任主体。依据鉴定机构的鉴定意见,双方所签合同造价在定额基础上下浮率为24.66%,该下浮率较高。而涉讼工程的施工部位仅至±0.00以上六层,承包人无法获得签订合同时所预期的合同整体履行完毕应得的利润收益,而依建筑市场的施工惯例,±0.00以下地基基础施工属于施工投入较大的部分,而造成工程不能如期完工又属发包人的责任,故结合本案合同签订及履行的情况、停工的具体责任、工程款下浮的比例等情况,为平等保护双方当事人的利益,避免因合同未履行完毕导致利益失衡,一审法院酌情将鉴定机构所确定的下浮比例予以调整,即该部分下浮双方当事人各负担一半。鉴定意见确定的下浮率为24.66%,一审法院酌情调整为下浮率12.33%。

最高院二审认为,一审判决充分考虑双方真实意思并结合过错、施工进度等具体情形,在二者主张的结算标准之间平衡双方利益居中自由裁量,按照在定额基础上下浮12.33%计算工程款,并无明显不当。

三、结语

未完工程的下浮率确定的确属于争议较大的法律事项。笔者认为,为能充分发挥司法平衡发承包双方利益的作用,合同约定的下浮率在承包人完成大部分工程项目的情况下是可以适用的;但承包人仅完成小部分工程的,考虑到建设工程底部施工的复杂性和难度,以及因承包人不平衡报价导致的利益失衡,应当按照一定标准酌情考虑降低下浮率。

第三节 施工合同解释顺序在工程价款结算中的运用

自发承包人双方签订建设工程施工合同那一刻起,即已存在在不同时刻、不同阶段形成的多份不同种类的法律文件,如招标文件、投标文件、中标通知书、图纸、标准、工程量清单、施工合同协议书、通用条款、专用条款;而在施工过程中又会形成诸如工程联系单、签证、设计变更指令、会议纪要、补充协议等大量的法律文件。所有这些法律文件之间或因故意或因疏忽或因妥协而可能出现相互就某一事项约定不一致的情形；为解决纷繁法律文件相互之间的矛盾，施工合同中会设计一套解释顺序规则。在司法实践中，该等解释顺序规则不容小觑。

一、2017 年版《建设工程施工合同(示范文本)》中约定的合同解释顺序

该示范文本通用条款第 1.5 条约定如下："组成合同的各项文件应互相解释，互为说明。除专用合同条款另有约定外，解释合同文件的优先顺序如下：(1)合同协议书；(2)中标通知书(如果有)；(3)投标函及其附录(如果有)；(4)专用合同条款及其附件；(5)通用合同条款；(6)技术标准和要求；(7)图纸；(8)已标价工程量清单或预算书；(9)其他合同文件。上述各项合同文件包括合同当事人就该项合同文件所作出的补充和修改，属于同一类内容的文件，应以最新签署的为准。在合同订立及履行过程中形成的与合同有关的文件均构成合同文件组成部分，并根据其性质确定优先解释顺序。"

根据以上约定可知：(1)若专用条款改变了上述解释顺序的，当以专用条款中对解释顺序的特别约定为准；(2)若同一类内容的文件在施工过程中进行了修改或者补充，当以签订在后的为准；(3)合同订立及履行过程中形成的其他合同文件当根据其性质确定解释顺序。当然，若发承包双方未选用 2017 年版《建设工程施工合同(示范文本)》的，则根据实际签订的施工合同中约定的解释顺序为准。

本节通过对相关司法案例的考察，阐析施工合同解释顺序规则在工程案件中的适用。

二、关于工程范围的解释顺序

工程范围(承包范围)是解决建设工程施工合同纠纷所首要关注的问题，只有将承包人实际承包和施工的工作内容确定后才能根据合同约定之计价方式和计价依据计算其工程价款。在众多的合同文件中，对工程范围的约定也可能存在不一致的情形，通过合同解释顺序固定工程范围是解决该等争议的一种重要方式。

例如，在江苏省高级人民法院二审审理的江苏省苏中建设集团股份有限公

司与扬州京华城中城生活置业有限公司建设工程施工合同纠纷案件[1]中,案涉工程的投标报价为固定总价 8017.84 万元,合同价亦为固定总价 8017.84 万元。承包人在投标报价时将案涉铝合金门窗、栏杆工程和外墙涂料工程(以下简称争议工程一)计入投标报价,未将电话宽带、有线电视工程(以下简称争议工程二)计入投标报价;但施工合同中约定的工程范围均不包括争议工程一和争议工程二。发承包双方对在结算中是否需要计取或者扣除该二项工程产生争议。

法院经审理查明,施工合同中约定的合同解释顺序为:本合同协议书、中标通知书、投标书及其附件、本合同专用条款、本合同通用条款、标准规范及有关技术文件、图纸、工程量清单、工程报价单或预算书等。法院认为,根据该合同解释顺序,投标书及其附件是合同的组成部分且其解释顺位优先于施工合同,故在二者产生矛盾时,应当以投标书及其附件中的内容为准。争议工程一既然包括在解释顺位在先的投标文件中,且承包人亦确实未实施该工程,因此,对争议工程一所对应之合同价款应从固定总价中予以扣除;争议工程二未包括在解释顺位在先的投标文件中,且承包人实际施工完成了该部分工程,故对该部分工程对应之价款不应从固定总价中扣除。

三、关于工程量的解释顺序

《13 版计价规范》第 4.1.2 条规定:"招标工程量清单必须作为招标文件的组成部分,其准确性和完整性应由招标人负责。"从该条规定可以得知,招标工程量清单错误或者偏差之风险应由发包人承担。但在实践中,尤其是在施工合同对合同文件的解释顺序作出了具体约定时,发包人未必一定需要承担清单错误或者偏差之风险。

例如,在江苏省高级人民法院二审审理的江苏南通二建集团有限公司与东台市人民医院建设工程施工合同纠纷案件[2]中,发承包人在施工合同中约定的合同解释顺序为:本合同协议书及补充协议,中标通知书,招标文件和投标书及其附件,本合同专用条款,本合同通用条款,标准、规范及有关技术文件,图纸,工程量清单(如有时),工程报价单或预算书等;合同价格形式为固定总价。

诉讼过程中,发承包双方对配电箱(合同约定配电箱系甲供材)用量产生争

---

① 参见(2017)苏民终 421 号民事判决书。

② 参见(2015)苏民终字第 0142 号民事判决书。

议。对此,根据双方庭审中提供的证据及陈述,编制的工程设计图纸中标明的配电箱用量为256台,工程量招标清单中招标工程量配电箱用量为326台,工程施工实际安装配电箱为256台。发承包双方在审理中均认可少领用且未实际安装的加工配电箱为70台。承包人主张,发包人应当计取图纸与工程量清单中相差的该70台配电箱的价款和安装费。一审法院经审理认为,对照工程实际情况,可以确认工程量清单中配电箱安装量为编制错误;另外,根据上述合同解释顺序的约定,图纸的解释优先于工程量清单,因此应按图纸中的工程量确定。工程量清单中的70台配电箱未实际使用,不属于材料设备结余,不应计入工程总价。故此,承包人的主张不应得到支持。

笔者认为,一审法院根据合同解释顺序对本案判决的说理是符合法律规定的。另外,二审法院在一审判决的基础上又加入了基于配电箱是甲供材的说理阐释,即虽然案涉工程采固定总价合同形式,但甲供材属于建设单位的预留金,并不属于施工合同的总价范围,也不属于发包人承担的清单编制差错风险,应当根据实际使用量据实结算。故此,维持一审法院的判决。

四、关于工程质量的解释顺序

工程质量是法律规制和行政管制的根本目的和出发点,因此,住建部及其他行政管理机关针对不同的工程种类制定有不同的质量验收规范。例如,住建部2014年底发布《混凝土结构工程施工质量验收规范》(GB50204 - 2015),该规范并被批准为国家标准。一般情况下,施工合同中约定的工程质量标准为合格,而合格的标准即为符合类似上述国家标准中的相关要求。

因此,关于工程质量的国家强制性标准必须执行,施工合同不得约定低于该标准的质量标准,否则将视为无效条款(大多数施工合同采用这一标准)。另外,行业协会也实施其他高于国家标准的质量标准并设置相关奖项,例如,中国建筑业协会设立的鲁班奖、北京设立的长城杯、上海的白玉兰奖、浙江的钱江杯、江苏的扬子杯等。而该类标准属于行业标准,是推荐性标准,是否适用需要由发承包双方在施工合同中具体约定。

正是由于实践中存在不同的质量标准,这便为不同的施工文件就质量标准的约定不一致提供了可能性。例如,招标文件中可能约定质量标准需达到扬子杯标准,而施工合同中却约定质量标准为合格,或者相反。在该种情形下,解释顺序即为此类争议提供了解决规则。

例如,在最高院二审审理的天津博海缘置业投资有限公司与北京住总第六开发建设有限公司建设工程施工合同纠纷案件[①]中,发包人在招标文件中规定涉诉工程应当达到天津市"海河杯"标准,但施工合同中约定本工程质量标准为达到国家施工验收规范合格标准,质量目标为合格。诉讼中,发包人认为,由于案涉工程并未达到"海河杯"标准,承包人应当承担工程质量未达标的违约责任。最高院经审理认为,根据施工合同专用条款第 2 条之约定,当合同文件相互发生抵触或不一致时,以时间发生在后的文件解释为准。建设工程施工合同签订的时间晚于投标文件的时间,当两者发生抵触时,应以建设工程施工合同为准。建设工程施工合同对于工程质量的要求是合格,而没有约定"海河杯"标准以及未达到"海河杯"标准构成违约。故,发包人的主张没有合同依据。

五、忽略合同解释顺序的司法后果

合同解释顺序对于事实查明和法律适用均具有重要的意义,若法院判决忽视了对合同解释顺序的适用,上级法院将可能以"原判决认定事实不清"为由发回原审人民法院重审。

例如,在最高院二审审理的溧阳全润建设工程有限公司(原江苏宏大建设集团有限公司)与天津空港二手车交易市场有限公司建设工程施工合同纠纷案件[②]中,最高院经审理认为,案涉建设工程施工合同系经招标、投标后订立。合同专用条款 2 约定了合同文件组成及解释顺序:执行通用条款第 2 条。而通用条款第 2. 1 条明确约定:"组成合同的文件及优先解释顺序如下:1. 本合同协议书;2. 中标通知书;3. 投标书及其附件;4. 本合同专用条款;5. 本合同通用条款;6. 标准、规范及有关技术文件;7. 图纸;8. 工程量清单;9. 工程报价单或预算书。合同履行中,发包人、承包人有关工程的洽谈、变更等书面协议或文件视为本合同的组成部分。"一审法院委托的鉴定机构在对案涉工程造价进行鉴定时,未综合考虑合同组成文件的内容及解释顺序,有关鉴定意见不符合当事人的约定。一审判决以鉴定意见作为认定工程价款的根据,认定基本事实不清。故,依据《民事诉讼法》第 170 条第 1 款第 3 项之规定,裁定撤销原判决,发回天津市高院重审。

---

① 参见(2016)最高法民终 259 号民事判决书。

② 参见(2018)最高法民终 1128 号民事裁定书。

六、《司解一》第22条与施工合同解释顺序

《司解一》第22条规定:“当事人签订的建设工程施工合同与招标文件、投标文件、中标通知书载明的工程范围、建设工期、工程质量、工程价款不一致,一方当事人请求将招标文件、投标文件、中标通知书作为结算工程价款的依据的,人民法院应予支持。”

从上述规定似乎可以看出,招标文件、投标文件、中标通知书是相关争议的优先级适用文件。但笔者以为,司法解释仅仅是对法律的解释,不是强制性规定;并且,建设工程施工合同虽然存在大量的公法规制,但这无法改变其作为私权的特定性质。故此,如若施工合同对相关法律文件的优先顺序作出了约定,应当以施工合同的约定为准,即当施工合同约定其他文件的解释顺序优先于招标文件、投标文件、中标通知书的,应当以当事人约定的解释顺序为准。当然,如果施工合同中对施工合同解释顺序没有约定的,则应当适用《司解一》第22条的规定。

第四节　无效施工合同的另种结算方式

司法实践中,将建设工程施工合同认定为无效的情形比比皆是;但鉴于建设工程产品的特性以及工程实践的复杂性,施工合同被认定无效后的工程价款之结算仍应参照无效施工合同中约定的结算方式予以处理。为此,《民法典》第793条作出了类似规定,该条规定充分尊重双方当事人于无效施工合同中就工程价款计价方式形成的合意。

但是,如果在施工过程中发生因设计变更、工程建设规模调整等情况导致工程量大幅增删,或因市场、人工等波动因素的影响,导致工程成本处于变动状态,若仍按照无效施工合同中约定的计价方式进行结算,将对当事人一方产生明显不利的法律后果。在此种情况下,如当事人未明确同意按照合同价格进行结算,则不宜仅仅依据无效合同之约定进行结算。法院应综合分析证据并结合当地建设行政主管部门发布的计价方法或者计价标准以及双方当事人之过错等因素,对工程价款进行酌情调整。

本节以最高院再审审理的武汉第四建设集团有限公司与武汉市后湖发展

区物业有限公司建设工程施工合同纠纷案件[①]为例进行分析。值得注意的是,本案中,基于对无效施工合同结算方式的不同认识,三级法院对本案的判决结果均不一致。

【基本案情】

2009年12月1日,发承包双方签订《建筑施工补充合同(执行合同)》(以下简称《执行合同》),约定:

1.合同价款:本工程1#、2#住宅楼采用固定总价合同,合同价款为3350万元;3#楼商业楼工程按照本工程住宅清单的综合单价、标准及计价方式据实结算(相应的材料如钢材价格均不作调整),合同价款暂定2510万元。3#楼建筑结构是地下2层、地上1层。

2.除设计变更、工程变更外,合同工期内合同价款均不得调整(包括因招标工程量清单与实际施工图纸的差异引起的量差以及乙方投标少报、漏报、错报项目)。

3.非乙方原因的设计变更(含工程变更),变更合同价款按下列方式进行:合同中已有适用的综合单价或总价,按合同中已有的价格;合同中有类似的综合单价或总价,参照类似的价格;合同中没有适用的或类似的综合单价或总价,由乙方依据变更工程资料、计量规则和计价办法提出变更工程单价或总价,经甲方确认后执行。

2010年2月4日,招标代理机构和招标人向承包人发《中标通知书》并签订备案的《建设工程施工合同》(以下简称《备案合同》);该合同在专用条款和通用条款中对变更合同价款作了与《执行合同》相一致的约定。

施工过程中,发包人对3#楼变更设计方案,改为地上5层,并办理了工程规划许可变更手续。

2011年4月8日,承包人向发包人发出《工作联系函》,载明:“3#商业楼价款的结算,除钢材、水泥、商品砼、加气混凝土砖等主材按施工当期《武汉建设工程价格信息》计取材料预算价外,其他均按原施工合同执行(人工费增长幅度较高,加之需要日夜抢工,请予以考虑)。”

2011年11月20日,发包人批复:“就3#楼主材、人工价格等事宜,我司将结合施工实际参考政府相关文件规定,待竣工结算时给予综合考虑并协商

---

① 参见(2018)最高法民再166号民事判决书。

处理。”

诉讼时，案涉工程均已竣工验收合格并办理竣工验收备案手续。

【争议焦点】

3#楼工程价款应以何种计价方式和标准予以结算。

1. 承包人认为，3#楼工程由约定的地下2层、地上1层改为地上5层，该重大变更导致工程量增加、工期延误、施工成本大幅增长，实际施工已超出《执行合同》约定的范围，工程价款应当据实结算。

2. 发包人认为，《执行合同》和《备案合同》均约定了设计变更的结算方法，应参照合同约定计算工程价款。

【法院审理】

一、合同效力

由于双方在签订《备案合同》前就已对讼争工程进行实质性谈判并签订《执行合同》，属于串通投标行为，依据《招标投标法》第53条①的规定，《备案合同》系无效。又由于讼争工程于当时属于强制招标项目，《执行合同》系未经招投标程序而签订亦属无效。

对此，发包人、承包人及三级法院均予以认可。

二、3#楼结算之法律依据和结算金额

（一）一审法院——按定额计价

一审法院认为，3#楼之结算应适用《2004版司解一》第16条第2款的规定："因设计变更导致建设工程的工程量或者质量标准发生变化，当事人对该部分工程价款不能协商一致的，可以参照签订建设工程施工合同时当地建设行政主管部门发布的计价方法或者计价标准结算工程价款。"故一审法院采信鉴定机构按照定额据实计价方式形成的鉴定意见，3#楼工程实际总造价为38,011,671.44元。

（二）二审法院——按合同约定计价

二审法院认为，3#楼之结算应适用《2004版司解一》第16条第1款的规定：

---

① 《招标投标法》第53条："投标人相互串通投标或者与招标人串通投标的，投标人以向招标人或者评标委员会成员行贿的手段谋取中标的，中标无效，处中标项目金额千分之五以上千分之十以下的罚款，对单位直接负责的主管人员和其他直接责任人员处单位罚款数额百分之五以上百分之十以下的罚款；有违法所得的，并处没收违法所得；情节严重的，取消其一年至二年内参加依法必须进行招标的项目的投标资格并予以公告，直至由工商行政管理机关吊销营业执照；构成犯罪的，依法追究刑事责任。给他人造成损失的，依法承担赔偿责任。"

"当事人对建设工程的计价标准或者计价方法有约定的,按照约定结算工程价款。"由于《执行合同》和《备案合同》对变更合同价款均作出了一致的约定,故二审法院采信鉴定机构按照合同约定的单价形成的鉴定意见,3#楼工程实际总造价为29,904,760.61元。

(三)再审法院——在合同约定基础上进行适当调整

1.根据《2004版司解一》第2条的规定,施工合同虽然无效,但讼争工程价款原则上应尊重各方当事人的意思自治及缔约时的市场调节结果即合同约定价格为参考对工程进行结算。然而,如设计变更、工程建设规模变更等情况导致工程量大幅增加,由于市场、人工等波动因素的影响,工程成本处于变动状态,在此种情况下,如承包人未明确同意按照合同价格进行结算,不宜仅以施工方继续施工为由推定当事人具有继续按照合同价格结算的意思表示,无效施工合同不能作为双方工程款结算的唯一依据。

2.本案讼争工程在施工过程中发生设计变更,3#楼工程在设计规划、施工面积、工程量、工期上均超出了原合同约定的范围,应当认定为重大设计变更。因此,除非合同明确约定该重大设计变更之合同外风险由施工方承担,基于公平的角度,对3#楼的工程价款应当在合同约定的基础上予以适当调整。

另外,根据承包人2011年4月8日的《工作联系函》和发包人2011年11月20日的批复,发承包双方就3#楼的结算方式一直处于磋商阶段,发包人亦同意就3#楼工程结算价格另行协商。据此,对于3#楼工程款也应当根据双方的真实意思表示进行调整。

3.调整方式

(1)调整范围

根据承包人的《工作联系函》和发包人的批复,双方就调差的范围达成一致意见,即仅仅调整人工费和材料费,对于其他费用依约结算不再调整。

(2)调整金额

鉴定机构在再审程序中出具《3#楼工程造价两种计算方式的比较》,载明本案两种工程造价计算方式系指按定额据实计价和按照合同约定计价。两种计算方式导致工程造价存在六项差额内容,其中主材部分(主要包括钢筋、混凝土、水泥和加气块)差额为629.62万元、人工费差额为43.78万元,两项差额总计673.4万元。

考虑到两种计算方式都有一定合理性,但发包人主张的计算方式未能获得承包人的认可,承包人主张的计算方式确实远高于合同约定,又考虑到当事人双方对施工合同无效均有过错,再审法院依法酌定按差异造价数额的80%(673.4万元×80% =538.72万元)予以调整。

因此,讼争3#楼工程的实际造价应该为按照合同约定单价方式的鉴定价格29,904,760.61元+调整数额5,387,200元=35,291,960.61元。

【启示】

第一,再审程序事由之启示。

本案经湖北省高级人民法院二审判决后,承包人向最高院提起再审申请,其再审申请之事由获得最高院认可并经提审后改判。因此,就本案而言,首要借鉴之处在于如何成功设计和组织再审申请之事由。

本案中,承包人主要依凭的再审事由为二审判决适用法律错误,即在工程发生重大设计变更的情况下,因欠缺公平性而不能再依据《2004版司解一》第2条和第16条第1款之规定参照施工合同约定结算工程价款。依据《民事诉讼法》第200条第6项之规定属于再审情形。

故此,再审申请无需篇幅过多、面面俱到,只需切中要害即可。

第二,再审实体争议问题之启示。

1. 寻找正确的请求权基础。

根据本案案情,似乎《2004版司解一》第16条第1款和第2款都是正确的请求权基础。但若援引第1款之规定(本案二审法院之做法),将会出现在工程设计出现重大变更情况下依约结算对承包人明显不公平的情形;但若援引第2款之规定(本案一审法院之做法),却又陷于严重背离《2004版司解一》第2条规定的结算原则之尴尬。最终,再审法院通过深刻剖析证据,在遵循《2004版司解一》第2条确立之结算原则的基础上作出对设计变更部分的工程价款结合相关情节进行酌情调整的判决,更能符合法律精神。

2. 正确挖掘证据背后所隐藏的当事人真实意思表示。

根据再审法院对事实的认定和法律的适用可以看出,承包人的《工作联系函》和发包人的批复对本案的改判发挥着至关重要的作用,该两份证据直接证明发承包双方一致同意调整因设计变更而导致的主材和人工价格。因此,如何全面搜寻证据并正确挖掘证据背后所隐藏的当事人真实意思表示很是考验当事人双方、案件代理人以及审理法官的法律智慧。

第五节 固定总价施工合同的结算问题

实践中,发承包双方在确定合同价款时有三种主要方式,即单价合同方式、总价合同方式和成本加酬金合同方式。总价合同是指发承包双方约定以施工图及其预算和有关条件进行合同价款计算、调整和确认的建设工程施工合同;承包人在承包范围内不予调整工程价款是固定总价施工合同的典型特征。①

《13 版清单规范》和《建筑工程施工发包与承包计价管理办法》(住建部令第 16 号,以下简称《第 16 号文》)均规定,采取工程量清单计价的建筑工程应当采用单价方式确定合同价款;并明确规定总价合同一般仅适用于建设规模较小、技术难度较低、工期较短的建筑工程,极大地限缩了总价合同的适用范围。因此,在上述两部规范性文件实施后,再将工程量清单与总价合同相关联似乎不太合时宜。但实际情况是,由于建筑市场交易的不规范(尤其考虑到建筑市场系典型的买方市场之特征)以及发包人和承包人的市场地位差异与相互博弈,施工合同中的约定会出现模糊不明甚至相互矛盾的情形。即使在上述规范颁行之后,在利益驱使、合同效率、思维定式和思维惯性等因素的影响下,仍然会出现类似情形,致使发承包双方在以下三个方面形成争议:(1)某项工程施工合同的约定究竟是总价合同还是单价合同,以及某项建设工程能否采取总价合同方式约定工程价款?(2)如何确定承包人已经正确且全面完成总价合同范围内的施工任务?(3)施工合同解除的总价合同方式下,如何结算工程价款?

基于以上考量,尤其是考虑到应然与实然的悖反以及工程实践之实际状况,虽然再将与两部规范性文件相互矛盾的工程现象进行糅合性研究已不合时宜,但仍然具有重要的现实意义和司法价值。

一、总价合同适用范围之争

《13 版清单规范》中明确规定了工程量清单应采用综合单价计价,排除了工程量清单模式下总价合同的适用,《第 16 号文》也相对限缩了总价合同的适用范围。在司法实践中,有当事人据此认为,承包人在投标时系根据招标工程

---

① 可参考本书第一章第一节的内容。

量清单进行报价，且合同价款高达数千万元甚至数亿元，工期也不可谓短，但双方在施工合同中约定的计价方式却为固定总价，该约定违反了上述规范性文件的规定，特别是违反了《13版清单规范》第3.1.4条①的强制性条文，因此主张在结算中应当采取综合单价的计价方式。但是，《13版清单规范》中的上述条文虽为强制性条文，但由于其法律效力层级较低②，即使发包人在招标阶段提供了工程量清单，承包人在投标阶段也是根据工程量清单进行报价，若施工合同中约定按照固定总价计价的，双方的结算仍应按照合同约定进行。这也意味着我国现行法律并没有排除工程量清单招标模式下对总价合同的适用。

另外，在司法实践中还存在当事人双方对施工合同系总价合同还是单价合同产生争议的情况，以江苏省高级人民法院二审审理的南京中医药大学与江苏南通二建集团有限公司（以下简称南通二建）建设工程施工合同纠纷案件③为例析之。

2002年7月22日，南京中医药大学与南通二建签订《施工合同》，约定：由南通二建承建中医药大学逸夫教学楼工程，承包范围为土建及水电安装；合同采取固定价格，价款暂定为28,688,800元；合同价款中包括的风险范围为施工期间的政策性调整及自购部分各类建材的市场风险；双方约定合同价款的其他调整因素包括：（1）双方认可的设计变更；（2）发包方和监理均认可的签证；（3）承包人每月25日前报送的符合本条款（1）（2）范围的变更及签证预算；（4）发包方招标时提供的工程量清单与实际施工工程量不符的项目；（5）各种施工配合费按规定计取；（6）非承包人原因引起的停电、停水、停工而造成的损失补贴。

案涉施工合同仅仅约定系固定价格，但并未明确是固定总价还是固定单价；另外，合同约定价款暂定28,688,800元，这一约定从表面上看又不符合总价合同的约定惯例（一般而言，如若采取固定总价的施工合同，那么总价款是固定的，不会“暂定”）。法院经审理认为，该种约定符合固定总价合同的特征；理由如下：（1）双方约定合同价款采用固定价格，并约定风险范围以外合同价款调整方法为工程设计变更及签证，这一约定符合固定总价合同的特征；（2）合同中没有约定工程量按实计算，也没有约定影响固定单价的人工费、材料费等因素

① 《13版清单规范》第3.1.4条：“工程量清单应采用综合单价计价。”该条同时被确定为强制性条文。

② 可参考本书第一章第五节的内容。

③ 参见（2015）宁民初字第00016号民事判决书、（2017）苏民终1844号民事判决书。

的调整方法,不符合固定单价的计价特性;(3)双方合同约定,发包方招标时提供的工程量清单与实际施工工程量不符的项目属于固定价格之外可以调整的范围,该约定也明显与固定单价的计算方式不符。

二、总价合同项下承包范围的确定之争

总价合同的承包范围系指总价合同中约定的施工范围所对应的不予调整工程价款的施工内容。按照总价合同的一般理论,对于采用总价合同的建设工程,需要以施工图为基础,要求工程任务内容明确、计价依据确定。施工合同中固定总价的确定系以承包人投标文件中对报价工程量的组价构成为依据和前提,若发承包双方在合同中约定采取固定总价形式,在承包人如实完成施工合同中约定的全部工程承包范围且施工合同中约定的承包范围与投标文件中工程范围一致的情况下,双方应当按照施工合同中约定的固定总价结算工程价款。

但在司法实践中,经常遇到的法律问题是,固定总价施工合同中的承包范围在相关合同组成文件中的约定并不一致。比较典型的情形有如下几种。

(一)投标文件中的总价范围与施工合同中的总价范围不一致

以江苏省高院二审审理的江苏省苏中建设集团股份有限公司与扬州京华城中城生活置业有限公司建设工程施工合同纠纷案件[①]为例析之。

本案中,发承包双方在施工合同中约定的固定总价为8017.84万元,工程承包范围不包含施工图中的栏杆工程、铝合金门窗制作与安装,承包人在实际施工过程中也未对上述两项工程进行施工;鉴定机构将该两项工程相对应的工程款从固定总价中予以扣除;承包人对此提出异议。承包人认为,施工合同中虽然约定了承包范围不包括该两项工程,但承包人在投标文件中却包含了上述两项工程,投标报价总额与施工合同中约定的固定总价均为8017.84万元。本案之争议焦点在于固定总价8017.84万元中是否包含了该两部分工程量。对此存在两种认识:(1)按照施工合同理解,合同总价8017.84万元不含该两项工程量相对应的价款,工程款就应当按照8017.84万元的固定总价予以结算;(2)按照投标文件理解,投标总价8017.84万元包含了该两项工程量相对应的价款,在施工合同中排除了该两项工程的施工且承包人也并未实际施工的情况

① 参见(2013)扬民初字第0008号民事判决书、(2017)苏民终421号民事判决书。

下,工程款就应当按照投标总价 8017.84 万元扣除该两部分工程量相对应的价款予以结算。

本案争议之实质即为投标文件中的工程承包范围与施工合同中的约定不一致,故而导致固定总价项下所覆盖的具体承包范围在认识上存在差异,该种认识的差异也直接导致对工程价款结算的争议。法院最终根据合同解释顺序规则解决本案争议。

发承包双方施工合同通用条款第 2.1 条约定:组成本合同的文件及优先解释顺序为本合同协议书、中标通知书、投标书及其附件、本合同专用条款、本合同通用条款、标准规范及有关技术文件、图纸、工程量清单、工程报价单或预算书等;施工合同专用条款第 2 条约定合同文件组成及优先解释顺序为按本合同协议书执行。因此,投标书及其附件的解释顺序效力优先于专用条款,既然投标书中包含了该两部分工程内容,在承包人并未实际施工的情况下,该两部分工程量相对应的价款应当从 8017.84 万元的投标总价中扣除。

(二)招标图与竣工图不一致

总价合同之所以比较容易产生争议,另一个重要的原因即在于发包人在招标时提供的招标图纸以及发承包双方在施工合同中依据招标图纸作出的工程范围约定在实践中几乎不可能与实际施工的范围(竣工图中标明的实际施工内容)相一致,实际施工中会发生对招标图纸的修改以及非承包人原因提出的工程变更等(而这也是住建部推行工程量清单计价模式的重要原因)。在招标图与竣工图不一致的情况下,发承包双方往往会就总价合同内的工程量以及因工程变更导致的工程量增减发生争议,进而在司法实践中对造价鉴定的方法产生分歧。

以江苏省高院二审审理的昆山前端电子有限公司与江苏南通六建建设集团有限公司、江苏中雄建设工程有限公司等建设工程施工合同纠纷案件[①]为例析之。

本案中,承包人采用工程量清单报价,施工合同约定了固定总价的计价方式;双方就工程款结算产生争议,并在诉讼中提起鉴定申请。其中,发包人主张鉴定范围为全部工程(包括总价合同范围内的工程量),而承包人主张应仅仅就总价合同外工程变更部分进行鉴定。一审法院经审理,结合双方在完工后签署

---

① 参见(2016)苏民终 1124 号民事判决书。

的《补充协议》(约定:双方就工程款事项合同内部分无异议,合同外变更部分进行审计),认为委托造价鉴定的范围不应当为全部工程,而仅对合同外工程变更部分进行鉴定。根据总价合同的一般理论,对于总价合同范围内的工程应当按照固定总价进行结算,当然前提是承包人正确且全面履行总价合同范围内工程施工任务;《2004版司解一》第22条[①]也确立了对按固定价结算工程款的,不支持对造价进行鉴定请求的鉴定原则;同时双方的《补充协议》也明确了对总价合同内部分的工程款无异议。故此,笔者认为,一审法院对鉴定委托范围的认定是正确的。

但鉴定机构在接受委托后,发现工程完工后的实际施工图纸与发包人在招标时的招标图纸不一致。为此,鉴定机构在鉴定中确立了如下鉴定方法:(1)本鉴定造价为合同外变更,包括图纸部分变更和业主变更。其中图纸部分变更是指竣工图纸与招标图纸之间的差异;业主变更为竣工图纸以外建设单位要求的变更。(2)变更部分工程量确定原则:按照清单规范的工程量计算规则计算差异部分工程量。(3)单价确定原则:有合同单价的参照原合同单价;新增单价部分按合同约定原则计取。鉴定机构根据上述鉴定方法出具的鉴定报告既包括合同外的增项,也包括合同内的减项。但笔者认为,鉴定机构的鉴定范围明显与委托法院的委托内容不一致,属于超委托范围鉴定。

虽然如此,但由于本案判决书对于发承包双方的上诉理由没有载明,且前后看还存在一定的矛盾之处,较难精准分析双方对超委托范围鉴定的态度,因此,本部分内容仅仅针对法院的说理进行简要评述。

法院认为,虽然双方签署的《补充协议》明确对合同内工程款无异议,但根据诉讼前发包人单方与发承包双方共同选定的造价咨询企业签订的《工程造价咨询合同》(该合同约定,咨询服务范围及内容为桩基、土建、安装、道路、围墙、门卫、配电房等;对加减账的审计,咨询人应依据有效的依据及施工合同对加减账的约定进行审计),可以确定案涉工程的审价原则是在固定总价基础上,既对合同外增加的项目进行审计,也对合同内减少的项目进行审计。

但笔者认为:首先,按照《补充协议》的约定,双方对于总价合同内的造价不

---

① 《2004版司解一》第22条:"当事人约定按照固定价结算工程价款,一方当事人请求对建设工程造价进行鉴定的,不予支持。"

存在争议,应当按照施工合同中约定的固定总价进行结算;其次,即使承包人对合同范围内的工程量有增减或者变更的,也因上述《补充协议》而豁免了双方因增减或者变更而产生的相关费用;最后,承包人虽然同意由双方共同选定的咨询机构进行造价审计,但最终的委托审计合同是发包人单方面签署的,在承包人没有签字盖章予以确认的情况下,该份委托审计合同中的相关内容对承包人不发生约束力。因此,在委托鉴定内容明确的情况下,对鉴定机构超委托范围的鉴定结论,法院不应当采信,而应当剔除总价范围内的因工程量调整而发生的工程款增减。

(三)承包人实际施工的总价范围内的工作内容与施工图纸不一致

以江苏省高院二审审理的南通五建控股集团有限公司与江苏天一物流有限公司建设工程施工合同纠纷案件[①]为例析之。

本案中,发承包双方在《工程承包协议》中约定,承包人根据发包人提供的图纸进行土建、电气、钢结构(含钢结构防火工程)施工,工程质量为合格,符合图纸要求和国家标准。工程价款为固定价格 1358.8 万元,其中土建和电气 558.8 万元,钢结构为 800 万元。2013 年 12 月 12 日,发承包双方签章确认最终工程结算价款为 13,650,410 元(扣除土建甲供材料费 1,822,184 元后的造价)。

诉讼中,发包人提出施工图纸中载明的防火涂料是厚型,而承包人实际施工中防火涂料是"薄浆型",承包人也未能提供证据证明该等变更事项是由发包人引起或者经过发包人的确认。据此可以认定,承包人的防火涂料施工并不符合施工图纸要求,承包人在庭审中对这一事项也进行了确认。根据工程变更风险负担理论[②],因承包人原因单方面导致的变更不属于工程变更,因该等变更产生的风险应由承包人自身担负,因此,在承包人没有正确履行合同义务的情况下,应当向发包人赔偿——《民法典》第 583 条明确了这一规则。根据上述理论和法律规定,本案中的发包人应当对承包人擅自改变施工图纸的行为享有损失赔偿请求权。发包人据此在本案中诉请要求承包人重作防火涂料工程并扣减相应价款。

但两级法院均未支持发包人的上述主张。主要理由如下:(1)虽然承包人

---

① 参见(2014)徐民初字第 322 号民事判决书、(2017)苏民终 2206 号民事判决书。

② 该理论认为,工程变更系发包人主动提出或者由承包人提出经发包人批准的对合同范围内工程量进行的调整;因工程变更引发的风险由发包人担负。

在实际施工时没有正确履行合同义务,但其在提交的竣工验收资料中明确注明防火涂料为“薄浆型”,发包人在接受竣工资料后,未对“薄浆型”防火涂料提出异议,且在竣工验收前的历次整改中,亦未对防火涂料的施工质量问题提出任何异议;(2)案涉工程四方验收合格后的结算过程中,防火涂料是单列审核,但结算价并未因防火涂料规格、型号的改变而调减,这应视为发包人在结算中认可了该等变更,也同意不在合同总价中扣除相应价款。故此,发包人关于重作和扣减相应工程款的依据因其默示认可而被阻却。

需要说明的是,发生在《司解一》施行之前的本案判决结果虽与《司解一》第29条[①]的规定相一致(毕竟发承包双方在本案起诉前已经达成了结算协议),但具体到固定总价施工合同,即使承包人未完全完成施工合同约定的全部工程内容或者其完成的施工内容在事后被发现不符合合同约定,一旦通过发包人组织的竣工验收,则施工合同中约定的固定总价即不因上述情形而予以扣减(当然,如果因此发生质量问题的,则应通过质量维修等制度予以解决)。

(四)实际施工方案与投标中的施工方案不一致

根据《建筑施工组织设计规范》(GB/T50502－2009)的定义,施工方案是以分部(分项)工程或专项工程为主要对象编制的施工技术与组织方案,用以具体指导其施工过程。一般情况下,施工方案是承包人为了完成施工内容而根据工程项目的实际情况制定的具体的施工实施方案,施工过程中发生的方案改变或者方案优化不至于引起工程价款的调整(无论是综合单价抑或固定总价施工合同)。但若在施工过程中因工程变更而引起施工方案改变的,则承包人相应的措施项目将有可能发生变化。在这种情况下,根据《13版清单规范》第9.3.2条[②]之规定,将有可能引起工程合同价款的调整,即使是固定总价

---

① 《司解一》第29条:“当事人在诉讼前已经对建设工程价款结算达成协议,诉讼中一方当事人申请对工程造价进行鉴定的,人民法院不予准许。”

② 《13版清单规范》第9.3.2条:“工程变更引起施工方案改变并使措施项目发生变化时,承包人提出调整措施项目费的,应事先将拟实施的方案提交发包人确认,并应详细说明与原方案措施项目相比的变化情况。拟实施的方案经发承包双方确认后执行,并应按照下列规定调整措施项目费:1　安全文明施工费应按照实际发生的措施项目依据本规范第3.1.5条的规定计算。2　采用单价计算的措施项目费,应按照实际发生变化的措施项目,按本规范第9.3.1条的规定确定单价。3　按总价(或系数)计算的措施项目费,按照实际发生变化的措施项目调整,但应考虑承包人报价浮动因素,即调整金额按照实际调整金额乘以本规范第9.3.1条规定的承包人报价浮动率计算。如果承包人未事先将拟实施的方案提交给发包人确认,则应视为工程变更不引起措施项目费的调整或承包人放弃调整措施项目费的权利。”

的施工合同。

以江苏省高院二审审理的南通新华建筑集团有限公司与苏州东宝置业有限公司建设工程施工合同纠纷案件①为例析之。

本案中,发承包双方签订的施工合同约定:本工程合同价为固定价(闭口价),合同总价中已经包含图纸中在招标范围内的所有内容,本合同签订后图纸范围内工程内容和工程量除约定的情形出现(见专用条款第 23.3 条)均不作调整;对于报价中未报单价的清单,双方共同认为该部分已经包含在其他工程量清单中,结算时也不作调整;对于建材市场价格的涨跌和一切技术措施以及政策性调整风险也已包含在合同单价和总价中,结算时也将不再调整。专用条款第 23.3 条约定合同价款的其他调整因素为变更(包括设计变更以及施工范围和内容的变更与增减等)、合同外现场签证(且签证单上必须有发包人代表、监理工程师、承包人三方签字和盖章,并附有发包人董事会批准同意书,方可作为竣工结算的依据)。

发包人的招标文件中列明,双方在招投标提供的工程量清单中,对基础开挖的土方量均按独立承台计算。施工过程中,承包人向发包人发工程联系单,内容为:"根据贵公司提供的黄海标高测得施工现场自然标高为设计正负 0.00 以下 0.45 ~0.7 米之间,而独立基础的标高均为 -0.39 米,挖深在 3.2 米 ~3.5 米之间,而工程按基础开挖的技术要求应不少于 1∶0.3 放坡。机械挖土,实际施工中无法按有关要求进行,建议使用大开挖土方进行。可否,请回复。"其后,承包人制作《土方开挖施工方案》并经监理审核同意,但未有发包方的签确。

在诉讼中,双方对于基础大开挖所涉费用产生严重分歧,争议焦点在于仅经监理审核同意的承包人单方对施工方案进行调整所产生的费用应该计入总价合同抑或属于工程变更而由发包人承担该部分价款。一审法院认可前者。但二审法院经审理认为:尽管投标过程中承包人在清单报价时对挖基础土方的工程量按独立承台计算,且涉案工程为闭口价,发包人认为增加的费用不属于双方合同专用条款第 23.3 条约定可调整的范围;但是,挖基础土方采取何种方案与土质、地表标高、施工图纸要求的挖土深度、基础承台的轴线间距、承台尺寸、放坡系数等工程实际情况密切相关。从涉案工程实际情况看,基坑土质为松软的回填土和淤泥层,含水率大,基础承台的轴线间距普遍较小,承台尺寸普

① 参见(2016)苏民终 213 号民事判决书。

遍较大,结合现场地表标高、挖土深度及放坡系数的要求,如果采用独立承台方式,所留土量少甚至没办法留土,即使有留土,由于留土量少且土质较松软容易形成塌方。故承包人实际施工中采取土方大开挖方案并非由于承包人自身原因所致,而系工程实际情况所致;且采取土方大开挖方案前,承包人报经监理机构审批同意,由承包人承担该部分增加的费用有违公平,因此改判该笔费用由发包人承担。

笔者认为,根据《建筑法》框架下发包人与监理人之间的“委托—代理”关系,监理人签确的施工方案对于发包人具有约束力,即使没有发包人的确认,因施工方案改变所产生的费用仍应由发包人承担。①

三、总价合同解除后对已完工程结算方式的争议

合同解除是《民法典》中的一项重要法律制度,它具体包括合同解除的事由、合同解除的责任归属以及合同解除后的法律效果等。在固定总价施工合同的解除中也同样面临上述三个问题,只是由于工程施工的特性而较其他有名合同或者无名合同在解除后的法律效果尤其是在已完工程的结算方面显得更为复杂。

例如,《江苏高院关于施工合同的解答》第 8 条规定:“固定总价合同履行中,承包人未完成工程施工的,工程价款如何确定?建设工程施工合同约定工程价款实行固定总价结算,承包人未完成工程施工,其要求发包人支付工程款,发包人同意并主张参照合同约定支付的,可以采用‘按比例折算’的方式,即由鉴定机构在相应同一取费标准下计算出已完工程部分的价款占整个合同约定工程的总价款的比例,确定发包人应付的工程款。但建设工程仅完成一小部分,如果合同不能履行的原因归责于发包人,因不平衡报价导致按照当事人合同约定的固定价结算将对承包人利益明显失衡的,可以参照定额标准和市场报价情况据实结算。”

可以说,上述规定在很大程度上已意识到了不平衡报价对固定总价合同项下未完工程价款结算的影响,具有较大的实践意义。然而,它并没有能够完全且充分地考虑到未完工程或者施工合同解除的原因归属问题。根据《民法典》

---

① 参见本书第十章第二节的内容。

第 566 条[①]之规定,守约方有权在合同解除后要求违约方赔偿损失。鉴于此,住建部编制的《建设工程造价鉴定规范》第 5. 10. 7 条对总价合同解除后的已完工程价款之结算作出如下规定:

"总价合同解除后的争议,按以下规定进行鉴定,供委托人判断使用:1 合同中有约定的,按合同约定进行鉴定;2 委托人认定承包人违约导致合同解除的,鉴定人可参照工程所在地同时期适用的计价依据计算出未完工程价款,再用合同约定的总价款减去未完工程价款计算;3 委托人认定发包人违约导致合同解除的,承包人请求按照工程所在地同时期适用的计价依据计算已完工程价款,鉴定人可采用这一方式鉴定,供委托人判断使用。"

上述规定虽然分别考虑了施工合同解除的责任归属问题,但其在实践中仍然面临如下两个法律难题:(1)按照以上规则进行的结算一定有利于弥补守约方的损失吗(尤其考虑到承包人的报价在实践中有可能高于也有可能低于同时期适用的政府部门的计价依据的情况)?(2)施工合同解除的责任归属并非非此即彼的关系,实践中更多可能发生的情形为交叉违约,即发承包双方均存在违约行为。上述问题显然不是一部法律或者规范所能解决的,在司法实践中需要根据认定的违约责任之归属、责任之比例以及公平原则,在个案中确定不同的结算规则。

---

① 《民法典》第 566 条第 1 款:"合同解除后,尚未履行的,终止履行;已经履行的,根据履行情况和合同性质,当事人可以请求恢复原状或者采取其他补救措施,并有权请求赔偿损失。"

第三章

建设工程合同价款支付中的热点法律问题

第一节　合作开发房地产合同各方向承包人的付款义务

合作开发房地产合同是指当事人订立的以提供出让土地使用权、资金等作为共同投资，共享利润、共担风险合作开发房地产为基本内容的协议。[①] 司法实践中，对合作开发房地产合同中的各方主体应否连带向施工人承担付款责任的问题认识不一，争议也较大。对此，《2018 版司解二》的征求意见稿第 16 条[②]提出了两种不同的意见，但也许是因为争议的确太大，在《2018 版司解二》和《司解一》的最终稿中并没有予以明确规定。

本节以最高院二审审理的大连渤海建筑工程总公司（以下简称渤海公司）与大连金世纪房屋开发有限公司（以下简称金世纪公司）、大连宝玉房地产开发有限公司（以下简称宝玉公司）、大连宝

---

① 《国有土地使用权合同解释》第 14 条的规定。

② 【合作开发房地产合同各方对工程款债务清偿责任的承担】

第一种意见：合作开发房地产合同一方作为发包人与承包人订立建设工程施工合同，承包人请求合作开发房地产合同的其他合作方对建设工程施工合同债务承担连带责任的，人民法院应予支持。

第二种意见：合作开发房地产合同一方作为发包人与承包人订立建设工程施工合同，承包人请求合作开发房地产合同的其他合作方对建设工程施工合同债务承担连带责任的，人民法院不予支持。

玉集团有限公司(以下简称宝玉集团)建设工程施工合同纠纷案件①为基础,对这一问题提出笔者的意见和看法。

【裁判摘要】

债权属于相对权,相对性是债权的基础,故债权在法律性质上属于对人权。债是特定当事人之间的法律关系,债权人和债务人都是特定的。债权人只能向特定的债务人请求给付,债务人也只对特定的债权人负有给付义务。即使因合同当事人以外的第三人的行为致使债权不能实现,债权人也不能依据债权的效力向第三人请求排除妨害,也不能在没有法律依据的情况下突破合同相对性原则要求第三人对债务承担连带责任。

【基本案情】

2000 年 10 月 8 日,宝玉集团与金世纪公司签订《联合建房协议书》,约定双方联合开发建设新世纪家园,由金世纪公司办理项目用地的相关手续并承担全部费用,由宝玉集团和金世纪公司共同办理《施工许可证》及相关手续,宝玉集团承担项目开工至竣工所需的全部费用。金世纪公司分得项目可销售面积的 35%,宝玉集团分得项目可销售面积的 65%。金世纪公司负责项目的地质勘察、工程设计和工程监理工作。宝玉集团和金世纪公司共同负责工程指挥领导和房屋销售工作,费用由双方按比例承担。双方共同选定施工队伍,工程预算由双方共同认可。

2001 年 3 月 5 日,渤海公司与宝玉集团签订施工合同,并承接案涉工程。

后渤海公司因工程款纠纷诉请本项目的联建单位金世纪公司就工程款及违约金等承担连带责任。

【争议焦点】

作为合作开发房地产项目另一方的金世纪公司是否需要向渤海公司承担连带责任。

【最高院判决】

金世纪公司不承担连带责任,理由如下:

1. 本案讼争的法律关系是施工合同纠纷,而不是合作开发房地产合同纠纷。

① 参见(2007)民一终字第 39 号民事判决书,载《最高人民法院公报》2008 年第 11 期(总第 145 期)。

首先,施工合同的发包人为宝玉集团、宝玉公司,承包人为渤海公司;施工合同只对合同当事人产生约束力,对合同当事人以外的人不发生法律效力。金世纪公司与宝玉集团之间存在合作开发房地产关系,不是施工合同的当事人,不应对施工合同承担合同义务。

其次,债权属于相对权,相对性是债权的基础。债是特定当事人之间的法律关系,债权人和债务人都是特定的。债权人只能向特定的债务人请求给付,债务人只对特定的债权人负有给付义务。即使因第三人的行为致使债权不能实现,债权人也不能依据债权的效力向第三人请求排除妨害,债权在性质上属于对人权。

最后,《民法通则》第 84 条第 1 款规定:债是按照合同的约定或者依照法律的规定,在当事人之间产生的特定的权利和义务关系。第 2 款规定:债权人有权要求债务人按照合同的约定或者依照法律的规定履行义务。"特定的"含义就是讲只有合同当事人才受合同权利义务内容的约束。债权人要求债务人履行义务的基础是合同约定或法律规定。

本案渤海公司主张金世纪公司就宝玉集团、宝玉公司偿还工程欠款承担连带责任,因当事人之间不存在"特定的"债的关系,突破合同相对性也没有法律依据,渤海公司主张金世纪公司对还款承担连带责任的上诉请求,于法无据。

2. 金世纪公司不存在取代施工合同的发包人或因加入债的履行而与宝玉集团、宝玉公司成为共同发包人的事实。

一审判决认定金世纪公司参与施工合同实际履行的行为包括:联建合同约定由宝玉集团和金世纪公司共同选定施工队伍。施工人向建设方请款时,金世纪公司在《请款报告》上签字盖章。

最高院认为,合作开发合同中有关共同审定施工队伍的约定及以后认可施工合同的意思表示与"金世纪公司已实际参与了施工合同的履行"的证明目的之间没有关联性。金世纪公司对施工人《请款报告》的审核行为是为了保障施工款项专款专用,是履行合作开发合同的行为,亦不能因此认定金世纪公司参与了施工合同的履行。

3. 渤海公司主张金世纪公司对宝玉集团、宝玉公司偿还工程欠款承担连带责任,缺乏法律依据。

根据《国有土地使用权合同解释》第 14 条的规定,合作开发合同各方是按照合同约定各自承担权利义务的,“共同投资、共享利润、共担风险”是指合作各方内部关系,而不是指对外关系。

原《民法通则》第 52 条规定:“企业之间或者企业、事业单位之间联营,共同经营、不具备法人条件的,由联营各方按照出资比例或者协议的约定,以各自所有的或者经营管理的财产承担民事责任。依照法律的规定或者协议的约定负连带责任的,承担连带责任。”第 53 条规定:“企业之间或者企业、事业单位之间联营,按照合同的约定各自独立经营的,它的权利和义务由合同约定,各自承担民事责任。”参照上述两条规定,本案当事人没有成立合作开发房地产的项目公司或成立不具备法人条件的其他组织,应属“独立经营”,应按照约定各自独立承担民事责任。退一步说,即使金世纪公司与宝玉集团、宝玉公司之间的合作开发合同属于原《民法通则》第 52 条规定的情形,联营各方也应当按照法律规定或者协议约定承担连带责任。金世纪公司与宝玉集团、宝玉公司之间的合作开发合同,既不属于个人合伙,也没有成立合伙企业,不应当适用原《民法通则》或《合伙企业法》有关个人合伙和普通合伙人承担连带责任的规定。

一审判决认为,联建利益尚未分割,讼争建设项目在金世纪公司名下,其享有了渤海公司已施工工程的权利,并从该合同中获取利益,据此应承担连带责任。应当看到,金世纪公司虽以取得讼争建设项目的部分房屋作为受益方式,但这是其以土地使用权作为出资应当获得的回报,属对价有偿的商业行为,并非无端受益。

【阐析】

采取此种类似观点的还有最高院经再审审理指令再审的常某某与河北盛德建筑工程有限公司等建设工程施工合同纠纷案件①。在该案中,根据既有证据不能证明案涉工程项目系合作开发房地产关系中的另一主体开发建设。在此种情况下,一审、二审法院认定与承包人没有合同关系的人是案涉项目的实际建设开发主体,享有项目开发建设的相关权益,属于认定事实不清。最高院据此依法指令原审二审法院再审本案。

当然,对于这一观点,在司法实践中存在争议。例如,2008 年《江苏高院关于施工合同的意见》第 24 条即规定:“合作开发房地产合同中的一方当事人作为发包人与承包人签订建设工程施工合同,承包人要求合作各方当事人对欠付

---

① 参见(2018)最高法民申 3491 号民事裁定书。

的工程款承担连带责任的，人民法院应予支持。”据此，江苏省高院在2008年的司法政策之观点认同合作开发房地产各方当事人对欠付承包人的工程款承担连带责任。很显然，这是对合同相对性原则的突破。另外，笔者认为，该种规定本身也缺乏任何法律依据。

江苏省高院在2018年印发的《江苏高院关于施工合同的解答》改变了其上述观点，其第24条规定：“合作开发房地产合同中的一方当事人作为发包人与承包人签订建设工程施工合同，承包人要求合作各方当事人对欠付的工程款承担连带责任的，应根据合作开发协议等证据查明事实，依法作出裁判。”江苏省高院的这一观点转变也许是因切实意识到2008年《江苏高院关于施工合同的意见》中规定的不适法性；但《江苏高院关于施工合同的解答》也并未完全切断承包人要求合作各方当事人承担连带责任之路，也即应当根据合作开发协议中的具体约定作出不同的处理。

根据本节援引之案例可以看出，司法实践之所以对合作开发房地产合同中的各方主体应否向施工人承担连带付款责任的问题产生争议，概源于人们对原《民法通则》第52条关于“联营”规定的不同理解。

笔者以为，1986年制定的原《民法通则》系计划经济时代的产物，带有浓厚的时代烙印和色彩；随着我国市场经济的不断发展以及对外开放的逐渐深入，“联营”已基本可归入法律史和经济史的博物馆。令人欣慰的是，《民法典》已经明确废止了《民法通则》，其中有关联营的规定也自然丧失了法律效力。

另外，《民法通则》第52条规定的联营各方承担责任的条件有二：其一为依照法律规定，其二为依据协议约定。就笔者的观察，目前并没有任何一部法律明确规定联营各方需要对外承担连带责任。因此，即使合作开发房地产法律关系能够被定性为“联营”关系，但据此要求各方承担连带责任也缺乏法律依据。当然，如果“联营”关系下的合作开发房地产各方在协议中作出了对外承担连带责任的约定，根据《民法典》的规定，合作各方自是需要依法对外承担连带责任。

因此，比较江苏省高院时隔十年出台的两部司法文件，2018年《江苏高院关于施工合同的解答》更符合现行法律规定，也与本书援引之最高院公报案例的裁判规则相统一。

第二节 发票请求权在工程施工合同纠纷案件中的运用

发票问题在建设工程施工合同纠纷案件中往往会形成两个方面的争议焦点，即开具发票是否构成一方支付工程款的前提，以及一方能否通过民事诉讼诉请对方开具发票。

一、发票作为先履行抗辩权的事由

在建设工程施工合同纠纷案件中，发包人以承包人未依约履行其在先的发票开具义务而主张先履行抗辩权，是代理律师在代理建设工程施工合同纠纷案件中常用的抗辩策略，在诉讼案件审理过程中也是一项比较常见的争议焦点。其之所以是一项争议焦点，不仅仅在于它直接关涉承包人能否在未开具发票的情况下向发包人主张工程款，而且也关涉承包人向发包人主张工程款利息的起算点。故此，该等抗辩事由能否成立对发承包双方的利益均构成实质性影响。

目前，司法实践中对开具发票能否作为先履行抗辩权的适当事由存在两种相似但又不相同的观点。

例如，《河北高院施工合同审理指南》第 54 条规定："支付工程款义务和开具发票义务是两种不同性质的义务，不具有对等关系。发包人以承包人违反约定未开具发票为抗辩理由拒付工程款的，人民法院不予支持。但可以明确承包人具有向发包人开具发票的义务。发包人提起反诉请求主张承包人开具发票的，人民法院应予支持。"

而《江苏高院关于施工合同的解答》第 13 条则规定："发包人能否以承包人未开具发票作为拒绝支付工程款的先履行抗辩的事由？发包人以承包人未开具发票为由拒绝支付工程款的，不予支持，当事人另有明确约定的除外。"

考察不同版本的施工合同中对发票与付款之间关系的约定，可以发现，基本的约定方式有两种：一种为发包人向承包人支付工程款以承包人向发包人开具了合法且等额的发票为前提；另一种约定方式系在上述约定的基础上，增加了相应的法律后果——否则，发包人有权拒绝或者延期支付工程款而不因此向承包人承担任何违约责任。对两种不同的约定方式，河北省高院认为均不能构成发包人行使先履行抗辩权的事由，而江苏省高院则认为，如果当事人双方对先履行抗辩作出了明确约定(主要是指上述第二种约定方式),则发包人得因承包人未开具发票而拒绝向其支付工程款。笔者在充分尊重当事人意思自治的层面上赞同后者的做法。

二、开具发票是否属于人民法院民事诉讼受理范围

这是在司法实践中争议更大的焦点问题,无论是诉讼中的哪方当事人,都可以找到支持己方观点的司法案例,即有些案例认为应当支持发包人关于要求承包人开具发票的诉请,也有案例认为,发票的开具属于税务机关行政管理的范畴,不属于民事诉讼的受理范围。

笔者认为,开具发票属于民事诉讼的受案范围。

《河北高院施工合同审理指南》第 54 条的规定内容已经对此予以了明确,再以最高人民法院再审审理的青海临峰房地产开发有限公司与浙江中业建设集团有限公司建设工程施工合同纠纷案件[①]为例予以阐述。

本案中,发包人诉请判令承包人按工程价款开具建安税务专用发票。二审法院认为,承包人不属于案涉工程所在省份的辖区企业,其税金缴纳须受企业外出经营活动税收管理的约束,加之税收管理已进行了调整,无论纳税主体或是税款具体数额,均属税务机关核定确认的事项,人民法院不宜对此作出处理,双方应依照相关法律规定另行解决。故二审法院判定发包人的诉请不应予以支持,并维持了一审法院关于驳回发包人该项诉请的判决。

最高院经再审审理认为,根据《税收征收管理法》第 21 条第 1 款"税务机关是发票的主管机关,负责发票印制、领购、开具、取得、保管、缴销的管理和监督。单位、个人在购销商品、提供或者接受经营服务以及从事其他经营活动中,应当按照规定开具、使用、取得发票"及《发票管理办法》第 19 条"销售商品、提供服务以及从事其他经营活动的单位和个人,对外发生经营业务收取款项,收款方应当向付款方开具发票;特殊情况下,由付款方向收款方开具发票"的规定,收取工程款后开具工程款发票是承包方税法上的义务,承包人应当依据税法的相关规定向发包人开具发票。本案中,开具发票、交付竣工资料等均属合同约定内容,属于民事合同义务范围。"开具发票"从文义解释看虽是由税务机关开具和履行,但合同文本中所约定的"开具发票"含义并非是指由税务机关开具发

---

① 参见(2019)最高法民再 166 号民事判决书。

票，而是指在给付工程款时需由承包方向发包人给付税务机关开具的发票。该给付义务属承包方应当履行的合同义务。有义务开具发票的当事人在遵守税收法律法规的前提下，可以自主作出向其他民事主体开具发票的意思表示，该行为属于民事法律行为；对于接受发票的一方当事人来说，是否可以取得发票将影响其民事权益，因此当事人之间就一方自主申请开具发票与另一方取得发票的关系，属于民事法律关系范畴，人民法院应当依法审理。原判决以不属于人民法院民事受理范围未予支持发包人的该项诉讼请求确有不当，予以纠正。

为此，笔者评析如下：

1. 从程序上言，二审法院认为，发票事宜应由税务机关处理而不属于民事受案范围，人民法院不宜处理。但问题是，若果真可将发票诉请视作《民事诉讼法》第124条[①]第3项规定的“应当由其他机关处理的争议”，人民法院应当依据该条规定“告知原告向有关机关申请解决”，并依据《民诉法司法解释》第208条第3款的规定[②]裁定驳回起诉，而非判决驳回诉请。

2. 从实体上言，民事法律关系调整的是平等民事主体之间的关系，既然发包人与承包人同属平等民事主体，而开具并交付发票又是收款方的合同义务和法定义务，则发包人基于民事法律关系依法或者依约向承包人诉请开具并交付发票的，人民法院应予支持。更何况，税金是建设工程造价的构成要素之一，发包人向承包人支付的工程款中已经包含了承包人因开具发票所产生的税金；在发包人已经向承包人支付了税金成本的情况下——需要注意的是发包人向承包人支付税金之行为属于民事法律行为，发包人当然可以基于平等的民事法律关系所要求的对价原则向承包人主张发票的开具和交付义务。

---

① 《民事诉讼法》第124条规定：“人民法院对下列起诉，分别情形，予以处理：(一)依照行政诉讼法的规定，属于行政诉讼受案范围的，告知原告提起行政诉讼；(二)依照法律规定，双方当事人达成书面仲裁协议申请仲裁、不得向人民法院起诉的，告知原告向仲裁机构申请仲裁；(三)依照法律规定，应当由其他机关处理的争议，告知原告向有关机关申请解决；(四)对不属于本院管辖的案件，告知原告向有管辖权的人民法院起诉；(五)对判决、裁定、调解书已经发生法律效力的案件，当事人又起诉的，告知原告申请再审，但人民法院准许撤诉的裁定除外；(六)依照法律规定，在一定期限内不得起诉的案件，在不得起诉的期限内起诉的，不予受理；(七)判决不准离婚和调解和好的离婚案件，判决、调解维持收养关系的案件，没有新情况、新理由，原告在六个月内又起诉的，不予受理。”

② 《民诉法司法解释》第208条规定：“人民法院接到当事人提交的民事起诉状时，对符合民事诉讼法第一百一十九条的规定，且不属于第一百二十四条规定情形的，应当登记立案；对当场不能判定是否符合起诉条件的，应当接收起诉材料，并出具注明收到日期的书面凭证。需要补充必要相关材料的，人民法院应当及时告知当事人。在补齐相关材料后，应当在七日内决定是否立案。立案后发现不符合起诉条件或者属于民事诉讼法第一百二十四条规定情形的，裁定驳回起诉。”

笔者认为,这也正是最高院在上述案例中认为“对于接受发票的一方当事人来说,是否可以取得发票将影响其民事权益”的根本原因。

第三节 垫付农民工工资应注意的法律问题

不可否认的一个事实是,民工工资是涉及社会稳定的政治性命题(想一下各级政府出台的相关规定)和考验真实人性的生存性命题(观察一下真实民工与群众演员之间的界分)。基于这一事实,实践中经常发生发包人为总包人或者总包人为其分包单位的民工先行垫付工资的现象。但如何在维稳和人性的视角下保障垫付人的合法权益,又是一个每近年关便煎熬着相关企业和法律人智慧的法律问题——这也许是,或者肯定是,没有完美答案的谜题;在不完美中找到一条尽趋完美的路径,是笔者在本节中根据司法案例和争端解决之实践对建设工程领域中民工工资垫付问题所作出的尝试性努力。

一、为何要垫付

依据合同法最基本的合同相对性原则,谁之债务谁负责清偿,该原则并不因合同的效力而发生变化;但在关涉民工工资的领域,因我们的国情(一份年底的工资也许会关涉到一个或者数个家庭的生存问题)和相关政策的规定使得合同相对性的原则被突破具有了合理性和合法性。

目前,国务院已经出台了两份关切民工工资保障的规定(各级政府和职能部门的规定更是层出不穷),一为 2016 年 1 月 19 日发布的国办发〔2016〕1 号《关于全面治理拖欠农民工工资问题的意见》(以下简称《民工工资意见》),二为 2020 年 1 月 7 日公布的《保障农民工工资支付条例》(以下简称《民工工资支付条例》)。这两份文件均重点关注了建设工程施工领域中的民工工资保障问题,但相关规定又存在较大的差异。

《民工工资意见》(九)规定:“……在工程建设领域,建设单位或施工总承包企业未按合同约定及时划拨工程款,致使分包企业拖欠农民工工资的,由建设单位或施工总承包企业以未结清的工程款为限先行垫付农民工工资。建设单位或施工总承包企业将工程违法发包、转包或违法分包致使拖欠农民工工资的,由建设单位或施工总承包企业依法承担清偿责任。”

《民工工资支付条例》第29条第2款规定："因建设单位未按照合同约定及时拨付工程款导致农民工工资拖欠的，建设单位应当以未结清的工程款为限先行垫付被拖欠的农民工工资。"

第30条第3款规定："分包单位拖欠农民工工资的，由施工总承包单位先行清偿，再依法进行追偿。"

第30条第4款规定："工程建设项目转包，拖欠农民工工资的，由施工总承包单位先行清偿，再依法进行追偿。"

第36条规定："建设单位或者施工总承包单位将建设工程发包或者分包给个人或者不具备合法经营资格的单位，导致拖欠农民工工资的，由建设单位或者施工总承包单位清偿。施工单位允许其他单位和个人以施工单位的名义对外承揽建设工程，导致拖欠农民工工资的，由施工单位清偿。"

第37条规定："工程建设项目违反国土空间规划、工程建设等法律法规，导致拖欠农民工工资的，由建设单位清偿。"

上述两份文件，尤其是《民工工资支付条例》，构成了建设单位和总承包单位垫付或者清偿民工工资的法律依据。且相较于《民工工资意见》，《民工工资支付条例》对于垫付/清偿的主体以及相关追偿等问题均作出了更为明确的规定。

二、垫付的司法要件

尽管《民工工资支付条例》对于垫付/清偿的条件以及追偿等制度作出了细化，但实践中的复杂并不能因该条例的出台而全部化解。比较典型的问题是，若发承包双方没有完成工程款结算事宜，《民工工资支付条例》第29条第2款关于发包人以未结清的工程款为限先行垫付拖欠的民工工资的规定则较难操作，是否结清以及未结清的具体数额都暂时无法确定。因此，在类似这种情况下，发包人需要谨慎对待垫付行为，否则极易发生纠纷造成损失。

例如，在最高人民法院二审审理的运城市国科房地产开发有限公司与中建一局集团第二建筑有限公司建设工程施工合同纠纷案件①中，承包人认可发包人直接向其支付的工程款为550万元，并认可发包人代其支付的材料费、劳务费等间接支付工程款1510万元，以及以扣除电费方式间接支付工程款411,811

① 参见(2018)最高法民终300号民事判决书。

元;以上共计 21,011,811 元。发包人称,除上述已付款外,其另外通过代付劳务费和材料款的方式间接付款 30,589,640 元;但承包人并不认可该 30,589,640 元代付款项。本案争议的焦点在于发包人向总承包人的材料供应商和劳务队伍支付的 30,589,640 元款项能否视为发包人向总承包人支付的工程款?

本案中,一审法院和最高院均认为,发承包人签订的建设工程施工合同合法有效,双方应严格按照合同约定行使权利并履行义务;但在承包人与劳务分包单位、材料供应商的合同关系中,发包人并不是合同相对方。在没有获得承包人授权或者同意的情况下,发包人直接向与其没有合同关系的第三方支付款项的行为违反了其与承包人之间建设工程施工合同的约定,也侵犯了承包人与劳务分包单位、材料供应商的合同利益;该代付的款项不能视为发包人向承包人支付的工程款。因此,在发包人提供的证据不能证明其向劳务分包单位、材料供应商支付 30,589,640 元的行为获得了承包人的授权或者同意的情况下,其关于代付的上述款项系向承包人支付的工程款的主张不能得到支持。

很显然,该判决书认为,将垫付款视作已支付工程款的条件为得到垫付方之下手的授权或者同意,否则,垫付行为对于其下手不构成收到对应工程款的效力。

三、如何最大限度降低垫付款项的法律风险

如节首所言,规避垫付法律风险的途径因政治性命题和生存性命题的存在而并不存在完美的答案,只能在不断接近完美的路途中作出下述也许不尽完美的努力。

1. 依照合同约定是否欠付合同相对方款项是努力的基点,这尤其体现在发包单位的垫付义务中。根据《民工工资支付条例》第 29 条第 2 款之规定,若建设单位并不欠付承包单位工程款的,可以不垫付。因此,若建设单位实际并不欠付的,通过尽力向相关单位和个人进行解释工作进而避免垫付是最佳的路径选择——虽然,这在实践中并非屡试不爽。

2. 得到合同相对方的授权是努力的根本点。根据最高院上述案例,将垫付款视作已付款的条件为合同相对方同意支付相应款项且认可支付的该笔款项被视为对其支付的工程款。因此,取得合同相对方的书面授权是避免将来所可能发生或者说肯定发生的法律冲突的根本——虽然不得不承认,这一点可能很

难实现;大部分拖欠民工工资的情形发生在垫付方的合同相对方面临破产或者“跑路”的境地时,无从取得有效联系。

3. 核查欠付民工工资的真实性是努力的关键点。尽管是否欠付合同相对方工程款在实践中并不一定那么重要,两类非法律命题的存在引致的现实问题是,在很多时候,无论欠付与否,垫付已然成为不得不如此的事实。但笔者认为,在该等情况下,如下问题仍需要得到谨慎的对待——那些声称被拖欠工资的民工是否为在本项目中从事劳务的人员(而非“群众演员”)?他们实际在本工地提供劳务的工日?每个工日应得的费用?实际雇佣或者派遣其的单位或者个人与其约定的工日单价?其按照上述标准应当得到多少劳务费用?其之前实际已经得到多少劳务工资?实际尚欠付多少劳务工资?这些问题在不得不垫付之前,是需要垫付单位予以全面了解和掌握的。

在本书作者所承办的一起追偿超付款的诉讼案件中,总包单位(案件另一方)在政府相关部门的调解下,与相关劳务人员签署了《劳资处理决定书》(但并未经过分包人的授权和认可)。总包单位在依该份文件支付民工费用后认为其已经超付了分包人应得的工程款,遂起诉分包人予以返还。当然,本案在笔者代理团队成员的共同努力下,最终的判决结果与上文所援引之案例一致。法院认为,总包单位依据《劳资处理决定书》认定其支付行为系对分包人的垫付,依据不足,遂驳回总包单位要求返还的诉请。但需要注意的是,笔者在承办此案件之初,通过翻阅总包单位提交的相关证据时发现,总包单位在按照经政府部门协调达成的《劳资处理决定书》进行支付之前,根本没有审核或者说没有认真审核相关人员的实际工作量。例如,其中有一位劳务人员,在签署《劳资处理决定书》之前很久即因摔伤而离开案涉工地,总包单位因此还为该工人支付了医疗费(相关支付凭证在诉讼中还被其作为证据提交法庭);但在《劳资处理决定书》中,该工人的应得款项仍然与其他并未受伤且一直在工地工作的人员高度一致。这明显具有不合理的成分。如若能够在付款之前仔细核对实际拖欠的民工款项,总包单位至少可以挽回对该笔款项的支付损失。

4. 降低诉讼成本是努力的落脚点。一旦支付民工工资,支付人若因超付等事由再向民工进行追偿几乎是一个无论如何都无法实现的难题,即使有足够的证据证明不应当向相应民工进行支付(如上文提到的那位已经受伤离开工地较久的工人)。个中理由在于支付人已经无法再寻求支付前的调解人通过调解的方式予以追偿,其追偿途径似乎仅仅是诉诸司法途径;但想想民工的数量和人员的流动性即可知该追偿何以成为无法实现的难题！故此，为能降低不得不诉诸法律途径之成本，建议支付人在进行支付前，与三至五个工头签署责任书，即发包方或者总承包人在其合同相对方不认可垫付款项或在与其合同相对方经结算后确实存在超付等情形的，该三至五人需要对返还垫付范围内超付的工程款承担连带责任。

上述“努力”之所以被称为努力，是因为努力的结果未必能够实现自身之所欲，更多的时候也许不过就是一种“努力”而已；但在政治性命题和生存性命题面前，需要相涉主体据由上述努力而尽量降低自身的支付风险！

第四节　带/垫资条款中的法律问题

国务院颁布的《政府投资条例》已于2019年7月1日起施行，该条例对政府投资工程项目的垫资问题明确予以禁止。在此之前，笔者即曾断称“大量的垫资是引发工程施工中违法现象发生的主要甚至是根本原因”。本书对带/垫资问题作一些扩展性研究，试图揭示法律和司法政策对带/垫资问题规制的困境。

一、带/垫资在法律和制度上的衍变

1. 1996年，原建设部、国家计划委员会、财政部发布《关于严格禁止在工程建设中带资承包的通知》。根据该通知，任何建设单位都不得以要求施工单位带资承包作为招标投标条件，更不得强行要求施工单位将此类内容写入工程承包合同。对于在工程建设过程中出现的资金短缺，应由建设单位自行筹集解决，不得要求施工单位垫款施工。施工单位不得以带资承包作为竞争手段承揽工程，也不得用拖欠建材和设备生产厂家货款的方法转嫁由此造成的资金缺口。

上述通知是国务院相关部门就带/垫资问题联合下发的首个规范性文件，该通知是明令禁止带/垫资施工的，并规定了相关的行政处罚。

2. 2004年最高院公布《2004版司解一》，该解释第6条规定：“当事人对垫资和垫资利息有约定，承包人请求按照约定返还垫资及其利息的，应予支持，但是约定的利息计算标准高于中国人民银行发布的同期同类贷款利率的部分除

外。当事人对垫资没有约定的,按照工程欠款处理。当事人对垫资利息没有约定,承包人请求支付利息的,不予支持。”

3. 2006 年原建设部、国家发展和改革委员会、财政部、中国人民银行又联合下发《关于严禁政府投资项目使用带资承包方式进行建设的通知》。该通知明确规定政府投资项目一律不得以建筑业企业带资承包的方式进行建设,不得将建筑业企业带资承包作为招投标条件;严禁将此类内容写入工程承包合同及补充条款,同时要对政府投资项目实行告知性合同备案制度。该通知同时也规定了较为严格的处罚措施。

4. 国务院 2019 年 4 月 14 日公布的《政府投资条例》第 22 条规定:“政府投资项目所需资金应当按照国家有关规定确保落实到位。政府投资项目不得由施工单位垫资建设。”

可以看出,与 1996 年的通知相比,2006 年的通知和国务院的《政府投资条例》均缩小了禁止带/垫资承包工程项目的范围,即仅限于政府投资项目。但《政府投资条例》是以行政法规的形式对政府投资项目中的施工单位垫资施工作了禁止性规定。

二、带/垫资的含义及类型

2006 年《关于严禁政府投资项目使用带资承包方式进行建设的通知》第 1 条第 3 款对带资承包给出了官方的定义,即带资承包是指建设单位未全额支付工程预付款或未按工程进度按月支付工程款(不含合同约定的质量保证金),由建筑业企业垫款施工的承包方式。

根据上述定义,带/垫资可以分为两种类型:(1)未全额支付工程预付款。工程预付款是发包人为解决承包人在施工准备阶段资金周转问题而提供的协助,如承包人在施工准备阶段为准备进场而采购水泥、钢材等大宗材料或者租赁大型机械设备等所必需的费用,发包人未能全额支付的部分即为带/垫资款。(2)未按月支付工程进度款。这里存在两种情况:①发包方按照承包人完成一定工作量或者形象进度作为支付周期,如承包人每完成 100 万工作量或者每完成 3 层施工作为一个付款周期;②发包人按月支付工程款,但仅支付上月完成工作量的一定比例,而非全额支付。

另外,根据施工合同是否明确约定建筑业施工企业的带/垫资,又可将垫资行为分为硬垫资与软垫资两种情况。硬垫资是指在合同中明确约定由承包人垫资施工,也即《2004 版司解一》中规定的当事人对垫资和/或垫资利息有约定,承包人请求按照约定返还垫资及其利息的,应予支持,当事人对垫资利息没有约定,承包人请求支付利息的,不予支持。至于软垫资,是指未在合同中明确约定垫资施工的,法院会将这部分资金按照工程欠款处理,也即司法解释中规定的当事人对垫资没有约定的,按照工程欠款处理。

根据上述官方对带/垫资的定义,禁止带/垫资是为了切实维护施工企业之利益,对劳务费、机械费、材料费等的支付更是具有重要的保障意义;然而,从实然的角度观察,由于建设单位在市场交易中的优势地位,建筑业施工企业在日益激烈的市场竞争中带/垫资施工已经成为一个"公开的秘密",也是施工企业的无奈之举,在建筑施工市场中普遍存在。

三、带/垫资条款的效力

(一)《政府投资条例》出台前的司法观点

根据私法中意思自治的基本法律原则,只要发承包双方对于带/垫资条款达成一致的意思表示,便符合合同生效的普遍要件,只要不存在民法上否定合同效力之情形的,该条款即应生效。

根据合同法的明文规定,违反法律、行政法规的强制性规定的,合同无效。但是带/垫资承包并没有被法律和行政法规强制禁止,违反国务院相关部门联合发布的相关规范性文件并不构成合同无效。

最高院在 2000 年《关于云南省昆明官房建筑经营公司与昆明柏联房地产开发有限公司建筑工程承包合同纠纷一案的复函》中也明确了上述观点。最高院认为,国务院相关部门联合发布的通知不属于行政法规,也不是部门规章,不应以当事人约定了带资承包条款,违反法律和行政法规为由,而认定合同无效。

因此,无论是从法律规定还是从司法实践的视角,带/垫资条款在《政府投资条例》施行前的法律框架和司法体制内均属于有效条款。

(二)《政府投资条例》施行后的可能改变

笔者认为,由于《政府投资条例》明确禁止了政府投资项目中的垫资行为,基于其行政法规的法律位阶之性质,其将对今后出现的政府投资项目中的垫资条款效力给予否定性评价。但问题是,在目前的司法解释和司法政策保持不变的情况下，这种否定性的评价对于带/垫资现象可能发挥的遏制实效应当不甚明显。

首先，《政府投资条例》本身对“要求施工单位对政府投资项目垫资建设”的行为几乎是“无责任规定”——“责令改正，根据具体情况，暂停、停止拨付资金或者收回已拨付的资金，暂停或者停止建设活动，对负有责任的领导人员和直接责任人员依法给予处分”。这种处罚措施，不仅对于建设单位无甚规制作用，而且“暂停、停止拨付资金或者收回已拨付的资金，暂停或者停止建设活动”对于施工单位而言更是“雪上加霜”。

其次，根据既有的司法政策，即使可以将带/垫资条款认定为无效，但相应的法律后果在既有的司法解释框架下也并无调整和改善——结算时依然会参照处理，更为重要的是，带/垫资款项利息仍然会按照《司解一》第 26 条规定的贷款利率或市场报价利率计算。

四、施工企业垫资成本分析

（一）施工企业垫资款的来源及融资成本

对于施工企业来讲，财务上通常并没有足够的自有现金流用作垫资款，垫资款项更多是来自银行的贷款或者民间的融资。但银行贷款门槛普遍偏高。据中国建设银行首席经济学家黄志凌介绍，从国有大型银行企业贷款的定价水平来看，若企业提供有充足抵押或质押担保，贷款定价通常为基准利率上浮 30% 左右。但对于施工企业而言，其基本没有什么可供抵押或质押的财产（当然，钢结构企业除外，毕竟钢结构企业存在一块固定的加工基地和厂房），只有采用第三方保证或非自有资产担保的方式融资。若采用担保公司担保方式融资，除银行贷款利息外，企业通常还需向担保公司缴纳 10% 左右的保证金，支付 3% ~5% 的担保服务费，融资的成本将达到 10% ~13%，甚至会达到 15%。问题还不仅仅如此，能够从银行贷款的施工企业数量相对较少，更多的是从社会上进行融资，而民间借贷的利率远高于 15%。

而现行司法解释规定，发承包方未约定垫资利息的，法院不支持利息请求；即使双方约定了利息，但其上限是不得超出同类贷款利率或者同期贷款市场报价利率。而从上述关于施工企业的融资成本之数据可以看出，施工企业无论是从银行贷款还是从民间融资得来的垫资款的融资成本都远远高于银行贷款利率，换言之，司法解释所允许的垫资款利息的上限是远远不够支付施工企业高昂的融资成本的。对于利润率水平本来就偏低的施工企业来讲(据统计,近十年来,建筑业产值利润率一直在3.5%上下徘徊),垫资本身就从制度上降低了施工企业的利润率,甚至会导致施工企业的亏损。

(二)施工现场违约成本

这里的施工现场违约成本是指施工现场各种应付款项的违约成本,主要包括应支付的人工费、材料费和机械费等。

在目前我国建筑工人法律意识不强的情况下,他们主要关心的是能够尽快拿到通过自己辛苦劳动换来的劳务费用,施工企业因迟付人工费而支付违约金的情况相对较少。

但对于材料供应商或者大型机械设备、周转材料的出租人来讲,情况可能就不会如此简单了。根据笔者在施工企业的工作经验,供应商或者出租人更多地会选择以诉讼的方式回收材料费或者租赁费,而一旦诉诸法律途径解决纠纷,那么施工企业将会面临高额的违约成本。实践中,大部分的施工企业在签订买卖合同或者租赁合同时并不重视迟延支付货款或租金时的违约条款,很多合同会约定每迟延一日支付千分之一的违约金。但这个违约金实在是高得有些离谱,已经达到银行利率的六倍之多,虽然在诉讼中可以请求法庭进行调整,但司法实践中按照银行贷款利率或贷款基础利率(Loan Prime Rate,LPR)的四倍进行调整还是普遍被法院接受的。另外,即使在采购合同或者租赁合同中未明确约定违约金,但按照合同法解释,出卖人或者出租人仍有权以银行利率为基础并参照逾期罚息利率的标准请求支付违约金。

其实,施工企业之所以不按约付款,主要原因还是施工企业想将其垫资风险转嫁到材料供应商或者出租人处,但一旦通过诉讼方式解决材料费或者租赁费的支付纷争,施工企业的违约成本可能还要高于其融资成本。而对于建设单位来讲,垫资款的利息有个银行同期利率或LPR之上限的限制,即使是软垫资的情况下,将垫资款视作工程欠款来处理,1999年版《建设工程施工合同(示范文本)》约定的违约金计算标准仅仅是银行利率,2013年版《建设工程施工合同(示范文本)》对于进度款的逾期支付也是以银行利率为标准,只是对于结算款逾期支付超过56天的按照银行利率的两倍支付违约金。两相比较,在违约成本的支出方面,施工单位的违约成本也是高于建设单位的。

(三)带/垫资施工引发的怪现状

根据如上两个方面的分析,无论是从施工企业融资的源头还是违约成本的角度，带/垫资施工给建筑业施工企业带来的收益远远低于其成本。但面对较为强势的建设单位，施工企业往往也只能无奈地接受建设单位的垫资要求；更何况，建筑市场是充分自由竞争的市场，为维持企业的运转，在"僧多粥少"的现状下，有些施工企业往往会在投标报价时压低价格。这不仅导致施工企业利润率水平进一步降低，还可能诱发一系列违法怪状。例如，由于带/垫资的成本较高，施工企业为了转嫁风险而进行转包、违法分包、挂靠等违法违规行为，而这又给建筑工程的质量和安全带来严重的风险。因为成本是一定的，转承包人、违法承包人、挂靠人为了赚取利润只得降低工程施工成本、偷工减料、以次充好，于是"豆腐渣工程""楼脆脆""楼倒倒"等事件时有发生。

五、结语

在现有法律框架下，带/垫资条款虽然可以基于《政府投资条例》的出台而存在被认定为无效的可能，但这一规定无法从根本上解决施工企业带/垫资施工问题的困境。为了有效遏制带/垫资带来的系列不良后果，除政府相关部门应按照相关规定加大执法力度外，相应的司法解释也应作出修改。笔者认为，对于"硬垫资"中有利息约定的，理应根据意思自治原则，根据合同的约定履行，但应该取消对计算标准上限的限制；对于"软垫资"，不应按照工程欠款处理，其本质还是属于垫资；对于没有约定利息，承包人请求支付利息的，最高院应适当考虑带/垫资成本以适当调高《司解一》规定的利率水平。唯有如此，才能更好地衡平建设单位与施工企业之间的利益，接近实质的公平，从而有效保障建设工程的整体质量和施工安全。

建设工程质量的治理不应仅仅设定高规格的质量标准和高额度的行政处罚，它理应是一个囊括理性的法律设计、高效的行政监管、健全的融资体系等在内的系统工程。

第五节　欠付工程款的利息计算

笔者在上节中分析了施工企业带/垫资施工引起的利益失衡问题，该利益失衡在司法实践中还表现在对欠付工程价款约定违约金标准的调整方面。一般而言，如若施工合同中约定的欠付工程款违约金过高的（如日千分之一的标准），大部分法院会将其按照民间借贷利率的上限予以调整。但笔者通过对最高院司法案例的考察，发现还存在另一种按照贷款罚息进行调整的观点。该种司法裁判规则不得不引起施工企业的重视。

本节以最高院二审审理的青海璞润投资有限公司与江苏邗建集团有限公司建设工程施工合同纠纷案件[①]为例予以分析。

【裁判要旨】

1. 当事人双方明确约定无权请求人民法院减轻违约责任的，不属于法律及司法解释规定的因违约金约定过高应予调整的情形，对当事人一方主张因违约金约定过高而进行调整的请求，不予支持。

2. 工程欠款并非借款，不能参照《民间借贷司法解释》第 26 条关于借贷利率不超过年利率 24% 的规定。[②]

【基本案情】

发承包双方在施工合同履行过程中因发包人未按约支付工程进度款而于 2014 年 8 月 21 日签订《补充协议》，约定："自本协议签订之次日，乙方组织工人复工，甲方在双塔主体封顶后七日内支付乙方进度款陆佰万元，在 2014 年 12 月 15 日前，再支付进度款壹仟万元；如甲方未在约定的期限内支付工程进度款、工程竣工结算款和保证金，应支付乙方违约金，违约金以甲方实际欠款金额为基数，每逾期一日，按逾期金额的千分之一支付违约金；鉴于甲方知晓乙方是通过社会融资的方式建设，仅对本协议第一条第一款金额（1600 万元）和第一条第二款金额（150 万元），融资费率每月为融资额度的 5%，因此，甲方对上述违约责任约定的合理性有充分理解，并承诺在违约以后，无权请求人民法院减轻违约责任。"

其后，因发包人未能按照《补充协议》履行付款义务，承包人遂起诉至法院，诉请发包人支付剩余工程款及逾期支付工程进度款的违约金，按照月息 2% 计算。

① 参见（2018）最高法民终 1115 号民事判决书。

② 该条规定已由最高院于 2020 年修订为："出借人请求借款人按照合同约定利率支付利息的，人民法院应予支持，但是双方约定的利率超过合同成立时一年期贷款市场报价利率四倍的除外。前款所称'一年期贷款市场报价利率'，是指中国人民银行授权全国银行间同业拆借中心自 2019 年 8 月 20 日起每月发布的一年期贷款市场报价利率。"

【争议焦点】

本案重大争点之一在于发包人欠付工程款而应支付违约金的标准。

承包人认为,发包人未按照《补充协议》约定支付进度款,《补充协议》约定的违约金计算标准为日千分之一,且《补充协议》明确发包人无权请求人民法院减轻违约责任。承包人现自愿下调按月息 2% 主张违约金一方面符合合同约定,另一方面也未超出《民间借贷司法解释》关于年利率 24% 上限的规定。

发包人则认为,由于发承包人之间在本案之前的另一生效判决已确定按照贷款利率上浮 30% 计算违约金,本案亦应按照该标准予以认定。

【法院审理】

一审法院认为,双方约定的违约金为日千分之一,即年利率 36.5%,承包人自愿降低违约金的计算标准,按年利率 24% 主张,符合法律规定,并不过高,应予支持。主要理由有二:

1. 确定违约金是否过高的依据是因一方违约而给对方造成的损失,包括依约履行的可得利益。从《补充协议》可以看出,发包人知晓承包人是通过社会融资的方式建设,而在现实经济活动中,借款成本或贷款收益常常要高于银行同期贷款基准利率。《民间借贷司法解释》(2015 年)第 26 条规定:"借贷双方约定的利率未超过年利率 24%,出借人请求借款人按照约定的利率支付利息的,人民法院应予支持。"因此,自然人、法人、其他组织之间及其相互之间约定年利率 24% 以内的民间借贷收益是合法的,承包人参照此规定主张违约金符合法律规定。

2. 从合同的履行情况来看,双方签订的《补充协议》系当事人真实意思的表示,发包人对违约金的支付具有充分的认识,双方约定的年利率 24% 并不过高,应予保护。如双方对违约金未做约定,可以中国人民银行发布的同期同类贷款利率,参照逾期罚息利率标准计算,但本案双方当事人对逾期支付工程款违约金有明确约定,应遵循契约精神。

最高院经审理则认为,应区别对待逾期支付的工程款,不能一概而论。

1. 对逾期支付《补充协议》中约定的 1000 万元进度款的违约金。

根据《补充协议》可知,发承包双方就第 1 条第 1 款的 1600 万元和第 1 条第 2 款的 150 万元之违约后果进行了"特别约定",且明确无权请求人民法院减轻违约责任。现承包人自动降低违约金标准至月息 2%,该主张低于双方的"特别约定”,不属于法律及司法解释规定的违约金约定过高应予调整的情形。

本案中,承包人主张的1000万元进度款属于《补充协议》约定的1600万元中的部分;因此,发包人对欠付的该笔1000万元进度款应当按照月息2%的标准支付违约金。

2. 对逾期支付《补充协议》中约定的1600万元和150万元之外工程款的违约责任。

首先,按照《补充协议》之约定,对于该部分工程款约定的违约责任标准亦为日千分之一,但发承包双方对该部分工程款没有作出特别约定。

其次,当事人一方依据原《合同法》第114条[①]和原《合同法司法解释二》第29条[②]之规定请求调整的,需要首先认定合同当事人之间违约金的约定是否过高,标准在于违约方给守约方造成的实际损失。但本案中,承包人并未举证证明具体的损失数额,也未提供其主张违约金月息2%标准的相应事实根据,故其按月2%主张违约金的依据不足。

再次,违约金从性质上看主要以补偿损失为主,因此,按照贷款利率标准确定该部分工程欠款被占用期间实际损失更符合案件实际。另外,因违约金兼具一定的惩罚性,按照贷款利率上浮30%支付违约金,既能体现违约金补偿性质又能体现其惩罚功能。

最后,该部分工程款系工程欠款而非借款,不能参照《民间借贷司法解释》关于借贷利率不超过年利率24%的规定。一审判决参照适用属于适用法律不当。

【评析】

1. 违约金约定过高或者过低的举证责任分配。

通说认为,违约金具有补偿损失和惩罚两种功能,故而,在违约金约定过高

---

① 原《合同法》第114条:“当事人可以约定一方违约时应当根据违约情况向对方支付一定数额的违约金,也可以约定因违约产生的损失赔偿额的计算方法。约定的违约金低于造成的损失的,当事人可以请求人民法院或者仲裁机构予以增加;约定的违约金过分高于造成的损失的,当事人可以请求人民法院或者仲裁机构予以适当减少。当事人就迟延履行约定违约金的,违约方支付违约金后,还应当履行债务。”

② 原《合同法司法解释二》第29条:“当事人主张约定的违约金过高请求予以适当减少的,人民法院应当以实际损失为基础,兼顾合同的履行情况、当事人的过错程度以及预期利益等综合因素,根据公平原则和诚实信用原则予以衡量,并作出裁决。当事人约定的违约金超过造成损失的百分之三十的,一般可以认定为合同法第一百一十四条第二款规定的‘过分高于造成的损失’。”

或者过低时,当事人一方有权请求司法机关予以调整。从本案判决可以看出,在合同中对违约金进行明确约定的情况下,守约方自愿以低于该约定标准而主张违约金的,法院将证明因违约方违约而造成实际损失的举证责任分配给了守约方。若守约方无法证明其实际损失的,因相对方逾期支付工程款的违约金应按照贷款利率适当上调而确定。

2. 启示

在建设工程施工合同纠纷领域中,无论是因发包人违约还是承包人违约而给相对方造成的实际损失的确处于难以举证的尴尬境地,但举证不能并不意味着损失不存在或者损失很小。

于发包人而言,以住宅开发企业为例,若施工单位未能在约定的期限施工完成至可预售之节点,将会直接影响开发企业实现商品房预售和资金回笼之目的。在施工合同缺乏明确"特别约定"条款情形下,实无法举证实际损失。

于承包人而言,由于其没有相应的抵押物而直接面临融资难和融资贵的难题,又由于建筑工程实践中普遍存在垫资现象,故而导致施工单位垫资成本较为昂贵。[①] 在施工合同缺乏明确"特别约定"条款情形下,亦会面临与上述发包人相同的损失举证不能之境地。

鉴于司法评价之现状,无论是发包人抑或承包人,均有必要在施工合同中对相关的违约条款予以"特别约定"——合同双方均应根据各自合同目的,对因对方之违约给己方造成之实际损失进行合理预判并在施工合同中进行约定;同时明确,任何一方均无权以违约责任约定过高或者过低为由请求司法机关进行调整。笔者认为,唯有在对违约成本进行合理预测的基础上作出的该等"特别约定"方才能真正体现公平性,并可有效避免因司法机关依法调整而给合同双方带来的实质不公平。

---

① 参见上节内容和分析。

第六节　表见代理制度在建设工程施工合同纠纷案件中的适用[①]

周期长、利益链条长是工程施工的典型特征。因为工程施工不仅涉及劳务分包、材料采购、机械设备租赁等诸多方面，同时还存在建设工程的违法分包、层层转包等情形，而使得该领域乱象丛生。又由于利益纠葛太深且广，虽然有法律、行政法规、部门规章等各个层级的相关规定予以规制，但却无法从根本上杜绝这些乱象。这种种乱象导致各方法律关系难以厘清，并引发了表见代理制度在司法实践中的适用混乱。本节从表见代理制度在司法实践中的运用着手，通过考察和分析无锡市中级人民法院审理的 20 个案例，试图在此基础上重构建设工程领域中的表见代理制度。

第一部分　表见代理制度在司法实践中的应用

一、数据来源

作为本节讨论起点的素材来自中国裁判文书网发布的由无锡市中级人民法院审理（二审和再审）的 20 个案件、38 份裁判文书（这些案件和裁判文书均与表见代理制度相关）。不可否认的是，本节所选取的作为讨论切入点的 20 个案件并不完全具有统计学意义上的科学性；另外，由于裁判文书未必能够包含所有法律事实，裁判文书中所指涉的法律事实或者其对客观事实的选取只是（或者说只能是）法官根据其内心衡确而予以剪裁的结果，所以导致人们无法还原整个庭审过程（而这也同时是法官无法还原某具体个案中的全部事实的理由），因而从此处着手进行的分析肯定会具有一定的偏颇性。

基于第一项局限性，笔者在选取该 20 个案件时，仅仅是按照自选材之日起裁判文书网上所公布的文书顺序进行，而不对这种顺序进行打破；毕竟裁判文

① 这是笔者参加中国人民大学民商事法律科学研究中心于 2018 年 12 月举办的“《民法典各分编（草案）·合同编》暨建设工程领域表见代理问题研讨会”时，向该研讨会提交并被收录在该研讨会论文集中的论文。法舟律师事务所范凯洲主任对此提出了宝贵的意见，一并致谢！

书公布本身也具有一定的随机性，这在一定程度上也使本节的研究起点具有一定的统计学意义。

从哲学层面讲，任何事实都无法进行完整的还原。因此，本节在对该20个案件进行分析时尽可能仔细地从裁判文书中“本院查明”部分搜寻与表见代理制度相关的事实并从“本院认为”部分挖掘法官裁判的说理逻辑。另外，为了能够尽量克服上述偏颇，本节更加突出和着重从法院在相关案例中的说理以及法律适用的角度进行分析和阐述。

二、数据分析和比较

（一）案由之分析和比较

20个案件中，涉及买卖合同纠纷的案件有14起（其中有一起案由虽为定作合同纠纷，本书也将之列入买卖合同纠纷），涉及建设工程分包合同纠纷的有4起，涉及民间借贷合同纠纷的有1起，涉及建筑设备租赁合同纠纷的有1起，如图6所示：

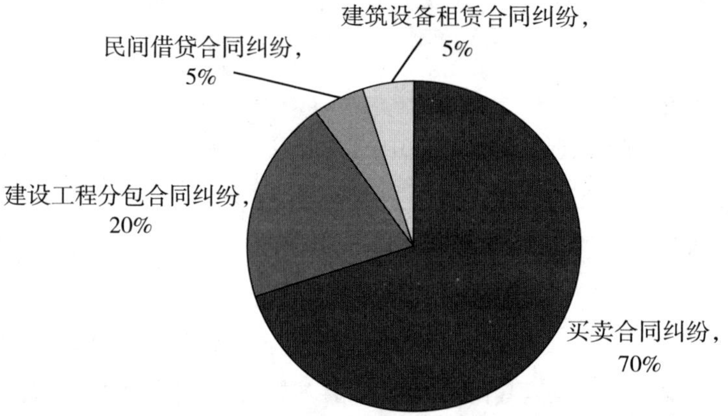

图6　20个案件案由对比

从图6可以看出，建设工程施工领域以是否构成表见代理为争点的案件中，买卖合同纠纷所占比重最大。由于在建设工程施工过程中需要用到的材料数量较大、种类较多（一般来说，施工材料费在工程造价中占比60%～70%），故无论是采购合同的数量抑或采购合同中出卖方当事人的数量在整个施工过程中均属最多，买卖合同纠纷所占比重最大也就不难理解。

（二）法院认定结果分析和比较

1. 在20个案件中，被明确认定为构成表见代理的有8起，占比40%；其他案例中，有的被认定为职务行为，有的被认定为代表行为，也有的被法院进行了模糊化的处理（回避是否构成表见代理这一问题）。

2. 在20个案件中，有4起提起了再审申请，而该4起再审案件均被驳回；其余16起均是二审结案，其中有3起被改判，13起被维持。

3. 在20个案件中，有7例涉及私刻或者伪造公章、分公司公章或者项目部印章的情形，占比35%。

三、相关裁判要旨

第一，案涉项目系由真实权利人承建，施工现场指示牌显示行为人系案涉项目的总指挥且发包人也承认表见代理人系案涉项目负责人，行为人以真实权利人项目部名义与相对人签署买卖合同，在相对人之材料也已确实供应到案涉工地的情况下，构成表见代理。①

【基本案情】

2010年5月25日，裕通建设集团南通吴窑台商城项目部（下称台商项目部）与无锡冠超物资有限公司（下称冠超公司）签订《钢材买卖合同》一份，约定冠超公司为台商项目部承建的台商城工程供应钢材；冠超公司在乙方处加盖公章，陈龙俊在甲方代表处签字，裕通建设集团南京分公司如皋台商城项目部在担保方处加盖印章，陈仁柱在担保方代表处签字。

2010年11月29日，台商项目部与冠超公司签订补充协议，约定了具体的还款计划及相关的违约责任等；陈龙俊及买卖合同约定的收货人李桂庆在甲方代表处签字，冠超公司在乙方处盖章。

2011年9月8日，南通吴窑台商城基础设施建设有限公司（下称台商城公司）、裕通建设集团南京分公司（下称裕通南京分公司）、冠超公司三方签订还款协议；甲方加盖了台商城公司的印章，乙方由陈龙俊签字，丙方加盖了冠超公司的合同专用章。

2011年7月2日，案涉项目的建设单位江苏正泰房地产开发有限公司如皋分公司（下称正泰如皋分公司）向裕通建工实业集团有限公司（下称裕通公司）

① 参见（2014）苏商终字第00495号民事判决书。

出具承诺函，载明："正泰如皋分公司在2010年5月4日与裕通南京分公司签订《建设工程施工合同》一份……鉴于贵司对该工程并不知情，后续介入仅因协助配合我司完善该工程验收等相关手续……"2011年8月4日，正泰如皋分公司、台商城公司共同向裕通公司作出书面承诺，认可了裕通公司对该项目并不知情，后续介入仅因配合正泰如皋分公司、台商城公司完善该工程验收相关手续。

2011年4月19日，裕通公司在《南京日报》上发表声明：裕通公司已于2007年7月8日将下属裕通南京分公司所有印章全部收回，并对其进行停业整顿。

【一审法院认为】

虽然裕通公司在2011年4月19日登报声明已于2007年7月8日收回裕通南京分公司所有印章，但该声明系单方面作出，且作出声明的时间是在行为实施近4年后，故裕通公司并无足够的证据证明其确已于2007年7月8日将裕通南京分公司所有印章全部收回。另外，工商登记资料显示裕通南京分公司一直处于正常营业状态，直到2013年6月4日被吊销营业执照，因此即使裕通公司收回了裕通南京分公司的印章，这也仅是其内部关系。因此，可以证明台商城项目的承包人和实际施工人是裕通南京分公司。

冠超公司所供应的钢材均用于台商城项目，对此台商城公司在还款协议中亦予以认可。正泰如皋分公司副总经理在调查笔录中亦陈述陈仁桂、陈龙俊系裕通南京分公司在台商城项目的负责人；台商城项目工地现场的指示牌上显示陈仁桂为项目总指挥，陈龙俊为项目副总指挥。裕通南京分公司在未经裕通公司授权的情况下承接台商城项目，这仅是其内部关系，不能以此对抗案外人与裕通南京分公司所形成的法律关系。

基于上述理由，一审法院认为，陈龙俊代表裕通南京分公司签署钢材买卖合同、补充协议、还款协议构成表见代理。

【二审法院认为】

台商城项目由裕通南京分公司承建，施工现场公示牌载明陈龙俊为工程的副总指挥，发包人正泰如皋分公司亦认可陈仁桂、陈龙俊为台商城项目的负责人，故陈龙俊已经具有代表台商城项目对外签订合同的表象。裕通公司对其南京分公司的印章何时收回、承接的工程是否清楚系其公司内部管理事宜，作为供货商的冠超公司无法知悉。根据陈仁桂在朱其军伪造裕通公司印章刑事案件中的证言，其系以裕通公司南京分公司的名义承建台商城项目并进场施工。送货单亦载明冠超公司签订买卖合同后将钢材送至台商城项目工地，由买卖合同指定的收货人签收。还款协议载明冠超公司为裕通南京分公司的材料供货商，即台商城公司也确认冠超公司所供钢材用于台商城项目。故应该认定冠超公司在履行买卖合同过程中是善意的。

基于上述理由，二审法院亦认为，陈龙俊代表裕通南京分公司签署钢材买卖合同、补充协议、还款协议构成表见代理。

【评析】

具有同样说理的案例体现在(2015)锡商终字第00954号民事判决书中。在本案中，行为人以实际权利人承建项目之项目部的名义与相对人订立、履行合同并进行对账，实际权利人也聘用行为人为该项目的负责人，在相对人已经履行合同义务的情况下，行为人之行为构成表见代理，故而法院判令真实权利人承担相关责任。

值得注意的是，在本案一审判决中，一审法院是认为行为人之行为系代表真实权利人所为，故而判令真实权利人承担相关责任。

第二，政府备案资料、施工过程中的现场签证单等材料上均加盖有项目部公章，行为人系本人所承接项目施工负责人，在行为人以项目部名义将工程分包给相对人且在分包协议中加盖项目部公章并由行为人签字的情况下，行为人的行为构成表见代理。①

【基本案情】

2010年3月29日，刘建荣代表江苏弘盛建设工程集团有限公司(以下简称弘盛公司)与吴允石签订工程承包协议一份，约定：弘盛公司将位于安镇西达(无锡)生物科技有限公司(以下简称西达公司)的土建项目(一期包括水电)以及围墙、道路等附属工程一并承包给吴允石；工程造价为1138.8888万元；吴允石向弘盛公司上交12.5%的管理费及开票税金；弘盛公司负责协调与业主的关系，以及催讨资金、对工程进行安排、应对有关部门的检查等方面的事项。

2010年4月18日，西达公司与弘盛公司签订《建设工程施工合同》一份，约定：弘盛公司承建西达公司一期厂房建设工程；工程内容为西达公司办公楼、MS车间、混合烘干车间、丙类仓库、厂区道路、门卫传达室、围墙等；合同价款为

① 参见(2014)锡民终字第1240号民事判决书。

1383.8888万元;监理单位委派的工程师为刘庆华,职务为总监工程师。施工合同签订后,弘盛公司与吴允石将2010年3月29日承包协议中约定的工程价款变更为1368.8888万元。上述施工合同由吴允石实际履行。弘盛公司未履行施工义务,也未承担安全、质量的监管义务。

2011年3月3日,弘盛公司、西达公司一期工程项目部(以下简称项目部)与张海兴签订《新建钢结构工程合同》一份,约定:张海兴承建MS车间、混合烘干车间、钢屋盖;落款发包单位处盖有项目部公章及尤建度签字。

2013年3月12日,项目部与张海兴签订结算协议一份,落款处由项目部签章、吴允石的儿子吴荣签字确认。

关于施工组织设计方案,西达公司在江苏省锡山经济开发区建设局进行了备案,其中2010年5月26日《施工组织设计/方案报审表》中承包单位项目经理部(章)处有项目部印章。

【一审法院认为】

吴允石是借用有资质的弘盛公司名义承接西达公司一期厂房建设的实际施工人,吴允石与弘盛公司之间系挂靠与被挂靠的关系。虽然弘盛公司并未成立项目部,是吴允石私刻项目部公章并将案涉工程分包给张海兴,但项目部的印章屡次出现在政府的备案资料以及项目部与西达公司的签证资料中,这对项目部的合法存在起到一定的公示作用,也在一定程度上使一般人相信项目部真实存在且代表弘盛公司。同时,弘盛公司亦认可吴允石项目施工负责人的身份。

故一审法院认定,吴允石以项目部的名义将钢结构工程分包给张海兴并与张海兴进行结算的行为构成表见代理,其法律后果应由弘盛公司承担。

【二审法院认为】

二审法院在说理部分与一审法院的说理保持一致,故判决维持原判。

【评析】

本案系建设工程施工过程中最为典型的构成表见代理之情形。行为人以本人之名义与相对人签订钢结构分包合同并进行工程结算,在分包合同及结算单中均加盖了项目部印章,虽然该枚印章系行为人私自刻制,但本人确实承包了案涉工程并实际与发包方签署了施工合同;在能够确定行为人系本人所承建项目之施工负责人的基础上,相对人有理由相信行为人之行为足以构成代理权之表象特征,行为人之法律后果应当归属于本人。

第三，行为人借用资质挂靠在被挂靠人处承接项目，而后又将所承接项目的装修工程以自己的名义分包给不具有施工资质的相对人。行为人的这一行为构成代理行为，相对人有权向作为被代理人的被挂靠人主张相关权利。[①]

【基本案情】

2015年3月，无锡融创绿城湖滨置业有限公司及无锡市嘉德琳教育投资有限公司将幼儿园装修工程发包给长江公司。双方签订的合同中约定长江公司驻工地总代表为周文卫。

2015年4月15日的《工程项目合作合同书》约定，长江公司无锡分公司授权高毅以长江公司无锡分公司名义在无锡融创绿城项目区域范围内经营长江公司无锡分公司营业执照和资质证书核准的经营项目并全权管理项目（这一节事实系通过其他案件的审理得知）。

2015年4月30日，高毅与王田林签订《承包合同》一份，约定由王田林承包幼儿园装修工程的室内装修，王田林方委派代表为×××，职务为总带班。

2015年5月4日，长江公司向×××出具法人授权委托书一份，声明授权委托×××全权负责幼儿园装修工程的施工工地现场管理。该份委托书盖有长江公司公章及法定代表人杨继会的个人图章。关于图章的真实性长江公司表示无法确认，但未在法庭规定的期限内向法院提交公章真伪鉴定的申请。

【一审法院认为】

本案的争议焦点为王田林是否有权以高毅构成代理或表见代理为由，主张长江公司对其承担付款责任。

1.长江公司在本案中陈述幼儿园装修工程由其自行施工，但在（2016）苏0211民初142号案件中，长江公司认可其未实际承建幼儿园装修工程，而是高毅借用其资质实际承建该装修工程。在两案中长江公司陈述不一，法院依法作出对其不利的认定，即长江公司对幼儿园装修工程未进行实际施工。

2.长江公司对×××的授权委托书上的公章真实性存疑，但未在法庭规定的期限内提交公章真伪鉴定的申请，法院认定该份授权委托书为真实。该委托书说明在高毅与王田林签订承包合同后，长江公司亦向王田林的现场负责人×××出具授权委托书委托×××全权负责施工工地现场管理，王田林根据该委托书也有理由相信高毅系代表长江公司与其订立承包合同。

---

① 参见（2017）苏02民终3904号民事判决书。

3. 高毅与长江公司无锡分公司签订有《工程项目合作合同书》,长江公司无锡分公司对高毅在幼儿园装修工程中进行了全权授权,亦可证明高毅有本案所涉纠纷相应的代理权。

据此,一审法院认为,高毅与王田林之间签署《承包合同》的行为系代理行为,该行为的后果归结于被代理人,即长江公司。

【二审法院认为】

1. 高毅与长江公司无锡分公司签订《工程项目合作合同书》,由高毅借用长江公司资质承接涉案工程,而后高毅又与王田林签订承包合同,将幼儿园装修工程分包给王田林施工,因此高毅的身份是涉案工程的实际施工人。

2. 高毅与王田林签订的《承包合同》中约定×××为王田林委派的项目负责人,而长江公司也出具授权委托书,委托×××全权负责幼儿园装修工程的现场管理,由此证明长江公司对高毅与王田林签订承包合同及委派现场管理人员等情况系明知且认可的,同时也足以证明高毅代表长江公司。

基于上述原因,二审法院认为,高毅出具的欠款单应当作为结算工程款的依据,高毅借用长江公司资质,属挂靠关系,王田林要求被挂靠人长江公司承担责任符合法律规定;至于长江公司与高毅之间可按内部关系另行结算处理。

【评析】

1. 笔者注意到,一审法院在说理部分同时使用了"代表"和"代理"的字眼,且最终认定为案涉行为属于"代理行为"进而判决被代理人承担责任;二审法院则同时使用了"代表"和"挂靠"的字眼,且最终认定为案涉行为属于"挂靠行为"进而判决被挂靠人承担责任。

2. 一审法院从两个角度论证了其判决结果:其一,对于作为相对人的王田林而言,其根据长江公司向其现场负责人×××出具的授权委托书,有理由相信高毅系代表长江公司与其订立承包合同。一审法院在此处使用了"有理由相信"这一表见代理制度构成之要素的词语,似乎是为了从相对人的角度说明高毅本来没有代理权,只是由于相对人有理由相信其有代理权而将之认定为表见代理。其二,对于作为行为人的高毅而言,其已经与长江公司无锡分公司签订有《工程项目合作合同书》,长江公司无锡分公司对高毅在幼儿园装修工程中进行了全权授权,这似乎是为了从行为人的角度说明其已经取得了长江公司的全权授权,其与相对人签订承包协议系有权代理。

3. 值得注意的是,二审法院却避开了上述有权代理、无权代理和表见代理的问题,在直接认定高毅有权代表长江公司的同时也认定高毅与长江公司之间系挂靠与被挂靠之关系,进而认为王田林要求被挂靠人长江公司承担责任符合法律规定。

第四,挂靠关系中,挂靠人将部分工程分包给相对人,相对人有权向挂靠人和被挂靠人主张连带责任。①

【基本案情】

2013 年 7 月 2 日,某部队与亨利富公司签订《建设工程施工合同》,约定:由亨利富公司承建无锡梅园某部队家属区公寓住房工程;工期自 2013 年 7 月 15 日至 2014 年 1 月 15 日;合同价款为 5,294,700 元,让利 54,700 元;合同载明朱协安、张立平为该项目经理、副经理。2013 年 10 月 9 日,亨利富公司向某部队出具书面证明,载明:"兹有本公司项目经理朱协安,因生病住院治疗,暂时不能主持某部队公寓住房工程的工作,现由项目副经理张立平主持某部队公寓住房工程的全面工作。特此证明。"

2013 年 11 月 1 日,张立平(发包方)与李卫东(承包方)签订《建筑水电安装承包协议》,约定:双方就某部队公寓住房楼给排水和强弱电安装工程承包事宜制定本劳务分包合同;工程承包范围包括施工图纸内所有的给排水、强弱电安装及调试(如有变更或签证将另行计算)。

2015 年 1 月 8 日,张立平向亨利富公司出具书面承诺,载明:"位于无锡梅园某部队家属区,中国人民武装警察某部队公寓住房项目,系本人以无锡市亨利富建设发展有限公司的名义独立承包施工,有关该项目的所有债权、债务均由本人承担。特此承诺"。一审中,亨利富公司与张立平明确张立平系挂靠在亨利富公司承建该工程。

【一审法院认为】

亨利富公司向发包方某部队所出具的书面证明中已明确授权张立平负责涉案工程全面工作,故张立平有权代表亨利富公司就涉案工程的水电施工同李卫东签订相关协议。加之,某部队与亨利富公司签订的《建设工程施工合同》中也明确张立平为副项目经理,李卫东有理由相信张立平系代表亨利富公司与其签订水电施工合同,故李卫东主张张立平系代表亨利富公司与其签订水电施工合同,法院予以支持。一审中,亨利富公司与张立平均认可其两方之间系挂靠

---

① 参见(2015)锡滨民初字第 02262 号民事判决书、(2016)苏 02 民终 2946 号民事判决书。

关系,故李卫东请求亨利富公司与张立平对水电施工工程款承担连带责任的诉讼请求,法院予以支持。

【二审法院认为】

张立平挂靠亨利富公司承接工程,应由张立平与亨利富公司对外共同承担责任。

【评析】

这一案例与上一案例有相似之处,只是在上一案例中原告仅仅是起诉被挂靠人,法院仅判令被挂靠人承担责任;而在本案中,原告在起诉之时将挂靠人和被挂靠人作为共同被告,法院判令挂靠人和被挂靠人承担连带责任。

第五,在行为人与相对人之间没有签订书面买卖合同,也无其他证据证明行为人是以“被代理人”的名义向相对人采购货物的情况下,即使相对人所供货物确实已由“被代理人”受益,但基于相对人对行为人身份的知晓,该等行为也不构成表见代理。①

【基本案情】

2011 年 1 月 17 日,高建晓与盐城四建签订挂靠协议一份,载明:高建晓以盐城四建的名义承接建安工程(由高建晓自行承接的工程建设项目);承包期限暂定一年,自 2011 年 1 月 20 日起至 2012 年 1 月 19 日;高建晓在承包期间内自负盈亏,独立核算,所产生债权债务均由高建晓自行承担。

2012 年 12 月 4 日,无锡交通公司与盐城四建签订《无锡交通公司太仓港疏港高速 TC - A3 标项目经理部工程劳务合同》一份。双方约定:工作内容为桥梁上、下部结构施工;工程地点为疏港高速 TC - A3 标。

2015 年 6 月 18 日,盐城四建出具《法人委托书》,载明:委托高建晓为其代理人,办理的事项为负责处理无锡交通公司工程的业务洽谈、施工管理、对账、结算等事宜等。盐城四建及其法定代表人在该《法人委托书》的委托人处盖章。

2015 年 6 月 20 日,杨金与盐城四建、高建晓签订《协议书》一份,载明:高建晓挂靠在盐城四建承接工程项目,高建晓、盐城四建因承建无锡交通公司发包的“太仓港疏港高速”项目等,委托杨金定作加工工程辅助材料。但杨金交货后,高建晓、盐城四建一直未付款,经双方协商一致,现就相关事宜达成协议如下:(1)双方核算确认高建晓、盐城四建结欠杨金货款 1,550,000 元,具体设备、

① 参见(2016)苏 0206 民初 1833 号民事判决书、(2017)苏 02 民终 4773 号民事判决书。

物品以附件清单为准,价格为不含税价,杨金开具发票前高建晓、盐城四建应支付税费;(2)高建晓、盐城四建应尽快与无锡交通公司就"太仓港疏港高速"项目进行结算,并在决算完成后立即付清杨金货款,原则上在8月底前付款。杨金、高建晓在《协议书》上签字,其中高建晓签署的内容为"盐城四建高建晓"。

另,高建晓与杨金之间存在翁婿关系。

【一审法院认为】

各方一致确认,高建晓与盐城四建之间存在挂靠关系。以挂靠形式从事民事活动的,当事人有权请求由挂靠人和被挂靠人依法承担相应的民事责任,故而判决高建晓、盐城四建连带承担杨金货款支付义务。

【二审法院认为】

1. 在商事合同中应坚持合同相对性原则,要求被挂靠人和挂靠人连带承担货款支付义务缺乏法律依据和法理基础。

2. 合同中的代理,无论是有权代理还是无权代理,均必须以行为人以被代理人名义与相对方发生合同关系为前提。本案中,高建晓与杨金未签订书面买卖合同,也无其他证据证明高建晓是以盐城四建的名义向杨金采购货物,反而杨金提供的2份送货单中有1份在抬头载明"收货单位:高建晓"。因此,本案买卖合同的双方应为高建晓和杨金,并不存在高建晓代理盐城四建签订合同的事实。

3. 表见代理的成立,必须以相对人相信行为人有代理权的主观认识状态为善意无过失作为条件,即相对人对行为人有代理权的信赖属于合理范围。本案中,高建晓挂靠盐城四建承接工程,对工程独立核算、自负盈亏,因高建晓与杨金为翁婿关系,故应当认定杨金知道高建晓仅是借用盐城四建的资质和名义承接工程,高建晓作为实际施工人购置建筑材料和施工设备属于自主经营行为,与盐城四建之间不可能存在委托代理关系。因此,在杨金知道高建晓对盐城四建没有代理权的情况下,不能认定其善意无过失,也就不能成立表见代理。

4. 虽然杨金所供货物用于盐城四建所承接的工程项目,盐城四建作为被挂靠人已经实际受益,但挂靠关系中物化于工程项目的利益实际归属挂靠人,如盐城四建尚未将工程款全部支付给高建晓,则杨金可通过执行第三人债权或行使代位权以实现自己的债权。

基于上述理由,二审法院认为高建晓的行为并不构成表见代理,因此判决撤销盐城四建承担连带责任的一审判决。

【评析】

在本案中,二审法院秉持商事交易中相对人若主张表见代理需要承担较为严格的关于权利表征及主观善意的举证要求的观点,同时否决了以挂靠关系的存在作为相对人向被挂靠人主张权利的依据的做法。

类似的判决参见(2016)苏02民终773号判决书。在本案中,二审法院同样推翻了一审法院关于表见代理的认定,对相对人在权利表征以及主观善意方面赋予了较高的举证责任。

笔者认为在该两起案件的判决中,二审法院区分了民事交易和商事交易,认为商事交易中,交易人应当在交易中负有更严格的注意义务。虽然在理论界,表见代理的认定是否需要区分民事关系和商事关系仍存在争议,但基于建设工程领域中各种不规范交易的普遍存在,故而笔者认同至少在建设工程交易链条中,每一个链条环节的交易主体都应当负有更为严格的注意义务。

第六,问题与小结。

1. 司法实践中认定的主要权利表象。通过考察本书分析标本的20个案件,法院在建设工程领域认定表见代理时一般会考虑下列权利外观:挂靠协议、授权委托书、项目部印章(包括在政府机关备案的印章以及在施工过程中相关签证文件中的印章等)、分公司公章、行为人的身份、工地现场标识牌。

2. 在相关案例中,不同层级法院对同一案件中行为人的行为性质认定存在差异——代表行为、职务行为、代理行为、表见代理行为等。

3. 在相关案例中,有的判决认为,挂靠关系中实际承担责任主体为被挂靠人,有的判决认为,挂靠关系中挂靠人与被挂靠人承担连带责任,还有的判决认为,挂靠关系中被挂靠人不承担责任而只有挂靠人承担责任。笔者认为,对这一问题亟须统一裁判尺度以维护法律的威权性。

第二部分　表见代理制度在建设工程领域中的重构

通过上文对相关案例裁判要旨的归纳可以看出,司法实践中对于表见代理的认定因存在不同的认识而缺乏统一的裁判尺度。笔者认为,这一方面应归因于建设工程领域的法律关系较为繁杂,另一更为重要的原因在于表见代理制度在立法层面上除了要求具备表象外观这一客观特征外,还需要结合相对人是否系善意无过失这一主观条件进行认定。目前最具有可操作性的规范为最高人民法院2009年7月7日发布的《关于当前形势下审理民商事合同纠纷案件若干问题的指导意见》。其第12~14条对表见代理制度予以了规制，尤其是第14条，系对表见代理制度中相对人主观善意无过失的详尽规定。不过，尽管规定很详尽，但法律主体的主观呈现终究需要法官在司法实践中予以主观的评断。

本节以下部分以表见代理制度的形成机理为基础，结合建设工程实践，试图重构表见代理制度在建设工程领域中的适用。

一、表见代理制度的发生机理

（一）静的安全与交易安全的法律价值之冲突

近代市民法强调意思自由和意思自治的理念，法律主体自身事务的处理必须依照自身真实的意思而进行；是否存在真实的意思表示是法律人需要首先探寻的。但随着交易广度和深度的不断增加，在交易的频次呈几何级增长的情况下，法律不得不面临的另一难题是应否以及如何保护相对人的如下信赖，即相对人基于行为人具有相应外观权利的情况，善意无过失地相信其交易系真实地与真实权利人发生。"当外观不反映实体，而权利变动关系中的受动当事人又善意无过失地相信外观时，该善意无过失的信赖无疑具有保护价值，期待中的权利变动关系依然发生，于是，就形成了'以外观代替实体'的、作为原则性权利变动机制的修正机制而存在的信赖保护制度。"①

故此，表见代理制度首先是对信赖利益的保护。

（二）信赖保护之归责原理

笔者认同孙鹏教授的研究结论："信赖保护的问题一律被作为危险分配的问题，信赖保护的成立以实体权利人存在'危险支配'（归责）事实为已足，原则上并不更进一步地要求实体权利人主观方面的过失或意思（与因），但若实体权利人的确存在导致外观发生和存续的意思或过失，信赖保护当然可以成立。"而"危险支配"的意思即"在存在多个关与者时，能全面支配损害发生的危险者，或者与其他的共同关与者相比，能更好地支配该危险者，必须负担损害"。

这就意味着，在表见代理制度中，虽然本人并未直接地表示出与相对人发

---

① 孙鹏：《民法上的信赖保护制度及其法的构成——在静的安全与交易安全之间》，载《西南民族大学学报（人文社科版）》第7期。

生相关权利义务的意思,但由于本人原本可以支配性地使权利表象不发生但最终仍是基于各种原由使得这种权利表象发生,或者本人相较于相对人而言能更好地支配该种危险之产生时,则需要对行为人的行为承担不利之法律后果。

例如在本节所列举之第一个案例中,本人主动将行为人作为其承建工程的总指挥而标识于施工现场指示牌上,这种显名足以形成表见代理之权利外观从而使自己陷入为行为人之行为承担相应后果的危险之中,而其对于是否在现场指示牌上将行为人显名是具有全面支配权的。故而,根据“危险支配”理论,陈龙俊代表裕通南京分公司签署钢材买卖合同、补充协议、还款协议构成表见代理,裕通公司应当承担因之而产生的不利后果。

故此,表见代理其次是在本人对危险具有可支配性或者较多支配性的情况下对相对人信赖利益之保护。

(三)信赖保护中归责要件的例外不要性

理论界都认可存在例外地不需要归责之情形,只是对哪些信赖保护不需要归责这一问题的看法不甚一致。孙鹏教授通过对各种学说的梳理认为:“如果将前述关于信赖保护例外无须归责的情形或者说判断基准进行概括,其共同内容为:高度的交易保护的必要性、国家机关的参与(外观信赖性事实上很高或者保持这种信赖的必要性很高)。”

就高度的交易保护的必要性而言,应当依“某交易的交易利益和内容”来判断,即只有在某项交易的交易利益和交易内容被认定为具有高度保护必要性的情况下方可对相对人的信赖利益给予保护。如本节所列举之第五个案例所示,交易之利益形式上发生在杨金与高建晓之间,且高建晓在双方进行交易时并未以盐城四建的名义进行,因此对该种交易的保护缺乏高度的必要性。

就国家机关的参与而言,是指“在公权力参与下作成的外观与实体关系保持一致的概率很高,从而具有高度的可信赖性”。如本节所列举之第二个案例所示,虽然行为人与本人之间系挂靠合同关系,其对外无权代理本人从事相关行为,该种代理行为本身也并非本人之真实意思表示,项目部印章也确实是行为人私自刻制,然而,由于本人确实与发包方签署了施工合同,而该枚印章也在政府相关部门这一公权力行使者处备案,该等在公权力参与下的备案之外观具有较高的与实体关系保持一致的概率。

二、表见代理制度在建设工程领域中法之构成的重构

任何一项法律制度的建构均不得脱离该制度之理论基础以及该制度所适用之社会环境和背景,没有前者的制度建构缺乏建构之合法性,而后者系其建构之基石,缺乏该等根基的制度必然垮塌。在后文中,笔者将在前文关于表见代理制度形成机理的研究基础上,结合我国建设工程领域之实际,重构建设工程领域中表见代理制度之法之构成。

(一)建设工程领域中面临的立法、行政与司法间的张力

如前文所述,建设工程领域中的交易乱象丛生,而这些乱象大多基于建设工程领域中"老大难"的"挂靠、违法分包、非法转包、层层分包"等现象。在作为笔者本节研究标本的来自无锡市中级人民法院的20个与表见代理制度相关案件中,就有多达15个案件与违法分包、层层分包、挂靠等现象直接相关。

但颇为吊诡的是,立法、行政、司法对于这些乱象的态度明显不同,突出表现是"立法明禁止,行政强打击,司法重保护"。

1. 立法层面明令禁止。

《民法典》第791条第2款从不得转包、不得肢解分包等角度,第3款从市场准入、不得层层分包等角度予以严格规制。

《建筑法》第26条、第28条、第29条等分别从市场准入、禁止超越资质或者借用资质、禁止转包、禁止肢解分包、合法分包之条件、禁止层层分包等方面予以严格规制。

《建设工程质量管理条例》也分别从市场准入、禁止超越资质或者借用资质、不得转包或者违法分包等方面予以严格规制。

住建部《建筑工程施工发包与承包违法行为认定查处管理办法》更是具体罗列了违法发包、转包、违法分包、挂靠的具体情形以及具体的处罚办法。

2. 行政机关强打击。

对工程转包、违法分包、挂靠等违法现象的行政查处一直没有停止,尤其是住建部于2014年9月在全国范围内启动工程质量治理两年行动,重在对质量安全违法违规行为和建筑市场违法违规行为进行查处,而后者即是直接针对建筑市场中存在的违法发包、工程转包、违法分包、挂靠等行为。

根据住建部的官方统计,在两年行动伊始的2014年11月查处的存在违法行为的1411个项目中,存在违法发包行为的项目239个,占违法项目总数的

17%，存在转包行为的项目117个，占违法项目总数的8%，存在违法分包行为的项目145个，占违法项目总数的10%，存在挂靠行为的项目209个，占违法项目总数的15%。也就是说存在违法发包、转包、违法分包、挂靠四类行为的项目总计710个，占所有建筑工程违规行为总量的50.32%。[①] 这一数据可以直观反映四类行为在整个建筑市场已经成为司空见惯的现象。虽然随着两年行动的不断推进，四类行为在绝对数量和比例上均有明显下降，但在两年行动结束后的2017年第一季度，据住建部的统计，上述四类行为也占所有建筑工程违规行为总量的16.15%。[②]

通过上述数据可以推定，建筑市场中存在如此数量和比例的违法乱象是市场参与者之公知；在基于建筑工程而发生的所有交易中，任何一方交易者都有可能陷入交易合同无效或者交易另一方并非真实权利人的危险之境。这已然是一个不争的事实。根据“危险支配”理论，任何一个进入建设工程交易链条中的末端交易者都应保持足够的警惕以免使自身处于危险之中，而末端的交易者拥有较多的支配该危险不发生的途径。

3. 司法层面对实际施工人权益的三重保护。

实际施工人并非一个严格的法律概念，它是《司解一》为了区分有效施工合同中的承包人、施工人、建筑施工企业等而创设的概念，是指依照法律规定被认定为无效的施工合同中实际完成工程建设的主体，包括施工企业、施工企业分支机构、工头等法人、非法人团体、公民个人等。[③] 而无效的施工合同典型地出现在上述四类违法行为中。虽然行政执法机关对上述四类行为给予了相当大力度的打击，但在司法层面却对施工合同无效情形下的实际施工人给予了三重保护。

首先，《民法典》第793条规定：“建设工程施工合同无效，但是建设工程经验收合格的，可以参照合同关于工程价款的约定折价补偿承包人。”浙江省高院、江苏省高院等也有类似规定。这从司法适用方面为实际施工人按照合同约定请求支付工程价款提供了依据和保障。

其次，《司解一》第43条规定：“实际施工人以转包人、违法分包人为被告起诉的，人民法院应当依法受理。实际施工人以发包人为被告主张权利的，人民

---

① 载 http://www.mohurd.gov.cn/wjfb/201501/t20150105_220004.html。

② 载 http://www.mohurd.gov.cn/wjfb/201705/t20170525_231993.html。

③ 参见最高院《关于合同纠纷中“实际施工人”的司法认定条件的建议的答复》。

法院应当追加转包人或者违法分包人为本案第三人,在查明发包人欠付转包人或者违法分包人建设工程价款的数额后,判决发包人在欠付建设工程价款范围内对实际施工人承担责任。”

上述规定为实际施工人突破合同相对性原则向发包人在欠付工程价款范围内请求工程价款支付提供了依据和保障。

根据2015年第八次全国法院民事商事审判工作会议纪要以及最高院《关于合同纠纷中“实际施工人”的司法认定条件的建议的答复》相关精神,《司解一》第26条第1款规定严守合同相对性原则,不能随意扩大该条第2款规定的适用范围,不能随意扩大发包人责任范围,只有在欠付劳务分包工程款导致无法支付劳务分包关系中农民工工资时,才可以要求发包人在欠付工程价款范围内对实际施工人承担责任。

《江苏高院关于施工合同的解答》第23条规定:“建设工程因转包、违法分包导致建设工程施工合同无效的,实际施工人要求转包人、违法分包人对工程欠款承担连带责任的,应予支持。前手转包人、违法分包人举证证明其已付清工程款的,可以相应免除其给付义务。发包人在欠付的工程款范围内承担连带责任。”该条规定进一步扩大了实际施工人主张权利的义务人范围,更进一步保障了实际施工人的工程价款请求权。

最后,司法实践通过运用表见代理制度对实际施工人权益进行保障。例如,本书第一部分所援引案例二,实际施工人作为相对人即通过主张行为人的行为构成表见代理从而向本人主张表见代理的法律效果。

综上可以看出,一方面是立法机关从法律行政法规、部门规章的层面严令禁止四类违法行为,行政执法机关在执法过程中严厉管控四类违法行为,另一方面是司法机关通过三项制度的运用充分保障四类违法行为中实际施工人的权益;立法机关、行政机关与司法实践之间形成了较为深刻的张力。也许这正是实践中不能有效遏制四类违法行为的制度性和结构性之原因。

(二)建设工程领域应严格适用表见代理制度

原《民法总则》在起草时曾设想对不适用表见代理的情形进行列举,但考虑到现实生活的复杂性以及表见代理情形的广泛涉及面,法律很难穷尽构成或者不构成表见代理的所有情形,原《民法总则》最终放弃了对这一列举工程的努力。

虽然如此,基于上文对表见代理制度发生机理以及建筑市场实际情形的分析，笔者认为，在建设工程领域应当对表见代理制度的适用予以严格的认定，不可轻易突破合同相对性，在建设工程领域表见代理制度的法之构成应当满足以下条件。

1. 表见行为人没有代理权、超越代理权或者代理权终止。这是构成表见代理的前提条件。

在建设工程领域，典型的体现为挂靠人、转承包人、违法承包人等与相关方基于某建设工程之人工、材料、机械设备、工程分包、转包等订立、履行相关协议；在这些交易中，挂靠人与被挂靠人签署挂靠协议并基于挂靠协议获取相关的工程利益，转承包人与转包人签署转包协议并基于转包协议获取相关的工程利益，违法承包人与违法发包人签署分包协议并基于分包协议获取相关的工程利益。在上述关系中，挂靠人、转承包人、违法承包人均没有权利代理被挂靠人、转包人或者违法分包人从事相关的行为。

2. 表见行为人以本人的名义与相对人为法律行为。

原《合同法》第 49 条对此进行了明确规定："行为人没有代理权、超越代理权或者代理权终止后以被代理人名义订立合同，相对人有理由相信行为人有代理权的，该代理行为有效。"这也是本书所列第三项案例中法院没有支持构成表见代理的主要理由。

但《民法典》第 172 条似乎对此等构成要件没有明确，该条规定："行为人没有代理权、超越代理权或者代理权终止后，仍然实施代理行为，相对人有理由相信行为人有代理权的，代理行为有效。"可以看出，《民法典》并没有像原《合同法》那样明确规定行为人须"以被代理人名义"；但从学理而言，表见代理制度既然赋予相对人向本人主张权利的权利，"如果表见代理人在为法律行为时并未标明本人，则该行为即与'本人'无关，'本人'缘何承担责任？况且善意第三人所信赖者，乃代理人为特定本人的代理人，本人不确定，信赖就不会指向特定的人"。[①] 而这也是本书第一部分所列之案例五被认定为不构成表见代理的关键理由。

另外，《民法典》的规定相较于原《合同法》之规定，扩大了表见代理人为法律行为的范围：原《合同法》明确"行为人以被代理人名义订立合同"，法律行为

---

① 吴国喆：《权利表象及其私法处置规则——以善意取得和表见代理制度为中心考察》，商务印书馆 2007 年版，第 202 页。

范围限定在订立合同;而《民法典》则界定为“实施代理行为”,这里的代理行为就不仅仅限于订立合同,其他可以适用代理的行为同样能够适用,如代理被代理人出具还款承诺这一单方面的民事法律行为,这在建设工程施工领域的交易中非常常见。

3. 能得以推定相对人善意无过失的表见行为人必须具备相应的权利外观。

行为人具有代理权的权利表象和相对人善意无过失是认定表见代理之构成的最根本也是最复杂的要件。由于表见代理制度之形成机理中信赖保护之归责原理应适用“危险支配”理论,笔者试图从以下几个构成要件解构建设工程领域所发生的建筑材料买卖、借款、机械设备租赁等交易关系中的表见代理制度。(需要阐明的是,当行为人以真实权利人之名义与相对人签订买卖合同、借款合同或者机械设备租赁合同等时,若具备合同生效的基本要件,上述合同均为有效。)

笔者认为,上述法律行为可以构成表见代理的,必须同时具备下列权利外观:

(1)本人必须与发包人或者其他合法分包人签署施工协议,即交易标的发生系基于本人合法承接的工程项目。这就要求相对人在正式从事相关交易前,必须通过一定方式审查本人是否真实承接了该工程项目。这一审查义务之所以由相对人负担,是因为该种审查义务或者注意义务可以通过工地现场的标识牌、向政府部门咨询、直接要求行为人提供相关证据等方式较为容易地实现,因此,相对人对于是否可能使自身的交易陷入实际上并非与真实权利人而发生的危险境地具有支配的可能性。如若相对人没有履行这一注意义务,则相对人之行为违背了信赖利益归责原理中的“危险支配”理论,其无法基于善意无过失的主观心态向本人主张表见代理的法律后果。

(2)行为人具备足以构成表见代理的权利外观。笔者认为,基于建筑工程市场的现状,作为交易一方的相对人必须在交易之初尽到足够的审慎义务方可推论其系善意无过失。足以构成表见代理的权利外观不应作扩大化适用,基本应限定于以下两种情形之一或者在程度上与以下两种情形相等的其他情形。

①工地现场标识牌中明确载明行为人任工地现场的项目经理、总指挥等职。之所以在该等情形下,相对人可以适用表见代理而要求本人承担代理之法律后果,是因为根据“危险支配理论”,既然本人对外公示行为人系项目经理、总指挥,其就应当承担因自身的对外公示而引发的相关“危险”。

②相对人必须要求行为人在相关的建筑材料采购协议、机械设备租赁协议或者借款协议中加盖本人公章或者项目部印章，而该公章或者印章经事后鉴定系行为人私自加盖、伪造或者私自刻制。

之所以由相对人负担要求行为人加盖公章或者印章这一义务，是因为如前文所述，建筑市场交易末端的参与者若主张其实际上是与真实权利人发生交易，必须要尽到更为严格的注意义务。要求行为人加盖公章或者项目部印章即是这一注意义务的最基本体现，同时该等注意义务也符合“危险支配理论”。

之所以要求行为人加盖的公章或者项目部印章系行为人私自加盖、伪造或者私自刻制，是因为若非如此，即构成有权代理或者说因加盖了真实的公章或者印章而治愈了合同对本人的效力。

4. 行为人以本人名义所为之法律行为必须系有效行为。

这一构成要求主要针对如本节所援引第二项案例之情形：行为人以本人之名义将工程项目中的一部分分包给不具备资质的相对人，或者转包给相对人的。根据我国法律的规定，基于上述行为而签署的分包协议、转包协议因违反法律行政法规的效力强制性规定而系无效协议；在该类行为中，作为实际施工人的工程承包人或者转承包人无权援引表见代理而向“本人”主张代理的法律后果。之所以如此，是因为该类行为属于信赖保护中归责要件的例外不要性，即该类行为不存在高度的交易保护必要性。

首先，从交易利益来看，我国法律对该等交易之利益予以了否定性的评价，法律将该等交易定性为无效，既然系无效之行为，在法律上就没有保护之必要；“盖若无效，即使是存在代理权时，亦不得发生代理效力，遑论无代理权。”①

其次，从交易内容看。如上文所述，司法解释及司法实践从三个方面对实际施工人之利益予以了充分保障，这主要是基于保护农民工工资权益这一当时的特殊历史背景，所以司法解释赋予了实际施工人突破合同相对性向发包人主张权利的权利。司法实践中也有通过适用表见代理制度来满足实际施工人向“本人”主张权利的情形。例如，本节所列第四项案例，法院虽然没有认定构成表见代理，但认为在挂靠关系中被挂靠人应当对挂靠人的行为承担连带责任进而保护实际施工人的权利。

---

① 吴国喆：《权利表象及其私法处置规则——以善意取得和表见代理制度为中心考察》，商务印书馆2007年版，第202页。

但无论是司法解释从规范的层面抑或司法实践以表见代理之方式允许实际施工人突破合同相对性,在实践中都已饱受诟病,“一方面滋生了较多滥用实际施工人诉权的案例;另一方面反而抑制了施工合同各方的守约意识,不符合现代法治精神”。这种允许突破合同相对性的做法实际上是赋予了实际施工人比在合同有效情况下更加有利的保障,这也不符合法律立法价值和司法审判价值。另外,经过多年的发展,对农民工工资权益的保障已经可以通过多种方式予以实现,再通过这种突破合同相对性的方式进行保护已然不再必要。[①]

正是基于上述原因,《2018 版司解二》(征求意见稿)第 24 条[②]罗列的两种意见中,第一种已经完全抛弃了允许实际施工人突破合同相对性而向发包人主张工程款的做法,第二种虽然允许实际施工人突破合同相对性,但对于实际施工人的举证责任则作出了更加严苛的规定。

但非常遗憾的是,最终定稿的《2018 版司解二》及《司解一》并未能采纳上述第一种意见。

不过,笔者基于上文所述之理由认为,在突破合同相对性缺乏法律之明文规定或者法理之支撑的情况下,实际施工人能且只能依据《民法典》第 535 条关于代位权诉讼的规定向与其没有合同关系的第三人主张权利。另外,基于实际施工人在表见代理制度适用中缺乏交易利益和交易内容保护的高度必要性,在行为人以“本人”名义将建设工程分包给不具有资质者或者转包给相对人的情况下,应不能再适用表见代理制度从而要求“本人”承担代理的法律后果。

三、结语

基于保护交易安全的角度,法律创设了表见代理制度。表见代理制度不但

---

① 参见上海市建纬律师事务所:《关于审理建设工程施工合同纠纷案件适用法律若干问题的解释(二)修订建议专刊》,第 104 期,2017 年 10 月 1 日。

② 【实际施工人权利救济途径】

第一种意见:

实际施工人以与其没有合同关系的发包人为被告主张工程款权利的,人民法院不予受理。

实际施工人依据合同法第七十三条规定,以转包人、违法分包人怠于向总承包人、发包人行使工程款债权,损害其利益为由提起代位权诉讼的,人民法院应予受理。

第二种意见:

实际施工人依据《最高人民法院关于审理建设工程施工合同纠纷案件适用法律问题的解释》第二十六条第二款规定提起诉讼的,应当符合下列条件:

实际施工人有证据证明与其具有合同关系的缔约人丧失履约能力或者具有下落不明等情形,导致其劳务分包工程款债权无法实现。

要求行为人具有一定的权利外观表象同时还要求相对人具有善意无过失的主观心理状态,虽然我国法律和司法解释对此作出了表面上比较明确的规定,但由于人之主观心态无法或较难通过客观的衡量而统一司法裁判尺度,这就导致了司法实践中不同审判者的不同理解。然而,由于建设工程施工领域中不规范交易行为相对普遍,所以在这一司法领域必须对表见代理制度的适用予以更为严格的审查标准。本节对之进行了实践和理论方面的探讨,希望能够为将来有关司法解释的出台提供一种可行的思路。

第四章

建设工程工期中的热点法律问题

第一节　分段工期的合同设计

所有合同条款的设计必定带有设计者对合同交易内容背后所隐藏之交易目的的预设,任何对交易目的之预设与真实交易目的间存在的目的漏项、目的偏差、目的误解等,均有可能因合同条款无法实现或者无法全部实现交易之终极目的而带来无法弥补的法律后果。

建设工程施工合同之工期条款即为一典型。

一、对工期条款之传统设计

通过考察建设工程施工合同之工期条款的设置可以发现,发承包人之间就工期条款传统之设计基本会包括如下几个方面的内容:

1. 开工日期:某年某月某日(具体以开工通知为准),竣工日期:某年某月某日,合同工期:总日历天数为×天。

2. 进度款按月支付,每月支付经发包人确认的上月完成合格工程量60%(如)的工程款;工程竣工验收合格后,支付已完合格工程量80%(如)的工程款;结算完毕后,支付至结算价款95%(如)的工程款;余款作为质保金,待竣工验收合格满2年(如)后14天内(如)无息支付。

3. 如因承包人原因导致未能在合同工期内完成施工的,每延误一日,承包人需向发包人支付1万元(如)的违约金。

笔者认为,上述关于工期条款的设计实际上仅仅反映了条款设计者对于竣工验收这一交易目的的高度关切;但这种关切的适用面较窄,一般而言仅适用于工业建筑或者市政基础工程,而对于民用建筑和商业建筑等与商品房交易相关的工程项目则不能适用。于民用和销售型商业类工程项目,需要在穿透开发企业之利益实质基础上有效设计分段工期以达到对工期条款之利益期待的全面预设。

所谓分段工期,系指依据建设工程交易买方之利益关切点的复杂性而设置不同的工期节点。工期条款的设计者并需根据相关工期节点对交易买方所带来的实质利益之不同而设置较为合理的工期拖延违约金,以明晰在交易卖方违约情况下的违约责任,并防止交易买方在诉讼中因无法举证证明其实际损失而带来利益损失。

二、商品房交易类工程项目之工期关切

以民用住宅为例,对于开发企业来说,其最为重大的交易关切在于经由商品房预售以实现销售资金的快速回笼以及有效规避因延期交房而带来的下游违约成本。然而,工期条款之传统表达中所关切的竣工验收一般仅仅与是否延期交房相关,其实难与商品房之预售相关联。为此,基于这两类重大交易目的的考量,房地产开发企业必须设计另外一种能够有效且全面实现其交易期待的工期条款。

(一)商品房预售之条件

1. 住建部《城市商品房预售管理办法》规定的商品房预售条件

《城市商品房预售管理办法》第5条规定:"商品房预售应当符合下列条件:(一)已交付全部土地使用权出让金,取得土地使用权证书;(二)持有建设工程规划许可证和施工许可证;(三)按提供预售的商品房计算,投入开发建设的资金达到工程建设总投资的25%以上,并已经确定施工进度和竣工交付日期。"

因此,《城市商品房预售管理办法》将投资额度达到25%作为领取预售许可证的实质性节点。就房地产开发企业而言,应当在施工合同中将该相应的形象进度作为分段工期的重要节点,否则将实质性影响其预售许可证的取得。

2. 装配式建筑形式的商品房预售条件

不得不引起注意的是,为大力推进装配式建筑的发展,相关试点地区已经

开始对采取装配式建筑形式且装配率达到一定要求的房地产开发企业给予提前申领预售许可证的优惠政策，而不仅仅限于《城市商品房预售管理办法》规定的开发强度要求。例如，无锡市政府于 2016 年 9 月 20 日印发的《关于加快推进建筑产业现代化　促进建筑产业转型升级的实施意见》提出："采用装配式建造且装配率达到 30% 以上的商品房项目……在其基础施工完成至 ±0.00，装配部品进场并开始安装时，可以申办《商品房预售许可证》。"

因此，在装配率达到 30% 以上的工程项目中，按照无锡市政府的规定，只要其基础施工完成 ±0.00，且装配部品进场并开始安装时即可进行商品房预售。该种情形下，就房地产开发企业而言，应当在施工合同中将 ±0.00 作为分段工期的重要节点；否则亦将根本影响其预售许可证的取得。

（二）商品房交付之条件

另一个跟工期相关的工程买方之重要利益关切点在于房地产开发企业能够按时向商品房买受人交付房屋。一般而言，交房条件为工程项目通过竣工验收且（或）进行政府备案。因此，就房地产开发企业而言，应当在施工合同中将通过竣工验收作为分段工期的重要节点。这也是传统的工期条款之重大关切。

三、工期延误的违约责任条款

根据《民法典》第 584 条之规定，违约金从性质上以补偿损失为主，兼具一定的惩罚性。但从建设工程施工实践来看，发包人很难举证证明因承包人工期延误而遭受的实际损失。为能有效规避这一举证障碍，防止在诉讼过程中法院根据对方之主张对违约金进行调整之风险，同时兼顾公平性和合理性，发包人在设计工期延误违约条款时，首先需要测算分段工期中不同工期节点延误后所可能引起的诸如因无法取得预售证或者无法交房等而导致的利润损失或者违约成本，再将该利润损失或者违约成本之数额约定到承包人工期延误的违约责任条款中，其次需要在施工合同中明确约定，双方不得以约定之违约金过高为由请求司法机关予以调整。① 唯有如此，方能最大限度保障开发企业的利益期待并避免因下游违约而产生的违约成本之损失。

① 可参考本书第三章第五节的内容。

四、施工单位的应对之策

如若施工合同中采取分段工期并约定了较重违约责任，作为施工合同相对方的施工单位，则也应当采取相应举措以规避巨额的违约风险。笔者认为，主要措施可包括以下三个方面的内容。

1. 认真对待开工日期。开工日期作为计算分段工期的起点，必须引起施工单位的高度关注，并严格按照《司解一》第 8 条①的规定严防法律风险。

2. 高度重视工期顺延。工期顺延是指因不可归责于施工单位之原因事件导致不能正常施工情形下，施工单位可以依据合同约定和法律规定向建设单位提出延展工期之要求，且施工单位可不因工期之延展而向建设单位承担违约责任。典型的情形包括甲供材供应不及时、交叉施工中其他施工单位未能及时提供施工界面、业主单位未能及时支付工程价款，等等；对于工期顺延应依据合同约定的程序和期限及时向建设单位或者监理单位提出，并保留相关证据，以按照《司解一》第 10 条第 1 款之规定寻求工期延误责任之豁免。

3. 密切关注竣工日期。竣工日期是计算分段工期的结局终点，于施工单位而言，最为有利的两条明确的司法解释规定为《司解一》第 9 条第 2、3 项和第 14 条关于发包人拖延验收及擅自使用未经竣工验收工程的规定。②

总的来说，若施工合同中约定了分段工期及高额违约责任，则施工单位应更加重视相关节点工期的完成并监测影响节点工期完成的相关因素，及时提出索赔或者采取措施调整施工进度，以避免违约损失。

---

① 《司解一》第 8 条："当事人对建设工程开工日期有争议的，人民法院应当分别按照以下情形予以认定：（一）开工日期为发包人或者监理人发出的开工通知载明的开工日期；开工通知发出后，尚不具备开工条件的，以开工条件具备的时间为开工日期；因承包人原因导致开工时间推迟的，以开工通知载明的时间为开工日期。（二）承包人经发包人同意已经实际进场施工的，以实际进场施工时间为开工日期。（三）发包人或者监理人未发出开工通知，亦无相关证据证明实际开工日期的，应当综合考虑开工报告、合同、施工许可证、竣工验收报告或者竣工验收备案表等载明的时间，并结合是否具备开工条件的事实，认定开工日期。"

② 可参考本书第五章第一节和第二节的内容。

第二节 工期延误之索赔

在工程索赔管理实践中，按照延误之责任归属可将工期延误分为可原谅延误、不可原谅延误和交叉延误三种。再根据延误是否是由于发包人或工程师的过错或违约造成，可将可原谅延误分为可原谅可补偿的延误和可原谅但不可补偿的延误。

本节基于承包人的视角重点讨论不同延误情形下承包人就可原谅延误的索赔事项、索赔程序以及索赔证据等问题。

一、可原谅延误

（一）可原谅延误之定义

可原谅延误系指由于发包人的责任和（或）客观原因造成的延误，即延误并非承包人的过错导致。在可原谅延误项下，承包人可以向发包人主张工期索赔，即延误的工期应予顺延且不构成承包人违约，发包人无权就该等延误向承包人主张违约责任。例如，在最高院二审审理的中鼎国际工程有限责任公司与青海亿民房地产开发有限公司建设工程施工合同纠纷案件[①]中，经审理查明，案涉工程停工系发包人未按期支付工程款所致。如此，最高院认为，发包人关于承包人造成工期延误并请求承包人承担工期延误的违约责任的主张不能得到法院支持。

（二）可原谅延误的具体情形

笔者根据2017年版《建设工程施工合同（示范文本）》中的条款，在下文中分别梳理可原谅可补偿延误和可原谅但不可补偿延误的情形。

1. 可原谅可补偿的延误

可原谅可补偿的延误是指由于发包人或工程师的过错和责任造成的延误，承包人既可以顺延工期也可以得到经济补偿。

根据2017年版《建设工程施工合同（示范文本）》，可原谅可补偿延误的主

---

① 参见（2018）最高法民终407号民事判决书。

要情形(干扰事件)包括:(1)因发包人未按合同约定提供图纸或所提供图纸不符合合同约定的;(2)发包人拒不签收承包人送至送达地点和指定接收人的来往信函;(3)发包人、监理人和承包人对化石和文物按有关政府行政部门要求采取妥善的保护措施;(4)因发包人原因未能及时办理完毕法律规定由其办理的许可、批准或者备案的(包括合理利润补偿);(5)因发包人原因未能按合同约定及时向承包人提供施工现场、施工条件、基础资料;(6)因监理人未能按合同约定发出指示、指示延误或发出了错误指示的;(7)因发包人原因造成工程质量问题未达到合同约定标准的;(8)监理人按照法律规定和发包人授权对工程的所有部位及其施工工艺、材料和工程设备进行检查和检验,经监理人的检查和检验合格的;(9)发包人或监理人对覆盖后的隐蔽部位有疑问但经检查证明工程质量符合合同要求的;(10)因发包人或监理人原因未能在计划开工日期之日起90天发出开工通知的;(11)发包人提供的测量基准点、基准线和水准点及其书面资料存在错误或疏漏的;(12)发包人未能在计划开工日期之日起7天内同意下达开工通知的;(13)发包人未能按合同约定日期支付工程预付款、进度款或竣工结算款的;(14)承包人因对不利物质条件采取合理措施的;(15)承包人因对异常恶劣的气候条件采取合理措施的;(16)因发包人原因引起的暂停施工;(17)因发包人原因无法按时复工的;(18)发包人提供的材料或工程设备不符合合同要求的;(19)因发包人原因导致暂估价合同订立和履行迟延的;(20)因设计原因导致试车达不到验收要求,发包人因不可抗力影响承包人履行合同约定的义务的;(21)发包人要求在工程竣工前交付单位工程的。

2. 可原谅不可补偿延误

可原谅但不可补偿延误是指由于客观原因而非发包人或工程师的过错所造成的延误,承包人仅可以顺延工期但不能得到经济补偿。

根据2017年版《建设工程施工合同(示范文本)》,可原谅不可补偿延误的主要情形(干扰事件)包括:(1)监理人不能按时对隐蔽工程及其施工工艺、材料和工程设备进行检查的;(2)基准日期后,因法律变化造成工期延误的;(3)监理人不能按时参加试车的等。

二、承包人基于可原谅延误之工期索赔

(一)工期索赔的定义及公式

工期索赔是指在施工过程中由于非承包人的原因(干扰事件)导致工期延

误,承包人向发包人提出的顺延工期的权利主张。工期一旦顺延后,承包人首先可以豁免向发包人承担工期延误违约责任的风险,而且也有可能获得赶工奖励。

但是,承包人能否就每一项干扰事件而构成的工期之延误向发包人提出工期索赔(工期顺延)是工程实践和司法实践中的难点。能否顺延工期或者延长合同工期,主要取决于干扰事件的责任归属以及干扰事件是否造成了关键线路的延长,即可将工期索赔之公式表述如下:若经判断干扰事件的责任归属于发包人且该等干扰事件造成了关键线路之延长(关键延误)的,承包人有权向发包人提起工期索赔。

根据住建部发布的《工程网络计划技术规程》,"关键线路"是指:"双代号网络计划中,由关键工作组成的线路或总持续时间最长的线路;单代号网络计划中,由关键工作组成,且关键工作之间的间隔时间为零的线路或总持续时间最长的线路。"而"关键工作"系指:"网络计划中机动时间最少的工作。"上文所称关键延误即是位于网络进度计划的关键线路上的延误。

根据上述工期索赔之公式可以看出,干扰事件的责任归属以及是否导致关键线路的延长是判断工期索赔的两个根本性要素;在基于工期索赔发生的诉讼案件中,当事人双方均应当围绕该两个要素进行举证和辩论。

(二)工期索赔天数的计算方法

精确计算工期延误的天数,无论在工程实践还是在司法实践中均是一项比较困难的工作。一般而言,计算工期延误天数的方法主要有以下三种。

1.直接法。如果某项干扰事件直接发生在关键线路上,造成总工期的延误,可以直接将该干扰事件的实际干扰时间作为工期索赔的天数。这是最为直接和最为简单的方法。但施工实践往往更为复杂,仅用此法根本无法精确甚至相对精确地计算索赔天数。

2.比例计算法。如果干扰事件仅仅影响某单项工程、单位工程或分部分项工程的工期,可以通过对已知受干扰部分工程的价格与原合同总价的比值,或者通过对已知额外增加工程量的价格与原合同总价的比值,计算工期索赔天数。但这种计算方式有时不符合实际情况,且不适用于变更施工顺序、加速施工、删减工程量等事件的索赔。

3.网络图分析法,即利用进度计划的网络图,分析其关键线路。如果延误的工作为关键工作,则延误的时间即为可索赔的工期;如果延误的工作为非关键工作,但该工作由于延误超过时差限制而成为关键工作时,可以索赔延误时间与时差的差值;如果该工作延误后仍为非关键工作的,则承包人无权就此提起工期索赔。

笔者认为,网络图分析法是最能精确计算工期索赔的有效方式;但该种方式依赖于施工单位在施工前已经提供了经批准的工程网络计划,否则,难以有效适用。试以如下示例进行分析。

(三)示例

某工程项目施工单位上报了如下工程施工进度网络计划图(时间单位:周,如图7所示),并经总监理工程师和发包人确认。

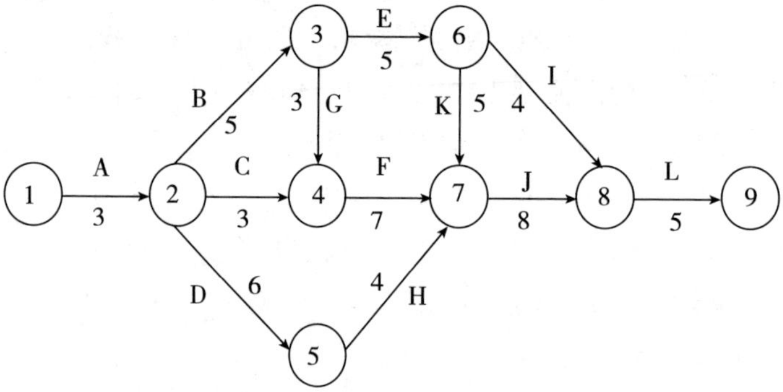

图7　工程施工进度网络计划

在施工过程中,出现如下四起干扰事件:

1. 在B施工工序中,因塔吊机械故障,造成人工窝工2周;

2. 因施工图纸滞后原因将E施工工序施工时间延长2周;

3. 在D施工工序时,发生合同专用条款中约定的恶劣天气,导致工期延误2周;

4. 在J施工工序开始时,发现地下有暗河,按发包人代表指示需对该地进行复查,承包人等待处理和复查延误3周。

据上文工期索赔之公式,在分析该四起干扰事件对工期延误之影响时,应首先判断干扰事件的责任归属:

1. 事件1中施工机械故障造成的窝工,是承包人自身的责任,不能索赔;

2. 事件2是发包人图纸提供迟延原因造成,构成可原谅的延误,承包人可以索赔;

3. 事件3是依约应由发包人承担风险的恶劣天气造成,属可原谅的延误范畴,承包人可以索赔;

4. 事件4也是由发包人原因导致,故承包人可以提起索赔。

其次,事件2、事件3和事件4虽构成可原谅延误,承包人有权提起索赔,但能否提起工期索赔还要判断相关延误是否发生在关键线路。通过对初始施工网络计划的分析,得出关键线路为两条(两条关键线路的总工期均为31周):1→2→3→4→7→8→9和1→2→3→6→7→8→9。事件2发生在节点3→6,事件4发生在节点7→8,均在关键线路上,所以承包人可要求顺延工期5周;但事件3发生在节点2→5,并不在关键线路上,故对总工期不产生影响,承包人无权提起工期索赔。

(四)导致关键线路延长的主要情形

关键线路的延误肯定会使得工期超出施工合同约定的总工期。施工过程中之所以会出现非承包人原因导致的超合同工期之现象(关键线路延误情形),主要原因有三个:其一系出现开工时间的推迟;其二系出现暂停施工;其三系在施工过程中因设计变更等原因导致合同内工程量的增加。笔者在本部分内容中结合两部鉴定规范予以阐析。

1. 开工时间的推延

承包人未能在合同约定的工程开始之起点开工的,必然导致关键线路的延误;在该种情况下,需要根据工期索赔之公式首先确定开工日期推延的责任归属,然后判定承包人能否提起工期索赔以及索赔天数。对此,住建部《建设工程造价鉴定规范》(以下简称《住建部规范》)和司法部《建设工程司法鉴定程序规范》(以下简称《司法部规范》)均有相应规定。

《住建部规范》规定:合同中约定了开工时间,因承包人原因不能按时开工,发包人接到承包人延期开工申请且同意承包人要求的,开工时间相应顺延;发包人不同意延期要求或承包人未在约定时间内提出延期开工要求的,开工时间不予顺延。(条款号5.7.1.3)因非承包人原因不能按照合同中约定的开工时间开工,开工时间相应顺延。(条款号5.7.1.4)因不可抗力原因不能按时开工的,开工时间相应顺延。(条款号5.7.1.5)

《司法部规范》规定:发包人与承包人在施工合同内规定了开工日期,因承包人原因不能按时开工,发包人或监理人接到承包人延期开工申请,同意承包人要求的,工期相应顺延;发包人或监理人不同意延期要求或承包人未在规定时间内提出延期开工要求的，工期不予顺延。因发包人原因不能按照《建设工程施工合同》约定的开工日期开工，发包人或监理人应以书面形式通知承包人，推迟开工日期。由发包人承担因延期开工给承包人造成的损失，并相应顺延工期。如因不可抗力原因不能按时开工的，工期相应顺延。（条款号 7.2.2）

发包人未取得施工许可证而被主管部门责令停止施工的，按发包人或监理人同意顺延的工期竣工；如果发包人未取得施工许可证并未被主管部门责令停止施工的，受鉴项目工期应从实际开工日期起按合同约定工期计算。

相关情形有：(1)因发包人原因而被主管部门责令停止施工的，按发包人或监理人同意顺延的工期计算。(2)因承包人原因而被主管部门责令停止施工的，按合同约定计算工期。(3)因其他原因被主管部门责令停止施工的，按发包人或监理人同意顺延的工期计算。（条款号 7.2.4）

2. 暂停施工

承包人暂停施工的，包括关键线路在内的所有工序均暂停，故必然导致关键线路的延误。

《住建部规范》规定：当事人对鉴定项目暂停施工、顺延工期有争议的，鉴定人应按以下规定进行鉴定：(1)因发包人原因暂停施工的，相应顺延工期；(2)因承包人原因暂停施工的，工期不予顺延；(3)工程竣工前，发包人与承包人对工程质量发生争议停工待鉴的，若工程质量鉴定合格，承包人并无过错的，鉴定期间为工期顺延时间。（条款号 5.7.4）

《司法部规范》规定：受鉴项目竣工前，发包人和承包人对工程质量发生争议，工程质量经鉴定合格的，鉴定期间为工期顺延期间。（条款号 7.2.6）因发包人原因造成受鉴项目停工的，相应顺延工期；因承包人原因造成受鉴项目停工的，工期不予顺延。（条款号 7.2.9）

《司解一》第 11 条也规定："建设工程竣工前，当事人对工程质量发生争议，工程质量经鉴定合格的，鉴定期间为顺延工期期间。"

3. 设计变更

毫无疑问，设计变更是由于发包人原因引起，因设计变更而可能引致的工期延误之责任归属于发包人；但实施设计变更的内容并不必然导致关键工作的增加和关键线路的延长，只有在设计变更部分属于关键工作并因此引起关键线路延长的，承包人才能提起工期索赔。

《住建部规范》规定：当事人对鉴定项目因设计变更顺延工期有争议的，鉴定人应参考施工进度计划,判别是否因增加了关键线路和关键工作的工程量而引起工期变化。如增加了工期,应相应顺延工期;如未增加工期,工期不予顺延(条款号5.7.5)。

《司法部规范》规定:设计变更和工程量增加,应查明是否增加了关键线路和关键工作上的工程量。关键工作增加了工程量,工期应予以顺延;关键工作未增加工程量,工期可不予顺延。(注1:关键线路指在工期网络计划中从起点节点开始,沿箭线方向通过一系列箭线与节点,最后到达终点节点为止所形成的通路上所有工作持续时间总和最大的线路。注2:关键工作指关键线路上的工作,关键工作上各项工作持续时间总和即为网络计划的工期。关键工作的进度将直接影响到网络计划的工期。)(条款号7.2.8)

当然,关键线路被延误的原因并不仅如上三项,其他诸如发包人迟延供应甲供材等亦可能导致关键线路之延误;但无论何等原因引起的延误,均可以通过本书所归纳的工期索赔之公式予以确定,故不再赘述。

(五)没有约定工期或工期约定矛盾的工期索赔

施工合同中一般都会明确约定开工日期、竣工日期以及合同工期总日历天,但实践中也存在发承包人在施工合同中对工期没有明确约定或者约定工期出现矛盾的情形,这对判定工期是否延误以及基于工期延误的索赔和反索赔造成一定障碍。

为此,《住建部规范》第5.7.2.2条和《司法部规范》第7.2.3条均对该种情形下如何确定工期延误予以了明确规定:前者以工程所在地相关专业工程建设主管部门的规定或国家相关工程工期定额为依据进行确定,后者以相关工期定额为依据予以确定。

在司法实践中,如果双方当事人对工期没有约定或者约定不明且没有提起工期鉴定申请的,司法机关将依据相关证据予以确定。例如,在江苏省高院二审审理的江苏弘盛建设工程集团有限公司与盐城市房屋投资经营有限公司建设工程施工合同纠纷案件①中,招标文件中规定的以及施工合同中约定的工期均为420日历天(270日历天主体验收),但双方在施工合同中约定的开工日期为2010年10月12日(具体开工日期以发包人书面通知开工单为准),竣工日期为2012年12月5日(2011年7月8日主体验收)。通过对施工合同约定的

① 参见(2016)苏民终257号民事判决书。

开竣工日期进行计算得知，总工期为 785 日历天，并非为招标文件和合同中的 420 日历天。因此，发承包双方对总工期产生争议，发包人辩称合理工期应为两年以上。法院经审理认为，虽然从合同约定的开竣工日期计算出的工期为 785 日历天，但招标文件及施工合同均明确约定合同工期为 420 日历天，发包人辩称合理工期为两年以上，但其并未提交证据予以证实且亦未申请对合理工期进行鉴定。因此，案涉工程的工期应认定为 420 日历天，并根据竣工验收资料中载明的开竣工日期认定工期延误的天数。

另外，该份判决书也非常典型地体现了上述工期索赔公式在司法实践中的应用；笔者结合本案再进一步作如下分析。

经过上述审理和分析，江苏省高院认定，案涉工程的实际开工日期为 2010 年 10 月 20 日，竣工日期为 2012 年 12 月 5 日，实际工期为 785 天，比合同约定的 420 天工期延误 358 天。

经审理查明，影响本案工期延误的主要情形包括：(1) 因 1#、2#住宅楼部分承台内预应力管桩桩位偏差较大，需将部分承台加大截面尺寸，钢筋配筋按原设计同比增加，故承包人通过工程联系单向发包人请求确认。但发包人在间隔 62 天后才予以批复。(2) 发包人另行发包的一体化保温板工程、幕墙工程的工期存在明显拖延。(3) 在承包人向发包人请示回填土顶部标高、回填宽度，向发包人建议增设钢筋网片等事宜中，发包人回复存在较长时间间隔。(4) 承包人项目经理未在场导致无法合理组织施工。

根据工期索赔之公式，上述延误中，第(4)项延误的责任归属于承包人，故承包人对工期延误应承担一定责任；第(1)(2)(3)项延误的责任归属于发包人。法院经审理认为，第(1)(3)项干扰事件中，因桩基工程和基坑回填土工程系建设工程关键线路工程，影响到建设工程所有其他后续工程的施工，因此导致的工期延误系关键线路延误，承包人据此有权主张工期索赔。第(2)项干扰事件中，因发包人另行发包的一体化保温工程、幕墙工程等室外装饰工程均系关键线路工程，承包人后续施工的房屋散水工程、台阶工程均需于上述室外装修工程完毕后方能进行，故分包合同签订、分包单位施工工期延误必然会导致承包人施工的延误，承包人据此有权主张工期索赔。

根据以上情况，法院最终认定发包人对工程延期承担主要责任，并酌定其承担工期延误 70% 的责任。

三、承包人基于可原谅延误之费用索赔

发包人原因导致承包人工期延长的,承包人势必将发生超计划成本的附加开支。对该部分计划外费用之损失,承包人有权向发包人索赔以挽回其经济损失。

下文以发包人要求的暂停施工为例,分析承包人对停工费用的索赔事项。

(一)停窝工损失的法律性质

《民法典》第804条规定:"因发包人的原因致使工程中途停建、缓建的,发包人应当采取措施弥补或者减少损失,赔偿承包人因此造成的停工、窝工、倒运、机械设备调迁、材料和构件积压等损失和实际费用。"因此,对于停窝工之损失的法律性质应属违约责任中的损失赔偿;而这将衍生出在施工合同无效情形下,作为违约责任的停窝工损失如何承担的问题。按照一般的法律原则,合同无效情形下,双方并不存在违约责任的问题;但根据《民法典》第157条之规定,合同无效后,有过错的一方应当赔偿对方由此所受到的损失,各方都有过错的,应当各自承担相应的责任。

对此,《司解一》第6条也予以了明确:"建设工程施工合同无效,一方当事人请求对方赔偿损失的,应当就对方过错、损失大小、过错与损失之间的因果关系承担举证责任。损失大小无法确定,一方当事人请求参照合同约定的质量标准、建设工期、工程价款支付时间等内容确定损失大小的,人民法院可以结合双方过错程度、过错与损失之间的因果关系等因素作出裁判。"

因此,对于施工合同无效情形下发生的停窝工损失,应当综合考虑当事人双方的过错程度、损失数额的大小、损失与过错之间的因果关系以及合同的约定划分责任分担。

(二)承包人在停工后的法定义务

《民法典》第591条规定:"当事人一方违约后,对方应当采取适当措施防止损失的扩大;没有采取适当措施致使损失扩大的,不得就扩大的损失请求赔偿。当事人因防止损失扩大而支出的合理费用,由违约方负担。"

因此,承包人根据发包人或者监理人的指示停工的,应当根据《民法典》第804条和第591条之规定,在停工后采取措施防止损失的扩大。例如,及时撤离停工期间不必要的施工人员,尚未采购的材料暂停采购,尚未租赁的机械设备

或者周转材料暂停租赁等。若承包人在停工后没有采取适当措施致使损失扩大的,承包人就扩大的损失要求赔偿的,发包人有权不予赔付。

(三)停工期间主要的索赔项目和费用

1. 因发包人或者监理人指示暂停施工的,住建部和司法部均对停工期间的相关索赔费用进行了明确。

(1)《司法部规范》第 7.3.1.1 条规定了六项可索赔费用:“发包人(监理人)认为有必要时,可向承包人发出暂停施工的指示,承包人应按发包人(监理人)指示暂停施工。不论由于何种原因引起的暂停施工,暂停施工期间承包人应负责妥善保护工程并提供安全保障。司法鉴定人需确定以下发生的费用,并由责任方承担:a)保护、保管暂停施工部分的工程或全部工程的费用;b)由于暂停施工而引起的、必需的安全费用;c)项目经理部人员的工资及进入施工现场生产工人的工资;d)由于暂停施工而引起的需延期租赁的施工机械和施工机具租赁费用;e)暂停施工达 28 天或 28 天以上,承包人为受鉴项目已采购的生产设备和(或)材料的款项;f)为暂停施工部分的工程复工而引起的、必需的准备费用。”

江苏省高级人民法院《建设工程施工合同纠纷案件司法鉴定操作规程》对暂停施工期间的窝工损失之认定吸纳了司法部的上述规定,只是删除了其中的 e)项。

(2)《住建部规范》第 5.8.3.2 条规定了由发包人原因引起暂停施工时承包人可索赔的五项费用:“对已完工程进行保护的费用、运至现场的材料和设备的保管费、施工机具租赁费、现场生产工人与管理人员工资、承包人为复工所需的准备费用等”。

2. 具体的索赔费用之计算

根据《建筑安装工程费用项目组成》的规定,以费用构成要素为标准,建筑安装工程费用项目可划分为人工费、材料费、施工机具使用费、企业管理费、利润、规费和税金。在停工状态下,只要承包人在上述费用范围内发生了实际损失的,发包人均应当予以赔偿。本书以人工费、施工机械使用费为例,举示索赔费用的计算方式。

(1)人工费

人工费是指按工资总额构成规定,支付给从事建筑安装工程施工的生产工人和附属生产单位工人的各项费用。构成人工费的基本要素有两个,即人工工日消耗量和人工日工资单价。因此,停工期间的人工费索赔值 = 停工期间的用工量 × 人工日工资单价 × 停工天数;其中,停工期间的用工量系合理的用工量,人工日工资单价可根据承包人的报价或者现场工人的历史工资水平予以确定,停工天数可根据停工令确定的停工日期和复工日期予以计算。

由于《民法典》第 804 条规定的损失赔偿范围系指承包人在停工期间所发生的实际费用,因此,根据上述公式所计算出的人工费索赔值还需要考虑承包人是否已经实际向工人支付等因素。承包人需要提供实际向工人支付人工费的支付凭证、工人领款等证据,否则将有可能在司法程序中面临不被支持的风险。

(2)施工机械使用费

发包人原因导致停工的,承包人租赁的施工机械将处于闲置状态,而承包人仍需按照机械设备租赁合同的约定向出租人支付施工机械租赁费,因此该部分损失可作为承包人的实际损失向发包人索赔。索赔值 = 机械闲置量 × 租赁单价;其中,机械闲置量系实际的工期延误天数,租赁单价则需要根据租赁合同确定。

例如,在最高院二审审理的中鼎国际工程有限责任公司与青海亿民房地产开发有限公司建设工程施工合同纠纷案件①中,由于法院已经查明工程停工系发包人资金不到位所致,该等延误构成可原谅可补偿延误,发包人需要向承包人支付停工期间的塔吊费用。在本案造价鉴定过程中,鉴定机构向青海省建设工程造价管理总站进行口头咨询,答复意见为将未在合同约定的工期内发生的机械停滞损失费按照承包人与塔吊出租人的合同约定的租赁费用据实结算。鉴定机构据此作出的对塔吊损失费的鉴定意见被法院采信。

(四)因停工而导致的物价变动索赔

除非施工合同中有明确相反之约定,因发包人原因导致的停工,人材机等价格在复工后发生大幅变动时,承包人有权就此提起索赔。其法律依据在于《民法典》第 804 条的规定,该等价格差异可作为因发包人违约而由发包人向承包人作出的损失赔偿。另外,《13 版清单规范》第 9.8.3 条也从不利于责任方的原则作出如下规定:"因非承包人原因导致工期延误的,计划进度日期后续工程的价格,应采用计划进度日期与实际进度日期两者的较高者。"

① 参见(2018)最高法民终 407 号民事判决书。

以材料价格变动索赔为例,分析索赔值的计算方式。

工程停工使未完工程量相应后延,若要精确计算因停工导致的材料费上涨索赔值,需首先确定停工之后的全部材料消耗量与新单价的乘积,再计算无停工状态下的实际成本,二者之差即为索赔值;索赔公式为:索赔值 = 停工后材料消耗量 × 材料单价上涨幅度。

其中,停工后材料消耗量根据材料的采购合同、送货单、使用记录等予以确定,材料单价上涨幅度可采用合同中约定的调差方式予以确定。常用的调差方式为价格指数法和造价信息调价法,主要依据包括国家或省、自治区、直辖市的政府物价管理部门或统计部门提供的价格指数,以及行业建设主管部门授权的工程造价机构公布的材料信息价。

四、承包人基于可原谅延误之索赔的程序要求

这里的索赔包括对工期的索赔和对费用的索赔。

(一)超索赔期限的索赔失权

工程施工是一个持续性的履行行为,其中包含众多复杂的民事行为,每一项行为虽具有相对独立的意义,但从整体而言又构成发承包双方履行施工合同相互协作义务的一部分。因工期延误导致的索赔即为典型一例。在干扰事件结束后,承包人及时提起索赔是停工索赔事实能够被准确认定的前提,也是判断合同当事人处理实际施工问题真实意思的依据,对控制施工成本和进行施工管理均具有重要意义。因此,索赔具有一定的时效性和程序性。如果承包人超出合同约定的期限或在干扰事件结束较长时间后才提起索赔,这首先是承包人未能履行其协助义务的体现,其次,这一协助义务的迟延也将导致事后难以确定干扰事件的责任归属以及因干扰事件导致的工期延误天数和具体费用,最终将有可能无法快速有效地确定索赔内容,导致承包人超索赔期限之索赔的失权。

为此,2017 年版《建设工程施工合同(示范文本)》在吸收《13 版清单规范》的基础上明确了承包人的索赔时效和程序:"根据合同约定,承包人认为有权得到追加付款和(或)延长工期的,应按以下程序向发包人提出索赔:(1)承包人应在知道或应当知道索赔事件发生后 28 天内,向监理人递交索赔意向通知书,并说明发生索赔事件的事由;承包人未在前述 28 天内发出索赔意向通知书的,丧失要求追加付款和(或)延长工期的权利;(2)承包人应在发出索赔意向通知书后 28 天内,向监理人正式递交索赔报告;索赔报告应详细说明索赔理由以及

要求追加的付款金额和(或)延长的工期,并附必要的记录和证明材料;(3)索赔事件具有持续影响的,承包人应按合理时间间隔继续递交延续索赔通知,说明持续影响的实际情况和记录,列出累计的追加付款金额和(或)工期延长天数;(4)在索赔事件影响结束后28天内,承包人应向监理人递交最终索赔报告,说明最终要求索赔的追加付款金额和(或)延长的工期,并附必要的记录和证明材料。"

试以最高院二审审理的中国第十三冶金建设有限公司与陕西黄延高速公路有限责任公司建设工程施工合同纠纷案件①为例予以阐释。本案中,承包人主张由于原设计的利用土方不能作为路基填料及甲供材前期不能按计划供应导致其受到停窝工损失546万元。但施工合同中明确约定:"如果承包人根据本合同中任何条款提出任何附加支付的索赔时,应在该索赔事件首次发生的21天之内将其索赔意向书提交监理工程师,并抄送业主;如果承包人提出的索赔要求未能遵守本条中的各项规定,则承包人无权得到索赔或只限于索赔由监理工程师按当时记录予以核实的那部分款额。"因此,法院认为,合同中对索赔的程序有明确约定,对承包人未能按合同约定的程序所产生的后果亦有明确约定,即承包人无权得到索赔或只限于索赔由监理工程师按当时记录予以核实的那部分款额。根据承包人在庭审中提供的证据,其在施工中已经就甲供材供应不及时导致停窝工损失的28万元向发包人项目部、监理办提出索赔请求,并提供了监理工程师签字认可的部分损失明细汇总表;法院对该部分损失依约予以支持。但对于其他停窝工损失赔偿请求,由于承包人未能按照合同约定在索赔事件发生后及时将索赔意向书提交监理工程师,也未能提供监理工程师对该损失进行核实的记录材料,故不予支持。

(二)索赔时效的例外不要性

索赔具有一定的时效要求,尤其是发包人基于优势地位往往在施工合同中约定,承包人需要在工期顺延情形发生后一定期限内提起索赔并在得到发包人或者监理人批准后方可予以工期顺延;但在施工过程中会出现承包人未在约定期限内提起索赔申请或者虽然提起索赔申请但迟迟未能获得批准的情形。对此,《司解一》予以了明确。《司解一》第10条规定:"当事人约定顺延工期应当经发包人或者监理人签证等方式确认,承包人虽未取得工期顺延的确认,但能

① 参见(2018)最高法民终380号民事判决书。

够证明在合同约定的期限内向发包人或者监理人申请过工期顺延且顺延事由符合合同约定，承包人以此为由主张工期顺延的，人民法院应予支持。当事人约定承包人未在约定期限内提出工期顺延申请视为工期不顺延的，按照约定处理，但发包人在约定期限后同意工期顺延或者承包人提出合理抗辩的除外。”

上述规定提醒承包人注意：(1)勿要因为监理人或者发包人对自己提出的工期顺延事项不予签证认可而轻易放弃或者懈怠签证申请。即使施工合同中明确约定签证事项需要经过监理人或者发包人书面同意方有效的，只要承包人有证据证明在合同约定的期限内提起过申请且申请事由符合合同约定或者法律规定，监理人或者发包人虽未书面确认，依法也应支持承包人关于工期顺延的请求。(2)若因疏忽未能在合同约定的期限提起工期顺延申请，也不要放弃及时申请。即使施工合同中明确约定逾期失权，只要发包人事后同意顺延或者承包人能够提出合理抗辩，依法也应支持承包人关于工期顺延的请求。

五、承包人基于可原谅延误之费用索赔的证据要求

《13 版清单规范》第 9.13.1 条规定：“当合同一方向另一方提出索赔时，应有正当的索赔理由和有效证据，并应符合合同的相关约定。”

根据《民法典》第 804 条之规定，发包人原因导致停工的，发包人应向承包人承担停工期间的损失和实际费用。实际费用即是指承包人在停工期间所实际产生的人材机等费用。一般而言，承包人需要提供上述索赔项目中的相关合同（如塔吊租赁合同）、已支付款项的凭证、人工工资表、发票等，否则，将很可能在诉讼中承担举证不能的责任。

例如，在最高院二审审理的江苏省第一建筑安装集团股份有限公司与唐山市昌隆房地产开发有限公司建设工程施工合同纠纷案件①中，根据工程联系单确能认定存在发包人原因导致承包人窝工 81 天的事实，但签证单中并未确定损失数额，也没有涉及停工损失的计算方法。承包人虽提供了工人数量、名单、工资数额、现场机械数量等以证明停窝工损失，但相当一部分证据是其自己记载、单方提供的，发包人不予认可。由于单方提供的证据材料不可作为证据使用，因此，承包人因举证不能而无法证明其实际损失的具体数额。鉴于此前双方在施工过程中也曾发生过 8 天停窝工，双方协商的补偿数额为 7 万元，法院

---

① 参见(2017)最高法民终 175 号民事判决书。

认为,这基本可以反映出停窝工给承包人造成的损失程度,并酌定81天停窝工损失为70万元。

据笔者观察,在工程实践中,承包人以签证单、工程联系单等方式提起的索赔申请案例中,存在大量索赔不规范或者不完整的情形。有些索赔申请中仅仅记载索赔工程量而没有索赔价款,而有些索赔申请中仅仅记载索赔费用而没有索赔工期。① 最高院的上述案例也提醒承包人注意,一张完整的索赔签证单或者联系单需要同时就索赔费用和索赔工期一并提起申请,以避免日后因争议而陷入举证不能的境地。

再如,在最高院二审审理的中铁建设集团有限公司与天津辉信房地产开发有限公司建设工程施工合同纠纷案件②中,承包人主张包括钢筋款、劳务款、材料款、留守人员工资及正常费用等停工损失。对此,一审法院认为,对于钢筋款、劳务款及材料款部分,承包人提供了结算协议及对账单,但该部分结算协议及对账单所包含的停工损失缺乏具体的计算依据及给付标准,承包人也没有提供该部分费用实际支付的依据,故对该部分损失不予支持。对于承包人主张的留守人员工资及正常费用,虽然双方当事人均认可自承包人停工后,现场由承包人人员看守,但承包人并没有提供任何工资及费用发生及支付的依据,故对该部分损失亦不予支持。最高院二审亦支持了一审法院的上述认定。

第三节　工期延误之反索赔

一、不可原谅延误

(一)不可原谅延误之定义

不可原谅延误是指因可以预见的条件或在承包人控制范围之内的情况,或

① 仅索赔费用而不提工期顺延天数,是实践中更常见的情形。笔者认为,这种做法在很多时候是舍本逐末之举;费用固然重要,但工期对于承包人而言也属于非常重要的成本,观察一下施工合同中关于工期违约的标准即知。在笔者处理的施工合同法律事务中,有些施工单位为了能够快速获得签证确认,甚至会主动妥协放弃费用索赔而仅仅主张工期索赔;这也足以看出工期索赔对施工单位的重要性。需知,在司法实践中,很难就工期顺延的天数得出结论性的鉴定意见,虽然相关规范对工期顺延的鉴定进行了规定。

② 参见(2019)最高法民终412号民事判决书。

由承包人自己的问题与过错而引致的工期延误。在该种延误情形中，施工单位不仅无法主张工期顺延也无法得到费用补偿，还将要赔偿发包人由此而引发的费用损失，即发包人有权向承包人提起反索赔。

例如，在最高院二审审理的中建二局第四建筑工程有限公司与通辽京汉置业有限公司建设工程施工合同纠纷案件①中，发承包人约定的合同工期为2007年7月6日至2008年4月28日，竣工日期为"竣工验收备案表"获得当局盖章批准指明之日。本案涉案工程备案机关审核时间为2009年12月11日，以此为竣工日期计算，则实际工期超出合同工期591天。承包人认为，该等工期延误系发包人原因导致，发包人应赔偿其损失。但根据发包人提供的各期监理月报、会议纪要、双方来往函件及有关工程质量检查情况等证据，法院认定上述工期延误是由承包人自身原因所致，属于不可原谅之延误，理由如下：(1)在施工过程中，承包人存在施工管理不到位，分包队伍施工人员不足，素质技术水平低，现场大量返工、窝工，施工资金不足，原材料不能及时进场等问题；(2)为扭转工程严重滞后的局面，保证涉案工程尽快完成，发包人多次给予了承包人合同外的资金扶持。在2009年1月19日的《工程会议决议》中，发包人要求承包人退场，以减小损失，但承包人未同意。以上事实表明，承包人在施工过程中，自身存在过错，其要求发包人赔偿其经济损失证据不足，承包人的该项诉讼请求依法不予支持。

(二)不可原谅延误之情形

根据2017年版《建设工程施工合同(示范文本)》，不可原谅延误的主要情形(干扰事件)包括：(1)承包人未能在订立合同前查勘施工现场并未能根据工程规模及技术参数合理预见工程施工所需的进出施工现场的方式、手段和路径；(2)承包人不提交项目经理相关信息致使发包人要求更换项目经理；(3)承包人未对施工现场和施工条件进行充分查勘，未能充分了解工程所在地的气象条件、交通条件、风俗习惯以及其他与完成合同工作有关的其他资料；(4)在承包人负责照管工程期间，因承包人原因造成工程、材料、工程设备损坏的；(5)在承包人负责保护成品、半成品期间，因承包人原因造成损坏的；(6)因承包人原因造成工程质量未达到合同约定标准的；(7)监理人对隐蔽工程及其施工工艺、材料和工程设备进行检查，经监理人检查质量不合格的；(8)发包人或监理人对

① 参见(2018)最高法民终244号民事判决书。

覆盖后的隐蔽部位有疑问但经检查证明工程质量不符合合同要求的;(9)承包人未通知监理人到场检查,私自将工程隐蔽部位覆盖,监理人指示承包人钻孔探测或揭开检查的;(10)因承包人原因造成工程不合格,发包人要求承包人采取补救措施的;(11)因承包人对安全文明施工费未能专款专用或者挪作他用,被发包人责令限期改正但未改正而被责令暂停施工的;(12)承包人对在工程施工期间或缺陷责任期内发生的危及工程安全的事件,未能依照监理人通知进行抢救的;(13)因承包人原因引起的环境污染纠纷而导致的暂停施工;(14)因承包人原因引起的暂停施工;(15)承包人无故拖延和拒绝复工的;(16)因承包人采购的材料和工程设备不符合设计或有关标准要求并重新采购的;(17)因承包人使用不符合设计或有关标准要求的材料和工程设备并被要求进行修复、拆除或重新采购的;(18)承包人使用的施工设备不能满足合同进度计划和(或)质量要求而被要求增加或更换施工设备的;(19)因承包人原因导致暂估价合同订立和履行迟延的;(20)因承包人原因造成工期延误,在工期延误期间出现法律变化的;(21)竣工验收不合格,承包人对不合格工程返工、修复或采取其他补救措施的;(22)承包人对竣工验收不合格的工程完成整改后,经重新组织验收仍不合格的。

二、发包人基于不可原谅延误之反索赔事项

《13 版清单规范》第 9. 13. 8 条规定:“发包人要求赔偿时,可以选择下列一项或几项方式获得赔偿:1　延长质量缺陷修复期限;2　要求承包人支付实际发生的额外费用;3　要求承包人按合同的约定支付违约金。”以开发商向商品房买受人承担的延期办理房产证为例析之。

商品房开发商在与商品房买受人签订的《商品房买卖合同》中一般会约定基于开发商原因导致延期办理房产证的违约责任。而商品房买受人的产权证书办理以开发商已经办理初始登记证为前提。按照住建部《房屋登记办法》第 30 条的规定,开发商办理初始登记的,需提交下列材料:登记申请书、申请人身份证明、建设用地使用权证明、建设工程符合规划的证明、房屋已竣工的证明、房屋测绘报告及其他必要材料。但《房屋登记办法》并未明确房屋已竣工的证明具体所指。为此,各地行政主管部门给予了细化和解释。例如,江苏省建设厅印发的《江苏省实施〈房屋登记办法〉若干问题的指导意见》第 1 条第 7 款明确:“《房屋登记办法》第三十条中的房屋已竣工的证明是指建设行政主管部门

出具的验收备案证明。”而竣工验收备案证明的办理需要施工单位予以配合盖章。因此,如果在工程完工后,施工单位不配合办理竣工验收备案导致发包人无法办理初始登记证而对购房者存在延期办证违约行为的,发包人可就该等违约责任向承包人提起反索赔。

例如,在最高院二审审理的浙江昆仑建设集团股份有限公司与安徽文越投资置业有限公司、安徽省文化和旅游厅、安徽省文化厅机关服务中心建设工程施工合同纠纷案件①中,一审法院认定,案涉工程竣工综合验收后,因承包人不履行协助义务,拒绝配合发包人完成竣工综合验收及竣工验收备案的相关手续,导致案涉工程无法及时为购房户办理房屋产权证书,发包人根据与购房户签订的《商品房买卖合同》的约定,需要向购房户承担逾期办证违约金1,305,780元。此项损失的产生系承包人的原因导致,应当由承包人承担。最高院二审判决亦支持了一审法院的上述认定。

需要注意的是,在本案判决中,发包人主张其损失的依据系其与购房者签订的《商品房买卖合同》,并依据该合同的约定计算违约金,法院并未查明发包人是否已实际向购房者支付了该等违约金,也未查明该等违约金是否合理。这为发包人的举证责任减轻了负担。

对此,《河北高院施工合同审理指南》第15条的规定具有借鉴意义:“建设工程施工合同被确认无效后,发包人主张因承包方工期延误应赔偿其与第三人签订的房屋买卖合同因逾期交房发生的违约损失,承包人对工期延误存在过错,损失已经实际发生,且损失发生与承包人逾期交工行为有因果关系,可以纳入无效合同过错责任赔偿范围。根据承包方订立、履行合同中的过错责任大小及诚实信用原则,依据《合同法》第五十八条规定判令其承担相应的责任。”

三、交叉违约导致的工期延误

交叉违约导致的工期延误系指在施工合同履行过程中,发承包人双方对工期延误均存在过错。交叉违约是工程实践中常发生的现象,也是司法实践中经常遇到的司法难题。在发生交叉违约的情况下,如果当事人一方或者双方就工期延误的责任归属、工期索赔或反索赔的天数以及费用索赔或反索赔的数额提供充足证据证明的,司法机关在审理该等延误案件中,一般需要根据发承包人

---

① 参见(2018)最高法民终207号民事判决书。

双方的过错程度先行确定双方责任分担之比例,然后再根据责任比例判决各自需要承担的损失赔偿金额。

再以上述最高院(2018)最高法民终 207 号案件为例。本案案涉工程在施工过程中出现数次停工,并最终导致工期延误 151 天。但施工合同明确约定:“未经发包人书面同意,承包人不得停工(不可抗力因素除外),否则构成违约,应当赔偿发包人由此而造成的全部损失。”案件审理过程中,承包人并未举证证明其数次停工的行为已经报发包人书面同意,其停工行为构成违约应对工期延误承担责任。但另一方面,发包人因图纸会审迟延,施工过程中不断对设计进行变更和补充修改且增加了部分工程量,同时还存在施工做法需要明确、逾期支付工程进度款等情形。这些事实客观上对案涉工程的工期造成影响,因此,发包人对工期延误亦应承担责任。法院最终酌定双方各按 50% 的比例对工期延误承担责任。

第五章

建设工程质量中的热点法律问题

第一节　建设工程的"擅自使用"(一)

"擅自使用未经竣工验收建设工程"的行为在原《合同法》和《民法典》中均没有明确的规定,但《司解一》用了两个条款对这一问题进行了较为明确的规制。本节试图结合司法实践探讨这一行为的法律后果及具体的司法认定。

一、"擅自使用未经竣工验收建设工程"的法律后果

1.转移占有建设工程之日为竣工日期。

《司解一》第9条规定:"当事人对建设工程实际竣工日期有争议的,人民法院应当分别按照以下情形予以认定:(一)建设工程经竣工验收合格的,以竣工验收合格之日为竣工日期;(二)承包人已经提交竣工验收报告,发包人拖延验收的,以承包人提交验收报告之日为竣工日期;(三)建设工程未经竣工验收,发包人擅自使用的,以转移占有建设工程之日为竣工日期。"

司法实践中,工期是一个非常重要的法律概念,具有重要的法律意义,承包人未能在施工合同约定的工期内完成施工内容将存在向发包人承担每日高达万元甚至数万元违约金的法律风险。因此,围绕施工单位是否拖延工期的争议在司法实践中比较常见。《司解一》的这条规定解决了发包人"擅自使用未经竣工验收建设工程"情

形下承包人工期的封闭之日。

2. 发包人不得以使用部分质量不符合约定为由主张权利。

《司解一》第14条规定："建设工程未经竣工验收,发包人擅自使用后,又以使用部分质量不符合约定为由主张权利的,人民法院不予支持;但是承包人应当在建设工程的合理使用寿命内对地基基础工程和主体结构质量承担民事责任。"

根据《司解一》的该条规定,发包人"擅自使用未经竣工验收建设工程"后应发生以下三个具体的法律后果。

(1)发包人支付工程价款的条件已经成就。工程竣工验收合格是施工合同中约定的一种常见工程款支付节点,发包人常引用工程未经竣工验收而抗辩工程款支付条件并未成就。但在发包人"擅自使用未经竣工验收工程"情形下,其援用该条抗辩将无法获得法院的支持。

(2)已使用部分视为质量验收合格。因为发包人应当预见工程质量可能会存在质量问题而仍使用未经验收的工程,其使用行为本身直接说明发包人对即使不合格工程质量的认可。随着发包人的提前使用,工程质量责任风险即由施工单位转移至发包人。①

(3)已使用部分的工程进入质保期(保修期),不再发生工程竣工前因质量问题而应有的法律后果(如工期延误等)。若该部分工程出现了质量问题,发包人只能通过施工合同中关于建设工程保修的约定条款向承包人主张相关的质保权利。

二、"擅自使用未经竣工验收建设工程"情形的司法认定

正是由于"擅自使用未经竣工验收建设工程"的情形具有以上重要的法律意义,在司法实践中,当事人双方也经常对这一情形的认定产生较大的争议和分歧。笔者在下文中通过对江苏省无锡市中级人民法院的相关司法判决的研读,对哪些情形可以认定、哪些情形不可以认定为"擅自使用未经竣工验收建设工程"以及相应的法律后果作如下梳理。

---

① 最高人民法院民事审判第一庭编:《民事审判指导与参考》(总第33集),法律出版社2008年版,第131页。

（一）发包人的使用行为与建设工程应当具备的各项功能不相符的，不可以认定构成“擅自使用未经竣工验收建设工程”

在无锡爱森仑特木业有限公司与江苏金涛建设工程有限公司、王林、厉灵建设工程施工合同纠纷案件①中，一审法院认为：案涉工程虽已完工，但尚未办理竣工验收手续；发包人虽在案涉厂房内部分区域安装空调、堆放木质家具半成品、安装零散机器设备，但发包人尚未正常使用案涉厂房作为生产车间应当具备的各项功能；相反，发包人在案涉厂房外搭建临时活动板房进行生产、生活。因此，承包人主张案涉工程已交付使用，法院不予支持。

二审法院认为，涉案工程完工后未办理竣工验收手续，经一审法院至现场勘查，厂房内仅有部分区域安装空调、堆放半成品、安装零散设备等，发包人也仅是在厂房外搭建临时活动板房进行生产生活，还不足以认定爱森仑特公司已对涉案厂房作为生产车间应当具备的功能进行正常使用。因此，爱森仑特公司的行为尚不构成法律上的擅自使用，不能达到视为验收合格的法律效果。

（二）发包人在将承包人所施工之工程交由下一施工人继续施工前，向承包人发函要求承包人修复其施工工程质量，在承包人没有回复也未修复的情况下，发包人将工程交由下一施工人继续施工并委托第三方就承包人的工程进行修复；该等交由下一施工人继续施工的行为不构成“擅自使用未经竣工验收建设工程”，修复费用也应由承包人承担②

2011 年 9 月 10 日，发承包双方签订《无锡蠡湖香樟园 2－8 地块 B 标段幕墙预埋件工程施工合同》，约定由承包人承包发包人的无锡蠡湖香樟园 2－8 地块外装饰幕墙预埋件工程 4 号楼、5 号楼、6 号楼预埋件施工图中的全部施工内容，包括但不限于以下内容：含材料费、制作费、运输费、安装费、施工用水电费、施工措施费、管理费、配合费、试验费、偏位修补费用、漏埋位置补埋费用、利润、税金及相关所有费用。合同订立后，承包人对无锡蠡湖香樟园 2－8 地块 4 号楼、5 号楼、6 号楼的外装饰幕墙预埋件工程进行了施工。

在未办理竣工验收手续的情况下，发包人将承包人完成的预埋件施工工程移交给后续幕墙施工单位继续施工。

一审法院认为，发包人将工程移交给后续幕墙施工单位继续施工的情形构

① 参见（2018）苏 02 民终 1803 号民事判决书。

② 参见（2015）锡民终字第 00443 号民事判决书。

成发包人“擅自使用未经竣工验收的建设工程”。

二审法院则认为，合同约定的施工内容中包含了纠偏、补埋工作，因此承包人的合同义务不仅是初步完成埋件工作，而且要对预埋件偏位、漏埋承担纠偏、补埋的责任。发包人在后续幕墙工程施工前，向承包人发函告知工程中存在埋件偏位及埋件缺失的情况，要求予以确认解决，但承包人未予回复，也未及时履行纠偏、补埋义务。在此情况下，发包人为考虑整体工程的进度，避免损失扩大，委托第三方进行纠偏、补埋工作符合法律规定，所产生的费用应由承包人负担。

（三）发包人进入下一道工序施工的，可以认定构成“擅自使用未经竣工验收建设工程”①

2013 年 7 月 31 日，发承包双方签订《金宸国际花园压密注浆工程施工协议》一份，约定由承包人施工发包人发包的金宸国际花园会所前压密注浆工程。合同签订后，施工人按约对会所前路面进行了压密注浆施工。完工后，双方并未办理验收手续，但发包人在施工路面上进行了花岗岩铺设。双方因工程款支付发生纠纷，发包人认为，承包人工程完工后，出现了施工部位多处开裂的质量问题，并据此抗辩工程款的支付。

法院认为，虽然双方确认涉案工程未经验收，但发包人已经在承包人所施工的会所前路面进行了下一道工序的施工，证明发包人已实际使用承包人施工的压密注浆工程，应视为发包人对工程质量的认可。

（四）综合各种证据，可以认定构成“擅自使用未经竣工验收建设工程”②

2014 年 6 月 30 日，发承包双方签订合约书一份，约定工程名称为江阴市华士镇标榜工业园瀚阳公司第二层车间空调工程，具体为无尘室新建空调工程。后因工程款纠纷诉至法院。庭审中，双方就发包人是否擅自使用案涉工程以及具体使用的时间产生争议。因发包人有无实际使用案涉工程涉及专业方面，双方一致确认由承包人申请鉴定。法院分别委托两家鉴定机构进行鉴定，但鉴定材料均被退回，理由为超出鉴定业务范围。

法院经审理认为，发包人已经实际使用涉案工程，使用时间为 2014 年 10 月。理由为：第一，从现场勘查情况看，一是涉案现场办公区域摆放了办公桌、凳子，桌子上有电脑、电话；二是无尘室地面存在磨损；三是位于楼顶的两台冷水机组均显

---

① 参见（2017）苏 02 民终 4658 号民事判决书。

② 参见（2018）苏 02 民终 228 号民事判决书。

示“空调泵运转时数 890 小时、1 号机运转时数 557 小时,一号机启停次数 1845 次”等内容;四是尽管位于三楼的空调设备上没有显示运转时间,但承包人对空调设备的工作原理进行了解释,具有一定的合理性,而发包人则表示不清楚。以上内容可以说明设备已经实际运转使用。第二,承包人申请曾任发包人厂长的邱某出庭作证,邱某也称:“2014 年 10 月份,瀚阳公司(承包人)将机械设备搬入二楼无尘室,然后对生产设备进行了调试,调试后无尘室就启动了,在无尘室生产了产品样品,并记录了无尘室的湿度和温度。生产出来的产品样品交给客户,由客户对样品进行检验……”第三,从款项支付催讨情况看,2014 年 12 月 11 日之前发包人向承包人支付了两次各 59.4 万元,2015 年 2 月 16 日承包人向发包人相关负责人邓某发信息催要款项,邓某回复:“我已放假回家,付款申请我已签出,现在具体情况我再了解下。”故可以说明发包人已经对第三次付款进行审查处理,根据合约书约定的“1. 合约签订后,预付 30%,594,000 元。2. 全部工程完工且工程竣工验收合格后,付 30%,594,000 元。3. 2014 年 12 月 20 日前,付 30%,594,000 元。4. 一年保固期满后付 10%,198,000 元”,也可以印证工程在 2015 年 2 月之前已经实际使用。第四,从发票开具情况看,承包人于 2016 年 4 月 23 日将一张金额为 198 万元的发票交给发包人,一般情况下,建设工程款项的结算、发票开具均在实际竣工之后,故也可以说明,在承包人接受发票之前,工程已经实际竣工。

(五)通过现场勘查,可以认定构成“擅自使用未经竣工验收建设工程”①

2014 年 7 月 20 日,发承包人双方签订工程建设合同,将江南影视学院篮球场塑胶面层工程发包给承包人施工,双方因工程款支付产生纠纷。在案件审理中,法院为查明事实至本案所涉江南影视学院塑胶篮球场进行现场勘察发现,本案所涉篮球场已由江南影视学院进行使用。

一审法院认为,本案工程因擅自使用而无法确定质量问题是施工方原因还是擅自使用造成,故本案已不存在通过质量鉴定明确责任方的前提条件,应视为发包方对本案工程质量已经认可,由其自行承担工程质量责任。

二审法院认为,涉案工程虽没有竣工验收合格手续,但根据一审法院的勘查,该工程确已被江南影视学院使用,故承包人可以参照工程建设合同要求相对方支付工程款。因该篮球场建设的用途就是供学生使用,在学生已实际使用的情形下应认定该篮球场已被校方投入使用,对发包人提出的学生擅自使用不代表校方投

---

① 参见(2017)苏 02 民终 2477 号民事判决书。

入使用的意见未予采纳。

（六）通过双方的邮件往来，可以认定构成“擅自使用未经竣工验收建设工程”①

2013 年 7 月 16 日，发承包双方签署《建筑工程施工合同》，约定由承包人承建发包人一期 MEMS 新建洁净室工程。该工程于 2013 年 12 月完工，发包人进行了内部初验。

2014 年 7 月 17 日，发包人向承包人发送邮件，载明：“现我们公司冷冻机组频繁出现冷却水流量开关跳脱而导致冰机故障停机（从几个月一次到现在的半天会出现一次，较频繁），以至于我们公司洁净室内的设备因非正常温度运行（温度过高）而停机或故障，严重影响公司生产进度，造成相当大的损失。”

对此，法院认为，该邮件明确显示发包人至少在 2014 年 7 月 17 日已将涉案工程投入生产使用，案涉工程虽然未经竣工验收，但至少在该日已经实际使用，应视为竣工验收。

（七）承包合同解除后，发包人就承包人已完工程进行试营业的，可以认定构成“擅自使用未经竣工验收建设工程”②

2014 年 7 月 8 日，发包人与承包人签订《室内装饰工程施工合同》，约定由承包人承接发包人的室内装饰工程；在承包人完成了 3 号楼的木饰面安装，1 号楼、2 号楼的木饰面尚未开始安装的情况下，双方因工程款争议于 2015 年 4 月 14 日解除《室内装饰工程施工合同》。发包人于 2016 年 1 月中旬开始将 3 号楼对外试营业，后一直处于营业状态。

法院认为，涉案工程虽未办理验收手续，但发包人试营业后并持续营业的实际使用案涉工程的行为可以视为发包人对涉案工程质量的认可，其法律后果等同于工程通过了竣工验收。施工合同虽然已经解除，但根据《2004 版司解一》第 10 条的规定，发包人应当按照约定支付工程价款。

（八）将案涉房屋出租给他人使用，可以认定构成“擅自使用未经竣工验收建设工程”③

2013 年 1 月 2 日，发承包双方签订建设工程施工合同一份，约定由承包人为

---

① 参见（2017）苏 02 民终 5150 号民事判决书。

② 参见（2017）苏 02 民终 2228 号民事判决书。

③ 参见（2015）惠民初字第 01130 号及（2016）苏 02 民终 4777 号民事判决书。

发包人建造厂房、综合楼土建及辅助设施土建工程，土建竣工标准以质监站书面质检合格日期为准。后双方签署竣工验收证明书且载明竣工时间为 2014 年 2 月 20 日，发包人于 2014 年 4 月 1 日将房屋出租给他人使用。

法院认为，虽然双方签署的竣工验收证明书载明竣工时间为 2014 年 2 月 20 日，但鉴于双方明确约定了"土建竣工标准以质监站书面质检合格日期为准"，故在质监站书面质检合格前，约定的竣工条件尚未成就，不能认定 2014 年 2 月 20 日已竣工。另，鉴于发包人从 2014 年 4 月 1 日起已将本案房屋出租给他人使用，已符合擅自使用的条件，故即使形式上尚未满足约定的竣工条件，但依法可认定本案工程于 2014 年 4 月 1 日竣工。

（九）发包人将在建工程转让的，可以认定构成"擅自使用未经竣工验收建设工程"①

2006 年 10 月 10 日，发承包双方签订《联合技术广场施工合同》，约定主要内容：伟泰公司为发包人，金厦公司为承包人；工程名称为惠山区联合技术广场，工程内容为地下一层、地上十二层。

2009 年 9 月 18 日，软件公司与伟泰公司和金厦公司签订《三方协议》一份，协议确认并约定：由软件公司代伟泰公司向金厦公司支付施工合同及其补充协议项下伟泰公司应当向金厦公司支付的款项。该协议同时约定：本协议签订后，施工合同及其补充协议自动终止，但丙方（金厦公司）仍应就已完成的施工内容向甲方（软件公司）承担保修责任。

经查明，伟泰公司在本案之前因转让款纠纷将软件公司诉至法院，软件公司因工程质量问题在它案中反诉伟泰公司承担责任。法院经审理判令伟泰公司向软件公司承担加固工程施工费、加固工程设计费、鉴定费等合计 827,421 元，扣除项目收购人尚未支付的质保金 50 万元后，承包人应赔偿质量损失 327,421 元；另根据收购协议约定，判令承包人向软件公司承担违约金 90 万元。在本案中，伟泰公司就上述质量赔偿金和违约金在向金厦公司主张赔偿责任。

法院经审理认为：（1）因工程质量问题产生的鉴定费、设计费、施工费属于直接损失，不论按照三方协议还是按照建设工程施工合同，金厦公司均负有对工程质量的保修义务，故该损失 327,421 元应当由金厦公司承担。（2）关于 90 万元违约金，不应由金厦公司承担，理由如下：首先，按照建设工程案件的审理原则，建设

① 参见（2017）苏 02 民终 2509 号民事判决书。

工程未经竣工验收,发包人擅自使用即可视为对工程质量的认可。本案中,伟泰公司将涉案在建工程已完工部分转让给软件公司,其性质应视为工程的交付使用,自此金厦公司对工程质量所应承担的仅是保修责任。其次,伟泰公司接收未经验收的涉案工程时应当预见工程质量可能会存在问题,但其未尽注意义务,且与软件公司的收购协议中约定了违约责任,因此,该90万元违约金即使是因工程质量所产生,也属于伟泰公司的过错导致损失扩大的部分,金厦公司并非收购协议的当事人,不可预见该损失,故不应由金厦公司承担责任。最后,三方协议中对工程质量的保修责任作了约定,伟泰公司在与软件公司的诉讼中未依据三方协议提出合理抗辩,也未向法院申请追加金厦公司作为当事人参与诉讼,对事实认定产生一定影响,故由此造成的不利后果应由其自行承担。

第二节　建设工程的"擅自使用"(二)

《司解一》第14条规定:"建设工程未经竣工验收,发包人擅自使用后,又以使用部分质量不符合约定为由主张权利的,人民法院不予支持;但是承包人应当在建设工程的合理使用寿命内对地基基础工程和主体结构质量承担民事责任。"第9条规定:"当事人对建设工程实际竣工日期有争议的,人民法院应当分别按照以下情形予以认定:(一)建设工程经竣工验收合格的,以竣工验收合格之日为竣工日期;(二)承包人已经提交竣工验收报告,发包人拖延验收的,以承包人提交验收报告之日为竣工日期;(三)建设工程未经竣工验收,发包人擅自使用的,以转移占有建设工程之日为竣工日期。"

为正确适用以上两条规定,笔者已在上节内容中着重分析了发包人"擅自使用"的法律后果以及对"擅自使用"情形的司法认定。本节将着重分析使用"部分"、擅自使用部分工程情况下工期延误的责任以及竣工验收之日与转移占有之日的竞合等法律问题。

一、何谓使用"部分"及其法律效果

《司解一》第14条明确的是发包人对擅自使用的"部分"无权再向承包人主张权利,那么,如何认定未擅自使用的部分,发包人可否就未擅自使用的部分向承包人主张权利?这在司法实践中也经常成争议焦点。例如:承包人施工范围包括

两个单体工程,发包人仅使用了其中一个单体工程;或者在装饰装修合同中,装修的范围包括二十个楼层,但发包人仅使用了其中的十个楼层。在上述情况下,能否因发包人擅自使用部分工程而豁免承包人的全部责任呢?

根据黄松有教授主编的《最高人民法院建设工程施工合同司法解释的理解与适用》的论述,对于上述问题,在起草《2004 版司解一》时也有过两种不同的意见。一种意见认为,发包人只要擅自使用未经过竣工验收或者验收未通过的工程,无论使用多少,均应承担全部工程的质量责任;另一种意见认为,发包人仅对使用部分承担工程质量责任。《2004 版司解一》第 13 条最终采纳了后一种意见,即在上文中所举示之二例中,承包人对于发包人未使用的部分工程仍然需要承担责任,发包人亦得以全部工程未通过验收或者未全部使用为由抗辩承包人的工程价款请求权。

以最高人民法院再审审理的汪清县宝泉房地产开发有限公司与江苏长安建设集团有限公司建设工程施工合同纠纷案件[①]为例析之。

本案中,案涉整体工程为地上 26 层、地下 2 层,建筑面积为 49,283 平方米。2012 年 12 月 6 日,发包人与第三人就层高为 1 层、建筑面积为 600 平方米的房屋签订《商品房买卖合同》,第三人于 2013 年 9 月对其购置的房屋进行装修并于 2014 年 1 月 21 日开始营业。

另,案涉工程于 2013 年 11 月 30 日竣工,承包人并于该日向发包人交付工程;发包人在组织相关部门验收时,因承包人已完工程存在质量问题需要整改而未能通过验收。

2014 年 5 月 11 日,承包人施工的综合楼外墙体玻璃丝棉保温板发生脱落,双方因外墙体维修事宜发生争议。

诉讼中,承包人认为,发包人擅自使用工程,依据《2004 版司解一》第 13 条之规定,已丧失向其主张权利的基础。对本案能否适用该条规定,一审法院和二审法院存在不同认识。

一审法院认为,法律规定发包人未经验收合格擅自使用建设工程后,又以使用部分质量不符合约定为由主张权利的不予支持。也就是说擅自使用导致丧失质量抗辩权的范围仅限于使用的部分,即由于擅自使用导致质量出现不符合约定的缘由无法区分。而本案外墙体装饰工程属于整体工程的一部分,此前已由发包

---

① 参见(2018)最高法民再 235 号民事判决书。

人组织相关部门进行验收,由于案涉外墙体装饰工程不符合质量验收标准未能通过验收。发包人为了防止损失的扩大,在不影响外墙体装饰工程维修、改建和保障安全的情况下,合理使用已完工程的室内部分,不能由此将外墙体装饰工程纳入发包人已使用的范围,外墙体装饰工程质量与发包人使用室内工程不具有必然的关联性。因此,本案不应适用《2004 版司解一》第 13 条之规定的前提条件。但二审法院认为应当适用。

最高院经再审审理认为,第三人购买的房屋面积在这个案涉工程中占比较小,位置在一楼,且无证据表明因该部分房屋使用对讼争案涉外墙保温工程质量缺陷的责任认定及修复构成影响,不足以认定属于《2004 版司解一》第 13 条规定的擅自使用部分房屋情形。另外,第三人购买房屋为酒店用房,发生质量争议的系外墙保温工程,即使发包人在协商解决工程质量缺陷的同时进行酒店内部装修,在不影响解决质量问题的前提下,也应属于防止损失扩大的合理行为,不宜据此认定发包人丧失就案涉外墙保温工程质量缺陷主张施工人承担民事责任的权利。因此,本案中发包人对案涉工程的使用不影响承包人应承担的工程质量责任,不适用《2004 版司解一》第 13 条之规定。

二、工期延误责任问题的界定

如上文所述,既然发包人对部分而非全部工程的使用行为不能适用《2004 版司解一》第 13 条(《司解一》第 14 条)之规定,那么,该等情形下,如何正确适用《司解一》第 9 条关于实际竣工日期的规定呢？也即,发包人仅对部分工程进行使用的,可否认定对部分工程使用的时间即为承包人实际竣工的时间？笔者认为,该二条具有紧密的关联性——在发包人仅仅使用部分而非全部工程的情况下,承包人仍应对发包人未使用的部分工程承担责任;同时,仅仅使用部分工程不构成承包人的实际竣工。对此,《最高人民法院建设工程施工合同司法解释的理解与适用》也认为,发包方因承包方逾期竣工而同意先行接受已完工程的,承包方只承担未完部分工程逾期的违约责任。申言之,发包人虽然使用了部分未经竣工验收或者经竣工验收不合格的工程,但承包人仍需对其未施工完成或者发包人未使用的部分承担工期违约责任。

再以上述最高人民法院(2018)最高法民再 235 号案件析之。

对于 2014 年 5 月 11 日承包人施工的综合楼外墙玻璃丝棉保温板脱落事故,经建设主管部门组织质量检测、设计单位、监理单位、施工单位、建设单位进行会商，结论为外墙体玻璃丝棉保温板工程无法修复，只能在现有基础上采用铝单板干挂。因承包人无该项施工资质且承包人拒绝改建，发包人将该工程发包给案外第三人施工完成，该部分工程的竣工时间为2015年8月30日。

案涉工程约定的竣工时间为2013年11月30日，承包人认为，其已于该日将工程交付给发包人使用，根据《2004版司解一》第14条之规定，该日应为实际竣工之日。

最高院经再审审理认为，承包人虽于2013年11月30日完成案涉工程施工并向发包人交付，但因工程质量未达到约定交付条件，未能通过竣工验收。之后，又发生外墙保温板脱落事故，双方为此进行多轮协商解决未果，至本案纠纷发生时仍没有能够进行竣工验收。由于本案并不符合《2004版司解一》第13条规定的建设工程未经竣工验收发包人擅自使用的情形，故不能将工程交付时间作为竣工时间。直到2015年8月30日，即本案争议的外墙保温改建工程竣工时间，案涉工程才具备竣工验收条件，故应当将该日视作承包人施工的案涉工程竣工时间，且承包人应承担工期延误的违约责任。

三、竣工验收之日与转移占有之日的竞合

该问题涉及《司解一》第9条规定的三种实际竣工日期的适用问题，即如果发包人擅自使用未经竣工验收的工程，其后又组织各方对建设工程进行验收，究竟以竣工验收合格之日还是转移占有之日作为竣工日期？

笔者认为，将擅自使用情形中的转移占有建设工程之日作为竣工日期是司法政策的权宜性推定，即推定为发包人默认承包人的施工质量已符合要求，进而将该日期推定为竣工日期；但若发包人在承包人参与的情况下另行组织竣工验收且合格的，因该等竣工验收程序才是法律所规定的验收程序，它是双方当事人在意思自治的基础上按照法律规定和合同约定对建设工程之质量达成的一致性表示，故上述推定应当让位于最终的竣工验收。

例如，在最高院二审审理的大连安泰建设有限公司与大连中裕嘉合房地产开发有限公司建设工程施工合同纠纷案件[①]中，最高院认为，根据《2004版司解一》第14条可知：在建设工程已经竣工验收合格的情况下，应当以竣工验收合格之日为竣工日期；在建设工程未经竣工验收，发包人擅自使用的情况下，才应当以转移

① 参见（2016）最高法民终532号民事判决书。

占有建设工程之日为竣工日期。案涉工程虽然从 2014 年 1 月 2 日开始进行了部分实际使用，但在 2014 年 4 月 28 日才竣工验收合格，并由建设单位、施工单位、设计单位、监理单位共同出具了《工程竣工报告》《单位工程验收证明》，依法应当以工程竣工验收合格之日即 2014 年 4 月 28 日为竣工日期。

第三节　建设工程质量保修中的法律问题

一、保修期与缺陷责任期

这是一组各具不同法律意义但又容易混淆的法律概念。

保修期是指承包人按照合同约定对工程承担保修责任的期限；缺陷责任期是指承包人按照合同约定承担缺陷修复义务，且发包人预留质量保证金（已缴纳保证金或者交付质量保函的除外）的期限。无论是保修期还是缺陷责任期，均是承包人对由其施工的建设工程履行修复义务的期限；在这一点上，二者的法律性质是一致的。另外，根据住建部《房屋建筑工程质量保修办法》（以下简称《保修办法》）和 2017 年住建部、财政部《建设工程质量保证金管理办法》（以下简称《质保金办法》）的规定，二者的起算期限均为工程竣工验收合格之日。

但要正确理解这两个概念，还必须要厘清二者之间的差异。笔者认为，保修期和缺陷责任期的主要不同体现在以下三个方面。

1. 期限不同。

保修期具有法定的最低期限限制，施工合同约定的期限低于该最低期限的，将被视作无效规定。国务院《建设工程质量管理条例》第 40 条规定了五类工程在正常使用条件下的最低保修期限：（1）基础设施工程、房屋建筑的地基基础工程和主体结构工程，为设计文件规定的该工程的合理使用年限；（2）屋面防水工程、有防水要求的卫生间、房间和外墙面的防渗漏，为 5 年；（3）供热与供冷系统，为 2 个采暖期、供冷期；（4）电气管线、给排水管道、设备安装和装修工程，为 2 年；（5）其他项目的保修期限由发包方与承包方约定。另外，国务院《民用建筑节能条例》第 23 条规定了保温工程的最低保修期限为 5 年。

而缺陷责任期则没有法律或者行政法规的强制性规定，虽然《质保金办法》第 2 条规定缺陷责任期一般为 1 年，最长不超过 2 年，但由于该办法的效力层级较低，无法否定施工合同对缺陷责任期具体约定的效力。故，缺陷责任期一般由发承包人双方在施工合同中予以约定。

2. 法律意义不同。

缺陷责任期与保修期最本质的区别在于前者与质量保证金的返还直接相关联,而后者与质量保证金的返还之间不具有直接的法律关联性。根据《质保金办法》的规定,质量保证金是指发包人与承包人在建设工程承包合同中约定,从应付的工程款中预留,用以保证承包人在缺陷责任期内对建设工程出现的缺陷进行维修的资金。质量保证金的这一定义,可以视作保修期和缺陷责任期在法律上的本质区别。虽然大部分施工合同约定质保金在保修期限届满后支付,但这一方面可能源于合同双方对该组概念的混淆,另一方面则更可能源于合同双方将保修期限与责任缺陷期限作了相同的约定。无论如何,这种情形下的保修期之本质即为缺陷责任期,因为只有缺陷责任期才与质保金的返还存在法律上的关联性。这一点充分地体现在《司解一》第 17 条的规定中。

《司解一》第 17 条规定:"有下列情形之一,承包人请求发包人返还工程质量保证金的,人民法院应予支持:(一)当事人约定的工程质量保证金返还期限届满;(二)当事人未约定工程质量保证金返还期限的,自建设工程通过竣工验收之日起满二年;(三)因发包人原因建设工程未按约定期限进行竣工验收的,自承包人提交工程竣工验收报告九十日后起当事人约定的工程质量保证金返还期限届满;当事人未约定工程质量保证金返还期限的,自承包人提交工程竣工验收报告九十日后起满二年。"该条所规定的质保金返还期限即为缺陷责任期之期限的计算方式。

3. 法律效果不同。

如上文所述,承包人在缺陷责任期和保修期内均需对其施工的工程履行保修义务,但不同的是,在缺陷责任期内,由承包人原因造成的缺陷,承包人不维修也不承担费用的,发包人可以按合同约定从质保金中扣除。也即,在缺陷责任期内,承包人为保证履行其维修义务而通过质保金向发包人提供了一种广义上的担保。缺陷责任期届满后,发包人应将扣除维修费用后的质保金向承包人返还。而在缺陷责任期过后的剩余的保修期内,承包人不履行维修义务的,发包人只能依据合同之约定要求承包人承担继续履行或者支付维修费之义务。

二、保修期内,发包人就工程质量缺陷的请求权问题

(一)承包人的保修责任的归责原则系过错责任

建筑工程是一种特殊的耐用消费品,其是否存在质量缺陷以及存在何种质量

缺陷在竣工验收时不可能被全部发现,有些质量缺陷需要在使用过程中经过一定期限才能逐渐暴露出来;有些潜在的质量问题,如漏水、墙体裂缝、外墙脱皮、地面空鼓开裂等,甚至可能在使用较长一段时间后方可显现。因此,为了维护房屋使用者的合法权益,法律规定对建筑工程实行质量保修制度,即承包人需在一定的保修期限内对保修范围内的质量问题进行修复。

但值得注意的是,工程竣工验收后在使用过程中出现的相关问题,并非全部是由施工单位的原因所致,只有基于承包人之过错所造成之质量缺陷,承包人方承担保修责任。"在建设工程施工合同中,适用过错责任也有利于明确责任,督促施工人正确履行合同,以保障建设工程的安全,同时,也有利于在发生纠纷以后分清责任。"①

(二)发包人在保修期内的请求权体系

《建设工程质量管理条例》第41条规定:"建设工程在保修范围和保修期限内发生质量问题的,施工单位应当履行保修义务,并对造成的损失承担赔偿责任。"《民法典》第802条规定:"因承包人的原因致使建设工程在合理使用期限内造成人身损害和财产损失的,承包人应当承担赔偿责任。"《司解一》第18条第1款规定:"因保修人未及时履行保修义务,导致建筑物毁损或者造成人身损害、财产损失的,保修人应当承担赔偿责任。"

根据上述法律及司法解释的规定,发包人向承包人可主张的请求权包括如下三项:

1. 质量缺陷修复请求权。"在承揽契约,其构成对待给付关系者,在承揽人为一定工作之完成,在定作人为约定报酬之支付,定作人就工作物之瑕疵对承揽人有请求修补之权利,性质上属于履行请求权。"②质量瑕疵修复请求权系发包人的先位请求权。

房屋建筑工程在保修期限内出现质量缺陷,建设单位或者房屋建筑所有人应当向施工单位发出保修通知。施工单位接到保修通知后,应当到现场核查情况,在保修书约定的时间内予以维修;对发生涉及结构安全或者严重影响使用功能的紧急抢修事故,施工单位接到保修通知后,应当立即到达现场抢修。

2. 修复费用请求权。施工单位不按工程质量保修书约定保修的,建设单位可

---

① 王利明:《合同法研究》(第3卷),中国人民大学出版社2012年版,第500页。

② 王泽鉴:《民法学说与判例研究》(第六册),北京大学出版社2009年版,第96页。

以另行委托其他单位保修,由原施工单位承担相应责任。保修费用由质量缺陷的责任方承担。

发包人自行修复仅以承包人不于发包人所定的合理期限或者合同约定的期限内修复或者拒绝修复为要件。"因为发包人既然原订立建设工程施工合同而将建筑物委由承包人建造,显然对于工程瑕疵之修补,亦以承包人有较强的修缮能力,能够以较低廉的成本完成修补,发包人如果没有先行定期催告承包人是否修补瑕疵,自然不容许其径自决定雇工修补。此不仅是合同系合意双方以最低成本获取最大收益之经济目的所必然获得的结论,而且就避免使承包人负担不必要的高额费用之公平原则而言,也是不可违背的法则。因此,发包人未定相当期限请求承包人修理,即自行修理,不得请求发包人偿还修补之必要费用。"①

3. 损害赔偿请求权。此处的损害赔偿于发包人言,包括因承包人未及时履行修复义务而导致的违约赔偿,以及因承包人在维修期限内因房屋质量缺陷或者因承包人保修不及时而造成的人身、财产损害。例如,因交付质量不合格,造成房屋漏雨的,不仅包括房屋本身的损失,而且包括由此导致的其他物品的损失。

对此,依据《民法典》第 186 条之规定,发包人有权选择要求承包人承担违约责任或者侵权责任。

(三)案例

1. 承包人支付维修费用的条件

以江苏省高院再审审理的亚龙纸制品(昆山)有限公司与浙江中联建设集团有限公司昆山分公司、浙江中联建设集团有限公司建设工程施工合同纠纷案件②为例析之。

发承包双方在本案中就墙面裂缝问题的维修费用问题发生争议,江苏省高院经审理认为,案涉鉴定报告虽然明确涉案工程有墙面裂缝问题,但并未明确造成该问题的原因,故不能确定该问题系施工单位施工所造成,建设单位未对此举证证明,亦未能提供证据证明其在保修期内向施工单位发出过保修通知,也未能提供证据证明施工单位拒绝修复或修复不能。因此,对于建设单位直接依据涉案的

① 潘军锋:《工程质量瑕疵违约责任实务问题研究》,载《工程上的民法问题研究——第一届海峡两岸工程法学研讨会实录与论文集》,东南大学出版社 2010 年版,第 224 页。但需要注意的是,在司法实践中,也有判决认为在一定的情形下,发包人未尽到通知义务的,承包人仍需承担维修责任或者维修费用;可参见本章第五节的内容。

② 参见(2016)苏民再 291 号民事判决书。

鉴定报告得出修复造价而请求维修费用的主张,依法不予支持。

2. 发包人自行维修或者委托第三方维修的条件

以江苏省高院二审审理的江苏洪门实业有限公司与淮安淮中建筑安装工程有限公司建设工程施工合同纠纷案件①为例。

案涉工程于2011年12月26日通过竣工验收,在发包人致承包人的一份未注明日期的函稿中载明,案涉工程确实整改项目包括防水、涂料、宿舍楼管道疏通、电器检查更换、门锁维修、淋浴间设施及厂区垃圾清理、井盖整改、地坪裂缝及破损等。发包人要求承包人尽快整改,完成日期为2012年12月31日,承包人加盖公章予以确认。

发包人认为,承包人承诺在2012年12月31日前完成维修但至今未能完成,其在承包人拒绝维修的情况下委托第三方维修的费用应由承包人承担。

江苏省高院经审理认为:(1)从发包人主张的承包人的承诺函件可知,承包人确实至现场进行维修,发包人对此也未予否认;(2)往来函件能够体现双方就是否属于承包人施工质量问题及是否为其维修范围存在争议,而双方就维修事宜在不停磋商过程中,故发包人主张承包人拒绝维修不能成立;(3)发包人主张其自行委托第三方维修的证据显示,有部分费用发生在2012年12月31日之前。故发包人缺乏充分证据证明其自行委托修复的必要性、合理性,其主张自行委托修复的费用由承包人承担,依法不予支持。

以上二案例之启示:

发包人在工程保修期限内需就工程质量问题自行维修或者委托第三方维修,或者向承包人主张因保修责任而产生的维修费用,必须同时满足如下三个条件:(1)有证据证明工程质量缺陷系由施工单位的施工原因所致;(2)建设单位在保修期内向施工单位发出过保修通知;(3)施工单位拒绝维修或者维修不能。

三、保修期届满后,发包人就工程质量问题的请求权

(一)发包人在保修期限届满后无权再主张保修责任

承包人对于其施工之工程应当担保无瑕疵,"承揽工作物瑕疵,除材料外,多由于工作方法及过程而发生,故民法特规定承揽人的修补义务。申言之,即承揽人完成工作应使其具备约定之品质,及无减少或灭失价值,或不适用通常或约定

① 参见(2017)苏民终2号民事判决书。

使用之瑕疵”。[1] 故,《保修办法》第3条规定:“本办法所称房屋建筑工程质量保修,是指对房屋建筑工程竣工验收后在保修期限内出现的质量缺陷,予以修复。本办法所称质量缺陷,是指房屋建筑工程的质量不符合工程建设强制性标准以及合同的约定。”该条之规定与上文所引述之案例的判决逻辑一致,施工单位的保修责任限于保修期且限于其施工质量不符合强制性标准和(或)合同之约定。

但在建筑物的使用过程中,各种外力均对其造成物理的或者化学的影响,并且这种影响随着时间的推移而加大,以致在一定期限后根本无法再区分相应缺陷是由于施工单位使用之材料、采用之工艺所致,还是其他外力影响所引起。为此,国家按照保证建筑物合理寿命年限内正常使用、维护使用者合法权益的原则确定了建设工程质量的最低保修期限。[2]

于发包人或者房屋实际使用人而言,该最低保修期限正是其对工程质量缺陷的发现期间;若在该期限内并未发现存在质量缺陷,即使施工单位使用之材料、采用之工艺等确实存在与国家的强制性标准或者合同约定不符的情形,也可以当然地推定该建设工程可以满足建筑物的通常使用功能且不对使用者的合法权益造成影响。毕竟,国家的强制性标准或者合同约定的标准只是对通常情况的判断,最终还是要经过实践之检验。

故此,笔者认为,在保修期限届满后,发包人已无权再针对相应的质量外观向承包人主张保修责任,除非施工合同中另有约定,或者承包人在保修期届满之时仍在进行保修行为的。

江苏省高级人民法院在上文提及的(2017)苏民终2号案件中亦持有相同观点。一审法院认为,发包人未能提供证据证明在保修期限届满前就墙面涂料工程质量缺陷向承包人主张过权利,故在保修期限届满后,发包人已无权再就质量问题向承包人主张权利。二审法院判决支持了该观点。

(二)对维修工程是否还需重新计算保修期

在保修期内,承包人根据发包人的通知对质量缺陷进行了维修,该维修经

---

① 王泽鉴:《法律思维与民法实例——请求权基础理论体系》,中国政法大学出版社2001年版,第105页。

② 《建筑法》第62条:“建筑工程实行质量保修制度。建筑工程的保修范围应当包括地基基础工程、主体结构工程、屋面防水工程和其他土建工程,以及电气管线、上下水管线的安装工程,供热、供冷系统工程等项目;保修的期限应当按照保证建筑物合理寿命年限内正常使用,维护使用者合法权益的原则确定。具体的保修范围和最低保修期限由国务院规定。”

发包人验收合格后,是否还应当对维修的内容重新计算保修期?对这一问题实践中存在争议。

笔者认为,不应再重新计算保修期,除非合同双方对该问题作了明确约定。理由有二:

其一,王泽鉴先生在论述请求权基础与法学教育时提到,典型的实例题的构造为:“谁得向谁,依据何种法律规范,主张何种权利。”解题的主要工作,在于探寻得支持一方当事人向他方当事人有所主张的法律规范。此种可供支持一方当事人得向他方当事人有所主张的法律规范,即为请求权规范基础,简称请求权基础。[①] 很明显,法律对上述问题并没有进行明确规定,故对保修事项再计算保修期限没有任何的请求权基础,在双方当事人没有另外约定的情况下,该等请求权不应得到支持。

其二,赋予发包人这一权利不利于维护商事交易的稳定性和安定性,且不具有可操作性。以主体结构为例:《建设工程质量管理条例》规定主体结构工程的保修期限为设计文件规定的该工程的合理使用年限;《住宅建筑规范》第6.1.1条规定:“住宅结构的设计使用年限不应少于50年,其安全等级不应低于二级。”如果设计使用年限是60年,则施工单位就主体结构的保修期限亦为60年。若在工程竣工验收后的第59年,发包人发现主体结构出现缺陷,承包人进行维修;此时再要求承包人就其维修的部位承担60年的保修期,则明显与生活实践相违背,因为该建筑物本身在设计年限的60年后已经不再具有安全使用之功能。既然建筑物本身可能遭受不再被使用的命运,施工单位再承担60年的保修期将会陷入“皮之不存毛将焉附”的悖论。

例如,在北京市第二中级人民法院二审审理的谢吉锐等与北京首创奥特莱斯房山置业有限公司商品房销售合同纠纷案件[②]中,商品房购买人起诉开发商就质量问题进行维修且在维修完毕后重新计算保修期。法院经审理认为,《商品房买卖合同》及相关附件和《住宅质量保证书》中并无重新起算保修期的内容体现,且相关法律、法规亦未对商品房买卖合同关系中售房人需对住宅质量承担维修后重新起算保修期的义务进行明确规定。因此,商品房买受人关于重新起算保修期的主张欠缺充分的依据,依法不予支持。

---

① 王泽鉴:《法律思维与民法实例——请求权基础理论体系》,中国政法大学出版社2001年版,第50页。

② 参见(2018)京02民终9196号民事判决书。

当然，对于法定保修期较短的工程，在保修期限届满后仍然可能出现需要通过维修、更新和改造后才能正常使用的情况；为能充分保障建筑物的使用性能，国家规定了住宅专项维修资金制度。《住宅专项维修资金管理办法》第2条规定："本办法所称住宅专项维修资金，是指专项用于住宅公共部位、公用设施设备保修期满后的维修和更新、改造的资金。"因此，在保修期届满后，需要对公共部位和公用设施设备进行维修、更新和改造的，应当按照法律规定启动专项维修资金的使用程序。

第四节　施工合同解除后的质保金处理

施工合同解除后将发生一系列的法律后果，在施工合同解除后，发包人是否仍有权按照施工合同的约定预留部分工程款作为保证金，在司法实践中也常存在争议。本节以最高院二审审理的浙江中成建工集团有限公司与天津万炬电子产业投资有限公司建设工程施工合同纠纷案件①为例简要阐析。

【基本案情】

2013年2月15日，发承包双方根据中标结果签署《建设工程施工合同》并备案，该合同第26条约定："余款5%作为工程保修款，待工程竣工满1年后7天内支付保修款总价的50%，待工程竣工满2年后7天内支付保修款总价的70%。"

因发包人欠付承包人工程款，案涉工程于2016年底彻底停工；后承包人诉请解除案涉备案合同，并要求发包人支付包括工程保修款在内的工程款。

【争议焦点】

发包人在向承包人支付工程款时，是否应当将结算价5%的款项作为质保金予以扣除。

对这一问题，双方存在分歧。

一审法院经审理认为，诉争工程因发包人拖欠工程款而于2016年底停工至今，其间双方曾就部分已完工程的工程款形成结算结论，承包人也向发包人催要过拖欠的工程款，但发包人始终未予支付；根据法律规定，案涉备案合同应

---

① 参见(2018)最高法民终638号民事判决书。

予解除。

但鉴于案涉工程已经停工,而且承包人并未将工程移交给发包人,故质保期尚未起算,因此,发包人主张从应付工程款中扣减相应金额的质保金,理据充分,应予支持。

【最高院判决】

最高院经二审审理认为,原《合同法》第97条规定:“合同解除后,尚未履行的,终止履行;已经履行的,根据履行情况和合同性质,当事人可以要求恢复原状、采取其他补救措施,并有权要求赔偿损失。”因此,案涉备案合同解除后,尚未履行的条款应终止履行。

案涉备案合同虽然就质量保证金的支付比例及返还时间作了约定,但案涉工程至今停工,缺陷责任期尚未起算,该质保金条款尚未履行。根据原《合同法》的上述规定,尚未履行的质保金条款自备案合同解除之时应终止履行。

故,一审判决仍然依据质保金条款扣除质量保证金的依据不足。但承包人的保修义务是法定义务,即便质保金条款终止履行,承包人仍然应对已完工程在保修期内承担保修责任。

【评析】

施工合同解除后会发生一系列法律后果及司法争议,其中对于质保金是否应当按照合同约定予以预留即为典型之例。

对该争议存在一种观点,即既然履行保修义务是承包人的法定义务,即使施工合同解除的,承包人仍应向发包人就其已完工程履行保修义务;而为了保证这一义务的履行和实现,在合同解除后依约应扣留质量保证金作为保证。

这一观点似乎具有一定的合理性,但细予深究会发现,该观点与现行法律相悖。

住建部《质保金办法》第2条规定:“本办法所称建设工程质量保证金(以下简称保证金)是指发包人与承包人在建设工程承包合同中约定,从应付的工程款中预留,用以保证承包人在缺陷责任期内对建设工程出现的缺陷进行维修的资金。”

而根据该办法的规定,缺陷责任期“从工程通过竣工验收之日起计。由于承包人原因导致工程无法按规定期限进行竣工验收的,缺陷责任期从实际通过竣工验收之日起计。由于发包人原因导致工程无法按规定期限进行竣工验收的,在承包人提交竣工验收报告90天后,工程自动进入缺陷责任期”。因此,缺陷责任期的起算与工程竣工验收相关联。施工合同中一般都存在类似约定。在施工合同被解除的情形下,因工程并未竣工验收,故而工程尚未进入缺陷责任期,质量保证金条款在施工合同解除时尚未开始履行;根据《民法典》关于合同解除后果的规定,尚未履行的质量保证金条款不再履行,发包人也无权再向承包人主张扣留履约保证金。

第五节　承包人维修义务的承担与发包人的通知义务

笔者在本章第三节曾提到,发包人在工程保修期限内需就工程质量自行维修或者委托第三方维修,或者向承包人主张因保修责任而产生的维修费用,必须同时满足三个条件。但笔者注意到,在司法实践中存在另外一种认定方式。本节以江苏省高级人民法院二审审理的洪泽盛浦房地产开发有限公司与南通一建集团有限公司建设工程施工合同纠纷案件[①]为例予以评析。

【基本案情】

发承包人于2008年11月2日签订施工合同,约定由承包人承建发包人开发的某高层商住楼工程。双方在《房屋建筑工程质量保修书》中约定:屋面防水工程的质量保修期为5年;属于保修范围和内容的项目,承包人应在接到修理通知之日后7天内派人修理;承包人不在约定期限内派人修理,发包人可另委托其他人员修理,修理费用从质保金内扣除。

在本案二审中,发包人提供案外人出具的发票、关于屋面防水维修的说明、发包人向案外人转账的进账单、记账凭证和竣工质量验收记录等证据,证明在质保期内发生的上述相应维修费用应计入已付款。

【争议焦点】

发承包双方对由案外人因实施维修事实而发生的费用承担问题产生争议。

1. 发包人认为,在需要进行维修时,承包人已全部撤出维修人员,承包人不履行屋面防水维修义务,遂由案外人进行维修。

2. 承包人认为,按照质保书的约定,发生质保事项发包人应履行相应的通知义务,否则就不属于承包人维修范围。承包人未收到发包人的维修通知,因

① 参见(2018)苏民终679号民事判决书。

该等维修产生的费用不应扣减。

【法院审理】

江苏省高级人民法院经审理认为,发包人提交的相关证据能够形成证据链,足以证明发包人委托案外人对案涉工程屋面防水进行维修并支付维修费用的事实。

双方约定屋面防水的保修期为5年,案涉工程于2012年5月10日竣工验收,发包人委托案外人就案涉工程屋面防水维修的时间在2016年6月和7月间,尚在质量保修期内。虽然发包人未提交证据证明已通知承包人进行维修,但维修的事实存在,发包人支付了本应由承包人承担的维修费用。故该笔维修费用应抵扣承包人的工程款。

【评析】

建设工程质量保修系施工单位法定的义务,对此,相关法律和司法解释均予以了明确规定并就责任承担进行了明确。《建设工程质量管理条例》第41条规定:“建设工程在保修期范围和保修期限内发生质量问题的,施工单位应当履行保修义务,并对造成的损失承担赔偿责任。”《司解一》第18条规定:“因保修人未及时履行保修义务,导致建筑物毁损或者造成人身损害、财产损失的,保修人应当承担赔偿责任。保修人与建筑物所有人或者发包人对建筑物毁损均有过错的,各自承担相应的责任。”

但上述条款并未对保修的程序事项进行规定。一般言之,建设工程竣工验收后,承包人即将工程交付发包人,并由发包人或者房屋买受人实际占有和使用,何时出现工程质量问题以及出现何种工程质量问题,只有实际占有和使用人最清楚。因此,基于诚实信用的民法基本原则,当出现工程质量问题时,发包人理应负有向承包人进行通知的合同附随性义务。笔者认为,发包人在未通知承包人,即承包人不知情的情况下即行委托第三人就质量问题进行维修,是对承包人亲自履行其义务的权利的剥夺,也不符合民法之诚实信用的基本原则。

但在本案既有生效判决已排斥了发包人通知义务的情况下,建议施工单位在施工合同和《房屋建筑工程质量保修书》中作出类似如下的约定内容,即承包人在接到发包人的书面维修通知后7日内未派人维修的,发包人有权另行委托他人维修,维修费用由承包人承担;但发包人在另行委托前未向承包人履行书面通知义务的除外。

第六节　承包人向发包人移交竣工资料的义务

笔者在本节中以最高院再审审理的沈阳中安房地产开发有限公司与江苏南通二建集团有限公司建设工程施工合同纠纷案件①为例阐述该问题。

【裁判要旨】

在具备移交施工资料条件的情形下，承包人无正当理由拒绝向发包人依约履行移交施工资料义务，有违诚信原则，主观恶意明显，与建筑执业准则相悖，依法依约应当承担相应的违约责任。

【基本案情】

2010年6月9日，发承包双方施工合同约定，承包人负责整个工程竣工资料的汇总、整理和组卷；工程竣工验收合格后15日内，承包人提供肆套竣工图（含电子版一套）及其他竣工资料（竣工用图由发包人届时提供）。工程于2012年10月全部完工并已交付使用。2012年，承包人向发包人交付了两套A－1#、C－2#、A－3#、A－11#、A－12#、A－13#、B－14#、C－15#、C－16#、中心商业以及地下车库的竣工图。

2013年2月5日，双方签订《工程结算协议书》，约定工程款的结算总价为7585万元。发包人于2013年2月8日前向承包人支付工程款1000万元，每逾期一日，应支付结算总价0.5%赔偿金。承包人应于2013年4月15日将竣工备案所有资料移交发包人，每逾期一日，应支付结算总价0.5%赔偿金。

2016年4月6日，承包人向发包人交付了案涉工程A－1#、C－2#、A－3#、A－11#、A－12#、A－13#、B－14#、C－15#、C－16#、中心商业的两套竣工档案（交档案馆及甲方存档资料）及一套竣工图纸（交档案馆）。

发包人一审诉请判令：(1)承包人立即将其施工范围内的工程竣工备案资料向发包人移交并配合办理竣工备案手续（主体工程交档资料两套以及竣工图纸三套，地下车库交档资料以及竣工图纸四套，具体内容详见竣工资料目录）；(2)承包人支付逾期移交竣工备案资料违约金（以结算价7585万元为基数，自2013年4月16日起至实际交付之日止，按照贷款利率的四倍计算）。

---

① 参见(2018)最高法民再326号民事判决书。

【一审判决】

一审法院认为,《工程结算协议书》签订后,发包人即依约向承包人支付全部工程款,而承包人在约定期间届满(2013 年 4 月 15 日)后逾期近三年(2016 年 4 月 6 日)才向发包人交付了地上工程的竣工资料,地下车库的竣工资料(除竣工图外)至今未交付,亦不能陈述合理的原因,显系严重违约。故判令支持了发包人的诉请。

【二审判决】

承包人上诉中认为违约金过高需要调整。

二审法院认为,根据法律规定,当事人约定的违约金超过造成损失的 30% 的,人民法院可以认定约定的违约金过分高于造成的损失,当事人可以请求人民法院或者仲裁机构予以适当减少。

本案二审庭审中,发包人明确主张其损失存在有形和无形两方面,有形损失包括因承包人不能交付竣工备案资料,发包人进行"解疑",花费的包括消防监测、技术服务等共计 707,933.6 元和逾期办证的赔付损失 289,414.51 元;无形损失是涉案工程房屋因不能办证而未能出售及可能面临处罚产生的损失,约 7000 万元。二审法院认为,因房屋未能出售存在市场形势变化等多种因素,不能全归责于未能办证的原因;且涉案房屋存在随市场经济发展升值的变化,发包人在不计算升值因素的情形下主张的房屋销售损失不能成立。另外,发包人主张处罚损失均系其认为可能发生的损失,不但具有或然性,而且未提供证据证明处罚的事项及金额。故此,对于发包人的无形损失不予支持。

综上,二审法院将一审法院判决之违约金调整为实际损失的 1.3 倍,即(707,933.6 元+289,414.51 元)×130% =1,296,552.54 元。

【再审判决】

最高院再审认为,双方于 2013 年 2 月 5 日签订的《工程结算协议书》中约定的合同义务主要有两项:一是发包人按约定支付工程尾款 1000 万元;二是承包人按约定将竣工备案所有资料移交给发包人。从约定内容看,双方显系明确施工结束后各自应当履行的主要义务,防止出现违约行为。故,违约条款内容惩罚性明显。双方签订《工程结算协议书》时,案涉工程已于 2012 年 10 月完工,双方对工程总造价也已确认。可以说,当事人双方签约时对违约可能承担的后果是明知且应当预见到的。二审判决以发包人的实际损失上浮 30% 的标准调整违约金,与合同当事人订立违约条款意图达到的合同目的不相符,与发包人因缺少竣工备案资料而不能办理竣工备案手续所承受的不良商誉影响及实际损失不相当，与承包人恶意拒绝移交施工资料的违约行为不匹配，再审应予纠正。

另外，发包人请求支付的违约金数额过高，发包人对承包人逾期履行合同存在协调、配合不力的过错（主要体现于最高院再审期间多轮协调但双方均因缺乏必备施工资料及双方相互推诿和埋怨，配合协调不畅，导致备案未果）。结合承发包双方建房、付款等施工合同主要权利义务实际履约情况，承包人违约的主观过错程度，逾期移交施工资料构成违约至发包人通过"解疑"程序为讼争房产办理权属文件期间因承包人违约造成的实际损失情况，再审审查程序至再审程序中双方未履行施工合同协作义务至今仍未办妥工程档案备案的过错等，最高院再审酌定判决承包人向发包人支付违约金1000万元，承包人支付违约金后还应当向发包人继续履行移交工程档案备案必备施工资料并协助办理工程档案备案的相关手续之义务。

【释评——竣工资料何以如此重要？】

《建设工程质量管理条例》第16条规定了建设工程竣工验收应当具备的五项条件，其中两项为有完整的技术档案和施工管理资料，有工程使用的主要建筑材料、建筑构配件和设备的进场试验报告；该条例第17条同时规定，及时收集、整理建设项目各环节的文件资料之义务属于建设单位。

住建部2013年颁布的《房屋建筑和市政基础设施工程竣工验收规定》第5条又在《建设工程质量管理条例》的基础上，将竣工验收的条件增至十一项，其中也包括了上述《建设工程质量管理条例》中规定的两项工程资料。

上述两项资料一般是在施工过程中由施工单位所掌握，虽然收集的法定义务在建设单位，但施工单位据此必须予以配合移交，因此配合移交也系施工单位的法定义务。如果施工单位拒不配合移交，建设工程项目则无法通过政府部门的竣工验收。

因此，施工单位是否配合向建设单位移交相应工程资料直接决定了建设工程能否通过竣工验收，而能否通过竣工验收则直接意味着：（1）对住宅和商业项目的建设单位而言，将直接面临向商品房买受人承担逾期交房以及逾期办证违约责任的风险；（2）对于工业厂房项目的建设单位而言，将直接面临无法合法投产并通过投产而获得收益的风险。

以上足以表明移交竣工资料对建设单位不言而喻的重要性！

第六章

与实际施工人相关的热点法律问题

第一节　实际施工人的范围界定及权利救济谱系

“实际施工人”并非严格的法律术语，它由2005年1月1日起施行的《2004版司解一》正式提出，2019年2月1日起施行的《2018版司解二》以及2021年1月1日起施行的《司解一》沿用了这一概念。在《司解一》中总计有六处提到了“实际施工人”①。但这一概念以及因该一概念引起的法律后果和法律争议却并未随着上述司法解释的施行而得以全部解决。

一、“实际施工人”的规范性界定

（一）规范性定义

实际上两部司法解释对何为“实际施工人”并未作出明确定义，唯有2016年8月24日最高院作出的《关于合同纠纷中“实际施工人”的司法认定条件的建议的答复》指出：“实际施工人”是指依照法律规定被认定为无效的施工合同中实际完成工程建设的主体，包括施工企业、施工企业分支结构、工头等法人、非法人团体、公民个人等，是最高人民法院《关于审理建设工程施工合同纠纷案件适用法律问题的解释》确定的概念，目的是区分有效施工合同的承包人、施

① 具体体现在《司解一》第1条第2项、第15条、第43条、第44条。

工人、建筑施工企业等法定概念。

上述对实际施工人的定义中存在两个重要且关键的识别要素，即施工合同无效和实际完成工程建设。据此，在违法分包、转包以及挂靠施工中实际实施施工行为的个人和企业当然属于实际施工人的范畴。但上述实际施工人是否具有相同的法律救济途径，以及在层层分包或者转包中，中间一手或者几手未实际参与施工的主体是否享有与实际实施工程的主体一样的救济途径，在司法实践中往往发生争议。

（二）未实际施工的人能否成为实际施工人

实践中，在层层转包或者多次分包的工程项目中，对于并非最后一手的主体能否构成实际施工人的问题存在不同的认识。根据上述对实际施工人的定义，由于中间各手的承包人并未进行实际施工或者并未全部进行施工，显然不符合实际施工人构成要素中的"实际完成工程建设"，尤其是在层层转包关系中的中间各手转包人。但通过考察司法案例，司法实践一般认为其虽然并未实际完成或者并未全部完成工程建设，但依然具有实际施工人的法律地位且享有法律赋予实际施工人的权利。下文以两则案例说明该问题。

1. 最高院二审审理的中铁十二局集团有限公司与中国铁路青藏集团有限公司建设工程施工合同纠纷①

本案中，总承包单位中标后将工程肢解并部分转包给某公司并签署《建设工程施工合同》。在合同履行过程中，某公司将2号楼、部分地下室工程分包给案外人施工并签署《工程分包协议》；将3号楼、会所工程以劳务分包的形式转包给另案外人施工并签署《劳务合同》。

某公司以总包单位和发包人为被告提起诉讼，并请求判令发包人在欠付总包单位工程款的范围内向其承担责任。发包人和总包单位一致认为，某公司并非本案的实际施工人，而是将其承包的全部工程转包给案外人施工，故其无权依据《2004版司解一》第20条的规定提起诉讼。

为此，最高院经二审审理认为，建设工程的实际施工人指的是转包和违法分包的承包人，不限于个人，还包括法人及非法人组织。某公司系《建设工程施工合同》中的承包人，组织实施了案涉2号楼、3号楼、会所及部分地下室工程的施工，所涉工程款亦由总包单位转入该公司账户内，应认定该公司为本案实际

---

① 参见（2019）最高法民终274号民事判决书。

施工人。

从本案的说理和判决结果看,即使承包人违法将其承包的工程全部或者肢解后转包给他人施工,并未对任何工程内容实际施工,其仍然可以就其承包范围内的工程款向发包人主张权利。

2. 江苏省高级人民法院二审审理的王某某与江苏运河文化城投资开发有限公司、宿迁市建设工程(集团)有限公司建设工程施工合同纠纷案件①

本案中,总承包单位与建设单位签署施工合同后,总包单位与王某某签署《建设工程内部承包协议》,将部分项目(1~4 号宿舍楼、1 号、2 号教学楼、室外给水强电工程及消防工程、部分装饰工程)分包给王某某施工;后王某某又与案外人签署协议,将其承包的工程中的部分项目(1 号、2 号教学楼、室外给水强电工程及消防工程、部分装饰工程)分包给案外人施工。

王某某以总包单位和发包人为被告提起诉讼,并请求判令发包人在欠付总包单位工程款的范围内向其承担责任。但发包人认为,王某某仅仅是 1~4 号宿舍楼的实际施工人,1 号、2 号教学楼、室外给水强电工程及消防工程、部分装饰工程由其分包给案外人施工,故其对该部分工程并非实际施工人。因此,发包人认为,王某某仅能就其实际施工的 1~4 号宿舍楼工程部分向发包人主张责任。

为此,江苏省高级人民法院经二审审理认为,王某某承建 1~4 号宿舍楼、1 号、2 号教学楼、室外给水强电工程及消防工程、部分装饰工程,后其虽然将其中的 1 号、2 号教学楼、室外给水强电工程及消防工程、部分装饰工程交由案外人施工,但并未改变《建设工程内部承包协议》中约定的王某某作为上述项目分包人的主体地位。王某某系上述项目的实际施工人,其有权就上述项目工程款向发包人主张权利。故,发包人主张王某某只施工了 1~4 号宿舍楼,其只能对该范围内价款享有诉权的理由不能成立。江苏省高级人民法院最终判决发包人在欠付总包单位工程款的范围内向王某某承担责任。

从本案的说理和判决结果看,即使违法承包人将其承包工程中的部分项目分包给他人施工,违法承包人仍然可以就他人施工部分的工程款向发包人主张权利。

---

① 参见(2017)苏民终 1758 号民事判决书。

二、挂靠人的权利救济

在《司解一》对实际施工人进行的六处规制中，其第 1 条第 2 项明确将借用资质这一典型的挂靠现象中的施工人列入实际施工人的范畴，第 1 条第 2 款将非法转包、违法分包或者挂靠中的实际施工人划定为实际施工人的范畴，其余第 43 条和第 44 条均是对实际施工人突破合同相对性向发包人主张权利的规定，但排除了——至少没有明确规定挂靠人享有该二条规定的实际施工人的权利。

但如果按照《司解一》的规制内容，既然挂靠人与非法承包人和违法承包人均系实际施工人，那么，何以《司解一》对同为实际施工人的挂靠人并未赋予与非法转承包人和违法承包人同等的权利救济渠道？

而这也正是引起司法实践中对挂靠人权利救济渠道之争议的原因，也导致挂靠人能否与非法转承包人和违法承包人共同享有突破合同相对性向发包人主张权利的不同裁判规则。典型的冲突案例体现于（2018）最高法民终 611 号民事判决书和（2018）最高法民再 265 号民事判决书[①]。

笔者认为，无论是基于司法解释的规定抑或通过分析挂靠施工中的交易本质，挂靠人的权利救济谱系均不应同于其他实际施工人。对此问题，笔者将在本章第四节中通过意思表示瑕疵的理论和法律规定进行阐析，此处不再赘述。

三、其他实际施工人的权利救济谱系

（一）向与其具有直接合同关系的上手主张权利

这一权利主张具有明确的合同依据和法律依据，也符合合同相对性的基本法律原则。对此，《司解一》第 43 条第 1 款也予以了明确："实际施工人以转包人、违法分包人为被告起诉的，人民法院应当依法受理。"司法实践对此也不存在争议。

（二）向与其没有合同关系的各前手主张权利

在工程项目存在多级分包或层层转包的情形下，末级承包人，也包括任何中间一手承包人都有权利向其各前手主张权利。针对该权利诉请，《江苏高院

---

① 参见本章第三节内容。

关于施工合同的解答》第23条规定:“层层转包中,实际施工人要求所有转包人、违法分包人均承担责任的,如何处理?建设工程因转包、违法分包导致建设工程施工合同无效的,实际施工人要求转包人、违法分包人对工程欠款承担连带责任的,应予支持。前手转包人、违法分包人举证证明其已付清工程款的,可以相应免除其给付义务。发包人在欠付的工程款范围内承担连带责任。”

(三)向发包人主张权利

1. 实际施工人向发包人主张权利的规范基础

这一权利基础来自司法解释的规定。《司解一》第43条第2款规定:“实际施工人以发包人为被告主张权利的,人民法院应当追加转包人或者违法分包人为本案第三人,在查明发包人欠付转包人或者违法分包人建设工程价款的数额后,判决发包人在欠付建设工程价款范围内对实际施工人承担责任。”上述条款赋予了实际施工人向发包人主张款项的权利,且发包人只在欠付工程价款的范围内向实际施工人承担责任。

2. 实际施工人向发包人主张权利的社会基础

毫无疑问,允许实际施工人向发包人主张权利源于对民工利益的保护,对此,司法解释的制定者也作出了相关表述。例如,最高院在《2004版司解一》的答记者问中指出:《建设工程施工合同司法解释》第26条第2款的立法目的主要是在与由农民工组成的实际施工人有合同关系的相对人,因下落不明、破产、资信状况恶化等原因导致其缺乏支付能力,实际施工人又投诉无门的情况下,为实际施工人主张工程价款提供特殊救济途径。最高院杜万华法官在《全国民事审判工作会议上的总结讲话》中也提到:“最高人民法院建设工程施工合同司法解释已经有明确规定,实际施工人可以向发包方主张权利,但这是有限度的,在理解执行司法解释规定的时候,一定要准确,不能任意扩大它的适用范围。除非是转包人和违法分包人没有向实际施工人支付工程款,也没有能力支付,而发包人还有其他的工程款没有支付完,在未支付工程款的范围内,可以向实际施工人支付工程款。当前,有的地方没有准确执行司法解释的规定,允许实际施工人要求发包方无条件地承担工程款给付义务,有些甚至要求发包方解决劳动关系问题,这些我认为都是不正确的。”另外,最高院在《2018版司解二》的答记者问中也强调:《2018版司解二》“在特定情况下突破合同相对性原则,目的就是要打通保护农民工等建筑工人权益的通道,对处于弱势地位的广大农民工的权益提供强有力的司法保护,实现实质意义上的社会公平”。

上述关于司法解释之规定的目的性阐释,充分展示了司法解释赋予实际施工人突破合同相对性向发包人主张权利的社会基础。但问题是,如何正确理解司法解释的相关规定,以及司法解释的规定在何种层面上能够有效保障民工的合法权益?

3. 对实际施工人向发包人主张权利的司法解释的再解释

笔者近期处理了几起实际施工人向发包人主张权利的纠纷案件,下文的阐析系建基于该些案例所引起的对司法解释进行再解释的思考。

根据上文所援引最高院就《2004 版司解一》的答记者问和杜万华法官所述,司法解释中允许实际施工人向发包人主张权利似乎包含了以下条件(司法解释原文中却未明言),即与实际施工人存在合同关系的前手承包人出现了下落不明、破产、资信状况恶化等情形导致实际施工人缺乏支付能力,且实际施工人又投诉无门,或者转包人和违法分包人没有实际向实际施工人支付工程款也没有能力支付。上述条件有一个共同点,即实际施工人缺乏向民工支付款项的能力。

在笔者所代理的一起案件中,某基层法院正是根据上述理由作出不支持实际施工人向发包人主张权利的判决。现将本案基本情况和基层法院的判决理由实录如下。

某开发商将某工程发包给一施工单位 A 进行施工,该施工单位 A 并未实际施工而是将其承包的工程转包给另一家不具有施工资质的施工单位 B 施工。后,施工单位 B 因未能获得足额的工程款将施工单位 A 和开发商起诉至某基层法院。该基层法院认为:"根据合同相对性原则,一般情况下,只有债权人才能向债务人主张债权,债务人也只能向债权人履行义务。建设工程相关司法解释突破合同相对性原则,规定实际施工人可以以发包人为被告主张权利,其立法本意在于保护弱势地位的建筑工人(尤其是农民工)的基本权益,实现实质意义上的公平正义。换言之,只有在严守合同相对性原则与实现实质意义上公平正义等法的价值存在不可调和的冲突时,才允许有条件地突破合同相对性原则,赋予非合同当事人相应的权利,但这种突破不应使合同当事人的合法权益受到侵害,从而导致不同民事主体之间的利益失衡。本案中,原告既未提供证据证明其工程款主要用于支付农民工工资,也未提供证据证明转包人(即施工单位 A,笔者注)存在下落不明、资信状况严重恶化,濒临破产等丧失履约能力的情形……原告的主张明显不符合相关司法解释的立法本意,故原告的该项诉讼请求,本院不予支持。"

从上述判决说理可以看出,该基层法院认为,实际施工人向发包人主张权利应当附加如下条件:实际施工人需举证证明其工程款主要用于支付农民工工资,且需举证证明转包人和违法分包人存在下落不明、资信状况恶化,濒临破产等丧失履约能力的情形。该等附加条件与上述援引的最高院就《2004 版司解一》的答记者问和杜万华法官的讲话如出一辙;但笔者认为,上述对司法解释的再解释存在颇多待商榷之处。

首先,根据大量的司法案例,甚至是最高院自身的二审案例,在实际施工人向发包人主张权利的案件中,法院在判令发包人在欠付工程款的范围内向实际施工人承担责任时,并未(也不需要)查明实际施工人所主张的工程款主要是为了偿付民工工资。上文所援引的江苏省高级人民法院(2017)苏民终 1758 号和最高人民法院(2019)最高法民终 274 号案件即为明证。更为重要的是,在最高院的案例中,作为诉讼主体的实际施工人并未实际参与工程的施工,而是将其承包的工程再肢解转包给其他案外人施工,既然其并未实际组织施工,也就不存在欠付或者需要支付案涉工程农民工工资的情况,但最高院依然能够援引司法解释的规定判令发包人向其承担责任。由此可以看出,实际施工人向发包人主张权利并不需要附加任何其他除司法解释明文规定的条件。

其次,法律具有对社会生活的引导功能——通过具体的法律规定将该法律规定中所蕴含的法律价值向社会予以昭示,并进而引导社会公众按照法律所认可的价值安排自身的生活和从事相互间的交易行为。具体到实际施工人向发包人主张权利这一规定,其所蕴含的法律价值无疑就是保护农民工的合法权益;但经由司法解释之规定如何能够更好地发挥法律的指引功能,是对司法解释进行再解释时所不得不考虑的问题。在工程施工领域,农民工权益之所以缺乏保障,其根本原因在于处于施工链条各环节的主体拖欠其下手工程款,导致与农民工最近的一层承包人在其上手未支付工程款时,缺乏支付民工工资的资金来源。因此,只有充分保障实际施工人能够获得工程款才能够更好地维护民工合法权益、维护社会的稳定。这也正是司法解释赋予实际施工人向发包人主张权利的初衷:一则,指引实际施工人之前手依法依约向实际施工人支付工程款;二则,若上述指引功能失效,它可以同时指引实际施工人越过其前手向发包人甚至各前手主张权利,而无论是否实际发生了拖欠民工工资的结果。笔者认为,只有对司法解释的这种引导性功能作正向的理解(而非如上文所引案例中某基层法院的解释策略，以发生拖欠民工工资的结果为导向的限缩性理解)，即通过突破合同相对性的规则指引施工链条中各环节的主体依约支付工程款，才能真正保障民工权益，维护交易的安定性，并进而通过具体的法律规则促进社会的契约精神之实现。

最后，经过对司法解释之指引功能的上述正向解读，笔者认为，司法解释之规定的根本目的虽然是保障民工权益，但实现司法解释之目的的落脚点却在于保护实际施工人本身。为此，最高院在对《2018 版司解二》的答记者问中，从保护民营企业的高度对这一问题也予以了明确："建筑市场上，很多民营建筑企业由于资质管理等原因不能直接承包工程，但又是实际进行建设工程施工的人。他们的权利缺乏合同保障。《解释》在《建设工程司法解释(一)》的基础上进一步完善了实际施工人权益保护的规定，要求人民法院在查明发包人欠付转包人或者违法分包人建设工程价款的数额的基础上，判决发包人在欠付建设工程价款范围内对实际施工人承担责任，克服了司法实践中有的涉及发包人向实际施工人承担责任的判决无法执行的问题。"

四、法院未依法查清发包人欠付工程款的司法程序处理

在实际施工人起诉发包人要求发包人承担责任的案件中，法院未能依法查清发包人是否欠付工程款以及欠付工程款数额，是上级法院发回重审或者指令再审的事由。

例如，在最高院再审审理的荣盛(蚌埠)置业有限公司与王修虎建设工程施工合同纠纷案件[①]中，最高院认为，《2004 版司解一》第 26 条是关于保护实际施工人利益的特殊规定，实际施工人可以向发包人主张权利，发包人仅在欠付工程款范围内对实际施工人承担责任。但在本案中，一审、二审判决对于发包人是否欠付工程款以及欠付工程款数额等认定事实不清，导致生效判决无法执行，需要对发包人欠付工程款相关事实进行进一步审理、认定，故指令再审本案。

---

① 参见(2018)最高法民申 2907 号民事裁定书。

第二节　对挂靠现象的社会学观察

“挂靠”作为一项在建设工程发承包活动中非常常见的工程实践之现象，具有操作的隐蔽性、各方主体的意会性、司法态度的暧昧性以及与转包等违法现象的易混淆性，导致人们经常难以对其作精准识别，亦导致司法实践对与“挂靠”行为相关联之各方主体的权利义务裁判产生混乱。因此，有必要对挂靠施工的发生原因、历史演进及其类型范式等作一番梳理。

笔者在本节中根据自身对工程实践的亲历性观察，试图揭示和分析“挂靠”行为的本质。

一、“挂靠”的法律演进

《建筑法》第26条第2款规定：“禁止建筑施工企业超越本企业资质等级许可的业务范围或者以任何形式用其他建筑施工企业的名义承揽工程。禁止建筑施工企业以任何形式允许其他单位或者个人使用本企业的资质证书、营业执照，以本企业的名义承揽工程。”《建设工程质量管理条例》第25条第2款规定：“禁止施工单位超越本单位资质等级许可的业务范围或者以其他施工单位的名义承揽工程。禁止施工单位允许其他单位或者个人以本单位的名义承揽工程。”根据上述规定，《建筑法》和《建设工程质量管理条例》规制的对象是以下两种行为，即施工企业用其他施工企业的名义承揽工程以及施工企业允许其他单位或者个人使用本企业的资质证书以本企业名义承揽工程。

上述两种行为在建设工程发承包活动中非常常见且被俗称为“挂靠”，但《建筑法》和《建设工程质量管理条例》并未将其抽象定义为“挂靠”[①]；直至住建部2014年印发的《建筑工程施工转包违法分包等违法行为认定查处管理办法（试行）》首次将“挂靠”作为规范的术语予以提出，并在住建部2019年印发的《建筑工程施工发包与承包违法行为认定查处管理办法》中将其正式定义为：“本办法所称挂靠，是指单位或个人以其他有资质的施工单位的名义承揽工程的行为。前款所称承揽工程，包括参与投标、订立合同、办理有关施工手续、从

---

① 不过，全国人大法工委编写的《建筑法释义》中将借用/出借资质行为直接称为“挂靠”。

事施工等活动。”

二、“挂靠”现象产生的根因

笔者认为,“挂靠”现象的产生根源于具有资质的施工企业内在扩张的动力强劲与资源掌握之间的不平衡;或者换个角度,根源于民间资源充渥与国家资质管理之间的巨大张力。

(一)施工企业面临的困局

1. 业务市场“僧多粥少”的困局

据统计,截至2018年底,全国共有建筑业企业95,400个,比上年增加7341个,增速为8.34%;但全国建筑业企业房屋施工面积为140.89亿平方米,比上年增长6.96%。仅凭这两组数据就可以看出,全国建筑业企业增长的比例已超出业务量的增长速度。宏观地讲,于建筑业施工企业而言,建设工程市场处于萎缩的状态,夹缝里激烈竞争的生存样态逼迫其不得不寻求多样化的经营线路。

样态的残酷加之企业经营能力的有限,有些施工企业提出“全员营销”的策略,即通过全企业职工进行业务拓展的方式寻得激烈市场竞争下的市场占有份额;但毕竟企业职工营销能力也受限制,该等方式的效果并不显著。

与企业单凭自身营销受限形成鲜明对比的是社会营销,即那些没有施工资质的民间投资者通过建立广泛的营销网络,对建筑市场有着敏锐的嗅觉。两相对照,民间投资者的资源掌握和双方之间各自利益的驱动为“挂靠”提供了肥沃的市场土壤。

2. 财务状况捉襟见肘的困局

“僧多粥少”的困境带来的最直接结果是施工单位在建设单位面前较低的议价能力,以致施工单位不得不接受或者主动要求诸如垫资施工的苛刻商务条款。

据统计,全国建筑业企业实现利润总额8104亿元,按照全国建筑业企业95,400个平均计算,平均每家建筑业企业利润为849.48万元。另外,根据非官方统计数据,施工企业的垫资额度保持在合同额的30%~50%。以一家具有一级资质的施工企业为例,根据资质管理规定,一级资质施工企业可承担单项合同额3000万元以上的建设工程施工,按照最低30%的垫资比例计算,该家企业单就一项工程需要垫资数额为900万元。这意味着,该家企业的全年利润都不足以支撑一项工程项目的垫资款;如果单项合同额再大一些,发包方要求的垫资额度再高一些,微薄的利润对于前期的投资而言更是捉襟见肘。

因此,糟糕的财务状况也为具有资质的施工企业走“挂靠”之路提供了强大的现金流动力。

(二)挂靠的目的

对于信息和资源(包括资金)均具有优势的民间投资者而言,在市场面前唯独难以逾越的是国家所要求的资质准入制度及相配套的其他诸如 2018 年之前的施工合同备案制度和政府监管制度等。为此,与建设单位就工程项目承接的大多数事宜已经完成关键协商的民间投资者为了规避上述制度门槛而通过向具有资质的施工企业允诺一定“管理费”的模式完成“挂靠”嫁接,进而实现三方的“共赢”——建设单位实现了自身满意的商务和技术条件,施工企业实现了仅以资质为成本的管理费利润,民间投资者实现了对政府监管的逃避。

三、“挂靠”模式的四种经典路径

根据笔者的观察,挂靠在实践具有如图 8 ~ 图 11 所示的四种典型的范式。

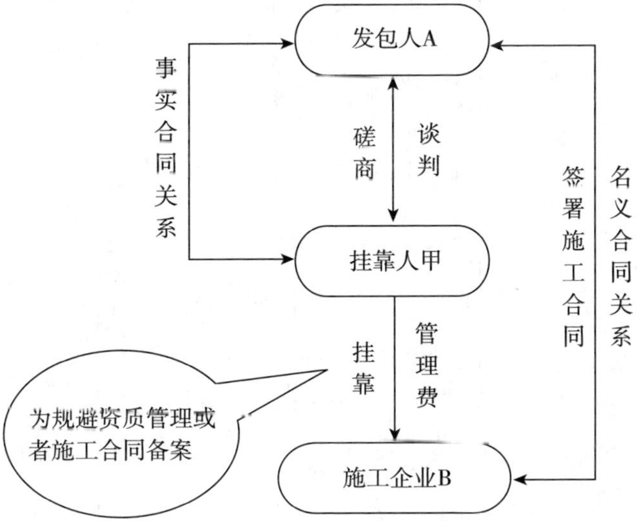

图 8　挂靠模式一

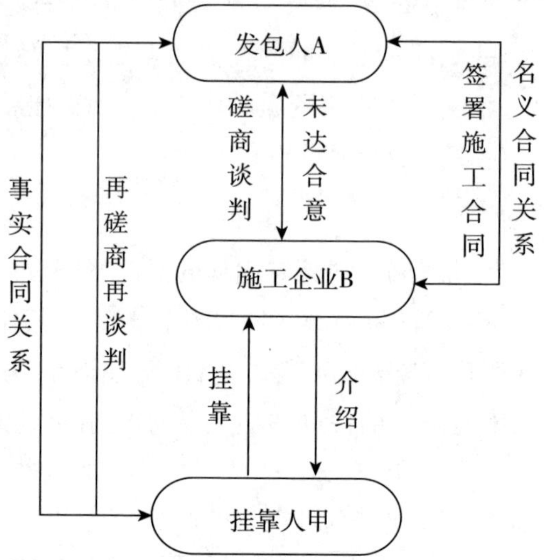

图9　挂靠模式二

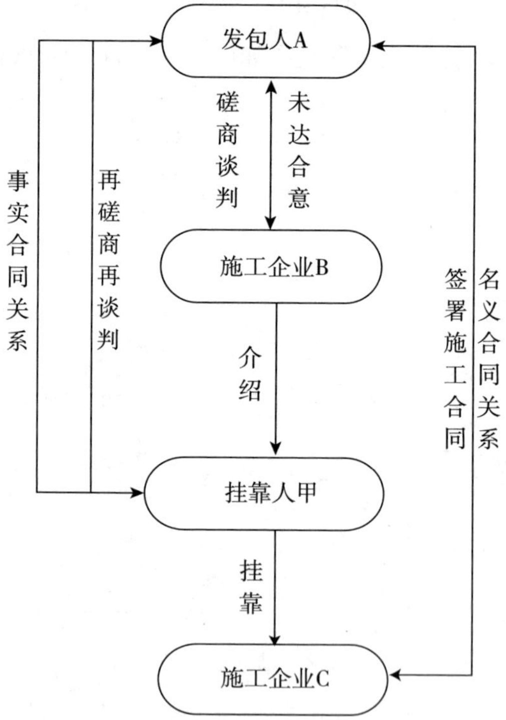

图10　挂靠模式三

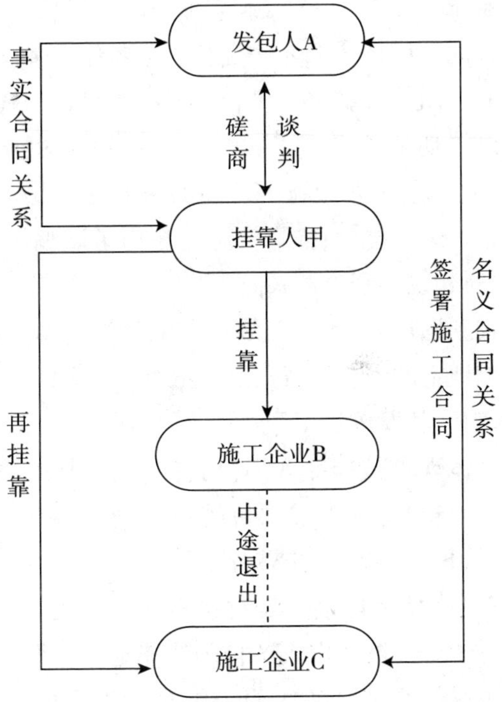

图11　挂靠模式四

在上述四种模式中，最经典也是最本质的挂靠模式为第一种，其余三种模式均为第一种模式的变种。笔者结合浙江省台州市中级人民法院在其二审审理的台州市宏宇建筑安装工程有限公司与台州东仪机械制造有限公司建设工程施工合同纠纷案件①中所查明的事实，对"挂靠"发生的过程以及挂靠关系中各方的角色和地位分析如下。

1. 案外第三人公司的法定代表人的证人证言证实：其公司和案涉工程的发包人都打算建厂房，得知案涉工程实际施工人朱某做的工程质量较好后找到朱某，与朱某谈妥后，再由朱某找有资质的公司进行挂靠。

这一节事实深刻体现了挂靠施工的发生过程以及挂靠的本质——发包人已经与挂靠人就工程项目的施工进行了实质性的磋商，并基本达成了关键性条款方面的一致；而发包人之所以与挂靠人进行磋商源于其对挂靠人施工质量的信赖。

① 参见(2018)浙10民终2836号民事判决书。

2. 发包人与被挂靠企业签订备案施工合同后，又签订了另一份施工合同，朱某在后一份施工合同中被挂靠企业法定代表人签字旁签字；但被挂靠企业对于为什么要在备案的合同外又签署一份合同未能作出合理解释。

这一节事实深刻体现了挂靠施工之缘由——虽然发包人与挂靠人就关键性条款达成一致，但为了顺利进行施工合同的备案，挂靠人不得不寻求一家具有施工资质的施工企业进行挂靠；挂靠实际上是为了欺骗作为第三人的备案机关，以规避行政机关对建设工程的相关规制措施。

3. 被挂靠企业收到发包人的工程款项后当日将每笔款项扣除了10%后分别支付给朱某。而工地上的资料员、施工员、技术员、预算员等工资均系由朱某发放，被挂靠企业未曾给其发放过工资。

这一节事实深刻体现了被挂靠人通过挂靠所获得的实益——被挂靠人在挂靠模式下，不实际参与和管理工程项目的施工，但需要从挂靠人处提取一定比例的工程款作为“管理费”或者“挂靠费”。

笔者认为，该案查明的上述事实是对挂靠施工本质的揭示；至于挂靠关系中所关涉的发包人、挂靠人、被挂靠人各自的法律地位，相互之间的法律关系以及挂靠关系中相关协议的性质和效力等问题，是本章下两节之重点内容。

第三节　最高院对挂靠人权利救济相互冲突的裁判规则

根据笔者对最高院关于挂靠人权利救济的司法案例之观察，相关裁判路径中所争议的主要问题在于法律的适用问题，即《司解一》第43条能否适用于挂靠关系中的实际施工人，以及与挂靠人发生真实交易关系的主体等。

一、《司解一》第43条的适用问题[①]

通观最高院的司法案例，对于《司解一》第43条能否适用于挂靠现象存在两种直接相左的观点，典型地体现于以下二案例中。

1. 最高院在其二审审理的黄进涛与北京建工集团有限责任公司建设工程

---

① 本节所讨论之案例均发生于《司解一》生效之前，且《司解一》第43条源于《2004版司解一》第26条，故，为行文方便，上述二条交叉援引。

施工合同纠纷案件[①](判决时间为2018年12月25日)中直接阐明:在挂靠关系下,挂靠人系以被挂靠人名义订立和履行合同,其与作为发包人的建设单位之间不存在合同关系。对实际完成施工的工程价款,其仅能依照挂靠关系向被挂靠人主张,而不能跨越被挂靠人直接向发包人主张工程价款。《2004版司解一》第26条的规定不适用于挂靠情形。

2. 但最高院在其再审审理的中建东方装饰有限公司与西安世纪金花珠江时代广场购物有限公司建设工程施工合同纠纷案件[②](判决时间为2018年11月14日)中却又旗帜鲜明地提出了与上相左的观点:挂靠人是涉案工程的实际施工人,根据《2004版司解一》第26条的规定,挂靠人有权向发包人主张工程款,发包人应当在其欠付工程款的范围内向挂靠人承担支付责任。

从上述二案例的判决时间看,最高院这两份观点截然不同的判决书仅仅相隔一月有余,观点的分歧即主要在于《2004版司解一》第26条是否能够适用于挂靠人,即挂靠人能否有权根据该条的规定向发包人主张权利。

二、挂靠人真实的交易主体

笔者注意到,在司法实践中,还存在另一种对挂靠人权利救济的裁判思路,它与《司解一》第43条应否适用于挂靠情形无关,而是通过穿透挂靠关系中各交易主体的真实交易关系的方式,解决工程价款的支付和接收主体的法律问题。

以最高院二审审理的贵州华隆煤业有限公司与六枝工矿(集团)六十五工程建设有限公司建设工程施工合同纠纷案件[③]为例。

【裁判要旨】

出借资质的建设工程施工合同中,如果建设工程发包人对于建筑工程施工企业出借资质、由实际施工人予以施工的事实明知,出借资质的建筑工程企业实际仅为名义上的承包方,在工程价款的结算中,应当由实际施工人直接向发包人主张工程价款,出借资质的施工企业承担因其违反法律规定出借资质的法律责任。

---

① 参见(2018)最高法民终611号民事判决书。

② 参见(2018)最高法民再265号民事判决书。

③ 参见(2016)最高法民终361号民事判决书。

【基本案情】

2011年10月11日,发包人A以《中标通知书》通知施工单位B中标案涉工程,但施工单位B并未与发包人A签署施工合同。

2012年4月1日,自然人甲、乙和自然人丙、丁就案涉工程签署《股份协议》,四方就施工单位B中标的案涉工程的合作施工与管理事宜作出了约定。同时载明:自然人甲、乙于2011年9月28日中标案涉工程,2011年10月21日进场,至2012年4月5日已经完成了部分工程并进行了确认。协议并就后续资金投入及利润分配作出了安排。

2012年5月18日,发包人A与施工单位C就案涉工程签署施工合同,并就承包范围、质量标准、合同价款、工期等进行了约定。

2012年5月24日,自然人甲、乙与施工单位C签署《内部承包协议》,约定由甲和乙承包案涉工程,并就管理费的上缴作如下约定:2012年4月以前工程按工程造价4%提取,后期工程按工程造价5%逐月上交。

自然人甲、乙在施工期间,施工单位C未向甲、乙发放工资、福利等待遇,也未缴纳社保。

2012年8月20日,发包人A向施工单位C出具《解除〈建设工程施工合同〉告知函》;同日,双方签署《解除〈建设工程施工合同〉协议书》,施工单位C并向发包人A下发《关于停止建设工程施工的通知》。之后,引起工人堵工事件。

2012年12月17日,政府部门组织发包人A、施工单位C、自然人甲和乙等人召开协调会并形成《会议纪要》,并就工程款的结算形成一致意见。

后因工程价款纠纷,自然人甲、乙、丙、丁诉请发包人A与施工单位C共同向其支付工程款及损失。

【争议焦点】

1. 本案各方当事人之间的法律关系。

2. 发包人A与施工单位C是否需要向自然人甲、乙、丙、丁承担付款责任。

【法院审理】

本案经最高人民法院二审,认为:

第一,关于各方当事人之间的法律关系问题——应结合合同签订背景、合同约定内容、合同履行情况综合分析判断。

1. 根据合同签订背景分析。发包人A通知施工单位B中标案涉工程,但并未与施工单位B签订施工合同；自然人甲等以施工单位C内部承包方式入场施工，发包人A与施工单位C对此亦明知。

2. 从合同约定情况分析。施工单位C虽与自然人甲、乙签订内部承包协议，但自然人甲、乙在案涉工程施工前并非施工单位C内部员工，施工单位C也未与其签订劳动合同，未为其缴纳社保等，不符合法律规定的内部承包的特征；同时，自然人甲、乙经营风险、财务管理等方面均独立于施工单位C，为实体义务的履行者、权利的最终享有者和盈亏的最终承受者，系本案实际施工人。

3. 关于自然人丙、丁是否具备本案主体资格的问题。结合其二人参与完成工程建设情况及各方当事人关于自然人甲与发包人A、施工单位C现场协调会《会议纪要》签署情况，应视为发包人A、施工单位C对包括其二人在内的自然人甲、乙、丙、丁作为实际施工人的认可。

综上分析，自然人甲、乙、丙、丁系借用施工单位C的资质并以施工单位C项目部的名义进行工程活动，是实际施工人。

第二，谁应该向自然人甲、乙、丙、丁承担责任？

建筑工程施工企业出借资质一般存在两种情形：(1)发包人不知有关单位、个人以其他有资质的施工企业的名义参与投标、订立合同、办理有关施工手续、从事施工等活动；(2)发包人明知、放任或者故意追求不具有资质的单位或者个人以其他具有资质的施工企业之名义承揽工程。

在后一种情形中，形式上存在两个法律关系：(1)发包人与承包人之间的建设工程施工合同法律关系。该法律关系因系双方虚假的意思表示而应被认定为无效。(2)承包人与实际施工人之间的出借资质法律关系。出借资质的承包人主要承担违反《建筑法》《建设工程质量管理条例》规定的行政责任和《建筑法》第66条规定的因承揽工程不符合规定的质量标准造成损失而与使用其名义的单位或者个人承担的连带赔偿责任。

出借资质的建设工程施工合同中，如果建设工程发包人对于建筑工程施工企业出借资质、由实际施工人予以施工的事实明知，出借资质的建筑工程企业实际仅为名义上的承包方，在工程价款的结算中，应当由实际施工人直接向发包人主张工程价款，出借资质的施工企业承担因其违反法律规定出借资质的法律责任。

故此，本案中，自然人甲、乙、丙、丁有权向发包人A主张权利，施工单位C

不承担责任。

【评析】

首先需要明确的是,《司解一》第 43 条明确赋予了转承包人和违法承包人向发包人主张工程价款支付的权利,但挂靠人向发包人主张权利是否能够或者说仅仅能够依据该条实证法上的法源?舍此之外,是否存在“第三条道路”?

若要厘清这一问题,司法实践必须首先正视的是挂靠人、被挂靠人以及发包人之间基于某建设工程之交易的本质。

首先,挂靠模式下,工程项目的前期谈判和项目实施往往是真实地发生在挂靠人与发包人之间①;挂靠人之所以挂靠在被挂靠人名下承揽工程,其目的仅仅是为了规避我国法律对资质管理等的规定。但这种规避行为和规避目的并不能掩盖发包人欲与挂靠人从事市场交易之本质,而这也正是挂靠与转包和违法分包之间本质的不同。(在转包和违法分包情形中,转承包人和违法承包人实质上并不存在与发包人之间建立合同关系的意思。也正因如此,司法解释为了保障建筑工人的利益才赋予转承包人和违法承包人通过突破合同相对性的方式向发包人请求工程价款支付之权利。)

其次,通过对挂靠实践的观察,被挂靠人一般并不具体参与工程项目的施工和管理,其仅仅是向挂靠人提供施工资质并收取一定比例的管理费,其本身也并不具有与发包人发生实质交易的真实意思。

最后,《司解一》第 7 条规定:“缺乏资质的单位或者个人借用有资质的建筑施工企业名义签订建设工程施工合同,发包人请求出借方与借用方对建设工程质量不合格等因出借资质造成的损失承担连带赔偿责任的,人民法院应予支持。”该规定在法理上可以视为对发包人与挂靠人之间形成真实交易的形式承认。既然发包人有权基于工程质量问题向挂靠人主张责任,若禁止承包人向发包人主张权利,则在制度构建上会陷入权利架构失衡的状态。

因此,笔者认为,无论是从交易实质还是权责平衡的角度,挂靠人在一定情形下,应有权向发包人请求工程价款之支付,并且该等请求权与被挂靠人无关,亦不存在突破合同相对性的问题。当然,在实践中对挂靠现象需要通过在民法

---

① 当然,在司法实践中,如何通过证据证明挂靠人与发包人之间在招投标前或者施工合同签订前进行了磋商是难点,它也直接影响到笔者在下节中所提出的“有意思联络的挂靠”和“无意思联络的挂靠”的认定。对于证明问题,读者亦可参考四川省高级人民法院二审审理的林兴刚与三河市科达房地产开发有限公司建设工程施工合同纠纷案件,详见(2019)川民终 885 号民事判决书。

理论上的类型化区分予以甄别后适用，此为本书下节所要重点关注和解决的问题。

第四节　意思表示瑕疵理论视野中的“挂靠施工”行为分析①

同样属于“实际施工人”之范畴，我国法律和司法解释中对于违法分包、转包等行为已基于立法规定和政策利益之考量给予了较为完备的规定，但是对于挂靠施工中所蕴含的法律关系及相关合同效力问题等并未予以完整的阐述；最为突出的表现是《司解一》第43条的规定通过隐藏的方式排除了对挂靠行为的适用。② 另外，就笔者视野范围内的观察，目前我国法学理论界也并未对挂靠行为给予理论上的精致化阐述。这在很大程度上也导致了笔者在上一节中所描述的司法界对挂靠施工行为所涉法律问题的认识分歧。

源于司法实践中的该等争议和分歧，笔者通过对最高院案例的研究并结合自身在施工单位亲历性的参与性实践，已在前二节中对该问题予以了初步分析。为了对挂靠施工作进一步的深入分析和思考，以逼近挂靠施工的行为本质，进而厘清挂靠施工中的法律问题，笔者在本节中将视角转向纯粹的法律理论并将挂靠行为置于意思表示瑕疵理论的视野中予以审视和解释。

一、挂靠施工之制度性缘起

为了达至本书之意图，笔者认为，有必要重温挂靠行为之制度性缘起。

为建筑工程安全和质量计，我国对建筑业施工企业施行市场准入的门槛限制，即对建筑业施工企业进行资质管控。为此，法律——广义上的法律——从公权力的角度设置了大量的配套制度，主要包括：(1)招投标程序中对于投标施工单位的资质需要进行严格审核；(2)2018年之前，施工合同需要到政府机关备案；(3)相关证件及手续——如施工许可证、竣工备案等——必须由具有资质

---

① 本节内容获得第六届无锡律师论坛三等奖。

② 也有论者认为，司法解释的规定并未排除挂靠人。但笔者认为，至少从对两个条款的文义解释的角度，上述论者的论点也不成立。

的施工企业签署并加盖公章等。

虽然随着我国在“放管服”理念指引下的改革不断深入,对于事前的监管不断呈现弱化的倾向,但政府基于质量和安全计而围绕施工资质在事中和事后进行的深具公法色彩的管控力度仍在加强。这些制度性的管控措施基本上切断了没有资质的施工企业和个人承揽建设工程项目或者具有较低资质的企业承揽需要较高资质才可承揽工程项目的合法之路;但为了能够承揽工程,借用他人资质依然是颇为有效的规避法律对资质管理规制之路。

职是之故,笔者认为,只有对下述事实作出的正确理解才是开启挂靠施工法律行为之门的钥匙,即挂靠施工系表意人意图规避法律和行政管制而作出的一项表示;自法律的视角观之,挂靠是欺骗第三人的行为——被欺骗的第三人是建设工程的发包人即建设单位或者建设工程的行政主管部门。

当认识到挂靠系一种欺骗表示时,我们已然非常接近地将挂靠施工安置于意思表示瑕疵理论的视野之中;但为了能够更精致化地运用该理论解释挂靠施工行为,我们有必要将该等法律行为根据真实的社会实践进行法律上的抽象化和类型化,再将不同类型的挂靠行为正确无误地嵌入意思表示瑕疵之理论(或者更准确地说,用意思表示瑕疵之理论解释挂靠行为),进而为司法实践提供理论和智识的支撑,最终实现司法裁判的统一。

二、挂靠施工在法律中的两种基本范式

根据《建筑工程施工发包与承包违法行为认定查处管理办法》对挂靠的定义,挂靠“是指单位或个人以其他有资质的施工单位的名义承揽工程的行为。承揽工程包括参与投标、订立合同、办理有关施工手续、从事施工等活动”。另如上文所述,挂靠是一种欺骗第三人的行为,即通过“以他人名义”这一欺骗行为而达到承揽工程之目的,因此,我们可以根据欺骗对象——或称欺骗意图受领人——的不同而将挂靠行为区分为欺骗政府机关的挂靠和欺骗发包人的挂靠两种类型。

另外,我们也可以根据在被挂靠人与发包人签订正式施工合同前,挂靠人是否与发包人进行了意思联络(交易磋商)而将挂靠区分为挂靠人与发包人有意思联络的挂靠和挂靠人与发包人无意思联络的挂靠两种类型。笔者认为,两种挂靠的行为表征都带有一定的欺骗性,而将两种挂靠类型进行本质区分的要素即在于意思联络的有无。因此,下文以该两种类型为基础对挂靠行为进行类

型化的研究。

(一)挂靠人与发包人有意思联络的挂靠

根据笔者的观察,这种类型的挂靠因利益驱动之事由是在数量上占绝对多数的行为。正如笔者在本章第二节中所援引的浙江省台州市中级人民法院(2018)浙10民终2836号案件所示,在被挂靠人与发包人通过招投标程序签订施工合同之前,挂靠人已经与发包人进行了意思联络并且发包人基于对挂靠人施工能力之认可亦已达成了一致的意思表示。只是碍于我国围绕资质管理设置的一系列配套规制体系,发包人与挂靠人经由磋商形成的一致意思不得不通过双方合谋引入被挂靠人的方式而予以实现,否则,将根本无法进行招投标程序、无法进行施工合同的备案、无法通过政府的竣工验收备案等。

同时,该种类型的挂靠模式下,欺骗之表意人为挂靠人与发包人,欺骗之受领人为政府机关,欺骗之意图在于通过规避行政机关对资质管理的规制而最终实现挂靠人与发包人之间建立施工合同关系的目的。

该种挂靠类型可用图12表示。

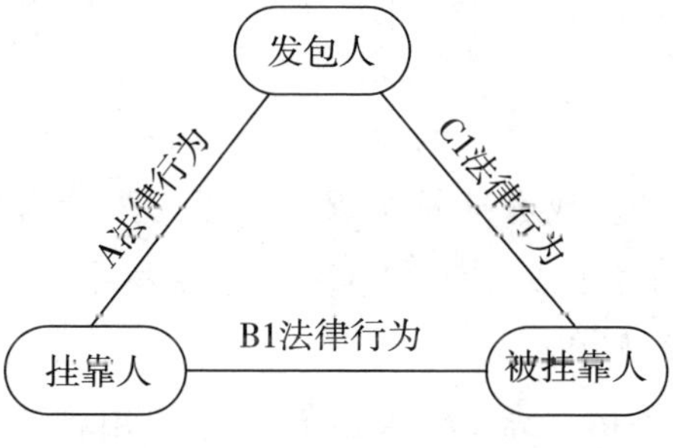

图12　有意思联络的挂靠

图12中的A法律行为系指发包人与挂靠人就某工程项目之关键交易条款所进行的意思联络并形成口头或书面的一致意思表示,B1法律行为系指挂靠人与被挂靠人之间的内部承包协议或者挂靠协议等,C1法律行为系指被挂靠人与发包人之间签署的正式施工合同;其中A、B1、C1不仅表示序号区别,更表示其分别相对应之法律行为的发生顺位。

(二)挂靠人与发包人无意思联络的挂靠

这属于实践中另一类比较少见的挂靠类型,即挂靠人长期挂靠在被挂靠人的名下,以被挂靠人的名义参与招投标并在中标后以被挂靠人的名义从事施工行为进而获利，但挂靠人在招投标程序前并未与招标人进行意思联络。同样只是碍于管制体系，挂靠人在发包人不知晓的情况下通过借用被挂靠人的名义实现承揽工程的目的。

同时，该种类型的挂靠模式下，欺骗之表意人为挂靠人和被挂靠人，欺骗之受领人为发包人——当然，在形式上也具有欺骗政府机关之意图，即通过借用资质的表象实现挂靠人实际施工的目的。

该种挂靠类型可用图 13 表示。

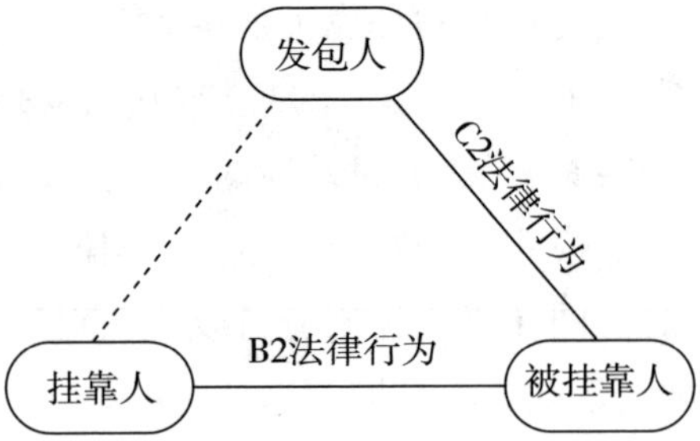

图 13　无意思联络的挂靠

图 13 中的虚线系指挂靠人与发包人之间在被挂靠人与发包人从事 C2 法律行为之前并未与发包人从事任何意思联络，B2 法律行为系指挂靠人与被挂靠人之间的内部承包协议或者挂靠协议等，C2 法律行为系指被挂靠人与发包人之间签署的正式施工合同；其中 B2、C2 不仅表示序号区别，更表示其分别相对应之法律行为的发生顺位。

无论上述何种类型的挂靠，从被挂靠人的视角言之，其始终不存在与发包人建立施工合同的真意——虽然其已经通过与发包人签署施工合同的方式作出了表示，但这种表示系虚伪表示——被挂靠人根本不具有真实参与工程管理和工程施工的意图且在施工过程中也并未实质性进行投入。也正是在该种意义上，被挂靠人与发包人之间签订的施工合同才被认定为意思表示瑕疵；也同时只有正确地认识到这一关键，才能将挂靠与转包、违法分包等行为予以区分——在后两种行为中，作为转包人与违法分包人的实际施工人，其具有与发包人建立施工合同关系的真意，并且也已经与发包人达成了真实且一致的意思表示。尤其是考虑到住建部《建筑工程施工发包与承包违法行为认定查处管理办法》将转包与挂靠设置了七种相同的具体认定情形，对表面上作为总承包人的施工单位的真实意思进行探析更能体现出该等探析的重要法律价值。

三、不同挂靠类型之共性的司法争议难题

但无论何种类型的挂靠,在解决争议的司法实践中必定都会面临相关合同效力认定、工程价款的结算和支付主体以及对第三人的保护等司法难题。

(一)解决挂靠争端之私法规范的欠缺

挂靠作为一种社会现象,其行为表现在于借用他人名义承揽工程;但在法律层面唯有《建筑法》第 26 条第 2 款对挂靠行为作出了禁止性规定:"……禁止建筑施工企业以任何形式允许其他单位或者个人使用本企业的资质证书、营业执照,以本企业的名义承揽工程。"据此,最高院《司解一》第 1 条第 2 项对挂靠行为作出否定性的效力评价,《司解一》第 7 条作出挂靠人与被挂靠人共同对工程质量问题向发包人承担连带责任的规定。除此之外,在私法层面再无其他有效或者直接适用于挂靠行为的法律规则。

(二)工程款的结算和支付主体——法律制度难以言说的"隐痛"

《司解一》第 43 条规定了发包人在欠付工程款的范围内向实际施工人承担工程款的支付责任,但该条是否适用于挂靠情形在司法实践中颇有争议。典型者如笔者在上节所提到的(2018)最高法民终 611 号《民事判决书》和(2018)最高法民再 265 号《民事判决书》,前者认为挂靠情形不应适用而后者则相反地认为应当适用。笔者认为,《司解一》第 43 条已经明确了适用范围系转包和违法分包的情形,但挂靠根本不属于该两种情况中的任何一种。因此,《司解一》第 43 条之规定不应适用于挂靠情形。

而这也深刻地体现了我国法律制度的"隐痛"。上述两条规定的本意,均是从颇具政治意味的视角出发而对实际施工人背后之建筑工人利益作出保护性规定。但颇为吊诡的是,挂靠人如同违法分包人、转包人一样,其背后也有众多的建筑工人,且一般而言,前者背后的建筑工人无论是从人数数量还是从薪资体量计均远多于后两者。之所以出现如此制度现状,笔者认为,作为司法解释制定者的最高院,可能隐隐觉得其对于挂靠情形应给予另外的特殊法理保护,对挂靠行为背后建筑工人利益的保护可以不通过突破合同相对性之方式予以保护,而另有别处——此处的"别处",正是笔者所指称的意思表示瑕疵理论。

（三）对挂靠关系中第三人利益之保护

挂靠关系中需要考量的第三人利益包括如下两类。

其一，挂靠模式下作为第三人的被挂靠人的债权人。

典型者如，该第三人申请法院冻结或者查封被挂靠人在发包人处基于施工合同所享有的表象债权。该种情况下，如上文所述，既然被挂靠人与发包人之间因欠缺建立施工合同关系的真实意思，那么，第三人的债权是否能够通过该等表象债权而实现？

其二，挂靠人与发包人无意思表示联络挂靠类型下作为第三人的发包人。

既然被挂靠人与发包人之间的施工合同——如上文所述——系虚伪表示，那么，发包人基于建设工程施工工期与施工质量等问题能否得向被挂靠人主张违约责任或者损失赔偿责任？虽然《司解一》第 7 条赋予发包人该项权利，但该项权利的理论基础由来何处？

笔者认为，上述所有难题的解决必须在既有法制和民法理论的结构和体系内进行；而难题之所以成为难题，一方面是由于我国目前鲜有可兹借凭之直接适用的法律制度，另一方面则系司法界对于挂靠行为缺乏较为清晰的理论认识。在对建设工程施工领域出现的挂靠现象进行思索时，意思表示瑕疵理论进入笔者的视野，笔者亦认为，唯有通过该理论方能对挂靠行为作出正确的理论分析，并结合我国既有的法律规定，对司法实践作出具有影响力的指导。

四、关于意思表示瑕疵的一般理论

（一）意思表示瑕疵理论下意思与表示的二元分野

意思与表示的二元分野由来已久，在某一具体法律行为中，意思优先抑或表示优先是法学家们争论不休的话题；体现在解释方法上，便有主观解释和客观解释的分野。对此，拉伦茨教授在其哥廷根大学的教授资格论文《法律行为解释之方法——兼论意思表示理论》第一部分对德国法学家就此问题的争论予以了精彩的分析：

主客观解释方法的二元论可以追溯至意思和表示的二元论，并植根于此。人们根据自己对与表示关系中的“意思”所赋予的重要性，为这种或那种解释方法设置了优先性。但只有在意思表示整个是指向表达某种独立于意思表示而存在的既有意愿之时，才能把对该意愿的探究看作[意思表示]解释的任务，并将对客观表示意义的查明置于这种意愿之下。[①]

一般而言,意思表示真实(表意人与受领人达成了一致的意思表示)是常态;但当表意人之客观既存的意思与其表示不一致时,即出现意思表示瑕疵的情形。此时,对表意人客观表示之意愿的探究和解释便具有法律上的意义。"法律行为是由两个要件所构成:一为主观的、内在的意思;二为客观的、外在表示。当事人的内心意思既无法清楚明确完全地表现于外部,有解释的必要,已如上述。依其解释的重点究在于外部的表示或内心的意思,产生了客观解释(表示说)及主观解释(意思说)的争论,从罗马法延续到今日,就整个发展趋势而言,系由客观说转向主观说。"[②]

而意思表示瑕疵理论正系针对表意人与表意受领人之间的表示行为无法真实反映表意人之真实既存之意图的情形,当表意人之意思与其作出的表示之间存在冲突——无论出现该冲突之原因——意思表示瑕疵即已出现;此时对表意人真实之原意予以探究便系必要。"概言之,意思表示瑕疵是指表意人的表示行为与其真实意思因某种原因不相一致。"[③]

体现在挂靠情形中,无论何种类型的挂靠,挂靠人与被挂靠人之间均已形成真实且一致的意思表示——挂靠人以被挂靠人的名义承揽工程,该等表示或者以挂靠协议或者以内部承包协议的方式呈现;但在两种不同类型的挂靠情形中,发包人通过签署施工合同这一行为表示所体现的意欲让挂靠人抑或让被挂靠人实际承接某工程的真意具有本质的不同。

本书所要探讨的挂靠行为属于拉伦茨意义上的"指向表达某种独立于意思表示而存在的既有意愿"——至少被挂靠人根本不具有为发包人之工程投入人力物力之意思,即使其与发包人真实地作出了客观表示,即双方签订了正式的施工合同。因此,在此意义言之,探寻挂靠关系中相关方之真意便具有理论上的正当性并也因此具有指导司法实践的重要价值。另外,笔者将在下文中首先以发包人之真实意图与其表示行为之间的瑕疵性为核心对"挂靠人与发包人有意思联络的挂靠"类型展开阐述,在该种挂靠类型中,作为被挂靠人之表示的受领者——发包人——所受领被挂靠人之表示的背后意思存有实证法意义上之

① [德]卡尔·拉伦茨:《法律行为解释之方法——兼论意思表示理论》,范雪飞、吴训祥译,邵建东校,法律出版社2018年版,第32页。

② 王泽鉴:《债法原理》(第2版),北京大学出版社2009年版,第218页。

③ 冉克平:《意思表示瑕疵:学说与规范》,法律出版社2018年版,第49页。

瑕疵;其次将以被挂靠人之真实意图与其表示行为之间的瑕疵性为核心对“挂靠人与发包人无意思联络的挂靠”类型展开阐述,在该种挂靠类型中,作为发包人之表示的受领者——被挂靠人——所受领发包人之表示的背后意思存有法律理论意义上之瑕疵。

(二)意思表示瑕疵的基本类型

意思表示可以因各种各样的原因而成为“有瑕疵的”表示。[①] 根据意思表示不真实/不一致产生的原因,学说上将意思表示瑕疵分为如下类型。

1. 因表意人自身的因素导致意思与表示不一致。此项瑕疵又可以分为两种情形:(1)表意人知道自己的真意与表示不一致而为的意思表示,即虚伪表示;虚伪表示又可以分为单独虚伪表示(心意保留)与通谋虚伪表示。(2)表意人不知其真意与表示不一致而为的意思表示,即错误;错误又可分为两种类型——意思形成上的错误和表示上的错误。

2. 表意人受他人的不当干涉导致的意思与表示不自由。此项瑕疵包括欺诈和胁迫两种情形。[②]

从比较法的视角,《德国民法典》规定了心意保留、戏谑行为、虚假行为、单方面的错误、双方对主观的行为基础的错误、恶意诈欺和非法胁迫等有瑕疵的意思表示。另外,《法国民法典》《瑞士债法典》《意大利民法典》《奥地利民法典》《葡萄牙民法典》《俄罗斯联邦民法典》等均对有瑕疵的意思表示予以了类型化的规定。[③]

五、意思表示瑕疵理论视野内的“挂靠人与发包人有意思联络的挂靠”

(一)有关通谋虚伪表示的理论及立法

拉伦茨教授将通谋虚伪表示称为虚假行为,是指表意人和表示的受领人一致同意表示事项不应该发生效力,亦即双方当事人“一致同意仅仅造成订立某项法律行为的表面假象,而实际上并不想使有关法律行为的法律效果产生”。[④]

---

① [德]卡尔·拉伦茨:《德国民法通论》(下册),王晓晔、邵建东、程建英等译,法律出版社2013年版,第493页。

② 冉克平:《意思表示瑕疵:学说与规范》,法律出版社2018年版,第54~55页。

③ 参见冉克平:《意思表示瑕疵:学说与规范》,法律出版社2018年版,第55~56页。

④ [德]卡尔·拉伦茨:《德国民法通论》(下册),王晓晔、邵建东、程建英等译,法律出版社2013年版,第497页。

它被规定在《德国民法典》第 117 条:“虚伪行为(1)须以他人为相对人而做出的意思表示,系与相对人通谋而只是虚伪地做出的,无效。(2)另一法律行为被虚伪行为所隐藏的,适用关于被隐藏的法律行为的规定。”①

2017 年 10 月 1 日施行的原《民法总则》中增设了对通谋虚伪表示的规定:“行为人与相对人以虚假的意思表示实施的民事法律行为无效。以虚假的意思表示隐藏的民事法律行为的效力,依照有关法律规定处理。”②

由于通谋虚伪表示中的双方当事人在不欲使该表示发生法律效力这一点上是一致的,所以,通谋虚伪表示系无效行为。“这种虚假的表示并不是意思表示,而只是一种显得像意思表示的举动。因为表意人和相对人在这种虚假的表示不应当被视为意思表示这一点上是一致的。所以对于当事人双方而言,这种虚假的表示并不具有效力表示的意义。”③

(二)通谋虚伪表示理论对“挂靠人与发包人有意思联络的挂靠”类型的解释逻辑

1. 有关 C1 行为的分析

三项法律行为中的 C1 行为系在发包人和被挂靠人之间形成的用于欺骗政府机关的通谋虚伪表示或者虚假行为——于发包人而言,其缺乏与被挂靠人建立施工合同关系的意思,亦不存在将表示中的施工内容交由被挂靠人完成的意图;于被挂靠人而言,其也无意由其自身处理施工合同项下的工程事务,被挂靠人仅仅是作为“稻草人”的角色出现在挂靠施工行为过程中。

因此,虽然发包人和被挂靠人之间通过 C1 的行为表示表面上欲达到发包人将某工程项目发包给被挂靠人施工的效果,然而双方的真实意思并非如此,至少在究竟由谁实际施工内容方面并未通过 C1 的表示行为体现双方的真意,即在这一层面,双方的表示行为与真实意思不相一致——C1 的表示行为即为有瑕疵的意思表示。

由于发包人和挂靠人之间并不具有真实履行 C1 表示行为的真意,双方也并不欲 C1 表示行为在其间发生法律效力,C1 的表示行为也即为通谋虚伪表示,或称虚假行为。

---

① 《德国民法典》(第 3 版),陈卫佐译注,法律出版社 2010 年版,第 40 ~ 41 页。

② 《民法典》第 146 条亦承继了该条之规定。

③ [德]卡尔·拉伦茨:《法律行为解释之方法——兼论意思表示理论》,范雪飞、吴训祥译,邵建东校,法律出版社 2018 年版,第 86 页。

(1)C1 行为与第三人知晓的间接代理制度

上述通谋性体现在三方的共同性通谋,而正是基于这一点,才将通谋虚伪表示理论下的"挂靠人与发包人有意思联络的挂靠"与《民法典》第 925 条规定的第三人知晓的间接代理行为予以本质性区分。[①] 在第三人知晓的间接代理行为中,第三人无意与代理人和本人共同规避任何监管措施或者任何其他东西,虽然间接代理中的被代理人与该类型挂靠中的挂靠人在自己均不愿意对外抛头露面这一方面相类似,但"即使间接代理人的行为相对人知道间接代理人同出卖人订立的行为的真正受益人是谁,该行为也仍为出自双方的真意,而不是虚假行为"。[②] 与此相反,在该种类型的挂靠模式中,被挂靠人与发包人之间自始即不具有履行施工合同这一表示行为的真实意思。

故此,笔者认为,间接代理制度无法对"挂靠人与发包人有意思联络的挂靠"作出令人满意的解释。

(2)C1 行为与"以合法形式掩盖非法目的"行为制度

二者在很大的程度上具有形式上的相似性,即二者均系基于通谋而作出的掩盖、隐藏某意思的虚伪表示;但是,本书所欲讨论之核心的 C1 行为与"以合法形式掩盖非法目的"的行为之间具有微妙的区别,主要体现在:①前者所隐藏之目的系另外一个在发包人与挂靠人之间形成的真实施工合同关系的法律行为,但后者所隐藏之目的系发生在双方当事人之间而与第三人之利益的实现无涉。②前者系彻头彻尾的虚伪行为,当事人双方之间根本不具有任何的交易内容,被挂靠人根本不具有任何基于该施工合同而实际进行施工的意思;但在后者,当事人双方却的确发生真实的交易。例如,在发承包人双方就特定建设工程签署的两份实质内容不同的黑白合同中,二者之间至少就承包人承包该建设工程并进行实际施工具有真实的意思。

在理论上,对我国法律之"以合法形式掩盖非法目的"的规定存在争议,对该种行为的规制完全可以归置于"通谋虚伪表示"理论和规则之下——"以合法形式掩盖非法目的的合同,应在民事法律行为理论中以伪装行为和隐藏

---

① 笔者曾错误地认为,第三人知晓的间接代理理论和法律规定可以有效解释"挂靠人与发包人有意思联络的挂靠",但笔者在本书中完全摒弃这种观点。

② [德]卡尔·拉伦茨:《德国民法通论》(下册),王晓晔、邵建东、程建英等译,法律出版社 2013 年版,第 499 页。

行为予以规定,没有单独规定的必要。”[①]另外,从我国法律制度演进言之,原《民法通则》第 58 条和原《合同法》第 52 条均规定了“以合法形式掩盖非法目的”的行为无效;但其后的原《民法总则》和《民法典》均抛弃了该等规定。制度演变也反映了废除“以合法形式掩盖非法目的”的行为无效制度。由此可知,以“以合法形式掩盖非法目的”的制度规范对挂靠行为亦很难给予令人满意的解释。

(3)对 C1 行为的效力分析

综上,笔者认为,对该类型挂靠中 C1 行为的分析唯有通过“通谋虚伪表示”的理论和法律规制才能给予本质的穿透。

2. 有关 B1 行为的分析

B1 行为有多种表现形式,典型者如挂靠人与被挂靠人之间签署的《挂靠协议》《内部承包协议》等;另外,在行为发生的时间顺位上,B1 行为发生在前然后才有 C1 行为。由于《建筑法》明确禁止借用或者出借资质的行为,加之《司解一》第 1 条明确规定:没有资质的实际施工人借用有资质的建筑施工企业名义与他人签订建设工程施工合同的行为无效,故而 B1 行为在法律效力上属于当然无效。

3. 有关 A 行为的分析

A 行为的本质在于挂靠人与发包人在正式招投标或者施工合同签署前进行实质性磋商并就主要条款达成一致意思表示——无论是 B1 行为抑或 C1 行为,其最终均是服务于 A 行为,A 行为恰恰是通过虚假的意思表示 C1 所要隐藏的民事法律行为。根据《民法典》第 146 条第 2 款的规定,“以虚假的意思表示隐藏的民事法律行为的效力,依照有关法律规定处理”。

由于挂靠人不具有施工资质或者其施工资质等级较低,故而挂靠人与发包人间形成的意思表示 A 系属无效——虽然在该类型挂靠中,A 行为是发包人和挂靠人最真实意图的体现;另外,在强制招投标工程项目中,由于 A 行为系招标人与投标人在招标程序前通过意思联络而达至的一致表示,该行为违背了《招标投标法》的强制性规定,从这一角度言之,被隐藏的 A 法律行为也属无效。

---

① 李仁玉等:《合同无效研究》,北京大学出版社 2006 年版,第 221 页。

六、意思表示瑕疵理论视野内的“挂靠人与发包人无意思联络的挂靠”

(一)有关真意保留的理论及立法

《德国民法典》第116条规定:“心里保留　意思表示不因表意人在心里做出对所为的表示并不意欲的保留而无效。该表示须以他人为相对人而做出,且相对人知道该项保留的,该表示无效。”①此即真意保留制度在《德国民法典》中的体现;我国的法律制度虽并未对真意保留给予直接的规制,但在司法实践中已经存在用真意保留理论进行裁判说理的案例。②

虽然表意人在作出某项表示时其内心之真意系不欲使该项表示发生法律效果,但对于善意之相对人而言,其接受表意人隐藏真意的表示则该表示即已在双方之间产生法律效力,表意人无权基于其自身的真意保留而主张该项表示无效。“由于我们已经认识到,在表示中并未现实化的行为意思是不重要的,因此,对所表示之东西的不意愿,这一秘密保留对于表示的意义而言就是无关紧要的。这个表示既非不真实的,也非仅仅出于错误而产生的,因为表意人知道他表示了什么。表意人并非缺乏表示意思,而只是缺乏承认该表示实际对其发生效力的意思。不过这个‘意思’是无足轻重的,因为我们已经看到,此种可归责的效力表示的发生效力或不发生效力,都仅仅取决于在制定法中发生的效力赋予,而表意人对于这种效力赋予,既不能够意愿,也不能够不意愿。”③

(二)真意保留理论对“挂靠人与发包人无意思联络的挂靠”类型的解释逻辑

1. 有关C2行为的分析

与“挂靠人与发包人有意思联络的挂靠”类型不同,由于在“挂靠人与发包人无意思联络的挂靠”类型中缺乏挂靠人与发包人之间的意思联络,该等挂靠类型中仅仅存在两种法律行为,即本节上图中的B2和C2。

针对C2这一法律行为,被挂靠人在向发包人作出承包该法律行为项下之

---

① 《德国民法典》(第3版),陈卫佐译注,法律出版社2010年版,第40页。

② 例如,在江苏省苏州市中级人民法院(2014)苏中民终字第02932号民事判决书中,法院认定上诉人在办理委托公证时内心真实意思与其对外作出的意思表示不一致,是其单方真意保留行为,并不影响其意思表示行为的成立,也因此不影响其对受托人委托合同关系的成立。

③ [德]卡尔·拉伦茨:《法律行为解释之方法——兼论意思表示理论》,范雪飞、吴训祥译,邵建东校,法律出版社2018年版,第87页。

工程项目的表示之时秘密保留了其并不欲与发包人建立施工合同关系的真意，因此，该等法律行为系民法理论中的真意保留；但该等保留行为的作出对发包人而言属于隐秘，其保留行为无法阻却其意思表示的法律效力。

《司解一》第1条规定了没有资质的实际施工人借用有资质的建筑施工企业名义的建设工程施工合同无效。笔者认为，这一条有两种可能的解释方式：其一，挂靠行为中被挂靠人与发包人之间的施工合同无效；其二，挂靠行为，即挂靠人与被挂靠人之间签署的《挂靠协议》或者《内部承包协议》等无效。若采取后一种解释方式自属于当然无争议；但若采取前一种解释方式的，则最高院显然没有能够区分两种不同的挂靠类型，是对"挂靠人与发包人无意思联络的挂靠"中C2行为的"误伤"——虽然在实践中C2行为的数量比C1少，将C2行为认定为无效对发包人而言显然不公且欠缺法学理论之支撑。

2. B2行为与借名行为

在理论和实务界，有人从借名行为的角度解释和阐析挂靠行为。此种论述最为精细者当属冉克平教授的《论借名实施法律行为的效果》一文。[①]

借名行为是指借名人使用出名人的名义实施法律行为，其在法律结构上包括内部借名的约定与外部借名行为，可以区分为直接借名行为与间接借名行为。直接借名行为一般是由借名人以出名人的名义与第三人实施法律行为，出名人与借名人约定该法律后果由借名人承担。

基于挂靠行为与直接借名行为在外观表象上的相似性，冉克平教授将挂靠行为直接归置于借名行为类属之中。诚然，根据对挂靠的定义，挂靠施工中，挂靠人当然是借用被挂靠人的名义与第三人实施建设工程施工活动中的相关法律行为；但其与其他典型的借名行为——如借名购房行为——之间存在本质的区别。在诸如借名购房等借名行为中，行为相对人对于与谁发生法律关系处于不在乎的主观心态，作为商品房出售方的开发商，其内心并不在意将房屋出卖给借名人还是出名人；但无论是在"挂靠人与发包人有意思联络的挂靠"类型中还是在"挂靠人与发包人无意思联络的挂靠"类型中，作为行为相对人的发包人之内心却非常在意与谁建立施工合同法律关系——要么已内心确认与挂靠人建立施工合同关系，要么内心确认与被挂靠人建立施工合同关系。更为重要的是，在借名购房行为中，商品房出卖人与借名人之间并未形成通谋，借名形成的

① 参见冉克平：《论借名实施法律行为的效果》，载《法学》2014年第2期。

商品房买卖合同这一行为表示的实际受益者(借名人)与商品房出卖人之间无论如何难以达成事先的通谋。

综合上述原因,笔者认为,无论是将C1行为抑或C2行为归置于借名行为关系,均掩盖了两种不同类型的挂靠与借名行为之间的本质区别——虽然二者均存在借用名义的意思和表示。

当然,C2行为与C1行为相同,由于其本身已经违反了法律的强制性规定,故而在效力上仍当属无效;理由同上,不再赘述。

七、结语

本节在对挂靠施工进行类型化的基础上,将两种不同的挂靠类型放归于意思表示瑕疵理论的视野内进行研究。笔者认为,与其他任何法律理论或者法律规定相较,通谋虚伪表示和真意保留之理论是对两种类型的挂靠行为最具解释力和说明力的理论;也唯有在此二种理论模式下才能更加清晰地穿透挂靠施工中的相关法律行为的本质。

第七章

建设工程价款优先受偿权制度中的热点法律问题

第一节 两部司法文件的主要差异

建设工程价款优先受偿权作为一项保护承包人的制度举措，在制度适用层面经历了重大的演变和调整，这主要体现在最高院两部重要的有关该制度的司法文件中，即于2002年公布的《工程价款优先权批复》以及于2021年1月1日起施行的《司解一》。本章结合该两部司法文件的制度不同，考察在《司解一》施行后的相关司法适用问题。

一、建设工程价款优先受偿权的范围

《工程价款优先权批复》第3条规定的优先受偿权的范围包括：承包人为建设工程应当支付的工作人员报酬、材料款等实际支出的费用，不包括承包人因发包人违约所受到的损失。

《司解一》第40条扩大了该范围，将其界定为国务院有关行政主管部门规定的建设工程价款范围，同时将"逾期支付建设工程价款的利息、违约金、损害赔偿金等"排除出优先受偿权的范围。

根据住建部《建筑安装工程费用项目组成》之规定，建筑安装工程费用项目有两种分类方式：按费用构成要素组成划分为人工费、材料费、施工机具使用费、企业管理费、利润、规费和税金；按工程造价形成划分为分部分项工程费、措施项目费、其他项目费、规费和税

金。在工程实践中,包括招标控制价的编制、投标人投标报价以及在竣工结算中,基本使用的是后一种建筑安装工程费用的分类方式。据上述规定内容,《司解一》将建设工程价款优先受偿权的范围在《工程价款优先权批复》的基础上至少扩充了利润、规费和税金等。

二、建设工程价款优先受偿权的行使期限

《司解一》对《工程价款优先权批复》最大的内容变动在于行使期限,后者规定为6个月,而前者规定为18个月。

另外,《工程价款优先权批复》将权利行使期限的起点限定为建设工程竣工之日或者建设工程合同约定的竣工之日;而《司解一》第41条规定的权利行使期限起点为发包人应当给付建设工程价款之日①。

当然,何为《司解一》规定的发包人应当给付工程款之日,在理解上也存在一定的争议,下文将通过具体案例对这一问题以及其他可能存在争歧的问题予以阐析。

第二节 建设工程价款优先受偿权行使期限起算点的衔接

上节提到,对建设工程价款优先受偿权行使期限起算点的改变是《司解一》与《工程价款优先权批复》最大的不同。本节以最高院再审审理的宁波建工股份有限公司、毛应秀等建设工程施工合同纠纷案件②为例,阐述最高院在《司解一》施行前即已认识到《工程价款优先权批复》在实践中的问题,并分析该案对最高院个案批复适用的启示。

【基本案情】

2010年9月27日,发承包人双方签署《建设工程施工合同》及《房屋建筑工程质量保修书》各一份,约定的工程承包范围为某大饭店(包括酒店配套商业

---

① 《司解一》第41条的规定源于《2018版司解二》第22条的规定,且本节援引之案例发生于《司解一》实施之前,故,为行文方便,本节在进行论证时,交叉引用两部司法解释。

② 参见(2019)最高法民再105号民事判决书。

及地下室)、世贸公馆小区(包括地下室及配套用房)。对于竣工日期、付款方式和期限,发承包双方在上述合同中,针对大饭店和世贸公馆小区工程分别作出了不同的约定。

法院经审理查明,承包人曾于本次再审前的2014年6月9日提起诉讼,要求发包人支付工程进度款,后双方于2014年7月14日达成《和解协议》,具体约定了发包人的付款节点及发包人股东的担保责任。

2014年9月20日,双方签订《补充协议》一份,明确发包人至本协议签订之日止尚未履行《和解协议》的相关义务,为表诚意,发包人愿意将其未出售的八套商品房以预售合同的形式备案于承包人或承包人指定的人员,发包人将该等购房款全额支付给承包人以冲抵工程款。本协议签订后,原《和解协议》仍然有效,发包人仍需按《和解协议》之约定承担付款、担保等各项义务。

2015年4月27日,发包人起诉承包人,诉请判令承包人立即交付世贸公馆小区7~9号楼的竣工验收资料并办理竣工验收等;法院最终判决支持了发包人的诉请。现该小区7~9号楼所有商品房已经全部出售且经备案登记。

2015年7月17日,法院根据发包人的破产申请裁定受理破产重整。

后承包人以发包人未能依约付款为由提起本次诉讼,在二审判决生效后,承包人向最高院提起再审申请。

2018年10月22日,最高院裁定提审并于2019年7月27日审结此案。

【争议焦点】

本案中,承包人是否对某大饭店、世贸公馆1~6号楼、地下室以及7~9号楼享有建设工程价款优先受偿权系一项重大的争议焦点。

【法院判决】

对于上项争议焦点,一审法院认为承包人对上述工程不享有任何建设工程价款优先受偿权,二审法院认为承包人仅对世贸公馆7~9号楼享有优先受偿权,最高院再审认为承包人对上述所有工程均享有优先受偿权。

【评析】

对于本案之再审判决,笔者认为,它首先深刻地反映出最高院对其关于建设工程价款优先受偿权行使期限之规定不适法性的矛盾心态,其次又从实践和理论的角度厘清了建设工程价款优先受偿权行使期限的制度衔接问题,进而为解决如何颠覆最高院其他个案批复的司法普适性提供了路径——也许,这是最高院通过本节所援引之再审判决所作出的自我革命性的努力和贡献。

一、两部司法文件的衔接问题

《2018 版司解二》第 26 条第 3 款规定："本解释施行前已经终审、施行后当事人申请再审或者按照审判监督程序决定再审的案件,不适用本解释。"然,前文所引之案例,二审判决形成于《2018 版司解二》施行前的 2018 年 6 月 14 日,最高院再审判决形成于《2018 版司解二》施行之后的 2019 年 7 月 27 日;依据《2018 版司解二》的上述规定,最高院在本案再审中,应当适用《工程价款优先权批复》而非《2018 版司解二》的相关规定——毕竟最高院的个案批复已被司法实践作为虽有争议但普遍适用的裁判尺度。

但从最高院的判决说理和结果察之,却恰恰相反;最高院通过巧妙的——也许是矛盾心态下的(在笔者看来更多的是后者)——论理在未否决《工程价款优先权批复》适用效力的同时却又抛弃了《工程价款优先权批复》之适用,将本案建设工程价款优先受偿权的行使期限之起算点界定为发包人应付工程款之日(注意,这是《2018 版司解二》和《司解一》的规定)。

这便惹起了笔者对这一矛盾心态的分析兴趣,同时亦型构了笔者在诉讼案件代理中突破形色种种之最高院就具体个案的批复文件普适法律效力的策略性进路之可能。下文予以具体析之。

二、向《民法典》第 807 条的回归

《工程价款优先权批复》自施行以来,受到了理论界和实务界的广泛质疑,最大的质疑之处也许在于《工程价款优先权批复》的规定与原《合同法》第 286 条(《民法典》第 807 条)的规定明显相悖。

《民法典》第 807 条规定:"发包人未按照约定支付价款的,承包人可以催告发包人在合理期限内支付价款。发包人逾期不支付的,除根据建设工程的性质不宜折价、拍卖外,承包人可以与发包人协议将该工程折价,也可以请求人民法院将该工程依法拍卖。建设工程的价款就该工程折价或者拍卖的价款优先受偿。"该条规定隐含了承包人行使建设工程价款受偿权的必要前提条件,即"发包人未按照约定支付价款";这意味着,承包人只有在发包人未能依约支付工程款的情况下才存在建设工程价款优先受偿权的行使基础。而《工程价款优先权批复》的规定根本未顾及这一规定,故此,通过向《民法典》上述规定的回归,《2018 版司解二》和《司解一》将建设工程价款优先受偿权的行使起点限定为

“自发包人应当给付建设工程价款之日”。该时间节点与应付款之日相关联,否定甚或颠覆了《工程价款优先权批复》中关于该权利行使期限之起点为“自建设工程竣工之日或者建设工程合同约定的竣工之日”的规定。

具体到本节援引之再审判决,最高院认为,《合同法》第286条的规定“一方面从法律的层面确认承包人对建设工程价款的优先受偿权,另一方面规定了承包人行使优先受偿权的前提条件,即只有在发包人逾期不支付工程价款时才可以行使优先受偿权。建设工程价款优先受偿权的行使对象是建设工程折价或者拍卖的价款,而工程折价或者拍卖的前提是发包人逾期不支付工程款。据此,建设工程优先受偿权行使期限的起算时间一般(着重号为笔者所加,判决文书中并不存在)应为工程竣工之日或者建设工程合同约定的竣工之日,但若工程价款在工程竣工之日或者建设工程合同约定的竣工之日仍未确定或者未届清偿期的,此时行使优先受偿权的前提条件尚不成立,亦无起算优先受偿权行使期限的必要,此种情况下的工程价款优先受偿权应待工程价款确定并应受清偿之日起算”。

表面上看,上述说理过程能够自圆其说,但仔细推敲,却发现其论理过程中存在明显的逻辑不自洽——与本案应当适用的《工程价款优先权批复》规定相较,在首先承认建设工程价款优先受偿权行使的前提条件系发包人欠付工程款的情况下,又如何能够得出该权利行使期限的起算点“一般”应为工程竣工之日或者建设工程合同约定的竣工之日这一论断?这是否就意味着,在一般情况下,工程竣工之日或者建设工程合同约定的竣工之日即为发包人必定欠付承包人工程款之时,而无论此时合同约定的付款条件是否成就以及双方是否完成了结算?事实显然并非如此。(本节所涉再审判决书下一步的事实认定即为明证,下文析之。)

最高院的该份再审判决展示了其对自身所制定之司法解释性文件之过去式的错误或者违法性在当下的矛盾心态——最高院上述论述后紧接的一句话即为明证:“这也与2019年2月1日起施行的《最高人民法院关于审理建设工程施工合同纠纷案件适用法律问题的解释(二)》第二十二条关于‘承包人行使建设工程价款优先受偿权的期限为六个月,自发包人应当给付建设工程价款之日起算’的规定精神相一致。”虽然,不可否认的一个法律判断是,《2018版司解二》第22条的规定才是最能符合受其解释对象制约的原《合同法》第286条和《民法典》第807条之立法意图和文义宗旨的——相较于《工程价款优先权批复》第 4 条更属于法律正确；但在《2018 版司解二》明确规定再审案件不适用该司法解释的情况下，为何不直接适用对本案具有直接约束力（在司法审判实务的层面上）的《工程价款优先权批复》——既然《2018 版司解二》从时间效力上不适用于本案，那又如何能够以该司法解释论证（即使不是直接援引之并作为判决书的大前提）原本不能适用之案件判决的合法性呢？这也许从另一个侧面更加印证了《工程价款优先权批复》的不适法性。

无论如何，上述分析一定程度上说明了法律人何以就建设工程价款优先受偿权这一法律规定在司法解释的制度层面以及在司法实务的操作层面进行争论，并进而对建设工程施工合同纠纷案件同案不同判这一司法现象有所诟病，再进而构成了笔者对最高院通过对某一具体法律案件和问题进行批复且该类批复在司法实践中被广为接受和适用的合法性与合理性进行质疑的根由。

三、法律不强人所难

上文提到，最高院的该份再审判决书并未论证其对"工程竣工之日或者建设工程合同约定的竣工之日即为发包人必定欠付承包人工程款之时"这一观点的逻辑自洽性；而这也构成了建设工程施工合同案件中相关当事人或者诉讼参与人在司法实践中对《工程价款优先权批复》的第二大质疑点，即《工程价款优先权批复》关于建设工程价款优先受偿权行使期限之起算点的规定与工程实践之常识并不相符。

首先，建设工程价款优先受偿权这一法律术语存在定语的限制，即"建设工程价款"，但该定语在施工实践中是一个动态的存在，即使是固定总价施工合同也基本上全部都不是按照固定总价进行结算。建设工程价款的确定需要经过较为漫长的结算过程（实践中，该结算过程往往超出竣工之日甚或承包人提交结算资料之日起的六个月），只有通过发承包双方的工程款结算，建设工程价款方能予以最终确定。在工程价款结算完成前，发包人是否欠付工程款以及欠付多少工程款都是不确定的，只有经过最终之结算，才能对上述问题予以明确；也只有明确了上述问题后，优先受偿权才能充分发挥其制度性的功能和价值。因此，无论如何，在建设工程价款尚未确定的情况下——建设工程价款是法定优先受偿权的定语性限制——便令承包人及时行使建设工程价款优先受偿权，实为强人所难，毕竟在该种情况下，承包人的诉讼标的仍无法确定。即使承包人可以通过在民事诉讼的举证期限内提起造价鉴定申请的方式完成工程价款的结算,但待一审判决书作出后,六个月的除斥期间也早已超出,只要稍稍亲历建设工程施工合同纠纷案件的实际审限便很容易得出该结论——而这也违背了除斥期间的制度意图。

其次,在建设工程交易系典型的买方市场之特性的具体语境下,作为卖方的承包人,在交易过程中进行大量的垫资已属无法否定的常见事实。即使在建设工程实际竣工之日——更遑论施工合同约定的竣工之日(超出合同约定的竣工日期竣工基本上属于必然现象,无论责任归属),承包人依约能够获取的款项也属于进度款的范畴,即在施工合同中约定的合同暂定价、预算价或者承包人在竣工之日前上报已完工程量的相应比例款项(实践中,施工合同中约定的这一比例一般为80%甚或以下,超出这一比例的现象极为罕见);该笔款项显然与结算价无涉。如若按照《工程价款优先权批复》之规定,将建设工程价款优先受偿权的行使起点限定在竣工之日或者合同约定的竣工之日,是否就意味着承包人法定地不得不放弃超过施工合同约定之80%(甚或低于80%比例)部分工程价款的优先受偿权?这是否就同时意味着法律一方面赋予交易一方一定权利,另一方面又法定地剥夺该方的法定权利?——毕竟将该项权利的行使限定在根本无从行使的期限内实属强人所难。

具体到前节援引之案例,一审和二审判决充分依据《工程价款优先权批复》的规定,将承包人的建设工程价款优先受偿权的行使期限起点限定在竣工之日或者合同约定的竣工之日。但最高院在再审判决书中认为:"本案中,根据案涉《建设工程施工合同》的约定,世贸大饭店和世贸151公馆的付款均是分期付款,在竣工之前按工程量付款,工程竣工之后分三期付款,具体为:单体工程经四方竣工验收合格后按预算价支付至85%的工程款,房建工程竣工验收合格且备案通过后按预算价支付至92%的工程款,其余部分工程款待工程决算审核完毕留足审核造价的3%工程保修金后一次性付清;关于工程决算,房建工程竣工验收合格,承包人向发包人提供完整、清晰的工程竣工结算报告和竣工结算资料后,发包人在五个半月内提交审核报告并经双方确认后作为最终结算依据。结合上述约定可知,合同约定的付款方式为分期付款,后三期付款期限均在竣工验收之后,其中最后一笔款项在双方决算之后。因此,在当事人明确约定的工程款支付时间晚于工程竣工之日的情况下,承包人根据《中华人民共和国合同法》第二百八十六条享有的建设工程价款优先受偿权行使的前提条件尚不具备,也就不存在自工程竣工之日起算六个月行使期限的问题,本案中应当以工程款应支付时间作为建设工程优先受偿权的起算点。一、二审判决以工程竣工之日作为建设工程优先受偿权六个月行使期限的起算点,适用法律错误,应予纠正。”

可以看出,最高院在该部分的认定和说理已经呼应了笔者在上文所及的工程竣工之日或者建设工程合同约定的竣工之日必定不是发包人应付承包人工程价款之时的结论。而这也是《2018版司解二》和《司解一》对强人所难的司法实践之困境最贴切的回应——斩断《工程价款优先权批复》之效力。

四、余论和启示

笔者已经提及,《2018版司解二》和《司解一》与《工程价款优先权批复》相较,是目前最高院司法政策中更符合《民法典》第807条之立法意图和文义解释之宗旨的;但我们能否仅就此止步而完全认可《司解一》关于建设工程价款优先受偿权行使期限之规定呢?笔者认为显然不能,因为《司解一》将该项权利行使期限起算点严格地限定在“发包人应当给付建设工程价款之日”,而没有顾及《民法典》第807条所规定的承包人催告程序。若发包人未依约支付已经确定数额的进度款但在起诉时已经超出应付之日起18个月的,承包人是否就该部分进度款依然享有优先受偿权,而无论承包人是否予以了催告?在该等催告程序尚未进入司法解释视域的情况下,《司解一》并未对这一问题给予充分的回应(笔者将在下文中通过对相关判决书的考察进行实证分析[①])。进而,《司解一》仍然留给公众的一个问题是,《民法典》第807条所规定的“承包人可以与发包人协议将该工程折价,也可以请求人民法院将该工程依法拍卖”应如何予以司法操作;也即,建设工程优先受偿权的行使方式可否通过协议或者发函的方式确定,还是一定需要通过诉讼的方式才能得到认可?《司解一》对上述这些在司法实践中急需明确的问题并未给予回应。虽然,在笔者看来,这也许并不构成一个真的问题,司法实践只需要回到《民法典》第807条之规定即可解决;但它又是一个不得不需要正视的法律问题。根据最高院就《2018版司解二》的答记者问可以看出,《2018版司解二》的出台是为了解决实践中亟须统一裁判标准的带有普遍性的问题,而司法实践对上述问题的同案不同判实在是常见以至于亟须统一的裁判标准。

---

① 参见本章第三节内容。

如上文所述,笔者一直对最高院就具体个案的批复之普适性法律效力问题持有质疑的态度;但无论如何,最高院在本节所援引之再审判决书中的说理,似乎为我们提供了在最高院相关批复与法律规定相左的情况下,如何拒绝批复在个案中之适用的论说路径,即充分论证该批复不符合法律的相关规定。具体到本案而言,便是《工程价款优先权批复》的适用前提并不满足《民法典》第807条之规定,相关规定有违情理之处。

第三节　未约定付款期限的建设工程价款优先受偿权的行使起点

《2018版司解二》和《司解一》将建设工程价款优先受偿权的行使期限的起算点明确界定为"自发包人应当给付建设工程价款之日",但《2018版司解二》施行以来,最高院自身对该条的理解和适用也存在一些分歧,尤其是在未对付款时间进行约定或者约定不明的情况下如何认定应当给付工程价款之日,裁判尺度并不统一,对于各自判决的说理亦不十分清晰。

一、最高院的三类裁判规则

通过对最高院二审和再审改判案例的梳理和分析,对于未约定付款期限或者约定不明的,认定应当给付工程价款之日的裁判规则基本上有如下三类。

(一)通过援引《2004版司解一》第18条认定应付款之日

该等认定方式比较典型地体现于最高院二审审理的广西建工集团第一建筑工程有限责任公司与青海恒平房地产开发有限公司建设工程施工合同纠纷案件[①]。

本案中,发承包双方在2013年7月1日签署的施工合同约定:"结算审定并经双方确认之日起60天内,支付至工程结算款的97%,预留结算总造价的3%为质量保证金。"

2017年3月29日,发承包双方签订《建设工程施工合同(结算文本)之附件》,该文件对该工程的工程量、签证部分、外包工程以及未完工程进行了详细

① 参见(2019)最高法民终1365号民事判决书。

核算,并对款项的支付、剩余工程的开竣工时间进行了约定。①

承包人于2017年11月17日②起诉至一审法院时,仍有装修工程未进行施工。一审法院委托司法鉴定机构对未完工的装修工程的造价进行鉴定,同时查明,案涉工程商铺于2017年3月22日已有商户开始使用。

本案争议的主要焦点在于发包人应付承包人工程款之日如何确定以及承包人对工程价款是否享有优先受偿权。对上述争点,承包人认为的应付款日期有两种认定方式:(1)双方于2017年3月29日签订结算协议,但该协议未约定全部工程款的支付日期,因此应适用施工合同的约定,在结算后60日内支付,即应在2017年5月29日之前支付全部工程款,建设工程价款优先受偿权的期限应自2017年5月30日至11月30日止。(2)对于未完工程造价双方并未达成一致而申请鉴定,鉴定完毕后才明确应付工程价款,那么,本案建设工程价款优先受偿权应在鉴定完毕后再计算。故承包人认为,无论按照上述哪种方式确定应付款之日,其起诉之时(2017年11月14日)仍在法定期限内。

一审及最高院二审均认为,发包人应向承包人支付工程款的时间应当依据《2004版司解一》第18条③第1项之规定予以确定,即应将案涉工程实际投入使用的2017年3月22日作为应付款之日,而承包人于2017年11月17日起诉主张优先权,已经超出六个月的期限。最高院另外认为,即使按照承包人的主

---

① 为使读者能够对本案案情作全面了解,现将该《建设工程施工合同(结算文本)之附件》中的主要条款摘录如下:

"一、经双方工程技术人员、财务人员及负责人在2016年冬季对该工程的工程量、签证部分、外包工程及未完工程进行了详细核算,总工程款为100,641,180.74元(详见附件一),已付工程款及甲方代付款39,253,346.00元(详见附件二),分包工程由甲方支付10,013,996.59元(详见附件三),甲方交给乙方农民工工资500,000元,双方暂时约定的用甲方商铺抵顶工程款30,000,000元,尚欠20,873,837.50元(上述数字以最终结算数字为准)。

"二、自本协议签订后,甲方于2017年4月5日前向乙方支付现金5,000,000元(此款用于乙方拖欠的农民工工资,在相关部门的监督下支付给农民工),至2017年6月30日前再向第三方支付现金5,000,000元,共计10,000,000元用于除乙方分包工程以外的未完工程施工。

"三、自第一笔资金5,000,000元支付给乙方后,乙方即时开工(即2017年4月5日),于2017年7月30日前交工验收,若未按时完工造成的损失由乙方承担;若由于甲方资金不到位或甲方其他原因造成本工程不能按时交工,工期将相应顺延。"

② 对该时间点,该判决书中的表述存在冲突,如承包人在上诉的事实与理由部分称2017年11月14日起诉,一审在说理部分将起诉日期记载为2017年11月17日,二审说理部分又将起诉日期记载为2017年11月14日。笔者认为,应该为笔误;但无论哪个日期为真实的,都不影响判决书的法律适用。

③ 《2004版司解一》第18条规定:"利息从应付工程价款之日计付。当事人对付款时间没有约定或者约定不明的,下列时间视为应付款时间:(一)建设工程已实际交付的,为交付之日;(二)建设工程没有交付的,为提交竣工结算文件之日;(三)建设工程未交付,工程价款也未结算的,为当事人起诉之日。"

张,发包人应当从结算之日即2017年3月29日起60日内付款,发包人应付款之日的起算日期亦应为2017年3月29日,而2017年5月29日为60日的付款宽限期届满之日,而非应付款起算之日。因此,承包人认为应当自2017年5月29日开始计算优先受偿权行使期限的主张也不能成立。

(二)将实际竣工之日认定为应付款之日

该等认定方式比较典型地体现于最高院二审审理的广厦建设集团有限责任公司与凯里市馨怡房地产开发有限责任公司建设工程施工合同纠纷案件[①]中。

本案中,施工合同约定:"待工程竣工验收合格,发包人支付该工程总款的93%,经审计单位审计,2个月内审计完发包人支付至该工程总款的97%,剩余3%作为工程的保修金。"2017年8月5日,在案涉工程尚未竣工验收的情况下,双方签署《结算协议》,对工程总价款进行了确认,明确约定"不另做审计结算",并约定双方应于2017年8月12日前对已付工程款进行核对并确认;同时《结算协议》第3条约定,承包人需在两个月内完成项目的扫尾工程并交付给发包人,作为项目整体完成验收移交工作。另外,承包人主张其于2017年10月6日完工并交付了全部工程,且已于2018年3月15日向发包人发出"工作联系函",要求发包人在收到函件之日按合同约定组织竣工验收;发包人对此未予回复且在庭审中也未提出相反的证据。

一审法院认为,双方于2017年8月5日通过《结算协议》完成结算,并未约定工程价款的支付时间,完成结算之日即为应付款之日。故根据《2018版司解二》第22条之规定,承包人应于应付款之日起六个月内即2018年2月6日前主张优先受偿权,本案承包人于2018年4月4日提起该主张超过了法定期间。

最高院二审认为:(1)《结算协议》对工程结算造价进行了确认并明确不再审计结算,故付款时间不必再依施工合同约定以审计结束的时间确定,而应根据《结算协议》的内容进行确定。(2)《结算协议》虽约定双方应于2017年8月12日前对已付工程款进行核对并确认,但在本案诉讼前双方对应付款的金额并未进行确认,直至一审诉讼过程中双方才在一审法院组织下对已付款进行了核对,并仍对部分款项存在争议。(3)根据《结算协议》第3条的约定,在建设工程

---

① 参见(2019)最高法民终889号民事判决书。

施工合同正常履行的情况下，工程竣工是工程验收、结算支付工程款的前提，本案双方当事人虽然在工程未竣工验收的情况下签订协议确认了工程总价，但并未因此免除承包人继续完成扫尾工程的义务。(4)在双方当事人原约定的合同义务履行顺序发生变化且付款时间未再明确约定的情况下，承包人将工程实际竣工理解为工程款支付条件及优先受偿权成立的前提条件符合诚实信用原则和全面履行合同原则，若机械地将双方当事人订立《结算协议》的时间作为应付款时间，从而认定承包人主张优先受偿权超过法定期限，有违立法保护承包人对工程价款实际受偿的本意。(5)最高院对案涉工程已于2017年10月6日完工的事实予以确认，该日应为发包人应付工程价款之日；发包人于2018年4月4日起诉主张优先受偿权未超过6个月的法定的期限。

(三)将起诉之日认定为应付款之日

该等认定方式比较典型地体现于本书上一节所援引的最高院再审审理的(2019)最高法民再105号案件中。

本案中，施工合同对于预付款、进度款和结算款的支付期限和方式作出了明确约定，但由于发包人未能按时足额支付工程款，承包人曾于2014年6月4日起诉发包人要求支付工程款。诉讼过程中，双方达成《和解协议》对工程款的支付期限和方式进行了重新约定：发包人于2014年8月20日前支付2000万元进度款，同时发包人收取的政府退税、住宅售房款、股东投资款、股东出借款、项目融资款、项目资产出售款项作为还款来源应当在进账后7日内优先支付承包人的工程款，不足部分再由承包人向发包人追偿。但发包人并未履行上述《和解协议》，双方后又签署《补充协议》，约定发包人以未出售的八套商品房以预售合同的形式备案给承包人或其指定的人员，同时约定《和解协议》仍然有效。2015年3月5日，由于发包人未履行《和解协议》约定的义务，承包人提起本案诉讼，但未诉请建设工程价款优先受偿权；一审审理过程中，承包人申请变更诉讼请求①，增加确认该项优先受偿权。

最高院再审审理认为，案涉建设工程价款的支付时间由《建设工程施工合同》约定的分期付款直至工程决算审核完毕一次性付清变更为不确定的付款期限；2015年3月5日，由于发包人未履行《和解协议》的约定义务，承包人提起本案诉讼要求发包人支付工程价款，可视为其享有的建设工程价款优先受偿权的

① 根据该份判决书的上下文，变更及增加该诉讼请求的时间应该为2015年4月27日。

行使期限的起点,故承包人于 2015 年 4 月 27 日主张案涉工程价款优先受偿权并未超过六个月的行使期限。

二、《2004 版司解一》第 18 条[①]能否适用于本节关切之情形

笔者认为,在没有约定应付工程款或者约定应付工程款时间不明的情况下,建设工程价款优先受偿权的行使起点不应适用《2004 版司解一》第 18 条的规定,理由如下。

首先,《2004 版司解一》第 18 条的规制对象是发包人欠付工程款的计息起算点问题,而非对建设工程价款优先受偿权起算点的规制,故在建设工程价款优先受偿权纠纷案件中缺乏适用该条的前提。

其次,《2004 版司解一》第 18 条是基于建设工程施工合同的特性以及公平原则的拟制性条款。"建设工程施工合同不同于买卖合同,买卖合同可以约定货到付款,付款时间十分明确。由于建设工程施工合同性质决定无法确定确切的付款时间点,此类合同大多约定按照建设工程施工的形象进度支付工程款……绝大多数合同在履行中难以按照原合同约定确定实际付款时间。履行施工合同的变数很大,需要划分几种情况分别确定大体公平的时间点作为支付工程款利息的起算时间,这正是本条规定的背景。"[②]故,该条的规制指向性非常明确,即欠付工程款的利息,它与建设工程价款优先受偿权的行使期限无涉,其并未对该问题作出拟制性安排;故在"应当支付工程价款之日"未予约定或者约定不明的情况下,建设工程价款优先受偿权的起算点应当在其他法源中寻找根据,而不应通过《2004 版司解一》第 18 条予以确定。

最后,《2004 版司解一》第 18 条是基于建设工程价款结算的特性对承包人作出的制度性保护条款。建设工程价款的结算是一项历时性而非即时性的作业,发包人能够轻易通过结算过程——一审再审、久审不决、以审代拖等——逃避其付款义务。为惩处发包人恶意拖延支付工程款的行为,保护承包人的合法权益,《2004 版司解一》第 18 条从利息的角度作出对发包人的不利规定(虽然

① 《司解一》第 27 条的规定与之相同。

② 黄松有主编:《最高人民法院建设工程施工合同司法解释的理解与适用》,人民法院出版社 2004 年版。

笔者认为这种不利规定对发包人言无关宏旨)①。作为同样保护承包人权益的建设工程价款优先受偿权的制度安排,若适用指向性非常明确的《2004 版司解一》第 18 条则有损承包人该项优先权的行使,从结果上也违背了立法者的立法意图。

因此,笔者认为,虽然利息的给付与建设工程价款优先受偿权的期限都与发包人应付承包人工程价款这一时间节点直接关联,也虽然该两项制度本身都是为了保护承包人的合法权益,但二者所依凭的制度逻辑并不相同,司法实践中对二制度下的"应付款"日期也不应一定保持统一。如若不然,很有可能导致对司法解释削足适履般的适用,亦将会严重干扰法官的判决说理思路。

以最高院二审审理的海天建设集团有限公司与西安佑利置业有限公司建设工程施工合同纠纷案件②为例,笔者认为这一案例恰当地体现了上述论断,现分析如下。

首先,本案案涉工程系未完工程,自 2014 年 5 月 23 日停工后,双方都同意不再履行合同,承包人于 2014 年 7 月 15 日向发包人提交工程结算书。案涉施工合同被一审陕西高院和二审最高院均认定为无效;承包人在 2017 年 3 月 17 日起诉时同时就利息和建设工程价款优先受偿权予以主张。一审法院在审理本案时,《2018 版司解二》尚未实施;而最高院二审时,《2018 版司解二》已经正式施行。

其次,从该案判决书看,两级法院均认为施工合同对承包人诉请的工程款的支付时间没有约定或者约定不明,故而均援用了《2004 版司解一》第 18 条关于利息计付的规定。不同的是,最高院的二审判决也用该条解决《2018 版司解二》第 22 条所规定的建设工程价款优先受偿权的起算时间问题。

再次,由于一审判决时,《2018 版司解二》尚未实施,故一审法院可以毫无压力地援用《2004 版司解一》第 18 条的规定解决利息问题——将承包人提交

---

① 一般而言,当事人一方向另一方主张欠款利息的,需要同时具备三个要件,即有明确的欠款数额(作为计算利息的基数)、有明确的利息计算期限、有明确的利率。只有同时具备上述三个条件,才能准确计算因另一方当事人欠付款项所产生的利息。

但仔细分析《2004 版司解一》第 18 条规定的三个时间节点,无论是工程交付之日、提交竣工结算文件之日,还是起诉之日,发承包双方之间的工程款数额均未确定,该具体款项需要通过庭审查明或者司法鉴定的方式在生效判决形成后才能确定。司法解释为了体现对承包人的公平,才允许将计算利息的起点回溯至上述三个时间节点。

② 参见(2019)最高法民终 1335 号民事判决书。

结算文件的2014年7月15日作为应付款之日进而从该日起计算利息，而同时援用《工程价款优先权批复》第4条的规定解决建设工程价款优先受偿权的问题——将施工合同约定的2015年8月15日作为计算优先受偿权期限之起点进而判决承包人在2017年3月17日起诉主张优先权已过法律规定期限。

复次，从法律的严格适用角度，笔者认为，一审法院的上述判决不可不谓完美之典范，无懈可击。但本案在二审时，《2018版司解二》已经施行，在解决计付利息和优先权所共同面临的“应付款之日”问题时，最高院因需要同时顾及两个问题的一致性而显得无法像一审法院那般从容自若。最高院一方面认为，对于利息的计付起点应当适用《2004版司解一》第18条的规定，但另一方面从判决结果而言又没有严格适用该条规定。若按照该条规定，应当支持一审法院将提交结算资料的2014年7月15日作为计付利息起始日的判定；而最高院认为，承包人在2014年7月15日编制工程结算书并向发包人送达，发包人对该文件中已完工程总价款不认可，双方并未最终结算。根据《2004版司解一》第18条第3项之规定，本案建设工程未交付、工程价款未经结算，应当以当事人起诉之日作为应付款的时间，利息自该日起计付；而承包人在起诉之时既已主张了优先受偿权，未超过发包人应当给付建设工程价款之日起六个月的期限。

最后，根据最高院的上述说理，最高院在本案中认为承包人未超过建设工程价款优先受偿权期限的观点较（2019）最高法民终1365号判决更符合原《合同法》第286条和《民法典》第807条之规定，也与（2019）最高法民再105号判决书中的核心观点相一致——工程价款在未确定或未届清偿期的情况下，工程价款优先受偿权应待工程价款确定并应受清偿之日起算。但遗憾的是，最高院却在利息计付起点的问题上，为了确保对建设工程价款优先受偿权制度中的“应当给付之日”与利息制度中的“应付款时间”相一致，不惜违反该条的规定给出另外一种解释。

笔者在研析该份判决书时，能够通过判决书的字里行间体会到最高院在本案中的良苦用心，两部司法解释在相应的两个条款中均规定了应付款之日；但问题是，同样的应付款之日在解决两个不同问题时，是否需要以及应当保持一致？也正是因为对两个条款所依据的制度逻辑以及法律适用的理解问题，才导致了这份判决中耐人寻味的现象——为了保护承包人的建设工程价款优先受偿权，或者说为了能够使优先受偿权的期限起点与利息的计算起点一致，而不惜削《2004版司解一》第18条关于利息规定之足而适优先受偿权之履！

三、对裁判规则的比较性评析

在阐析了何以不能适用《2004 版司解一》第 18 条解决建设工程价款优先受偿权制度中应付工程款之日的问题后，笔者认为，有必要对（2019）最高法民终 889 号案件和（2019）最高法民再 105 号案件做对比性的分析，以期能达成对建设工程价款优先受偿权制度中的应付款之日的共识。

首先，笔者认为，最高院在（2019）最高法民终 889 号案件中将行使优先受偿权期限的起点界定为实际竣工之日的结论系属不当。最高院在本案中认为："承包人将工程实际竣工理解为工程款支付条件及优先受偿权成立的前提条件符合诚实信用原则和全面履行合同原则。"这一观点本身不存在任何问题，也比较符合工程实践。但问题是，我们无法从工程款支付和优先受偿权成立的前提条件为工程实际竣工这一论点推论出工程实际竣工之日即为发包人应向承包人支付工程价款之日，实际竣工之日与应付工程款之日之间并不存在法律上的直接关联性。

其次，最高院在本案上述援引说理部分的第 3 点提到："《结算协议》虽约定双方应于 2017 年 8 月 12 日前对已付工程款进行核对并确认，但在本案诉讼前双方对应付款的金额并未进行确认，直至一审诉讼过程中双方才在一审法院组织下对已付款进行了核对，并仍对部分款项存在争议。"但该论据与其关于以实际竣工之日作为应付款之时的观点不存在逻辑上的联系，因此显得十分突兀，并不恰当。笔者注意到，本案一审法院援引了《2004 版司解一》第 18 条的规定，将应付款之日认定为《结算协议》签署之日（虽然《2004 版司解一》第 18 条并未作出如此规定，一审法院也未给出如此认定的理由），故对于计付利息和优先受偿权期限的起算点均认定为该日。也许最高院的上述认定是为了回应一审法院的观点，但我们也同样注意到，最高院在二审中将实际竣工之日作为应付款之日的说理也并不充分。

再次，笔者认为，也恰恰是根据该第 3 点论据，有理由推断出最高院所想要传达的如下意思，即承包人建设工程价款优先受偿权的行使前提不仅仅包括工程的实际竣工，也包括发承包双方对应付款或者欠付款的金额已经达成一致；只有在上述前提均具备或者至少在具备后一前提的情况下，才有必要讨论发包人应当支付承包人工程价款之日这一问题。这一隐藏的意思也与（2019）最高法民再 105 号案件中的说理理由保持了一定的一致性。

最后,如最高院在(2019)最高法民再105号案件中所正确指出的那样:“建设工程优先受偿权行使期限的起算时间一般应为工程竣工之日或者建设工程合同约定的竣工之日,但若工程价款在工程竣工之日或者建设工程合同约定的竣工之日仍未确定或者未届清偿期的,此时行使优先受偿权的前提条件尚不成立,亦无起算优先受偿权行使期限的必要,此种情况下的工程价款优先受偿权应待工程价款确定并应受清偿之日起算。”从上述论理即可轻易推出,最高院认为,承包人行使建设工程价款优先受偿权的前提在于建设工程价款确定并已届清偿期。这与最高院在(2019)最高法民终889号案件中的第3点说理形成了一定的呼应。

四、本书之观点

实际上,通过上述(2019)最高法民终889号案件和(2019)最高法民再105号案件,并结合工程施工的实践,可以看出,《2018版司解二》第22条所规定的六个月的期限“自发包人应当给付建设工程价款之日起算”首先需要解决的是“应当给付”工程价款的前提。一般情况下,工程未竣工的不能进行工程款的结算,工程款未结算和已付款有争议的也无法确定应当给付的工程款的具体数额。只有在工程竣工、发承包双方对工程造价完成了结算且对已付款不再存有争议的情况下,发包人“应当给付”承包人工程价款的数额才能确定;也只有在欠付工程价款的数额确定后,承包人根据《民法典》第807条之规定享有建设工程价款优先受偿权的前提条件方才具备。

因此,本节所关切之问题的最准确的表达可能是也应当是,在欠付工程价款数额确定的情况下,若发承包双方对于应当支付工程价款的时间没有约定或者约定不明,如何确定应当给付工程款之日。

对此,笔者认为,这一问题的解决应当回归到《民法典》第511条第4项之规定,即“当事人就有关合同内容约定不明确,依照前条规定仍不能确定的,适用下列规定:……(四)履行期限不明确的,债务人可以随时履行,债权人可以随时请求履行,但是应当给对方必要的准备时间。”故,针对本节关切之问题,承包人随时有权要求发包人给付工程款,发包人也应当在承包人要求给付的期限内予以给付;而工程价款优先受偿权行使期限的计算起点也便与承包人主张工程款的时间点直接关联,而非与前文所提及《2004版司解一》第18条所规定的期日或者实际竣工之日相关联。

也正是基于如上所述,笔者非常赞同和欣赏最高院在(2019)最高法民再105号案件中将起诉之日视为应付工程款之日的观点——既然《和解协议》中并未约定具体的付款时间,承包人便有权随时主张,通过诉讼方式向发包人主张也属于“随时主张”的一种形式,故优先受偿权行使期限之起点即应当从诉请工程款之日起算。

五、余论:(2019)最高法民终1365号判决中另外两个值得商榷的问题

(一)付款宽限期问题

最高院在阐释承包人何以在本案中不应享有建设工程价款优先受偿权时,提出了另外一个有关付款宽限期与应付款之日对优先权行使期限之影响的观点。最高院认为,即使按照施工合同中约定的付款期限(结算审定并经双方确认之日起60天内,支付至工程结算款的97%),计算优先受偿权之起点应为上述60天的开始之日而非60天的期限届满之日。这个问题之所以值得商榷,原因在于按照上述约定的字面意思,结算完成之日,发包人即应当开始向承包人支付工程款。根据《2018版司解二》第22条之规定,优先受偿权的行使期限确应从该日开始起算。但细细考量,其中却也存在一定的问题。

在目前司法实践中普遍接受优先受偿权以诉的方式进行主张的背景下,根据上述约定,发包人只要在60日内的任何时间即使是最后一天向承包人支付97%的工程款均不构成违约。推而演之,若合同约定发包人在结算完成后的六个月内向承包人支付至结算款的97%,该等情形下,按照最高院在本案中的说理逻辑,承包人岂非在签订合同伊始便注定被剥夺了建设工程价款优先受偿权?或者说,该等说理逻辑岂非在鼓励承包人在结算完成当日便发动诉讼?

基于上述理由,笔者认为《2018版司解二》第22条规定的“应当给付工程价款之日起算”存在的问题之一即是:该条规定并未充分考量施工合同的实际。从立法目的角度言之,对该条应当作扩大性解释,即付款宽限期内的任何一日均应被理解为应当给付之日,这意味着建设工程价款优先受偿权的行使期限的起算点应当为付款宽限期届满之日的次日。

同时,基于《民法典》第807条之规定,笔者认为《2018版司解二》第22条存在的问题之二是:其并未充分考量《民法典》第807条规定的“催告”程序。实际上,在《2018版司解二》的征求意见稿中,对于承包人优先受偿权的保护期间存在两种意见,除了正式稿中采纳的意见外,还有一种意见为:“承包人行使优

先受偿权的期限为一年,自承包人催告发包人给付工程价款期间届满之日起算;承包人未履行催告义务的,以发包人应当给付工程价款之日起算。”该种意见与法定的优先受偿权具有高度的一致性——抛开期限不论,也更具有适法性;《2018版司解二》的正式稿中虽并未吸纳该种意见,但无论如何,催告程序是《民法典》第807条规定的行使建设工程价款优先受偿权的法定条件。

(二)案涉《建设工程施工合同(结算文本)之附件》的性质问题

根据该判决书的陈述,发承包人均将该附件理解为双方最终的工程价款结算文件,当然,这属于当事人双方自认的事实;但笔者认为,根据《民诉法司法解释》第92条①第3款之规定,人民法院对该自认的事实不应予以确认。

根据《13版清单规范》第2.0.44条之规定,工程结算是指:“发承包双方根据合同约定,对合同工程在实施中、终止时、已完工后进行的合同价款计算、调整和确认。包括期中结算、终止结算、竣工结算。”结合该附件的内容,即使可以将其视作结算文件,但充其量也只能算作在签订附件时双方对已完工程的期中结算文件,毕竟它对于尚欠工程款的数额作出了以最终结算为准的明确约定。在笔者看来,比起结算文件,其更为准确的性质应当是发承包双方对施工合同作出的协议补充和协议变更,主要体现在:(1)它将暂定的合同价款由施工合同中的数字变更为100,641,180.74元;(2)它对施工过程中的已付款通过协议方式予以确定;(3)它对于未完工程的开竣工日期作出了重新安排。因此,无论是从附件内容还是形式上,它都不能算作双方对全部工程作出的最终结算,更何况,本案工程价款的最终确定是通过司法鉴定的方式完成的。

在确定了该附件仅能被视作期中结算文件后,结合司法鉴定程序的诉中启动,可以看出,在本案诉讼启动时,发包人应向承包人支付工程价款的数额并不明确。在工程价款尚不确定的情况下,承包人行使优先受偿权的前提条件是否成立?是否有起算优先受偿权期限的必要?对此,笔者仍认同最高院在(2019)最高法民再105号案件中的上述观点核心。

---

① 《民诉法司法解释》第92条规定:“一方当事人在法庭审理中,或者在起诉状、答辩状、代理词等书面材料中,对于己不利的事实明确表示承认的,另一方当事人无需举证证明。对于涉及身份关系、国家利益、社会公共利益等应当由人民法院依职权调查的事实,不适用前款自认的规定。自认的事实与查明的事实不符的,人民法院不予确认。”

第四节 施工合同解除的建设工程价款优先受偿权的行使起点

首先需要说明的是,实践中存在两种未完工程的情形:一是在施工合同无效情形下,因各种原因导致工程未施工完成;二是在施工合同有效情形下,因一方或者双方解除了施工合同而导致工程未施工完成。无论是上述何种情形导致工程未完工,根据《2018 版司解二》第 20 条的规定[①],只要所承建工程质量合格,承包人便有权主张建设工程价款优先受偿权。

至于施工合同解除的,承包人行使建设工程价款优先受偿权的起算点问题,《2018 版司解二》并未对其作出特殊的规定,依法应适用该司法解释第 22 条之规定[②]。实践中,如何理解施工合同解除后发包人应当支付工程价款的时间,是判断承包人是否超期行使建设工程价款优先受偿权的唯一要素。

一、司法裁判规则

司法实践对施工合同解除后的优先受偿权期限点的问题存在以下三种不同观点。

1. 将诉请解除之日确定为优先受偿权行使期限的起点。

例如,在最高院二审审理的合肥中元籴焜融资担保有限公司与合肥建工集团有限公司第三人撤销之诉案件[③]中,最高院认为,优先受偿权的起算时间应当为《2018 版司解二》第 22 条规定的应当给付工程价款之日。案涉《施工合同》约定:"工程竣工验收报告经发包人认可后 28 天内,承包人向发包人递交竣工结算报告及完整的结算资料,双方按照协议书约定的合同价款及专用条款约定的合同价款调整内容,进行工程竣工结算。"据此,发包人应当给付建设工程价

---

① 《2018 版司解二》第 20 条规定:"未竣工的建设工程质量合格,承包人请求其承建工程的价款就其承建工程部分折价或者拍卖的价款优先受偿的,人民法院应予支持。"《司解一》第 39 条的规定与之相同。

② 《司解一》第 41 条已将本条进行了部分修正,但对优先权行使期限起点的规定与之相同。

③ 参见(2019)最高法民终 486 号民事判决书。

款之日为竣工验收报告经发包人认可后 28 天。[①] 但案涉工程整体并未竣工且部分处于停工状态,双方当事人对此并无争议(且一审法院调取的其他证据也已证实了这一事实)。因此,合同双方约定的竣工结算条件即发包人给付承包人案涉整体工程价款的条件至今未能具备。一审法院将承包人优先受偿权的起算时间认定为其向法院诉请解除案涉合同之时并无不当。

最高院为进一步论证一审判决的合法性,援引了 2011 年《全国民事审判工作会议纪要》第 4 条(二)的规定:"承包人请求行使优先受偿权的期限,自建设工程实际竣工之日起算;如果建设工程合同由于发包人的原因解除或终止履行,承包人行使建设工程价款优先受偿权的期限自合同解除或终止履行之日起算。"

2. 将合同解除之日确定为优先受偿权行使期限的起点。

例如,在最高院二审审理的安徽中防投资有限公司与浙江湖州市建工集团有限公司建设工程施工合同纠纷案件[②]中,最高院认为,优先受偿权的起算时间应当依据《2018 版司解二》第 22 条规定的应当给付工程价款之日予以确定。根据发承包人签订的《建设工程合同解除协议》的约定,案涉《建设工程施工合同》《建设工程施工合同补充协议》于 2015 年 6 月 17 日解除,承包人于 2015 年 11 月底提起诉讼主张优先受偿权,不违反法律、司法解释的规定。

3. 将工程造价确定之时确定为优先受偿权行使期限的起点。

例如,在云南省高级人民法院一审、最高院二审审理的杭州建工集团有限责任公司与大理汇宁房地产开发有限公司建设工程施工合同纠纷案件[③]中,承包人起诉请求判令解除施工合同,确认其对案涉工程享有建设工程价款优先受偿权。云南省高级人民法院经一审审理认为,本案承包人行使优先受偿权的期限为发包人应给付工程价款之日起算六个月,但本案特殊情形在于案涉工程系未完工程,双方对是否解除案涉合同以及案涉工程款数额存在争议诉至法院。原《合同法》第 286 条规定的优先受偿权系为保护承包人对工程价款的实际受偿。本案中,承包人已完施工部分的工程造价系在诉讼中通过司法鉴定确定

---

① 当然,笔者并不认为最高院的这一观点正确,它混淆了结算与付款的概念,合同约定竣工验收报告经发包人认可后 28 天内,承包人向发包人递交竣工结算报告及完整的结算资料,这并不意味着发包人在 28 天期限届满后即应付款;毕竟,结算是一项历时较长的作业。

② 参见(2019)最高法民终 519 号民事判决书。

③ 参见(2019)最高法民终 940 号民事判决书。

的,即法院经过审理最终认定发包人欠付承包人工程价款的事实以及数额,相应此时工程款优先权对应范围才能确定。承包人在此之前也即起诉时已主张了优先受偿权,故其优先权的行使在法律规定的期限范围内。

二、评析

在买卖合同或者其他类型的以支付价款为对价的有名合同中,若合同解除,负有支付对价义务一方的当事人应当向另一方当事人支付款项的具体数额可以通过简单的算术过程即刻确定而无需借助专业的结算过程,对于支付时间也可以根据相关合同条款予以认定——即使对支付时间没有约定或者约定不明的,也可以根据法律的相关规定予以确定。

但如笔者在上文中一再论述的,建设工程施工合同与上述有名合同不同,工程价款的确定需要历时较长的结算过程,在施工合同解除之时,发包人应当支付承包人工程价款的数额一般是不确定的;即使施工合同明确约定了合同解除后发包人应付承包人工程款的期限①,但若在欠付款项并未确定的情况下,承包人行使建设工程价款优先受偿权期限的起点应当结合工程款的结算时间、施工合同的解除时间、承包人的起诉时间等予以综合考量。同时,如笔者一贯之主张,工程价款确定并应届清偿之日才是与《民法典》第 807 条所规定之建设工程价款优先受偿权的行使具有直接关联的日期——如果一定需要为该优先受偿权的行使规定期限的话。

当然,实践中也存在承包人在诉请主张优先受偿权之前,发承包双方已经达成解除协议,且解除协议中对于工程款的数额以及支付期限等也均作出了明确约定的情况。此时,承包人优先受偿权行使期限的起点可以直接按照《司解一》第 41 条之规定予以确定。

第五节　建设工程价款优先受偿权与抵押权的生死之争

抵押权与工程价款优先受偿权之争在很大程度和意义上,可以说是一场

---

① 例如,2017 年版《建设工程施工合同(示范文本)》的通用条款第 16.1.4 条和第 16.2.4 条分别对施工合同解除后发包人付款的时间作出了约定。

"你死我活"的殊死争斗；尤其是对处于市场竞争链条底端的建筑业施工企业而言，争得了优先权也许就意味着能在激烈的市场竞争中不被淘汰，救活了一个企业、养活了所有员工；反之则极可能陷至较为不利的境地甚至面临破产，更有甚者导致社会的不稳定！因此，如何能够在优先权保卫战——尤其是在跟银行的抵押权之战中立于不败之地，对于建筑业施工企业意义重大。

实践中需要注意的是，施工单位为建设单位走账的法律风险以及施工单位主动放弃建设工程价款优先受偿权的法律风险。

一、施工单位为建设单位走账的法律风险

（一）"躲猫猫"式的走账

在当下各企业均面临较大现金流压力的境遇下，建设单位未必将所有贷款均用于房地产的开发和建设。为防止这一风险，《商业银行房地产贷款风险管理指引》（银监发[2004]57号）第20条规定："商业银行应建立完备的贷款发放、使用监控机制和风险防范机制。在房地产开发企业的自有资金得到落实后，可根据项目的进度和进展状况，分期发放贷款，并对其自有资金使用情况进行监控，防止贷款挪作他用。同时，积极采取措施应对项目开发过程中出现的项目自身的变化、房地产开发企业的变化、建筑施工企业的变化等，及时发现并制止违规使用贷款情况。"

在银行对房地产开发贷款的发放采取监管措施——银行在发放贷款时为确保专款专用于房地产的开发而往往要求将贷款作为工程款打入施工单位的账户——的情况下，建设单位为了能够获取该笔贷款，经常会事先跟施工单位达成待贷款发放后的处置协议，即在银行将贷款作为工程款发放给施工单位后，施工单位再按照建设单位的指示将贷款全部或者部分打入建设单位或者建设单位指示的其他单位和个人的账户中。这种资金流向俗称"走账"。

由于建设单位普遍具有优势的市场地位和强势的谈判地位，加之施工单位可能在走账过程中会获得一定的利益，走账在实践中大量存在。此处的法律风险很有可能会被施工单位所忽视——银行在进行贷款时会要求建设单位将在建工程进行抵押，同时会将贷款从建设单位的账户作为工程款发放给施工单位；既然建设单位已经支付了工程款——即使施工单位已将该笔款项返还给建设单位，双方在因工程款发生争议而诉诸司法机关予以裁决时，施工单位是否还能就其承包的工程享有建设工程价款优先受偿权？银行在此时因抵押权的

存在而能否获得优先于施工单位的权利？诸如此类的问题，在司法实践中屡屡成为争议焦点。

笔者通过最高院再审审理的清远市美雅建筑工程有限公司与清远市长利兴旅游服务有限公司建设工程施工合同纠纷案件[①]对此予以阐述，并通过本案提醒施工企业应慎重对待走账。

（二）最高院对走账的司法态度

1. 走账过程

自2009年12月10日起，发承包双方就案涉工程的不同项目签署多份施工合同。2010年4月28日，发包人与某银行签订《最高额抵押担保合同》，抵押财产为涉案在建工程，贷款的发放情况如下：

（1）2010年2月11日，发包人以向承包人支付工程款为由，向银行申请拨款2530万元，银行批准同意；同日，由发包人账户划款2530万元给承包人账户，付款用途中注明工程款。

（2）2010年2月11日，发包人以向承包人支付工程款为由，向银行申请拨款260万元，银行批准同意；同日，由发包人账户划款260万元给承包人账户。

（3）2010年2月25日，发包人以向承包人支付工程款为由，向银行申请拨款18,565,400元，银行批准同意；同日，由发包人账户拨款18,565,400元给承包人账户，并在进账单中注明用途为工程款。

（4）2010年3月2日，发包人以向承包人支付工程款为由，向银行申请拨款3,951,600元，银行批准同意；2010年3月4日，发包人在银行开立的账户划款3,951,600元到承包人银行账户，并在进账单中注明用途为工程款。

（5）2010年9月6日，发包人以向承包人支付工程款为由，向银行申请拨款1185万元，银行批准同意；同日，由发包人账户划款1185万元到承包人账户，付款用途中注明工程款。

（6）2010年12月2日，发包人以向承包人支付工程款为由，向银行申请拨款400万元，银行批准同意；同日，由发包人账户划款400万元到承包人账户，并在进账单中注明用途为工程款。

（7）2011年9月1日，发包人与银行签订《贷款委托支付协议》《委托支付对象和账户清单》（对象为承包人），同日，发包人以向承包人支付工程款为由，

---

① 参见（2019）最高法民再57号民事判决书。

向银行申请拨款5000万元,银行批准同意并由发包人账户划款5000万元到承包人账户,在进账单中注明用途为工程款。

(8)此外,银行还向一审法院提交了2010年11月16日发包人通过另一家银行划款5000万元给承包人账户的进账单。

上述八笔款项合计166,267,000元。

承包人在收到银行的相关款项后,按照发包人的《划款通知书》,将除2010年3月2日的3,951,600元之外的所有款项支付至发包人指定的账户,划出总款额为162,315,400元。

2013年3月18日,发包人出具《证明》,内容为:我公司于2010年2月11日至2011年9月1日,由银行转入承包人账户的款项共12笔,金额计162,315,400元。建设单位在银行出贷款当日全额收回,建设单位项目工程款均没有支付给美雅建筑工程公司,该项目所拖欠的工人工资、材料款以及所需缴纳的税金(包括施工方需缴纳的税金)由建设单位全部负责支付。由此引起施工单位的行政、经济处罚及相关费用全由建设单位负责。

2013年3月19日,发承包双方就案涉工程进行结算,确认结算总额为136,147,605元。2013年9月25日,发包人确认除上述走账款项,其实际支付工程款59,820,000元。上述两个数字之差76,647,010元即是承包人在本案中所主张的工程款。

2. 争议焦点

承包人后因工程款纠纷向法院提起诉讼,同时请求确认对其所承建的工程项目享有建设工程价款优先受偿权,银行作为第三人参加本次诉讼。本案最大的争议焦点有二:其一为发包人是否欠付承包人工程款;其二为承包人是否享有建设工程价款优先受偿权。该两项争议的实质即是银行向承包人转入的款项能否作为发包人向承包人支付的工程款。

3. 最高院对走账性质的司法态度

(1)对于第一项争议焦点

最高院认为,首先,发包人与承包人均确认双方之间除案涉工程项目外,并无其他工程承包合同法律关系,因此,在本案尚无其他证据证明发包人与承包人之间存在其他工程款支付法律关系的前提下,发包人通过银行监管账户划转到承包人账户的标注用途为工程款的款项只可能是案涉项目的工程款。

其次,虽然承包人抗辩其并非银行与发包人相关借款合同法律关系的合同相对人,其按照发包人的指示出借其账户走账并无过错;但根据原审已查明事实,由发包人在银行开立的监管账户划至承包人账户的相关转账凭证中,款项用途备注注明为工程款,承包人对该款项的性质及用途应是知悉的。

最后,即使有少部分款项未注明工程款,但该部分款项系从发包人账户直接转入承包人账户,在发包人与承包人之间仅存案涉工程且承包人未能提供有效反驳证据予以证明的情况下,亦不应影响发包人付款性质为工程款且承包人明知的认定。

综上,尽管承包人收到发包人通过贷款银行监管账户划转的工程款后已按照发包人的指示将相关款项转出,并未实际使用该工程款,但因货币性质上属于特殊种类物(占有即所有),因此,自上述款项划付至承包人账户时起,发包人即完成了工程款支付义务,承包人即对该等款项享有所有权,有权自行处置。综合考量银行划付款项的形式审查义务履行情况、发包人与承包人之间仅存在案涉项目建设工程施工合同法律关系以及承包人按照发包人指示转付案涉工程款的过错程度等因素,在承包人总计收到的款项已经超过了其应当收取的工程款,案涉工程款已足额支付承包人的情况下,本案应认定发包人并不欠付承包人工程款。

(2)对于第二项争议焦点

最高院认为,建设工程价款优先受偿权是法律为维护社会公平正义、维护弱者生存权利和社会秩序而赋予债权人的一项民事权利。在工程价款优先受偿权与抵押权相冲突的情形下,应秉持公平原则与诚信原则,结合法律规定与具体案情,在平等保护各方利益的前提下,对建设工程价款优先受偿权予以审查。

首先,《民法典》第807条规定:“发包人未按照约定支付价款的,承包人可以催告发包人在合理期限内支付价款。发包人逾期不支付的,除根据建设工程的性质不宜折价、拍卖外,承包人可以与发包人协议将该工程折价,也可以请求人民法院将该工程依法拍卖。建设工程的价款就该工程折价或者拍卖的价款优先受偿。”由此可知,发包人未按照合同约定支付工程价款,是承包人行使工程价款优先受偿权须具备的前提要件。而在本案中,发包人已足额支付承包人案涉工程款,因此,承包人主张案涉工程价款优先受偿权,欠缺“发包人未按照约定支付价款”这一前提要件,其主张依法不能支持。

其次,虽然《工程价款优先权批复》第1条规定,人民法院在审理房地产纠纷案件和办理执行案件中，应当依照原《合同法》第 286 条的规定，认定建筑工程的承包人的优先受偿权优于抵押权和其他债权，但是，原《合同法》第 286 条规定建设工程价款优先受偿权的立法目的，主要在于平衡承包人同发包人的其他债权人之间的关系，并非衡平承包人与发包人之间的关系。故在判断承包人是否享有建设工程价款优先受偿权时，不能仅依据承包人与发包人之间的意思表示。本案中，承包人依法有权处分自己的权利，但不得损害他人合法利益。承包人在明知由发包人账户转入其账户内的款项实为发包人向其支付的工程款的情形下，仍然按照发包人的指示将其账户内已收到的相关款项又转付给案外人，承包人对其工程款债权不能顺利实现具有过错。若允许承包人将因自己过错而不能实现债权的损失转嫁银行承担，将有违公平原则。

综上，承包人关于其应享有案涉工程价款优先受偿权的再审主张不能成立。

4. 最高院对发包人确认欠付工程款之行为的性质认定

本案中，通过走账而形成的款项最终并未由承包人所有，且发包人对欠付承包人工程款的事实也予以确认，若按照上述逻辑直接判决承包人无权向发包人主张该部分款项，则明显与事实不符，亦对承包人不公平。

对此，最高院认为，承包人与发包人之间因工程款而产生的债权债务关系已经消灭，承包人依其与发包人的约定另行将其账户内的款项转付至发包人指定的第三人，系在承包人与发包人之间形成了新的法律关系。鉴于发包人已于 2013 年 3 月 18 日出具《证明》，证明 162, 315, 400 元走账款在银行贷款当日其已全额收回，承包人并未实际使用相关款项。而且，发包人与承包人在本案起诉前及原审中均确认，发包人仍欠付承包人 76, 327, 605. 23 元工程款。因此，承包人与发包人就上述款项的欠付确认，实质为案涉工程款债权债务关系消灭后，双方基于走账约定，对新形成的法律关系项下的款项欠付事实的确认。考虑到尚未有证据证明上述款项欠付的确认存在法律应给予否定性评价的情形，认定上述款项欠付的确认在发包人与承包人双方之间具有法律约束力，较符合本案实际情况。故从减少当事人诉累、实质化解本案纠纷的角度考量，最高院维持了二审法院关于发包人向承包人支付 76, 647, 010 元工程款的判项。

（三）结论及风险提示

从上述判决书的说理部分可以看出，既然走账过程中，银行将贷款从发包人账户转入承包人账户时已明确备注为工程款，该笔款项的性质即应被认定为发包人向承包人支付的工程款;在此情形下,承包人即已无权再对该部分款项主张工程价款优先受偿权。

工程价款优先受偿权作为法律赋予施工单位的一项特殊权利,其在关键之时尤其是在发包人无力支付工程款对价时,有可能成为承包人的"最后一根救命稻草"。既然,最高院的判决已经认定走账款的性质,施工企业在施工过程中应当谨慎对待建设单位提出的转账请求。

二、建设工程价款优先受偿权的放弃

在商业银行的开发贷业务中,施工单位的建设工程价款优先权是对贷款安全构成的最大风险,为此,《商业银行房地产贷款风险管理指引》第24条明确规定:"商业银行应密切关注建筑工程款优于抵押权受偿等潜在的法律风险。"商业银行在贷款业务发生前令施工单位出具放弃建设工程价款优先受偿权已经成为不明文的惯例操作。这种放弃行为违背了建设工程价款优先受偿权的立法精神,它可能会严重损害广大建筑工人的利益。故,《司解一》第42条明确规定:"发包人与承包人约定放弃或者限制建设工程价款优先受偿权,损害建筑工人利益,发包人根据该约定主张承包人不享有建设工程价款优先受偿权的,人民法院不予支持。"

司法实践中,对上述条款的运用需要明确施工单位向商业银行作出的单方放弃承诺的性质问题。

《司解一》第42条规定的不予支持承包人放弃优先权的一个重要前提是,发包人与承包人双方就此达成一致意思表示。但实践中更经常发生的现象是施工单位应建设单位或者商业银行的要求,单方面向商业银行——而非向《司解一》规定的发包人——出具放弃优先权的承诺。该单方放弃的承诺性质以及能否适用《司解一》第42条,是司法实务中需要注意的问题。

以最高院二审审理的江苏南通二建建设集团有限公司与中国工商银行股份有限公司枣庄薛城支行第三人撤销之诉案件①为例析之。

2013年4月19日,发包人以在建工程及土地使用权向银行贷款1.38亿元。签署《房地产借款合同》当日,总承包人向银行出具《承诺函》如下:我单位已知建设单位项目建设资金来源已全部落实,我单位自愿放弃本项目工程款优

① 参见(2019)最高法民终978号民事判决书。

先受偿权。总包人及其法定代表人在该《承诺函》上盖章确认。在此之前的2013年4月8日,发包人向承包人出具承诺函一份,载明:"关于贵司受我司委托,协助我司办理工行薛城支行关于'嘉豪国际公寓'项目贷款事宜,使贵司放弃工程款优先受偿权承诺给工行薛城支行,为此我司表示感谢!为了体现双方真心合作的意愿,为贵司对工行薛城支行项目贷款事宜我司向贵司作以下承诺:1.在本次贷款到账3天内(暂定:2013年5月10日)付清尚欠贵司工程进度款1335万元、保证金300万元(总计1635万元)。2.贵司出具的优先受偿权的承诺只对本次贷款数额,超过部分不在失去优先受偿权范围内。3.我司保证本次贷款只用于本工程进度款和结算款。"

对于上述施工单位的《承诺函》,一审法院认为系施工单位的真实意思表示,合法有效;最高院二审则认为,应将《承诺函》认定为施工单位附条件的放弃行为。主要理由有二:

首先,从双方主体看,商业银行系涉争在建工程抵押权人,施工单位系总承包人,其出具《承诺函》是为了帮助发包人顺利获得商业银行就该项目工程的贷款。在此,施工单位在《承诺函》中所欲表达的真实意思,应当根据原《民法总则》第142条[①]第1款的规定确定其真实含义。最高院认为,《承诺函》是施工单位针对特定抵押权人即商业银行作出的,故其承诺放弃工程价款优先受偿权的意思表示,是针对工程价款优先受偿权的相对放弃而非绝对放弃,因该种权利放弃的意思表示不及于发包人的其他债权人,而且此种放弃的意思表示仅应视为对法律规定工程价款优先于抵押权受偿顺位的一种放弃,而非对法定权利本身的放弃。

其次,从《承诺函》的内容看,施工单位放弃该项目工程款优先受偿权是因已知项目建设资金来源已全部落实。结合2013年4月18日[②]发包人致施工单位的承诺函,发包人明确承诺保证本次贷款只用于施工单位承建的工程项目的进度款和结算款,再结合商业银行与发包人就案涉项目签订的《房地产借款合同》中借款发放和账户管理的相关内容,施工单位向商业银行出具《承诺函》放

---

① 原《民法总则》第142条规定:"有相对人的意思表示的解释,应当按照所使用的词句,结合相关条款、行为的性质和目的、习惯以及诚信原则,确定意思表示的含义。无相对人的意思表示的解释,不能完全拘泥于所使用的词句,而应当结合相关条款、行为的性质和目的、习惯以及诚信原则,确定行为人的真实意思。"《民法典》第142条的规定与之相同。

② 判决书原文如此。

弃其对案涉工程价款优先于商业银行抵押权的受偿顺位是一种附条件的放弃。后，在《施工合同》和《房地产借款合同》实际履行过程中，商业银行根据发包人的提款申请和支付委托将 1.38 亿元贷款进行了一次性发放，其中仅向施工单位发放 500 万元。

综上所述，最高院认为，施工单位的下述主张具有一定合理性，即由于本次贷款并未全部用于施工单位所承建的工程项目建设资金，故其向商业银行出具《承诺函》放弃其对案涉工程价款优先于商业银行抵押权的受偿顺位的所附条件并未成就。

从上述案例可以看出，施工单位向商业银行出具的有关放弃建设工程价款优先受偿权的单方承诺，并非对该法定权利本身的放弃，而是对受偿顺位的一种放弃。并且，在司法实践中，需要根据一定的证据判定这种放弃行为是否附加了条件以及附加条件是否成就等。另外，根据本案也可以得出如下启示，在施工单位不得不就建设工程价款优先受偿权作出单方放弃时，为保护自身合法权益，可在放弃承诺中附加一定的条件。

第六节　建设工程价款优先受偿权的转让

司法实践中，对于建设工程价款转让的，优先受偿权是否随之一并转让的问题存在两种不同的观点。

一、司法政策观点争鸣

纵览全国各地高级人民法院关于建设工程施工合同案件的审理指南、解答等司法文件，笔者发现，河北省高院对这一问题的观点与江苏省高院、广东省高院截然相反。

2018 年《河北高院施工合同审理指南》第 37 条规定："建设工程价款优先受偿权与建设工程价款请求权具有人身依附性，承包人将建设工程价款债权转让，建设工程价款的优先受偿权消灭。"从该条规定可以看出，河北省高院否定建设工程价款优先受偿权随工程价款的转让而转让。

但 2018 年《江苏高院关于施工合同的解答》第 20 条规定："工程款债权转让的，建设工程价款优先受偿权是否一并转让？建设工程价款优先受偿权依附于工程款债权,承包人将建设工程价款债权转让的,建设工程价款优先受偿权随之转让。受让人是否实际享有建设工程价款优先受偿权,仍应进行实体审查。”从该条可以看出,江苏省高院支持建设工程价款优先受偿权随工程价款的转让而转让。

广东省高级人民法院2011年发布的《关于审理建设工程施工合同纠纷案件若干问题的指导意见》第15条也持有相同观点:“承包人将建设工程施工合同约定的工程款债权依法转让,债权受让方主张其对建设工程享有优先受偿权的,可予支持。承包人在转让工程款债权前与发包人约定排除优先受偿权的,该约定对承包人以外的实际施工人不具有约束力。”

二、司法裁判观点争鸣

在最高院二审审理的安徽中防投资有限公司与浙江湖州市建工集团有限公司建设工程施工合同纠纷案件[①]中,一审云南省高院明确支持建设工程价款优先受偿权随建设工程价款的转让而一并转让,理由如下:(1)工程款债权本质上是可流通转让的财产权,建设工程价款优先受偿权具有附属工程款债权的担保权利。从一般法理分析,主债权转让的,担保权利应一并依法转让。工程款债权转让的,具有担保工程款债权实现的建设工程价款优先受偿权应一并转让。(2)允许建设工程价款优先受偿权随主债权一并转让,有利于加速主债权人通过流转的方式实现权利,得到清偿,从根本上有利于建设工程价款优先受偿权设立的目的,保障工程款债权人的利益。(3)建设工程价款优先受偿权与工程款债权的一并转让,既不增加发包人的负担,也不损害发包人其他债权人的利益。

但在最高院再审审理的王粒力与张黎明、重庆市博天房地产开发有限公司执行异议之诉[②]和陶红军与张黎明、重庆市博天房地产开发有限公司执行异议之诉[③]中,承包人在申请执行过程中,将其享有的某房地产项目工程价款债权转让给再审申请人,以抵销应当支付给再审申请人的工程价款债务。最高院在该二案中认为,债权转让属于当事人意思自治范畴,债权人转让权利的,从权利随之转让,但专属于债权人自身的除外。建设工程价款优先受偿权为法定优先

① 参见(2019)最高法民终519号民事判决书。
② 参见(2019)最高法民申3349号民事裁定书。
③ 参见(2019)最高法民申3350号民事裁定书。

权,其设立初衷在于保护承包人的建设工程价款债权进而确保建筑工人的工资权益得以实现,专属于承包人。在建设工程价款债权转让时,该工程价款的法定优先受偿权是否随之一并转让,并无明确的裁判意见。就本案而言,再审申请人通过债权转让所取得的债权可以被认定为普通金钱债权。可以看出,最高院在该二案中,将建设工程价款优先受偿权作为专属于承包人的权利,工程价款在转让时,该优先权并不随之一并转让。

三、本书之观点

上述观点的分歧主要在于对《民法典》第547条[①]、第807条之规定的不同认识和理解。不赞成一并转让的观点,一般是从建设工程价款优先受偿权系为保护建筑工人的制度初衷出发,认为该项权利具有人身专属性。赞成一并转让的观点,一般也是从保护建筑工人权益的角度出发,认为债权受让人为获得该等工程款债权会支付相应价款,这变相等于该受让人代发包人向承包人支付了工程款,同样能够充分保障建筑工人权益;若不允许优先权一并转移,不利于整个经济秩序的稳定,不利于鼓励交易的流转与有关矛盾的解决。或者如安徽省高院在(2015)皖民四初字第00026号案件中认为的,从一并转让优先受偿权并未加重发包人负担的角度赞同一并转移的观点。

但笔者认为,上述观点较少考虑到发包人的其他债权人的利益。虽然安徽省高院在上案中认为一并转让“也不损害发包人其他债权人的利益”,但由于我国目前并未建立建设工程价款优先受偿权的登记公示制度,承包人依法享有的建设工程价款优先受偿权制度已经对发包人其他债权人的交易安全产生了一定的不可预期性,若再允许该优先权随工程价款的转让而转让给不特定的第三人,将更加破坏交易安全。

因此,从鼓励交易、维护建筑工人合法权益的角度,允许优先受偿权随工程价款的转让而一并转让,但从保障发包人其他债权人的交易安定性的角度,设定优先权的登记公示制度也十分必要。只有充分平衡各方权利,才能使建设工程价款优先受偿权制度在经济生活中发挥其应有的制度意义。

---

① 《民法典》第547条规定:“债权人转让债权的,受让人取得与债权有关的从权利,但是该从权利专属于债权人自身的除外。受让人取得从权利不因该从权利未办理转移登记手续或者未转移占有而受到影响。”

下　编

建设工程在程序法中的热点法律问题

第八章

建设工程招投标中的热点法律问题

第一节 最高人民法院对“明招暗定”行为的另种观点

《招标投标法》为保障招投标秩序，充分保护潜在投标人的合法权益等，规定了大量的禁止性规定；但在招投标实践中，招标人与投标人基于利益考量，经常违反相关的禁止性规定且难以有效杜绝，典型者如先定后招、明招暗定、串通投标等。司法实践一般将类似违反相关禁止性规定的行为认定为无效。但笔者通过对最高院司法案例的研究发现，基于诚实信用的原则，上述违规招投标行为在一定情形下可以作为有效处理。

本节内容以最高院二审审理的新疆华诚安居房地产开发有限公司与中国铁建大桥工程局集团有限公司建设工程施工合同纠纷案件①为例进行分析，供读者参考。

【基本案情】

2011 年 7 月 11 日，发承包双方签订《建筑施工合作框架协议书》，该协议书对施工内容、总概算（约人民币叁亿元，具体概算数值待规划文件、设计方案确定后双方另行约定）、履约保证金及履约保证金的退付等进行了约定。2012 年 5 月 8 日，承包人通过招投标取

① 参见（2019）最高法民终 347 号民事判决书。

得该工程项目的承包权。2012 年 5 月 9 日，发承包人双方签订《建设工程施工合同》。

【争议焦点】

案涉《建设工程施工合同》是否有效。

发包人主张，其与承包人在招投标之前，就施工合同实质性内容进行了谈判磋商，本案属于通过"明招暗定"形式规避《招标投标法》等法律、行政法规规定的行为，因此中标无效且《建设工程施工合同》无效。

【最高院裁判观点】

1. 原《民法总则》第 5 条规定："民事主体从事民事活动，应当遵循自愿原则，按照自己的意思设立、变更、终止民事法律关系。"原《合同法》第 6 条规定："当事人行使权利、履行义务应当遵循诚实信用原则。"第 8 条规定："依法成立的合同，对当事人具有法律约束力。当事人应当按照约定履行自己的义务，不得擅自变更或者解除合同。"本案中，承包人于 2012 年 5 月 8 日通过招投标取得案涉项目的承包权，并与发包人签订《建设工程施工合同》。该合同系当事人真实意思表示，内容不违反相关法律法规强制性规定，系合法有效的合同，双方当事人应严格履行合同约定的义务。

2. 根据《招标投标法》第 43 条①之规定，招标人与投标人就合同实质性内容进行谈判的行为影响了中标结果的，中标无效，由此将导致合同无效。就招投标过程中的违法违规行为，利害关系人有权提出异议或者依法向有关行政监督部门投诉；对违法违规行为负有直接责任的单位和个人，将受到行政处分。本案中，双方在招投标前进行了谈判并达成合作意向，签订了《建筑施工合作框架协议书》。但该协议书中没有约定投标方案等内容，未载明开工时间，合同条款中还存在大量不确定的约定。例如，关于施工内容，双方约定"具体规划指标与建设内容以政府相关部门最终的批复文件为准"；关于合同概算，双方约定"项目建筑施工总概算约人民币叁亿元，具体概算数值待规划文件、设计方案确定后双方另行约定"。

《建筑施工合作框架协议书》签订后，双方按照《招标投标法》的规定，履行了招投标相关手续，没有证据证明涉案工程在招投标过程中存在其他违法违规

① 《招标投标法》第 43 条："在确定中标人前，招标人不得与投标人就投标价格、投标方案等实质性内容进行谈判。"

行为可能影响合同效力的情形。发包人虽称其自身违反《招标投标法》的规定致使中标无效,但该违法违规行为是否影响了中标结果,发包人未予以证明。本案亦不存在因招投标活动不符合法律规定,利害关系人依据《招标投标法》第55条、第65条之规定提出异议或者依法向有关行政监督部门投诉,致使相关人员被追责的情形。

3. 原《民法总则》第7条规定:"民事主体从事民事活动,应当遵循诚信原则,秉持诚实,恪守承诺。"《民事诉讼法》第13条第1款规定:"民事诉讼应当遵循诚实信用原则。"诚实信用原则既是民商事活动的基本准则,亦是民事诉讼活动应当遵循的基本准则。在建设工程项目中设立招投标程序是为了保护国家利益、社会公共利益和招投标活动当事人的合法权益,提高经济效益,保证项目质量;是为了通过法定的强制的公开竞价的方式为建设单位发包工程建设项目提供平台服务,为发包人的工程建设项目选定施工人。在招投标过程中,较承包人而言,发包人掌握一定主动权。本案中,发包人作为招标人,明知其与承包人于招投标之前就合同实质性内容进行谈判的行为可能导致双方其后签订的《建设工程施工合同》因违反《招标投标法》的相关规定而被认定为无效,仍然积极追求或放任该法律后果的发生,经招投标程序后与承包人签订了涉案《建设工程施工合同》,发包人对该违法行为具有明显过错,应负主要责任。承包人明知违法而参与竞标,最终中标并签订涉案《建设工程施工合同》,亦存在过错,应负次要责任。综上,发包人与承包人在案涉项目招投标过程中皆有违诚信原则。

现,涉案工程施工过程中以及本案一审中,发包人始终未对《建设工程施工合同》的效力问题提出异议,仅在一审中辩称本案不存在合同约定解除或法定解除的情形,不同意承包人有关解除合同的诉讼请求。发包人在本案二审中提出涉案《建设工程施工合同》无效的上诉主张,是认为涉案《建设工程施工合同》有效将为其带来不利,或者所带来的利益小于合同无效所带来的利益,其目的是规避应承担的付款义务,免除或者减轻一审判决确定由其承担的民事责任。

最高院认为,合同约定应当严守,诚信观念应当强化。发包人作为涉案建设工程的招标人、甲方,主导签订了涉案《建设工程施工合同》,在合同相对方承包人按约履行合同而其并未按约支付工程款,一审判其承担相应责任后,发包人以其自身的招标行为违法违规为由,于二审中主张合同无效,其行为不仅违反诚实信用基本原则，而且不利于民事法律关系的稳定，属于不讲诚信、为追求自身利益最大化而置他人利益于不顾的恶意抗辩行为。合同无效制度设立的重要目的在于防止因为无效合同的履行给国家、社会以及第三人利益带来损失，维护社会的法治秩序和公共道德。而本案中，发包人作为违法行为人恶意主动请求确认合同无效，如支持其诉求，意味着体现双方真实意愿的合同约定不仅对其没有约束力，甚至可能使其获得不正当的利益，这将违背合同无效制度设立的宗旨，也将纵容违法行为人从事违法行为，使合同无效制度沦为违法行为人追求不正当甚至非法利益的手段。

综上，发包人在二审中主张涉案《建设工程施工合同》无效，该主张有违诚信原则，缺乏事实和法律依据，应予以驳回。

【评析】

笔者认为，最高院的上述说理似乎存在自相矛盾之处，这主要表现于以下两个方面。

其一，根据最高院上诉说理部分的第 3 点，其已经认定，发包人对违法行为负主要责任，承包人对违法行为负次要责任；而此处的“违法行为”系指违反《招标投标法》的行为，即在招投标程序前，发承包双方已经进行了实质性谈判和磋商。根据《招标投标法》第 43 条的规定，发承包人之间的行为系典型的“明招暗定”，因该行为违反了《招标投标法》的强制性规定，依法应属无效。但是，发承包双方在一审中并未提及就合同效力进行审查的问题。

其二，《最高人民法院关于原审法院确认合同效力有错误而上诉人未对合同效力提出异议的案件第二审法院可否变更问题的复函》①明确规定：“如果第二审人民法院发现原判对上诉请求未涉及的问题的处理确有错误，应当在二审中予以纠正。”本案中，作为二审法院的最高院已经非常接近因发承包双方在招投标前进行了实质性磋商而导致案涉《建设工程施工合同》有可能无效之问题。然而，其却援引诚实信用原则认为，发包人在二审中提出的合同无效之主张有违诚实信用之原则，并最终认为案涉《建设工程施工合同》系合法有效，双方当事人应严格履行合同约定的义务。这一认定本身违背了最高院上述复函的

① 该复函完整内容如下：“《中华人民共和国民事诉讼法》第一百五十一条规定：‘第二审人民法院应当对上诉请求的有关事实和适用法律进行审查。’这一规定并不排斥人民法院在审理上诉案件时，对上诉人在上诉请求中未提出的问题进行审查。如果第二审人民法院发现原判对上诉请求未涉及的问题的处理确有错误，应当在二审中予以纠正。”

内容。

笔者认为,合同效力问题深刻地反映了公权力与私权利的尖锐冲突,合同之无效正是公权力对私权利的否定。在私权领域,公权应该有较为明确的边界而不应恣意,体现在法律层面,即为法律不应过多对私权之合意予以否定,应充分尊重民事主体之间的意思自治。否则,将会出现当事人一方借助合同效力问题达至自身不诚信之目的的荒诞现象——本案之发包人即为典型一例。最高院通过诚信原则的判决方式在某种程度上也是对公权力之对抗。

另外,发生在西安的某开发商在商品房价格上涨的情况下以案涉商品房未取得预售许可证为由要求确认《商品房买卖合同》无效一案也是这种荒诞现象的充分体现。西安市中级人民法院最终援引诚实信用原则认可该合同的效力也是司法权对公权力管制的对抗;某种意义上讲,也是司法权的自我修复——毕竟最高院《商品房买卖合同解释》第 2 条①亦是承认了开发商在本案中的诉请。

综上所述,在私权领域,尤其是在建设工程施工合同领域,因公权力对其干涉范围较广且力度较大,导致私权主体基于自身利益最大化的考量想方设法规避公权规制的行为也层出不穷。笔者认为,在市场经济发展的当下,公权应当对私权保持谦抑的克制态度,逐步放宽管制的范围并放松管制的力度,将管制的重心后移,注重对建设工程的事中监管和事后监管。唯其如此,方既能促进建筑市场的繁荣和有序竞争,又能保障建设工程之质量。目前所施行的缩小强制性招投标工程项目的范围、取消部分施工资质的许可、简化施工资质的申请程序等改革举措,都是这种努力的体现。

第二节　酒店式公寓是否属于强制招标工程项目的范围

对是否属于强制性招标工程项目的认定在司法实践中具有重要意义,它不仅对施工合同效力的判定具有至关重要的作用,同时也对发承包双方之间的工程价款的结算产生决定性的影响。

---

① 《商品房买卖合同解释》第 2 条:"出卖人未取得商品房预售许可证明,与买受人订立的商品房预售合同,应当认定无效,但是在起诉前取得商品房预售许可证明的,可以认定有效。"

本节以最高院二审审理的中铁建设集团有限公司与天津辉信房地产开发有限公司建设工程施工合同纠纷案件①为例，对酒店式公寓等类型工程是否属于强制招标工程项目的范围进行简要阐析。

【基本案情】

2010年11月23日，发承包人签订《备案合同》，约定工程名称为天津市响螺湾陕西大厦总承包工程，工程内容包括土建工程（含补桩工程）、基坑支护工程（除止水帷幕、灌注支护桩及竖托桩外、给排水、采暖、通风、电气及消防、弱电预留预埋施工图纸及工程量清单全部内容）。该合同在2014年4月1日进行备案。

另外，双方还签署了一份发包人签字时间为2010年12月1日、承包人签字时间为2011年1月的《关于编号为塘施2011－102备案合同的补充协议》，明确：鉴于双方已经就陕西大厦总承包工程达成合作意向，并已于2010年11月23日签订了编号为塘施2011－102的《备案合同》，为明确总承包《备案合同》与补充及变更之关系，订立补充协议。

庭审中，双方一致认可，涉讼工程进场时间为2010年2月，承包人于2010年7月开始施工。

【争议焦点】

1. 涉讼工程项目是否属于必须招投标的项目；

2.《备案合同》的效力。

【法院审理】

一审法院认为，涉讼建设项目为商务区工程，涉及公共安全，应属必须招投标工程。

发承包人均确认在招投标前承包人已经进场施工，且承包人提供的邮件往来公证材料显示，发包人要求承包人按照其"附件内容投标报价"，该公证材料证明，双方确实存在投标前已经就投标报价进行实质性谈判的情况。依据《招标投标法》第43条、第53条及《2004版司解一》第1条第3项的规定，双方签订的《备案合同》应为无效合同。

最高院二审认为，发包人提交的涉讼工程《天津市商品房预售许可证》显示，案涉工程的用途为商业、办公、酒店型公寓。因招投标行为发生于2010年，应适用当时的法律法规。

---

① 参见(2019)最高法民终412号民事判决书。

《招标投标法》第3条规定的必须进行招标的工程建设项目包括:"(一)大型基础设施、公用事业等关系社会公共利益、公共安全的项目;(二)全部或者部分使用国有资金投资或者国家融资的项目;(三)使用国际组织或者外国政府贷款、援助资金的项目","前款所列项目的具体范围和规模标准,由国务院发展计划部门会同国务院有关部门制订,报国务院批准"。根据已查明事实,案涉工程项目的资金来源为企业自筹,故不属于该条第2项、第3项规定的项目,但对于是否属于该条第1项中的项目,双方当事人存在争议。依据国务院批准、原国家发展计划委员会发布的《工程建设项目招标范围和规模标准规定》第3条,"关系社会公共利益、公众安全的公用事业项目的范围包括:(一)供水、供电、供气、供热等市政工程项目;(二)科技、教育、文化等项目;(三)体育、旅游等项目;(四)卫生、社会福利等项目;(五)商品住宅,包括经济适用住房;(六)其他公用事业项目"。案涉工程项目用途为商业、办公、酒店型公寓,属于商品房,属于必须招投标的项目。

本案中,根据已查明的事实,发承包人均确认在招投标前承包人已经进场施工,承包人提供的邮件往来公证资料显示,发包人要求承包人按照其"附件内容投标报价",即双方在投标之前已经就投标报价进行实质性谈判,违反《招标投标法》第43条及第53条的规定,根据原《合同法》第52条及《2004版司解一》第1条的规定,《备案合同》无效。

【评析】

一、新规与旧规的适用问题

最高院在上案中所提及《工程建设项目招标范围和规模标准规定》是由原国家发展计划委员会于2000年5月1日发布并实施,现已由国家发展和改革委员会于2018年3月27日公布、2018年6月1日施行的《必须招标的工程项目规定》予以废止。也即2018年6月1日之后,强制招投标的工程项目范围由《必须招标的工程项目规定》予以确定,在该规定之外的工程项目均由建设单位自行决定是否采取招投标程序。是否属于强制招标范围,对于司法实践中解决发承包人双方争议,尤其是认定施工合同效力,具有重要意义,它往往也是法院在审理建设工程施工合同纠纷案件中所关注的重点。本书援引之案例即为例证。

根据最高院在本案中的说理部分,新规施行前的强制招标范围仍然适用旧规,旧规将作为判断是否属于强制招投标建设工程项目以及评价合同效力的依据。

二、最高院在本案说理部分中的瑕疵

最高院在本案二审判决书说理部分的逻辑系先查明涉讼工程项目是否属于强制招投标范围，再根据《招标投标法》关于禁止在招标前进行"实质性磋商"的规定论证案涉《备案合同》属于无效。

但笔者认为，这一逻辑存在瑕疵。首先，《招标投标法》第 2 条规定："在中华人民共和国境内进行招标投标活动，适用本法。"因此，无论是否属于强制招标范围，只要发包人采用招标方式发包建设工程的，就应适用《招标投标法》第 43 条关于"在确定中标人前，招标人不得与投标人就投标价格、投标方案等实质性内容进行谈判"的规定。其次，《司解一》第 23 条也暗含了这一层意思，即非强制性招标工程项目的发包人若自愿采用招标程序发包的，则该招标行为仍然需要受到《招标投标法》的规制。

因此，本节解析之案例，并不需要查明涉讼项目是否属于强制招标的范围，也可以直接依据《招标投标法》第 43 条及相关司法解释的规定作出涉讼《备案合同》无效的结论。

三、案涉项目属于强制性招标工程项目？

笔者注意到，最高院将涉讼工程项目划入强制招标范围时所依据的根本性理由是：由于案涉工程项目用途为商业、办公、酒店型公寓，故其属于商品房；根据《工程建设项目招标范围和规模标准规定》，商品住宅包括经济适用住房，属于关系社会公共利益、公众安全的公用事业项目；再依据《招标投标法》第 3 条规定的大型基础设施、公用事业等关系社会公共利益、公共安全的项目必须进行招标。由此最终推论出案涉工程属于必须招投标的项目。

根据上述逻辑链条，最高院明显是将商品房等同于商品住宅。但笔者认为，这种将两者画等号的做法是概念的混淆，因为商品房不仅仅包括住宅用途的房屋，还包括商业用途的房屋（如大型综合体内的房屋等）。根据上述《工程建设项目招标范围和规模标准规定》，商品住宅的落脚点明显是住宅，即其用途为住宅。

《住宅建筑规范》（GB 50368－2005）第 2.0.1 条对住宅建筑给出如下定义："供家庭居住使用的建筑（含与其他功能空间处于同一建筑中的住宅部分），简称住宅。"《住宅设计规范》（GB 50096－2011）第 2.0.1 条对住宅的定义为："供家庭居住使用的建筑。"该规范在本条条文说明中明确："本定义提出了住宅的两个关键概念：'家庭'和'房子'，申明'房子'的设计规范主要是按照'家庭'

的居住使用要求来规定的。”根据上述规定,住宅的概念是和“家庭居住”分不开的。换言之,供家庭居住的房屋才是住宅。但商品房中的商业用途房屋因其不具有家庭居住的用途明显不属于住宅的范畴。

综上,笔者认为,最高院在本案中将商业、办公、酒店型公寓等同于商品住宅的做法值得商榷。

第三节　《司解一》第22条[①]规制语境下的招标工程量清单编制

如果可以将采取固定总价计价的建设工程比喻为建设单位为施工单位出的一道“论述题”,那么采用工程量清单计价的建设工程就可以比拟为一道“填空题”,而该道“填空题”的题干即为招标工程量清单。根据住建部《13版清单规范》,作为建筑业施工企业的投标人在投标时仅仅需要按照招标工程量清单填报价格,项目编码、项目名称、项目特征、计量单位、工程量必须与招标工程量清单一致。由“论述题”到“填空题”的发包方式的转变,体现了国家层面对建设工程招投标行为的进一步规范,并优化和简便了建设工程的计量和计价行为。

《司解一》第22条为了彻底杜绝工程实践中屡禁不止的“黑白合同”问题,确立了招标文件、投标文件、中标通知书中有关工程范围、建设工期、工程质量、工程价款等条款在司法实践中优先于建设工程施工合同之约定的司法审判原则;而招标工程量清单按照住建部《13版清单规范》的规定必须作为招标文件的组成部分。因此,《司解一》施行后对建设单位招标工程量清单的编制提出了更高的要求,建设单位如何为施工单位设计这道“填空题”的题干也将为建设单位的法律意识、风险控制能力和成本管控能力带来巨大挑战。

一、对《司解一》第22条的法理分析

据最高人民法院的答记者问,为杜绝建筑市场上存在的围标串标、明招暗定、“黑白合同”等违法违规行为,《2018版司解二》第10条规定:“当事人签订的建设工程施工合同与招标文件、投标文件、中标通知书载明的工程范围、建设

---

① 《2018版司解二》第10条的规定与之相同。

工期、工程质量、工程价款不一致,一方当事人请求将招标文件、投标文件、中标通知书作为结算工程价款的依据的,人民法院应予支持。”

但施工合同的订立一般经过招标、投标、中标三个阶段,分别对应招标人的要约邀请、投标人的要约以及招标人的承诺。按照合同法的一般理论,要约邀请系当事人为了签订合同所做的预备行为,不具有法律意义,对通过招投标订立的施工合同之双方不具有约束力。《司解一》第22条将招标文件作为结算依据是否有违合同法的一般理论,就成为一个存疑的问题。

另外,诚如朱树英律师所言,“司法解释的这一条规定在操作中可能存疑,因为在建设工程领域推荐适用的示范文本当中,并没有将招标文件、投标文件作为合同的组成部分……在实际操作当中,可能招标文件、投标文件和中标通知书里的意思表示也是不一致的”。[①] 因此,如若施工合同中并没有将招投标文件作为合同文件,或者直接排除了招标文件作为合同文件组成部分的,《司解一》本条的规定该如何适用？在可能出现的招标文件、投标文件和中标通知书不一致的情况下,该条规定又该如何适用？[②] 也许,在实际操作中会如何认定,还需要留待最高人民法院根据具体情况在个案中进一步明确。

基于以上原因,笔者认为,《司解一》第22条之规定有违法治精神,在实践中也不具有太强的可操作性和实用性。该条规定虽然体现了最高院对建筑交易市场中存在的“黑白合同”问题寻求司法回应之努力,然而司法政策事先对某项交易作出利益安排似乎彰显了有违现代法治精神的司法权之膨胀,有违审判权所内在的谦抑品格。[③] 众所周知,“黑白合同”问题起因于《招标投标法》关于“实质性内容”不得变更的规定,因此,审判权要处理的是发承包双方签署了变更实质性内容的施工合同之效力以及工程价款之结算等问题,而如何具体规制

---

① 参见《朱树英主任就司法解释(二)在方达律师事务所发表演讲(附答疑环节问题整理)》,载微信公众号:http://mp.weixin.qq.com/s/Mq5YM26LzkwRg_KcCwyzHg,最后访问日期:2021年4月5日。

② 试举实践中存在的一例分析这种不一致的情形:招标人在招标时提供设计图纸、招标工程量清单等文件,但由于招标工程量清单编制人的失误在编制清单时出现了缺项,由此导致招标中的两项文件首先发生了不一致;投标人根据招标工程量清单进行报价且对这一缺项也未提请招标人进行澄清,如此投标人的投标文件又与招标文件不一致。

③ 在本体论上,审判权是一项消极的、被动的权力,因而具有谦抑性。这种谦抑性是由司法的本质与一般规律决定的,它要求审判权的启动必须恪守不告不理(no trial without complaint)等基本原则,并对立法机关和行政机关保持必要的谦让和克制。其中,前者是功能性谦抑,后者是结构性谦抑。参见江国华:《常识与理性——走向实践主义的司法哲学》,三联书店2017年版,第83页。

和惩治“黑白合同”以及该等情况下的结算规范等任务应当留给行政机关解决。另外,从操作层面,《司解一》试图用几个条文解决繁杂的“黑白合同”之结算问题明显难以实现,而住建部已经通过法定程序制定了诸如《招标投标管理办法》《计价管理办法》《13 版清单规范》等规范性文件,在裁判文书的说理部分,法官也完全有权援引上述可操作性和实用性均比较强的办法和规范进行裁判[①],当然其援引的前提是施工合同中没有明确约定。

不过无论如何,《司解一》第 22 条将招标文件、投标文件和中标通知书作为工程款结算的优先级文件,而招标工程量清单又属于招标文件的组成部分,故而发包方制作精准的招标工程量清单将是其降低工程量计量、工程款计价风险的重要举措。

二、招标工程量清单的法律地位和意义

招标工程量清单是招标人依据国家标准、招标文件、设计文件以及施工现场实际情况编制的,随招标文件发布供投标人报价的工程量清单,包括对其的说明和表格等,在《司解一》第 22 条的规制语境下具有重要的法律地位和意义。

(一)招标工程量清单系招标文件的组成部分

根据《招投标办法》的规定,招标文件由以下部分组成:(1)投标须知,包括工程概况,招标范围,资格审查条件,工程资金来源或者落实情况,标段划分,工期要求,质量标准,现场踏勘和答疑安排,投标文件编制、提交、修改、撤回的要求,投标报价要求,投标有效期,开标的时间和地点,评标的方法和标准等;(2)招标工程的技术要求和设计文件;(3)采用工程量清单招标的,应当提供工程量清单;(4)投标函的格式及附录;(5)拟签订合同的主要条款;(6)要求投标人提交的其他材料。

《13 版清单计价规范》也明确规定,招标工程量清单必须作为招标文件的组成部分。根据《司解一》第 22 条,招标工程量清单将作为工程款结算的优先于施工合同约定的依据。

(二)招标工程量清单是招标控制价的编制依据

招标控制价是招标人根据国家或省级、行业建设主管部门颁发的有关计价

---

① 《最高人民法院关于裁判文书引用法律、法规等规范性法律文件的规定》第 6 条:“对于本规定第三条、第四条、第五条规定之外的规范性文件,根据审理案件的需要,经审查认定为合法有效的,可以作为裁判说理的依据。”

依据和办法,以及拟定的招标文件和招标工程量清单,结合工程具体情况编制的招标工程的最高投标限价。

——对招标人。我国对国有资金投资项目实行投资概算控制制度,项目投资原则上不能超过经批准的投资概算。因此,招标人在编制招标控制价时,该招标控制价不能超过经批准的投资概算,否则应当重新报概算审核部门审批。

——对投标人。根据《招标投标法实施条例》第51条[①]第5项的规定,投标报价低于成本或者高于招标文件设定的最高投标限价的,该投标应当被否决。因此,投标人在编制投标方案时,需注意商务报价不得超出投标控制价。

——对评标人。招标控制价是抑制投标人进行不平衡报价的措施之一,评标人可以通过比较分析招标控制价中的分部分项综合单价与投标人投标方案中的分部分项综合单价二者之间的差异,有效识别投标人是否采取了不平衡报价策略。

由此可以看出招标控制价对于招标人、投标人和评标人的重要意义,而招标控制价的重要编制依据之一是招标工程量清单,因此,准确而完整的招标工程量清单可以通过招标控制价间接地影响到招投标人双方的利益。

(三)招标工程量清单缺陷的风险由发包人担负

根据《13版清单规范》,投标人的投标报价行为必须依据招标工程量清单进行,亦即投标人只被允许按照招标工程量清单进行报价填空,投标人对招标工程量清单不负有核实的义务,更不具有修改和调整的权利,招标工程量清单的准确性和完整性由招标人负责。

招标工程量清单制度的推行,本质上体现了建设工程"量""价"分离的结算机制;采用工程量清单计价的,发包人需要承担工程计量的风险,对于计价风险则由发承包人根据施工合同的约定或者现行有效规范性文件的规定共同担负。量价分离结算机制对发包人而言的风险反映在因招标工程量清单之缺陷所产生的风险由发包人担负[②],清单缺陷的主要表现形式有工程量清单缺项、项

---

① 《招标投标法实施条例》第51条:"有下列情形之一的,评标委员会应当否决其投标:(一)投标文件未经投标单位盖章和单位负责人签字;(二)投标联合体没有提交共同投标协议;(三)投标人不符合国家或者招标文件规定的资格条件;(四)同一投标人提交两个以上不同的投标文件或者投标报价,但招标文件要求提交备选投标的除外;(五)投标报价低于成本或者高于招标文件设定的最高投标限价;(六)投标文件没有对招标文件的实质性要求和条件作出响应;(七)投标人有串通投标、弄虚作假、行贿等违法行为。"

② 也正因如此,才为投标人进行不平衡报价提供可能的空间。

目特征描述不符、工程量偏差等。

因此,在《司解一》第22条的规制语境下,发包人必须准确、完整地编制作为优先级结算文件的招标工程量清单,减少招标工程量清单的缺陷和错误。这对发包人规避施工过程中的工程量风险具有源头意义。为此,需要招标人在编制工程量清单时加强对图纸设计深度及质量的审核力度。

在笔者看来,《司解一》第22条的规定在很大程度上是对《13版清单规范》中所确立的量价分离机制下发包人承担工程量变化/变更风险制度的司法回应,也正因如此,《司解一》第22条将并非施工合同文件的招标文件组成部分之一的招标工程量清单作为工程款结算优先级适用文件的规定才具有意义。

三、招标工程量清单的编制主体、方法和依据

(一)编制主体

《13版清单规范》第4.1.1条规定:"招标工程量清单应由具有编制能力的招标人或受其委托,具有相应资质的工程造价咨询人编制。"《招投标办法》第10条也规定了依法必须进行施工招标的项目,招标人必须具有相应编制招标文件和组织评标的能力方可自行办理施工招标事宜;不具备相应条件的,应当委托工程招标代理机构代理施工招标。

因此,不具备相应能力的招标人不得自行编制招标工程量清单,应当通过签署《建设工程造价咨询合同》的形式委托招标代理机构进行编制。

(二)编制方法和依据

依照《13版清单规范》,招标工程量清单应以单位(项)工程为单位编制,它由分部分项工程项目清单、措施项目清单、其他项目清单、规费和税金项目清单等组成,并具体规定了上述项目清单的编制方法和要求。

编制工程量招标清单的依据包括:《13版清单规范》和相关工程的国家计量规范,国家或省级、行业建设主管部门颁发的计价定额和办法,建设工程设计文件及相关资料,与建设工程有关的标准、规范、技术资料,拟定的招标文件,施工现场情况、地勘水文资料、工程特点及常规施工方案,其他相关资料等。

四、结语

虽然《司解一》第22条或许存在这样那样的问题,但结合《13版清单规范》

等相关规范性文件的规定，其毕竟赋予了招标工程量清单在工程价款结算中优先适用之法律地位。故此，发承包双方需要各自强化围绕招标工程量清单的法律风险防控意识：对发包人而言，需要编制准确、全面的招标工程量清单以降低因工程量清单缺项、项目特征描述不符、工程量偏差而带来的工程计量风险；对承包人而言，则需要在投标报价前全面分析招标工程量清单与施工图和施工方案之间的细微差异以通过不平衡报价策略的适用提升自身“二次经营”的能力。

第四节　招标控制价的编制及结算意义

如前所述，招标控制价基本等同于《招标投标法实施条例》第 27 条[①]规定的最高投标限价。它在建设工程招投标过程中具有较为重要的价值（最为典型者系投标人的投标报价超出招标控制价的，应予废标），《13 版清单规范》对其作了专章的规定；但不可忽视的是，招标控制价在工程价款结算以及司法实践中亦具有重大的价值和意义。

笔者认为，建设工程施工合同纠纷案件的审理之所以复杂便在于工程施工中相关争议事项的专业性。例如，案件审理中对招标控制价的使用，如若不能掌握招标控制价的原理，尤其是招标控制价的编制原理，将会对案件的处理带来相当程度的困扰。因此，本节首先简要介绍招标控制价的编制原理。

一、招标控制价的编制

（一）招标控制价的编制依据

国有资金投资的建设工程招标，招标人必须编制招标控制价；在开标时，应当拒绝高于招标控制价的投标报价，超过公布的招标控制价的投标报价应被否决。招标控制价的编制主要解决工程量的计量、价格的确认、工程计价的有关参数、率值的确定等，主要编制依据包括：

---

① 《招标投标法实施条例》第 27 条：“招标人可以自行决定是否编制标底。一个招标项目只能有一个标底。标底必须保密。接受委托编制标底的中介机构不得参加受托编制标底项目的投标，也不得为该项目的投标人编制投标文件或者提供咨询。招标人设有最高投标限价的，应当在招标文件中明确最高投标限价或者最高投标限价的计算方法。招标人不得规定最低投标限价。”

1.《13 版清单规范》。

2. 国家或省级、行业建设主管部门颁发的计价定额和计价办法。

3. 建设工程设计文件及相关资料。

4. 拟定的招标文件及招标工程量清单。

5. 与建设项目相关的标准、规范、技术资料。

6. 施工现场情况、工程特点及常规施工方案。

7. 工程造价管理机构发布的工程造价信息;工程造价信息没有发布的,参照市场价。

8. 其他的相关资料。

(二)招标控制价的编制内容

招标控制价需要按照表1列明分部分项工程费、措施项目费、其他项目费、规费和税金。

表1　招标人工程招标控制价计价程序

工程名称:　　　　　　　　标段:　　　　　　　　第　页　共　页

序号	汇总内容	计算方法	金额(元)
1	分部分项工程	按计价规定计算	
1.1			
1.2			
2	措施项目	按计价规定计算	
2.1	其中:安全文明施工费	按规定标准估算	
3	其他项目		
3.1	其中:暂列金额	按计价规定估算	
3.2	其中:专业工程暂估价	按计价规定估算	
3.3	其中:计日工	按计价规定估算	
3.4	其中:总承包服务费	按计价规定估算	
4	规费	按规定标准计算	
5	税金	(人工费+材料费+施工机具使用费+企业管理费+利润+规费)×增值税税率	
招标控制价		合计=1+2+3+4+5	

表1中,分部分项工程费等于综合单价乘以工程量清单给出的工程量,综

合单价应按照招标人发布的分部分项工程项目清单的项目名称、工程量、项目特征描述，依据工程所在地区颁发的计价定额和人工、材料、施工机械台班价格信息等进行组价确定。综合单价的确立程序包括：(1)依据工程量清单和施工图纸按照计价定额之规定计算相应工程量；(2)依据工程造价政策或工程造价信息确定人材机单价；(3)在考虑风险因素确定企业管理费率和利润率的基础上，按规定程序计算出所组价定额项目的合价；(4)将若干项所组价的定额项目合价相加除以工程量清单项目工程量，得到工程量清单项目综合单价，对未计价材料费(包括暂估单价的材料费)应计入综合单价。

措施项目应按招标文件中提供的措施项目清单确定，有以“量”计算和以“项”计算两种。对于可计量的措施项目，以“量”计算，即按其工程量用与分部分项工程项目清单单价相同的方式确定综合单价；对于不可计量的措施项目，则以“项”为单位，采用费率法按有关规定综合确定。对于措施项目费中的安全文明施工费，按照国家或省级、行业主管部门的规定标准计价，并不得作为竞争性费用。

规费和税金应采用费率法，按照国家或省级、行业建设主管部门的规定确定计费基数和费率，并不得作为竞争性费用。

二、招标控制价编制的合理性问题

《13 版清单规范》第 5.1.4 条规定：“招标控制价应按照本规范第 5.2.1 条的规定编制，不应上调或下浮。”实践中，基于建筑市场的买方市场之特性，对该条的操作难度较大；招标控制价往往是在依据规范编制价格的基础上下浮一定比例或者招标文件中直接明确投标人的报价必须在依据规范编制的招标控制价基础下浮且规定最低下浮率。在发承包双方就工程款发生争议时，有承包方依据该条规定提出抗辩，并根据《建设工程质量管理条例》第 10 条关于“建设工程发包单位不得迫使承包方以低于成本的价格竞标”的规定，认为招标控制价不合理，依据招标控制价编制的投标报价因违反了《建设工程质量管理条例》第 10 条的强制性规定而应被认定无效。但笔者认为，该种主张实难得到支持，首先，证明“迫使”行为的发生具有相当的举证责任难度，更何况，招投标过程本身是公开进行的，投标人可根据其投标报价策略考量选择是否参与投标，其一旦参与投标，该投标报价即构成一项具有约束力的要约。

其次，根据投标报价原理，投标人的投标报价策略存在五种类型：生存型、补偿型、开发型、竞争型和盈利型。上述五种投标报价策略中，除盈利型具有较强的利润驱动外，其余四种基本属于薄利或者亏损型。虽然该四种报价策略存在微利或者不盈利的结果，但长远看对于施工企业具有重要意义；开发型报价策略即为典型一例。开发型报价策略是以开拓市场、积累经验、向后续投标项目发展为目标，投标带有开发性，以资金、技术投入手段，进行技术经验储备，树立新的市场形象，以便争得后续投标的效益；其特点是不着眼于一次投标效益，用低报价吸引招标人。

因此，即使招标人的招标控制价本身存在一定的低价性和不合理性，但由于建设工程施工合同的私权契约性，加之投标人报价策略的选择，投标报价本身虽然较低或者低于施工成本，该投标报价依旧对合同双方具有约束力。

例如，在江苏省高院二审审理的江苏兴淮建设工程有限公司与宿迁众兴城市建设投资有限公司建设工程施工合同纠纷案件①中，承包人在工程竣工后认为，发包人在招标过程中公布招标控制价时没有作出详细的说明，且招标控制价实际调价系数达30%，违反建设行政主管部门的有关规定，属于欺诈行为；其在投标时为了使投标价满足招标控制价范围，降低有关施工项目的预算价，并未将施工临时设施费、垂直运输费用、脚手架费用及外墙刮糙项目费用计入投标价，导致其权利受到了损害。承包人据此请求依据工程造价定额调整合同价款。对此，一审法院认为，承包人在参与投标时所领取的招标文件中对工程概况、工程规模、工程量清单等均有明确说明，承包人作为专业工程施工单位，提交的投标文件中对工程也作了造价预算，其对工程造价也具有相应专业知识；故即使发包人作出的招标控制价不合理，承包人对此应属明知，其为了能够与发包人订立合同故意降低投标总价，并以低于招标控制价的价格中标。承包人的行为表明其签订合同的行为系其真实意思表示，并非是在受到欺诈的情况下作出的错误意思表示，故承包人的请求不应得到支持。江苏省高院二审亦认为，承包人与发包人签订合同时，并未就合同价款提出异议，其提交的投标材料及在涉案合同上签字盖章的行为表明其对案涉合同的结算方式是知晓和认可的；且发包人在招标时，其他两家参与投标的企业实际报价与承包人的报价数额相当。故，承包人在以实际报价中标后，又称其在受到欺诈的情况下作出错误意思表示，缺乏依据也有悖诚信原则，其上诉理由不能成立。

---

① 参见(2015)苏民终字第00706号民事判决书。

三、招标控制价是确定工程价款浮动率的基准

浮动率的确定基数是招标控制价在结算中最为重要的价值体现。

由于招标控制价是依据工程所在地区的定额进行编制，而定额是对一定时期内社会平均水平的反映，不同的施工企业根据自身的管理水平、新工艺采用等方面的不同，完成一个规定计量单位的工程项目所需的人材机等消耗标准亦不同，因此，消耗标准低的施工企业在投标报价时便具有优势，其投标报价可以低于甚至远低于根据定额编制的招标控制价。根据承包人的投标报价和招标控制价的比值可以确定承包人报价浮动率，即承包人报价浮动率 =（1 - 中标价/招标控制价）×100%。在非强制性招标工程中，也存在报价浮动率的问题，其计算方式为：承包人报价浮动率 =（1 - 报价/施工图预算）×100%。

无论是强制性招标项目抑或非强制性招标项目，投标人为了获取中标资格，其投标报价总要在招标控制价或施工图预算基础上进行下浮，而下浮率也在一些情况下作为工程款结算依据被约定在施工合同中。

例如，在江苏省高院二审审理的沈宝根与常熟市宝利置业有限公司、常熟市第二建筑工程有限公司建设工程施工合同纠纷案件①中，发承包人双方在施工合同中均未对下浮率进行约定，一审法院据此认定案涉工程价款不应下浮。但施工合同协议书第六条明确载明组成合同的文件包括投标书及其附件，合同文件及解释顺序均表明双方受招标文件内容的约束，招标文件第 8 条其他专用条款约定："中标单位最终结算价 = 投标总价/招标控制价 × 审计总价。"江苏省高院认为，根据该条约定，工程款的结算存在下浮率的问题；一审法院未予下浮属于对合同条款理解有误，应予纠正。

另外，根据《13 版清单规范》的规定，对以招标控制价确定的承包人报价浮动率的应用主要体现在两个方面：

1. 因工程变更引起已标价工程量清单项目或其工程数量发生变化，但已标价工程量清单中没有适用也没有类似于变更工程项目的，应由承包人根据变更工程资料、计量规则和计价办法、工程造价管理机构发布的信息价格和承包人报价浮动率提出变更工程项目的价格，并应报发包人确认后调整。

2. 因工程变更引起施工方案改变并使措施项目发生变化时，若措施项目费

---

① 参见（2016）苏民终 1286 号民事判决书。

是按总价(或系数)计算的,则措施项目费按照实际发生变化的措施项目调整,但应考虑承包人报价浮动因素,即调整金额按照实际调整金额乘以承包人报价浮动率计算;如果承包人未事先将拟定的方案提交给发包人确认,则应视为工程变更不引起措施项目费的调整或承包人放弃调整措施项目费的权利。

四、招标控制价可以作为确定不可竞争费的依据

根据《13 版清单规范》的规定,安全文明施工费、规费和税金不得作为投标人的竞争性费用,在招标控制价的编制过程中,该三部分费用也需要按照规定计取。在司法实践中,尤其是发承包双方就该三笔费用的约定不明确或者没有约定时,往往会发生争议;在解决该类纠纷时,主审法官、案件代理人、鉴定人或可尝试反观招标控制价中的相关数据。

例如,在安徽省高级人民法院审理的中城投集团第五工程局有限公司与安徽省无为县人民政府建设工程施工合同纠纷案件①中,发承包双方约定工程结算价款造价执行《安徽省建设工程清单计价费用定额》(2005 年版)。但该定额中对规费的取费费率分别规定了上限和下限,双方就如何计取规费产生争议。安徽省高级人民法院认为,发包人委托相关单位制作的工程量清单招标控制价中规费取费采用中值,该招标控制价中确定的中值费率是发包人希望与承包人计算工程造价采用的数值,应当作为确认案涉工程规费费率的依据。

招标控制价作为招标文件的一个重要组成部分,对于其中确定的不可竞争性费用,如果承包人在投标报价中并未予以改变或者在施工合同中的优先级结算文件中没有予以变更的情况下,应当作为结算依据。对此,《司解一》第 22 条关于将"招标文件、投标文件和中标通知书"作为优先级结算依据的规定也已暗含了该层意思。当然,如果承包人的投标报价或者施工合同中优先级结算文件中改变了招标控制价中不可竞争性费用的除外。

例如,在四川省高级人民法院二审审理的核工业西南建设集团有限公司与遂宁金红叶纸业有限公司建设工程施工合同纠纷案件②中,案涉《建设工程施工合同》所附《单位工程汇总表》中约定:"招标控制价合计为 37,880,000 元,其中:1. 分部分项工程 34,865,163.54 元;2. 措施项目 791,603.35 元(一式包干不

---

① 参见(2017)皖民初 33 号民事判决书。

② 参见(2018)川民终 740 号民事判决书。

调整);2.1 安全文明施工费 411,439.24 元;3. 其他项目 80,000.00 元;3.4 总承包服务费 80,000.00 元;4. 规费 909,607.66 元(一式包干不调整);5. 税金 1,233,625.00 元(税率 3.37%,按此税率结算)。”承包人认为,招标控制价中关于安全文明施工费、规费和税金的计取标准低于相关部门之规定,违反了 2008 年版《建设工程工程量清单计价规范》关于该三笔费用不得作为竞争性费用的规定。四川省高级人民法院经二审审理认为,该合同约定系双方当事人的真实意思表示,不违反法律、行政法规的禁止性规定,对当事人有拘束力,且不损害国家或社会公共利益。《建设工程工程量清单计价规范》(GB50500 - 2008)并非法律、行政法规的禁止性规定,在当事人有约定的前提下,应优先尊重当事人的意思自治。故,即使上述三笔不可竞争性费用计取标准低于相关规定的,双方在进行结算时仍应按照约定的标准计取。

该案的判决结果与本书上编第一章第五节所讨论问题的观点也是一致的。

第五节 不平衡报价策略在建筑市场中的运用、规制和司法评价

一、不平衡报价策略的发生机理及在投标报价中的运用

(一)不平衡报价的定义

不平衡报价是指在工程项目的招投标活动中,投标人为了能够中标,在保持较有竞争力的投标总价不变的情况下,通过调整工程量清单中各分部分项综合单价的构成以期更早地获取工程款或者在竣工结算时获得更高结算价款的报价方式。基于该等不平衡报价,投标人之目的是能够在中标后尽早回款或者实现其结算价值的最大化;其发生本质在于投标人凭借自身丰富的施工经验和对设计图纸、招标文件、工程量清单的敏锐洞察力,利用招标人在招标文件编制中所产生的应由招标人承担风险之缺陷实现自身“低价中标、高价结算”的目的。不平衡报价已经是建筑业施工企业在投标中所采用的一种成熟报价策略,对于提升“薄利时代”施工企业的盈利能力具有重要意义,为业界广为接受。

试举一不平衡报价模型析之。

某商业综合体项目采用综合单价形式招标,某施工单位经核对设计图纸和工程量清单(见表2),发现止水带(橡胶)和直行楼梯两个分项项目工程量出现

统计错误,工程量统计错误及常规报价见表3;同时,在招标文件中也没有关于发包人风险转移或者免责条款的规定。

表2 某商业综合体项目工程量清单(部分)

序号	项目编码	项目名称	项目特征描述	计量单位	工程量	综合单价
75	10703004002	止水带(橡胶)	1. 止水带材料种类:橡胶止水带 2. 规格:综合考虑	m	30	
137	10406001001	直行楼梯	混凝土强度等级:C30泵送商品砼	m^2	50	

表3 工程量统计错误及常规报价

序号	项目名称	计量单位	清单工程量	预测实际工程量	常规报价
75	止水带(橡胶)	m	30	20	80元/m
137	直行楼梯	m^2	50	75	100元/m^2

根据表3的常规报价,上述两个分项常规报价为30m×80元/m+50m^2×100元/m^2=7400元;按此报价方案中标后的结算价为20m×80元/m+75m^2×100元/m^2=9100元。

如果施工单位能够充分利用发包方工程量清单偏差,采取不平衡报价策略(见表4),即抬高可能增加工程量的单价、降低可能会减少的工程量单价,则中标后的结算价将会完全不同。

表4 不平衡报价方案

序号	项目名称	计量单位	清单工程量	预测实际工程量	不平衡报价
75	止水带(橡胶)	m	30	20	63.3元/m
137	直行楼梯	m^2	50	75	110元/m^2

根据上述不平衡报价方案,中标后的结算价为20m×63.3元/m+75m^2×110元/m^2=9516元,比常规报价情形下能多结算工程款416元;而两种报价方案中的施工成本没有变化(招标图的工程量与实际工程量相等),该416元即为改用不平衡报价而获取的纯利润。

当然,如何具体调整止水带(橡胶)和直行楼梯的单价比例以达至通过不平衡报价获得利益最大化也是施工单位在投标报价中所需要精准计算的问题。

建设项目招投标市场系典型的买方市场，作为买方的招标人在建筑市场交易的初始环节便掌握卖方选择及交易定价的主动权，这导致了建筑业行业平均利润率低下的局面（据统计，近十年来，建筑业行业平均利润率为3.5%左右）。基于建筑市场竞争激烈、价格透明及劳动密集型等典型特征，建筑业企业只能压低竞标总价才能中标（一次经营），但为了能够在建筑市场的夹缝中寻求利润增长点，除进行措施有限的技术升级外，类似不平衡报价策略的适用是其在二次经营中采取的不被市场淘汰的常用且重要的手段。而这也能倒逼发包人在工程项目全周期管理中强化对图纸设计深度及质量的审核、重视清单的编制准度，以减少不平衡报价机会点的产生，在一定程度上也可促进建筑市场的良性发展。

（二）不平衡报价策略的类型及实际应用

1. 时间型不平衡报价

时间型不平衡报价策略亦称“早回钱”“早付款”报价策略。基于建筑市场系买方市场的严酷现实，发包人在招标过程中往往会提出施工单位垫资的严苛要求，即使行政主管部门对垫资现象给予了禁止性的规定。例如，原建设部、国家计委、财政部《关于严格禁止在工程建设中带资承包的通知》[建建（1996）第347号]规定：“任何建设单位都不得以要求施工单位带资承包作为招标投资条件，更不得强行要求施工单位将此类内容写入工程承包合同。”虽然有行政部门的禁止性规定，但该条规定并非法律、行政法规的强制性规定，并不能否定垫资条款的效力，并且《司解一》第25条①也进一步明确了垫资条款和垫资利息的效力，因此，虽有主管部门的禁止性规定，但屡禁不能止。更何况《关于严格禁止在工程建设中带资承包的通知》的上述规定后被原建设部、国家发展和改革委员会、财政部、中国人民银行《关于严禁政府投资项目使用带资承包方式进行建设的通知》[建市（2006）6号]所废止，仅仅明确了“政府投资项目一律不得以建筑业企业带资承包的方式进行建设，不得将建筑业企业带资承包作为招投标条件”。这更进一步纵容了建筑市场中的垫资现象。②

① 《司解一》第25条：“当事人对垫资和垫资利息有约定，承包人请求按照约定返还垫资及其利息的，人民法院应予支持，但是约定的利息计算标准高于垫资时的同类贷款利率或者同期贷款市场报价利率的部分除外。当事人对垫资没有约定的，按照工程欠款处理。当事人对垫资利息没有约定，承包人请求支付利息的，人民法院不予支持。”

② 对于垫资问题的分析，详见本书第三章第四节的内容。

正是由于垫资行为提高了建筑业企业的财务成本,为缓解财务压力,承包人在投标时往往会根据资金时间价值提高工程量清单中能够先行完成的分部分项工程(如土石方工程和基础工程等)的综合单价以期能够尽早尽多地收取工程进度款,舒缓企业现金流压力,减少企业贷款产生的利息。

由于时间型不平衡报价策略之意图在于尽早回笼工程资金,对于提升企业利润率的作用仅仅体现在对贷款利息的结余,并不能实现建筑业企业二次经营的真正目的,故而建筑业企业更常用到的是变更型不平衡报价策略,或者二者结合适用。

2. 变更型不平衡报价策略

变更型不平衡报价是投标人根据自身施工实践的经验总结并预测实际施工过程中将出现可归责于发包人且由发包人承担风险的与招标人提供的工程量清单或者施工方案不同的工程变更事由,进而调整工程量清单中相应分部分项工程单价的报价,以期在工程竣工结算时多获取利益的投标报价方式。根据变更内容的不同,变更型不平衡报价又可以分为:(1)基于工程变更(因设计图纸深化不够、发包人在施工中主动改变设计图纸等导致的工程量变更)的不平衡报价;(2)基于清单缺陷(招标工程量清单项目因存在清单缺项、清单项目特征描述不符、工程量偏差等情形而导致的工程量变更)的不平衡报价;(3)基于施工方案改变(因施工条件、方法、材料、措施等变化导致的分部分项工程施工方案的变化)的不平衡报价。上文所介绍的不平衡报价模型便是基于清单缺陷(工程量偏差)的不平衡报价方式。

笔者以重庆市第一中级人民法院二审审理的重庆豪美实业(集团)有限公司(简称豪美公司)与重庆市铜梁区公安局(简称铜梁区公安局)建设工程施工合同纠纷一案①为例分析说明和剖析不平衡报价策略的现实应用。

2014 年 1 月 26 日,铜梁区公安局(发包人)与豪美公司(承包人)签订《承包合同书》,主要约定:(1)具体工程内容和范围详见工程量清单,合同采用固定总价合同形式,签约合同价为 4,525,390.23 元。(2)增减(变更)工程造价结算办法:①工程内容与已标价工程量清单中有相同的子项或类似子项,则按投标时的相同子项或类似子项的综合单价执行(类似子项的综合单价由招标人审定)。②工程内容如有与已标价工程量清单不同的子项(无相同子项或类似子

---

① 参见(2018)渝 01 民终 1950 号民事判决书。

项的），按2008年《重庆市建筑工程计价定额》、2008年《重庆市安装工程计价定额》、2008年《重庆市建设工程费用定额》及相关配套文件计算后下浮10%（其中人工工日单价、材料单价均按投标时所报标准计算）；对投标时没有的材料按照施工有效工期内的《重庆工程造价信息》公布的材料信息价的算术平均值计算（《重庆工程造价信息》中公布了铜梁区的主要材料信息价的，按铜梁地区信息价的算术平均值计算；如《重庆工程造价信息》中没有的材料，由招标人、监理、中标人三方认质核价；下浮基数不含人工费调增、认质核价材料费、安全文明施工专项费、规费、税金）。

2017年1月9日，重庆市铜梁区审计局作出《审计报告》，主要载明：（1）豪美公司送审减少的工程量全部按照投标清单综合单价计算，因该工程存在不平衡报价因素，审核按照铜梁区财评对该项目评审的综合单价计算，核减192，586.72元；（2）豪美公司送审增加的工程量按照上述合同约定的增减（变更）工程造价结算办法进行计价。但该工程招标文件关于工程结算的原则不规范，中标施工单位采取不平衡报价的方法，所投标的人工工日单价为116元/天，当期重庆造价站发布的土建人工工日单价为61元/天。这导致该工程施工过程中发生工程量增加时，按合同计价与常规工程变更计价存在较大差异，故核减大部分工程量增加的款项。按照审计结果，案涉工程的审核金额为5，393，440.03元。

通过对基本案情的分析可以看出，铜梁区公安局采取的是工程量清单招标模式。在豪美公司送审时，出现两种因工程量变化而导致的争议事项：（1）减少的工程量。根据《审计报告》中关于"送审减少的工程量全部按照投标清单综合单价计算"的表述可以看出，实际施工中减少的工程量应当是在招标清单中列明的工程量。对该部分工程量，可以判定系豪美公司通过降低对该部分的报价而实施的不平衡报价策略。（2）增加的工程量。基于工程量增加实施的不平衡报价策略，如上文所述，可能存在三种情况：基于工程变更、基于招标清单缺陷、基于施工方案改变。本案判决书中记载"单项审计核减未进行逐一对比"，故此比较难以判断施工人是否采取不平衡报价以及究系何种不平衡报价。但有一点应该可以肯定，即招标清单存在缺项的情形，否则很难解释对人工工日单价的报价为信息价的近两倍。

法院通过委托鉴定机构，最终认定案涉工程的结算价为6，864，805.89元，比审计机关的审核金额多出1471，365.86元，比施工合同中约定的固定总价高出2,339,415.66元,占签约合同价的51.7%。如若豪美公司对工程量增加部分确因清单缺项、特征描述不符或工程量偏差而采取不平衡报价策略,则其通过这种策略的应用获致了非常理想的效果。

从以上分析可以看出,工程变更型不平衡报价策略真正体现了施工企业利用自身施工经验深度剖析发包人工程量清单及施工方案漏洞的能力,通过不平衡报价策略提升了二次经营的盈利率,弥补了建筑市场因系买方市场而给建筑业施工企业所带来的不利影响。

二、行政主管部门对不平衡报价策略的规制

不平衡报价是招标人与投标人在建筑市场中相互博弈的结果,虽然能够在一定程度上弥补承包人的风险损失(例如,在上文所分析的案例中,豪美公司通过不平衡报价最终获得超出合同价一半以上的结算金额),但对于发包人而言也可能带来严重的不利后果。基于此,为平衡发承包方的利益,有效遏制不平衡报价在投标过程中的不合理利用,住建部通过量价分离原则的应用对不平衡报价进行再平衡;各地行政主管部门也颁布了一些限制性或者禁止性的规定,主要通过提高清标及评标程序标准以识别因招标人信息不对称而导致的投标人对不平衡报价策略的过度适用进而消弭招标人之风险承担和经济损失。

住建部《13版清单规范》规定了因工程变更、项目特征描述不符、工程量清单缺项及工程量偏差等引起的已标价工程量清单项目或工程数量发生变化时综合单价的调整方式。该规范第9.6.2条规定:"当工程量增加15%以上时,增加部分的工程量的综合单价应予调低;当工程量减少15%以上时,减少后剩余部分的工程量的综合单价应予调高。"由于工程造价采取量价分离的原则,发包人需要对工程量的增减风险承担责任,而根据本条之规定,对于增减工程量的"价"之风险由发承包双方共同承担;该种对综合单价的调整方式可以在很大程度上对不平衡报价方案予以再平衡。

《四川省房屋建筑和市政工程工程量清单招标投标报价评审办法》(以下简称《四川省评审办法》)中规定了报价评审组在清标过程中对不平衡报价等明显异常问题应在对清标成果复核确认后形成《投标专家向投标人质疑函》,决定由投标人进行书面澄清、说明或补正的制度。该评审办法同时也确立了不平衡报价的认定办法,并规定:当投标人不平衡报价项目的金额超过其投标总价(修正后)的10%~20%(具体幅度由招标人在招标文件中明确)时,报价评审组应否

决其投标;当投标人不平衡报价项目的金额未超过其投标总价(修正后)的10% ~20%(具体幅度由招标人在招标文件中明确)时,报价评审组应在评标报告中记录,提醒招标人在签订合同时注意,并在施工过程中加强风险防范。可以看出,《四川省评审办法》对不平衡报价规定了较为严厉的评审后果,其允许的不平衡报价幅度为投标总价的10% ~20%。

虽然住建部及地方主管部门制定了相应的强制性标准和规定,但由于这些标准和规定效力层级较低,司法实践中并不能将这些标准和规定作为突破合同明确约定的依据。笔者以杭州市中院二审审理的杭州兴业市政园林工程有限公司(简称兴业公司)与杭州市拱墅区城市管理局(简称拱墅区城管局)建设工程施工合同纠纷一案[①]为例析之。

2010年11月10日,兴业公司与拱墅区城管局签订《园林绿化建设工程施工合同》,约定合同价款采用固定价格合同为10,001,672元,工程结算最终以审计部门审定结果作为价款计算依据。2015年12月21日,杭州市财政局出具《建设工程(结)算审核通知书》,对浙江中瑞江南工程咨询有限公司出具的《上塘高架挂箱改造工程三标决算审核报告》所审定金额予以确认,明确工程送审造价10,738,126元,审核造价8,064,983元。一审法院经审理认为,合同约定工程结算最终以审计部门审定结果为依据,本案应以其审核造价结果作为双方的最终结算依据。

本案二审中,双方对实际施工中因工程变更引起的黄馨项目增加部分的结算产生争议。承包人认为应该按照清单报价中的综合单价计算增加项目的工程款;发包人则认为,承包人存在不平衡报价,清单报价中黄馨的价格明显高于市场价,工程量的增幅超过15%,因此应根据《13版清单规范》及《杭州市建设工程工程量清单计价实施细则》中关于"因工程变更导致工程量偏差超过15%时,可进行调整"的规定调整增加部分的综合单价。

结合本案二审判决书及再审裁定书的内容描述,发包人对该部分综合单价的抗辩理由始终围绕应否适用《13版清单规范》及《杭州市建设工程工程量清单计价实施细则》而展开;但笔者认为,上述文件仅系效力层级较低的规范性文件,其不发生改变合同约定的效力,不能排除合同明确约定的适用。但二审法院和再审法院在说理部分,除援引上述二规定作为调整综合单价的依据外,并

① 参见(2017)浙01民终528号民事判决书。

援引了合同中关于"风险范围以外合同价款调整方法"的约定:"因上述两种情况变更工程内容,按工程量清单报价中的综合单价进行调整。"法院认为,该约定系对增加工程量部分的综合单价进行调整,并最终认可了审计机关对增加工程量综合单价的调整;承包人则认为,该约定系在工程量增加时,工程总价款应按工程量清单报价中的综合单价对合同固定总价进行调整。

无论上述哪种理解方式正确,笔者认为,若施工合同中约定了工程量变更时综合单价的计价方式,该约定应在结算中优先适用,即使其与《13 版清单规范》或者地方性规范性文件的规定不一致。

三、对不平衡报价策略的司法评价及裁判说理

根据笔者对司法案例的检索发现,绝大多数法院的判决中均支持或者变相支持不平衡报价策略,对不平衡报价策略的司法评价基本上认为该种报价方式经过了发承包双方充分的协商,对协商合意的结果应予尊重。这也符合《司解一》第 19 条关于"当事人对建设工程的计价标准或者计价方法有约定,按照约定结算工程价款"的规定精神。

下文中,笔者结合与不平衡报价相关的司法案例,讨论当事人经常援引的对不平衡报价的抗辩策略并评析相关司法裁决结果和裁判说理。

(一)以不平衡报价系欺诈行为而作出的抗辩

原《合同法》规定了存在欺诈行为的两种不同[①]的法律后果:第 52 条规定的一方以欺诈、胁迫的手段订立合同,损害国家利益的合同无效;第 54 条规定的一方以欺诈、胁迫的手段或者乘人之危,使对方在违背真实意思的情况下订立的合同,受损害方有权请求变更或者撤销。

在山东省高院二审审理的山东枫林置业有限公司与赵松华、山东红建建安集团公司、青岛世鑫建筑安装工程有限公司、冷霞、青岛利业建设咨询有限公司建设工程施工合同纠纷一案[②]中,承包人的中标价为 38,688,554.80 元,而承包人主张的结算价为 58,416,302.41 元(实际结算款在双方的仲裁案中确定为

---

① 值得注意的是,《民法典》第 148 条将欺诈行为仅规定了一种法律后果:"一方以欺诈手段,使对方在违背真实意思的情况下实施的民事法律行为,受欺诈方有权请求人民法院或者仲裁机构予以撤销。"

② 参见(2018)鲁 02 民终 677 号民事判决书。

55,093,136.73 元),高出中标价的 51%;发包人据此以承包人以欺诈方式采取不平衡报价,且与招标代理人之间串通招标为由,请求依据《招标投标法》第 54 条的规定[①]确认其与承包人之间签订的《施工合同》无效。

本案经一审、二审程序,认定案涉工程造价与合同价不符的原因是发承包人在合同履行过程中产生争议,发包人也没有证据证明承包人与招标代理人之间存在恶意串标行为,故而判决驳回其诉请。这一判决结果也间接认可了承包人采取不平衡报价行为的效力。

笔者赞同该案的判决结果,承包人的报价并非欺诈行为,也未损害国家利益,发包人无权以承包人欺诈为由主张施工合同无效或者可撤销。

民法理论认为,"欺诈"是指以使他人陷于错误并因而为意思表示为目的,故意陈述虚伪事实或隐瞒真实情况的行为。其构成需要有欺诈的行为、欺诈人有欺诈故意、受欺诈人因欺诈而陷于错误、受欺诈人因错误而为意思表示以及欺诈违反法律、违反诚实信用原则。[②] 因此,受欺诈人因他人之欺诈而陷于错误系受欺诈人处于错误状态的本质。在不平衡报价策略的运用过程中,虽然发包人最终也陷入了对工程量的认识错误,但这种错误并非因投标人的欺诈而形成;它本质上是由于发包人对工程造价控制能力不足而在图纸设计、招标文件和工程量清单编制这些先于投标人报价的阶段便产生了对工程量的错误认识,发包人的该等错误不是也不可能是基于时间上在后的投标人报价策略而造成。因此,不平衡报价作为一种报价策略,对发包人而言并不能构成欺诈。

(二)以不平衡报价系显失公平为由作出的抗辩

在四川省高院二审审理的四川泸天化弘旭工程建设有限公司与四川煤气化有限责任公司建设工程施工合同纠纷一案[③]中,承包人按照发包人编制的工程量清单进行报价,对于名称为"金属面油漆"的项目,项目特征描述为"环氧富锌底漆 1 遍、环氧云铁中间漆 2 遍、氯化橡胶面漆 2 遍。涂层总厚不小于 150um",清单中的工程量为 18.843 吨;承包人报价组成为:综合单价为 35,474.32 元/吨,安全文明施工费 2017.39 元/吨,规费 1776.85 元/吨,税金 1366.55 元/吨。但施工图中载明的工程量为 220 吨。承包人按图施工,实际施

---

① 《招标投标法》第 54 条:"投标人以他人名义投标或者以其他方式弄虚作假,骗取中标的,中标无效,给招标人造成损失的,依法承担赔偿责任;构成犯罪的,依法追究刑事责任。"

② 崔建远主编:《合同法》(第 6 版),法律出版社 2016 年版,第 67 页。

③ 参见(2017)川 05 民终 183 号民事判决书。

工的工程总量为220吨而非清单中的18.843吨，双方对于超出的工程量之结算产生争议。

发包人认为，承包人在投标时明知该部分工程量绝不仅仅只有清单中的18.843吨，应该会有200多吨，故在报价时采取远远高出《四川省安装工程计价定额(2009)》近9倍的严重不平衡报价策略，该报价构成显失公平、重大误解，依法应予撤销。

法院经审理认为，发包人单独就本案诉争防腐工程主张存在显失公平或者重大误解，没有相应的事实根据和法律依据。

笔者虽然认为本案的判决结果值得商榷，但赞同法院在认定不平衡报价是否构成显失公平或者重大误解问题的说理部分。

原《民通意见》第72条规定："一方当事人利用优势或者利用对方没有经验，致使双方的权利与义务明显违反公平、等价有偿原则的，可以认定为显失公平。"《民法典》第151条规定，一方利用对方处于危困状态、缺乏判断能力等情形，致使民事法律行为成立时显失公平的，受损害方有权请求人民法院或者仲裁机构予以撤销。

首先，根据笔者上文关于不平衡报价理论的论述，该种报价策略确实系投标人利用了自身优势和发包人经验缺乏而实施的，但原《民通意见》并没有明确数量的标准(超出何种比例方可构成显失公平)；更何况，不平衡报价策略中的"不平衡"是提高部分分部分项工程单价、降低其他部分分部分项工程单价。具体到本案中，要判断投标人的报价是否存在显失公平，不能仅仅依据案涉的防腐工程报价，而应当从承包人承包的全部工程量及工程价款予以判断；尽管承包人的防腐工程报价超出了《四川省安装工程计价定额(2009)》近9倍，但就整个承包工程而言，存在多处工程变量较大且被承包人投标时报价低于《四川省安装工程计价定额(2009)》的情形，双方当事人均是执行投标时分部分项工程报价，并没有就单独某项工程变量过大或者价格过低过高而要求重新计价。

其次，根据法律规定，显失公平系当事人在订立合同时，一方利用自身优势和对方无经验，因此，两个构成要件缺一不可：(1)受有过高利益的当事人在主观上具有利用对方的故意；(2)显失公平的发生时间在订立合同之时。[①] 但发包人要举证证明上述两点基本上不存在可能性。更为重要的是，不平衡报价具

① 参见杨立新：《合同法》，北京大学出版社2013年版，第135页。

有较强的“隐性”，其功能只有在施工过程中真实发生了工程变更或者真实发生了清单缺陷的结果时方能体现；在投标和签约阶段，投标人仅仅是作出了一定的预测，不平衡报价也可能会发生策略失灵的结果。因此，不平衡报价能否在订立合同之时便形成显失公平的状态是不能确定的。

故，笔者认为，在发生不平衡报价的情况下，发包人主张该种报价方式系显失公平很难被认可。我国“尽管在理论中及立法上均确认在显失公平时，不利一方可以主张撤销权进行救济，但如果不严格掌握，往往被用来作为拒绝履行合同义务、破坏合同信用的理由”①。

（三）以不平衡报价违背诚实信用原则作出的抗辩

在浙江省丽水市中级人民法院二审审理的浙江佳华时代装饰工程有限公司与丽水市莲都区林业局建设工程施工合同纠纷一案②中，招标文件明确：采用可调价格合同，合同价格调整按招标文件第 10 款工程结算方式第 33、34 项调整，与投标文件相同的项目，结算单价仍按中标报价单价结算。双方签订的《施工合同》中对这一问题的约定与招标文件一致。

在实际施工过程中，招标范围以外的网线工程量比标底增加约 10 倍；两级法院认为，案涉工程招投标时虽然未禁止不平衡报价；但承包人对该部分工程的投标单价不仅畸高，而且实际工程量比标底增加约 10 倍。该种行为不仅有违民事活动应遵循的诚实信用原则，更有损社会公共利益、扰乱社会经济秩序。因此，判决对超投标范围 15% 以内工程量按中标价计算工程价款，对超投标范围 15% 以外工程量按鉴定机构重新组价下浮后结算。

笔者认为，本案以不平衡报价策略违背诚实信用原则为由改变合同中有关增加网线工程量计价方式的做法颇为值得商榷；不平衡报价策略并不违反诚实信用原则，除上文所述不平衡报价的“隐性”原因外，还有如下主要理由：

1. 建设工程施工合同属于私法范畴，在法律和行政法规没有强制性规定且招投标文件与施工合同之间就具体问题的约定不存在矛盾的情况下，应当尊重当事人双方的意思自治。本案中，无论是招标文件还是施工合同，均对已标价工程量清单中增减项目的计价方式作出了明确约定，双方应当按照诚信原则履行该约定。

---

① 李仁玉等：《合同效力研究》，北京大学出版社 2006 年版，第 138 页。

② 参见（2016）浙 11 民终 585 号民事判决书。

2. 不平衡报价方案通过专家评标程序而中标即为招标人对这一策略的认可。作为具有专业知识的评审专家，理应对投标人是否采取了不平衡报价以及该种报价策略对整个工程造价的影响予以评价后最终决定何种报价方案能够中标。尤其是在《建设工程造价咨询规范》（GB/T51095－2015）[①]颁布实施后更是如此。该规范第6.3.2条专条规定了评标程序前的清标工作，其中一项工作即为不平衡报价分析；通过清标、评标质疑权以及现代化的评标手段，招标人基本可以消除招投标人双方信息不对称的问题。通过如此严格的专家评审程序后，再判定投标人的投标行为违背诚实信用原则，这极大地伤害了商事交易中对交易安全和交易效率的价值追求。

3. 施工合同中对工程价款调整规则的具体和特殊约定也能够为发包人从合同审查和管理的角度提供消弭因过度不平衡报价而给发包人带来潜在风险的手段，如（2017）渝民申1898号案件中的发承包人双方就对此进行了明确约定[②]；因此，在发包人有消弭风险之途径而未采用的情况下，将投标人的不平衡报价策略视为违背诚实信用原则，将陷入法律保护懒惰的价值悖离，尤其考虑到建筑市场系买方市场这一现实。

4. 即使可以认定不平衡报价策略违背诚实信用原则，但法律并没有规定违背该原则的法律后果。理论上来讲，最为严重的后果也只能是合同无效或者可撤销，而施工合同被认定无效或者被撤销后，按照司法解释的规定，对于工程价款的结算也需要参照施工合同约定。但本案中，法院却主动变更了施工合同中约定的结算规则，这一做法明显缺乏相应的依据。

（四）裁判文书画蛇添足般地将“不平衡报价”引入说理部分

在安徽省高级人民法院再审审查的周辉与余永和安徽庐江县环宇建设工程有限责任公司（简称环宇公司）建设工程施工合同纠纷一案中[③]，环宇公司总承包某工程项目后转包给他人施工，该他人又将部分工程分包给周辉施工，周辉后将其承包工程中的机耕桥及涵管桥项目以及水泥路工程分包给余永施工，

---

① 该规范由住建部于2020年予以部分修订。

② 具体约定为：“为控制不平衡报价，在确定某子项决算价时，应将中标人对某子项的综合单价报价与招标时招标人委托中介机构预算审核的同一子项综合单价下浮10%后进行比较，若中标人某子项的投标报价高于中介机构预算审核的同一子项综合单价（下浮10%后的单价），则以中介机构审核的该子项目综合单价下浮10%作为结算依据，反之则以中标人该子项的投标报价作为结算依据。”

③ 参见（2018）皖民申1374号民事裁定书。

并分别签订了《劳务协议》和《水泥路工程合同》，两份合同对于工程价款给予了明确约定，其中水泥路按照68元/m^2的价格进行结算。

二审法院经审理判决周辉按照上述两份合同的约定向余永结算工程价款。

周辉在再审申请中提出，应当按照审计局委托的审计公司对案涉工程的审核报告与余永进行结算；并认为其在对水泥路的投标报价为25.128元/m^2，若按照68元/m^2的价格与余永结算，对其显失公平。

安徽省高级人民法院经再审审查，最终认为按照最高院司法解释，无效施工合同应按照约定结算工程价款，双方应该按照68元/m^2的合同单价进行结算；但同时又用了较大的篇幅论证周辉的投标价系属其采取的不平衡报价策略。笔者认为，既然按照合同约定结算工程价款已经具有充分法律依据，就无需再论证与本案无关的周辉投标报价策略；更何况根据一审判决、二审判决和再审裁定，当事人并未提交与周辉投标报价相关的招标文件、工程量清单以及施工合同等，在缺乏上述材料的情况下，很难判断其在投标中是否采取与本案无关的不平衡报价策略。该等论证过程似乎画蛇添足。

四、结语

由于不平衡报价策略对于发承包人双方的利益影响甚大。这要求发包人在招标时注重对设计图纸进行足够的深化和优化以确保工程量清单编制的准确性，评审专家在清标和评标程序中应严审报价不合理的部分以为招标人提示相关合同风险。对于承包人而言，需要仔细分析招标图和工程量清单，同时需要逐条研读招标文件中的相关条款，在科学计算的基础上寻求不平衡报价策略在二次经营中实现企业利润率的增长。当然，无论是发包人的招标活动抑或承包人的投标活动，过程中如能聘请专业律师提供相关管理全周期的法律服务，也是防控风险提升经营能力的有效途径。毕竟，《司解一》第22条明确规定了在当事人签订的建设工程施工合同与招标文件、投标文件、中标通知书载明的工程范围、建设工期、工程质量、工程价款不一致时，应当将招标文件、投标文件、中标通知书作为结算工程价款的依据。这赋予了招投标过程中形成的相关法律文件较高的结算效力。

第九章

建设工程案件管辖中的热点法律问题

第一节　诉讼与仲裁

2015年2月4日起施行的《民诉法司法解释》第28条①确立了建设工程施工合同纠纷适用专属管辖的原则,这一规定终结了人民法院对建设工程诉讼案件管辖权的争扯。但基于建设工程实践的复杂性,若当事人双方存在黑白两份或者多份施工合同(这在实践中十分常见),且两份或者多份施工合同对于争端解决方式的约定并不相同,如一份或者几份合同约定通过向人民法院诉讼解决,另一份或者几份合同约定向某仲裁机构申请仲裁解决的,如何正确确定该等情形下的争端解决方式,在司法实践中困扰着当事人的诉权行使。本节从诉讼和仲裁的角度予以阐析。

一、"阴阳合同"的效力对争端解决方式的影响

"阴阳合同"是建设工程领域常见的一种法律现象,其本质是为了规避法律对招投标的程序性规定。"阴合同"和"阳合同"的效力

---

① 《民诉法司法解释》第28条:"民事诉讼法第三十三条第一项规定的不动产纠纷是指因不动产的权利确认、分割、相邻关系等引起的物权纠纷。农村土地承包经营合同纠纷、房屋租赁合同纠纷、建设工程施工合同纠纷、政策性房屋买卖合同纠纷,按照不动产纠纷确定管辖。不动产已登记的,以不动产登记簿记载的所在地为不动产所在地;不动产未登记的,以不动产实际所在地为不动产所在地。"

是司法机关在案件审理中必须要处理的法律问题。但从程序法的角度，无论两份或者多份施工合同的效力为何，均不影响争议解决方法作为独立性条款的效力。《民法典》第507条规定："合同不生效、无效、被撤销或者终止的，不影响合同中有关解决争议方法的条款的效力。"《仲裁法》第19条第1款也规定："仲裁协议独立存在，合同的变更、解除、终止或者无效，不影响仲裁协议的效力。"

因此，仅仅依据"阴阳合同"本身的效力来处理争端解决方式的争议已不可能，这一观点也得到了司法实践的支持——无论合同是否有效，均不影响合同中有关争议解决方法条款的效力。

二、实际履行的合同对争端解决方式的影响

《司解一》第24条[①]对于当事人之间就多份施工合同均无效情况下的工程价款结算之实体争议予以了明确，即数份施工合同无效但建设工程质量合格的，应当参照双方实际履行的合同结算建设工程价款。但"实际履行合同规则"能否适用于当事人双方关于争端解决方式这一程序性争议问题？

争端解决方式的争议属于程序性问题，哪份施工合同是实际履行的合同则属于实体问题，有待实体审理时解决；当事人关于应按照实际履行之合同中约定的争端解决方式确定仲裁或者诉讼的主张不能成立。也正是基于实体审理与程序审理的本质性区别，同样可以论证上述当事人关于以合同效力作为确定争端解决之方式的主张也不能成立，合同效力问题属于实体性审理的范畴，无法在程序性审查中作出认定。

例如，在最高院二审审理的中国对外建设有限公司与鞍山华创德隆房地产开发有限公司建设工程施工合同纠纷管辖权异议一案[②]中，双方当事人在同一天签订了备案合同和未经备案的合同。最高院认为，关于两份合同的效力及哪份合同是实际履行的合同，属于案件实体问题，有待实体审理时解决，故不宜在本案程序审查中作出认定。故承包人关于其提供的未经备案的合同是实际履行的合同，应作为确定本案管辖问题标准的主张不能予以支持。

---

① 《司解一》第24条："当事人就同一建设工程订立的数份建设工程施工合同均无效，但建设工程质量合格，一方当事人请求参照实际履行的合同关于工程价款的约定折价补偿承包人的，人民法院应予支持。实际履行的合同难以确定，当事人请求参照最后签订的合同关于工程价款的约定折价补偿承包人的，人民法院应予支持。"

② 参见(2014)民一终字第00067号民事裁定书。

上述关于合同效力、以实际履行合同作为确定争端解决方式的主张均无法得到支持,这在司法实践中并不存在争议。

三、施工合同是否备案对争端解决方式的影响

司法实践中存在一种观点——尤其是在建设工程施工合同备案制度被取消之前,认为在备案合同与未经备案合同约定的管辖条款不一致时应当以备案合同确定案件的管辖问题。该种观点的主要理由有二:其一,《招标投标法》第46条第1款规定:"……招标人和中标人不得再行订立背离合同实质性内容的其他协议。"该观点将管辖争议条款与有关工程范围、价款、质量、工期等条款均认定为合同的实质性条款,故将通过招投标程序订立的备案合同中的争端解决方式作为确定管辖的依据。其二,将《2004版司解一》第21条的规定内容作为依据,即"当事人就同一建设工程另行订立的建设工程施工合同与经过备案的中标合同实质性内容不一致的,应当以备案的中标合同作为结算工程价款的根据"。该观点既然将争端解决方式视作合同实质性内容,故也相应援引该条规定作为争端解决方式的确定依据。

但笔者认为,该种观点并不成立。暂且不论是否属于实质性条款系实体审理而非程序审理中所应确定的问题,仅将争端解决方式视作实质性条款这一认识本身即属错误。所谓实质性条款是指那些对当事人实体权利具有实质性影响的条款,如若系争案件是通过诉讼抑或通过仲裁予以审理直接影响到当事人双方的实体权利,那么反过来的推论便是两种争端解决方式对当事人实体权利的认定具有不同的法律标准,其中一种对一方当事人有利而对另一方当事人不利。而这显然是荒谬的!

四、其他协议的准据对争端解决方式的影响

该种情形系指当事人签订的多份施工合同中对争端解决方式约定不一致,但通过另一份独立协议明确约定具体以某份合同为准。在该种情况下,笔者认为,争端解决方式应当依据准据协议予以确定。

以江苏省高院二审审理的常州月星国际家居广场有限公司与江苏武进建工集团有限公司建设工程施工合同纠纷管辖权异议一案①为例,当事人双方先

---

① 参见(2016)苏民终687号民事裁定书。

后签订了四份合同，在先签订的总承包合同约定合同履行过程中产生争议时向工程所在地人民法院诉讼；在后签订的三份经备案的施工合同则约定由常州仲裁委员会解决争端。但是，在三份经备案的施工合同签订之前，双方签订《备忘录》，明确经备案的招投标文件及施工合同均仅作为政府有关管理部门备案使用，备案合同与总承包合同不一致的，以总承包合同为准。另外，双方于 2015 年在相关部门主持下形成的《会议纪要》约定，对于存在争议的未审定部分及索赔通过司法途径另行处理。

江苏省高院认为，《备忘录》明确备案合同与总承包合同不一致的，应以总承包合同为准，而总承包合同约定的纠纷解决方式为诉讼，《会议纪要》也明确了双方最终的纠纷解决方式为通过司法途径解决（按照一般理解，司法途径即为向人民法院提起诉讼）。因此，双方当事人对以诉讼为纠纷解决方式的意思表示前后是一致的，本案不应由常州仲裁委员会审理。

以相同理由和观点予以裁判的案例另包括最高人民法院（2015）民提字第 147 号案件（值得注意的是，该案中，最高院并未明确以该理由裁判，但根据本案的案件事实可以看出根本性的理由即为此）、最高人民法院（2016）最高法民辖终 105 号案件等。

五、合同签订时间对争端解决方式的影响

如上文所述，既然争端解决方式条款具有独立性，不因合同的效力、被撤销、被解除而受到影响，那么，当事人之间订立了多份合同且合同之间对争端解决方式约定不一致的，应该以最后一份合同中所约定的内容为准。笔者认为，最后一份合同中所约定的具有独立性的争端解决方式条款系对此前所有合同中所约定的争端解决方式的变更，对于争端解决方式应以该最后一份合同约定为准。

采取该种观点的司法案例有最高人民法院（2017）最高法民辖终 76 号案件、最高人民法院（2017）最高法民辖终 324 号案件、最高人民法院（2016）最高法民辖终 105 号案件、最高人民法院（2015）民一终字第 374 号案件、山东省高院（2014）鲁民辖终字第 480 号案件、最高人民法院（2014）民一终字第 249 号案件、最高人民法院（2014）民一终字第 228 号案件等。

但问题还因另一项事实而又变得复杂，即双方当事人所签订的两份或者两份以上合同均是同一天签署而无法区分先后且分别约定了不同的争端解决方

式。在该种情形下,笔者认为,应当从程序上尊重提起诉讼一方的意思选择。

六、结论

结合上述援引之案例以及争端解决方式之一般理论,笔者认为,在发承包双方签署的数份施工合同中,若有一份具体指明了最终以何份合同为准的,应当采取该份合同中约定的争端解决方式,而无论该份合同在实际施工过程中是否被双方当事人实际履行或者效力如何;若没有约定准据协议的,则根据合同变更之理论,应适用签署时间在后的施工合同中约定的争端解决方式;但若所有施工合同的签署日期均在同一日的,则应当尊重启动司法解决争议一方的意思表示,适用该方所选用的合同文本中约定的争端解决方式;但若所有施工合同均在同一天签署且启动司法程序一方将约定了不同争端解决方式的合同均向法院提交的,则应当视为当事人双方对仲裁条款并未达成一致意见,应当由建设工程所在地的人民法院专属管辖。

第二节　装配式钢结构工程案件的“管辖权之争”

钢结构建筑是采用型钢,在工厂制作成梁柱板等部品构件,再运输到施工工地进行吊装装配,结构通过锚栓连接或焊接连接而成的建筑,具有自重轻、抗震性能好、绿色环保、工业化程度高、综合经济效益显著等诸多优点。[①] 2013 年,国务院在转发的发改委、住建部《绿色建筑行动方案》中提出:“推广适合工业化生产的预制装配式混凝土、钢结构等建筑体系,加快发展建设工程的预制和装配技术,提高建筑工业化技术集成水平。”2016 年,国务院在《关于进一步加强城市规划建设管理工作的若干意见》中提出:“积极稳妥推广钢结构建筑。”在《关于大力发展装配式建筑的指导意见》中也提出:“因地制宜发展装配式混凝土结构、钢结构和现代木结构等装配式建筑。”

虽然,钢结构建筑形式具有顶层设计的推动,但由于我国钢结构建筑起步较晚,在人们的日常生活甚至司法实践中对装配式钢结构建筑的概念还比较陌生,这导致了其在法律适用方面的一些误解——钢结构工程纠纷之管辖即为一

① 李启明等编著:《建筑产业现代化导论》,东南大学出版社 2017 年版,第 59 页。

例。本节以江苏省无锡市中级人民法院二审审理的无锡市现代钢结构工程有限公司与丹阳市常盛机械配件厂定作合同纠纷管辖权异议一案①作为切入点对该问题予以阐析。

【基本案情】

原告:无锡市现代钢结构工程有限公司(以下简称现代公司)。

被告:丹阳市常盛机械配件厂(以下简称常盛厂)。

现代公司与常盛厂于2013年1月8日签订《钢结构厂房施工协议》,约定现代公司为常盛厂制作、运输、安装钢结构厂房,工作范围不包括土建等基础工程施工;双方在《钢结构厂房施工协议》中约定的争议解决方式为通过诉诸原告所在地法院解决。后现代公司因常盛厂没有偿清全部款项而将其诉至无锡市新吴区人民法院;常盛厂在本案中提起管辖权异议,认为本案应适用专属管辖之规定由工程所在地人民法院管辖。

法院经审理认为,现代公司按照要求为常盛厂完成钢结构厂房的制作、运输、安装,双方明确所有土建工作不在现代公司的工作范围之内,故双方合同符合定作合同法律特征而非建设工程施工合同,不应适用专属管辖,而应依据双方当事人在协议中的约定确定管辖法院。

【评析】

本案的争议焦点在于现代公司与常盛厂之间的《钢结构厂房施工协议》的法律性质,是一般的定作合同抑或是建设工程施工合同。

对此,笔者在本节中通过对管辖权争议的研究试图厘清二者的不同并解决钢结构企业在司法实践中所面临的管辖权之争的尴尬。

一、装配式钢结构工程中可能出现的主要民事案件案由

如上文对钢结构建筑的定义所示,钢结构建筑是在工厂加工构件、钢构件运输到施工现场后进行吊装拼装的建筑产品。因此,与钢结构建筑相关联的四个可能的关键性民事法律关系为:钢结构企业与钢铁生产商或者贸易企业之间的买卖合同关系、定作人或者委托人与钢结构企业之间的定作合同关系、钢结构企业与运输企业之间的运输合同关系以及建设单位或者总承包人与钢结构企业之间的建设工程承包或者专业分包合同关系。在司法实践中相对应的案

---

① 参见(2017)苏02民辖终270号民事裁定书。

由分别为:买卖合同纠纷、定作合同纠纷、公路或者水路货物运输合同纠纷以及建设工程施工合同或者分包合同纠纷。根据建设单位或者总承包单位与钢结构企业之间不同的交易目的,可以将钢结构工程中可能发生的主要法律关系绘制为图 14。

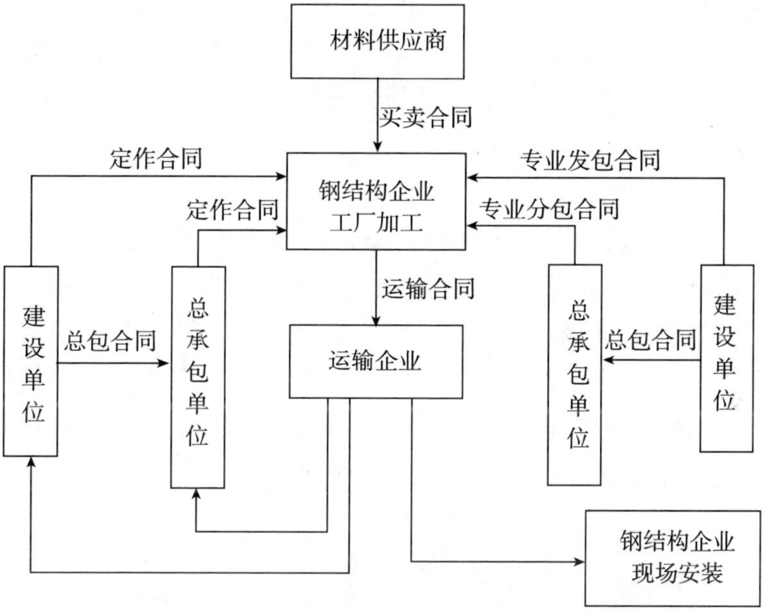

图 14　钢结构工程中主要法律关系

司法实践中,因对钢结构建筑的陌生而经常存在基于装配式钢结构建筑的定作合同纠纷与建设工程承分包合同纠纷的认识模糊,本书所援引之案例即为典型。

二、现代公司与常盛厂法律关系之界定

《民诉法司法解释》第 28 条第 2 款确立了建设工程施工合同纠纷专属管辖的原则,即该类案件由建设工程所在地人民法院专属管辖。因此,当事人双方所签订之合同性质以及合同双方之间的基础法律关系对于确定本书所援引之案例的管辖法院具有根本的意义,即管辖法院之确定需要厘清现代公司与常盛厂之间系承揽合同法律关系项下的定作合同关系抑或施工合同项下的建设工程施工合同关系。诚然,建设工程合同是一种特殊的承揽合同形式,欲在《民法典》的框架下区分二者的适用,必须从以下两个方面辨识二者间存在的根本不

同之处。

其一,因标的物不同而受不同的法律调整。

建设工程合同关系之标的指向为建筑物,除受《民法典》的调整外,建筑物的建造活动还需要受到《建筑法》的调整。《建筑法》第 2 条确定了该部法律的调整范围,即建筑活动,它是指"各类房屋建筑及其附属设施的建造和与其配套的线路、管道、设备的安装活动"。在本案中,非常明显的是,《钢结构厂房施工协议》指向的是常盛厂的厂房建造,因此,该等厂房建造行为属于建筑活动,它受《建筑法》的调整。

其二,资质要求不同。

一般的承揽合同法律关系中并不要求承揽人具有国家核准的资质,但建设工程合同法律关系中需要施工人具有相应的资质。目前,装配式钢结构企业的资质有三种类型:中国钢结构制造企业资质、钢结构工程专业承包资质、建筑工程施工总承包资质(限钢结构主体工程)。其中,第一类是由中国钢结构协会颁发且不属于强制性资质,第二、第三类是由住建部颁发且属于强制性资质(以浙江省二建钢结构有限公司取得的上述三类资质为例,见图 15)。

建筑业企业资质证书
(副本)
企业名称:浙江省二建钢结构有限公司
详细地址:浙江省宁波市镇海临海路27号
统一社会信用代码(或营业执照注册号):913302117473892455　法定代表人:赵银海
注册资本:10000万元人民币　经济性质:其他有限责任公司
证书编号:D133033791　有效期:2021年02月01日
资质类别及等级:
建筑工程施工总承包壹级(限钢结构主体工程,有效期自2018年12月28日至2023年12月27日);
钢结构工程专业承包壹级。
******
发证机关:
2018年12月28日
中华人民共和国住房和城乡建设部制

[副本]
SCS
中国钢结构制造企业
资质证书
(特级)
MC2011010-1
单位名称:浙江省二建钢结构有限公司
注册地址:浙江省宁波市镇海临海路27号
业务范围:高层、大跨房屋建筑钢结构、大跨度钢结构桥梁结构、高耸塔桅、大型锅炉钢架、海洋工程钢结构、容器、管道、通廊、烟囱、非标设备及成套设备等。
资质编号:中钢构(制)T-061
批准日期:2011年10月
有效期:2016年10月至2021年10月
发证部门:
2016年10月

图 15　资质证书示例

结合笔者在上文所绘制之法律关系图(见图14),在该图左半部分,由于建设单位或者总包单位仅仅委托钢结构企业加工制作钢构件,而无需钢结构企业进行现场的安装,根据现行法律规定,钢构件的制作不需要资质。因此,双方之间的法律关系为定作合同关系。而在该图右半部分,建设单位或者总包单位不仅委托钢结构企业加工制作钢构件,而且需要进行现场安装;钢构件的现场安装等施工活动则必须要具备相应的资质。因此,双方之间的法律关系应该为建设工程专业发包合同或者专业分包合同关系。

具体到本案中,现代公司承接案涉钢结构厂房的制作、运输和安装业务,需要具备相应的钢结构工程专业承包资质,而且该工程系由作为建设单位的常盛厂直接进行发包,二者之间构成建设工程施工合同法律关系。

三、《民诉法司法解释》第28条的"建设工程施工合同纠纷"

根据最高人民法院《民事案件案由规定》,建设工程合同纠纷三级案由项下存在包括建设工程施工合同纠纷和建设工程分包合同纠纷在内的九项四级案由,但《民诉法司法解释》第28条规定的专属管辖范围却仅限于"建设工程施工合同纠纷"。如若总承包单位将钢结构工程专业分包给钢结构企业并引起争议,此种情况下基于"建设工程分包合同纠纷"的诉讼是否适用专属管辖的规定在实践中存在争议。笔者认为,应当对该处的"建设工程施工合同纠纷"作扩大性解释。司法解释之所以将建设工程施工合同纠纷规定为专属管辖的范围,是因为建设工程施工过程中形成的法律文件大量地归档在当地的行政主管部门,将工程所在地法院作为管辖法院连接点就近审理建设工程纠纷案件更加便宜,更有利于查明案件事实;另外,从司法实践察之,建设工程分包合同纠纷的案件亦适用专属管辖的规定。对此,《江苏高院关于施工合同的解答》第1条规定,建设工程施工合同纠纷、建设工程价款优先受偿权纠纷、建设工程分包合同纠纷、建设工程监理合同纠纷、装饰装修合同纠纷、建设工程勘察合同纠纷、建设工程设计合同纠纷等均应适用专属管辖之规定。

四、结论

根据上文之阐释,笔者认为,本节所援引之案例因属建设工程施工合同纠纷应适用专属管辖之规定;法院因系争协议中明确现代公司的施工范围不包括土建工作而否认钢结构工程安装项目系建设工程之建造活动的观点颇为值得商榷——依此等逻辑推论,则所有的建设工程施工合同纠纷仅仅适用于土建工程,与土建性质不同的水电安装、钢结构施工等专业工程均不属于建设工程施工合同之范围。但这一推论显然是不能成立的。

第三节　对故意虚增诉讼标的额的司法审查

司法实践中,当事人一方或者基于财产保全的目的或者基于规避级别管辖的目的,可能会在起诉时故意虚增诉讼标的额。对此,最高院在其审审理的中国建筑第二工程局有限公司与东营文渊置业有限公司建设工程施工合同纠纷一案①中认为,法院在双方的级别管辖异议中应作实质性审查。

【基本案情】

在该建设工程施工合同纠纷案件中,施工单位请求确认已施工产值为110,960,351.85元,判令发包人支付工程款79,745,305.14元,支付工程款利息4,092,771.69元,赔偿损失39,350,142.80元(上述合计约1.23亿元)。故施工单位根据最高院对级别管辖的规定向山东省高级人民法院提起本次诉讼。发包人认为,该施工单位虚增诉讼标的额,规避法院管辖的主观恶意明显,根据施工单位起诉中提交的证据,本案应由某中级人民法院管辖。

【争议焦点】

施工单位是否故意虚增诉讼标的额以规避级别管辖以及法院在管辖权争议中应否做实质性审查。

【最高院观点】

人民法院在立案受理阶段,对原告的诉讼请求,一般仅进行形式审查,不作实质审查;但当事人一方提出管辖权异议,主张另一方虚增诉讼标的额,规避级别管辖规定时,人民法院应当在立案阶段对案件进行一定的实质审查。

本案中,从对双方证据的初步审查看,案涉工程量双方进行过核算(有《截至2018年6月的产值审核表》为证),结算后的工程施工总产值是87,927,800元。虽然在管辖权争议中,发包人认为其签字的上述表格不能作为结算依据,但该表系施工单位提交给发包人并认可的。现施工单位又自行编制了《东营金湖壹号合同产值》表,工程施工总产值变成110,960,351.85元,施工单位对多出的22,932,551.85元(110,960,351.85元-87,927,800元),并没有作为争议

---

① 参见(2019)最高法民辖终249号。

事项提出；再加之发包人支付 39,697,124.4 元，比原告认可的 31,214,946.71 元多出 8,482,177.69 元，应付工程款明显减少，施工单位主张的利息及损失赔偿额也应相应减少。故施工单位提供的证据不足以支撑其诉请的诉讼标的额，确实存在虚增诉讼标的额的主观故意。由于本案诉讼标的额已不足 1 亿元，按照《关于调整高级人民法院和中级人民法院管辖第一审民事案件标准的通知》（以下简称《关于调整管辖的通知》）第 2 条①规定，本案未达到山东省高级人民法院受理第一审民商事案件的管辖标准，山东省高级人民法院对本案没有管辖权，本案应由工程所在地的中级人民法院管辖。

【评析】

故意虚增诉讼标的额以恶意抬高级别管辖问题在实践中较为常见，且其形成在很大程度上系多方面因素和利益之合力的结果。这首先有关于级别管辖的司法政策方面的原因——立案登记制背景下的司法政策并不要求法院对原告的诉请进行必然的实质性审查；其次，有来自原告自身对级别管辖在一定意义上的“迷信”；最后，有来自——可能更多是来自这方面的原因——诉讼代理人，包括律师、法律工作者、公民代理人等基于对收费标准的考量而不遵守职业道德规范，故意虚增诉讼标的额、乱收费。

但根据最高院的该份判决书，已经明确了如下原则，即在一方当事人以对方虚增诉讼标的额恶意抬高级别管辖为由而提出管辖权异议的案件中，人民法院应当在立案阶段对案件进行一定的实质审查。人民法院在进行实质审查的过程中，应当根据原告方在诉讼中提交的相关证据以及相关证据的证明力等对原告是否存在故意虚增诉讼标的额进行认定。

附：(2019)最高法民辖终 249 号民事裁定书全文

中华人民共和国最高人民法院民事裁定书

（2019）最高法民辖终 249 号

上诉人（一审原告）：中国建筑第二工程局有限公司。

法定代表人：陈建光，该公司董事长。

---

① 《关于调整管辖的通知》第 2 条：“高级人民法院管辖诉讼标的额 50 亿元（人民币）以上（包含本数）或者其他在本辖区有重大影响的第一审民事案件。”

委托诉讼代理人:蔡卫忠,山东众成清泰律师事务所律师。

委托诉讼代理人:靳峰,山东众成清泰律师事务所律师。

被上诉人(一审被告):东营文渊置业有限公司。

法定代表人:刘春霞,该公司执行董事。

委托诉讼代理人:董学林,山东康桥(东营)律师事务所律师。

委托诉讼代理人:李蕊,山东康桥(东营)律师事务所律师。

上诉人中国建筑第二工程局有限公司(以下简称中建二局)因与被上诉人东营文渊置业有限公司(以下简称文渊置业)建设工程施工合同纠纷一案,不服山东省高级人民法院(2018)鲁民初170号之二民事裁定,向本院提起上诉。

中建二局上诉,请求撤销(2018)鲁民初170号之二裁定,裁定该案件由山东省高级人民法院继续审理。主要事实和理由是:本案诉讼标的额超过1亿元,达到山东省高级人民法院审理第一审民商事案件的级别管辖标准,应当由山东省高级人民法院审理;一审裁定将本案移送至山东省营口市人民法院合并审理本案以及(2018)鲁05民初838号案件,适用法律错误,应予纠正。

被上诉人文渊置业答辩称,中建二局虚高诉讼标的额,规避法院管辖的主观恶意明显,请求二审法院裁定驳回上诉,维持一审裁定。

根据本案诉辩双方的主张,本案争议焦点是:中建二局是否存在虚高诉讼标的额,规避法院级别管辖的问题,本案是否应移送东营市中级法院管辖。

本院认为,人民法院在立案受理阶段,对原告的诉讼请求,一般仅进行形式审查,不作实质审查。但被告提出管辖权异议,主张原告虚高诉讼标的额,规避案件级别管辖规定时,人民法院应在立案阶段对案件进行一定的实质审查。本案当事人中建二局向山东省高级人民法院提起诉讼,请求确认已施工产值为110,960,351.85元,判令文渊置业支付工程款79,745,305.14元,支付工程款利息4,092,771.69元;赔偿损失39,350,142.80元。从对双方证据的初步审查看,案涉工程量双方进行过核算,有《截至2018年6月份的产值审核表》为证,结算后的工程施工总产值是87,927,800元,虽然文渊置业认为其签字的表格不能作为结算依据,但该表是中建二局提交给文渊置业并认可的。现中建二局又自行编制了《东营金湖壹号合同产值》表,工程施工总产值变成110,960,351.85元,中建二局在结算中对多出的22,932,551.85元,并没有作为争议事项提出,再加之被上诉人支付39,697,124.4元,比原告认可的31,214,946.71元多出8,482,177.69元,应付工程款明显减少,中建二局主张的利息及损失赔偿额也应相应减少，故中建二局提供的证据不足以支撑其诉请的诉讼标的额，确实存在虚高诉讼标的额的主观故意。本案诉讼标的额已不足1亿元。按照《最高人民法院关于调整高级人民法院和中级人民法院管辖第一审民商事案件标准的通知》（法发[2015]7号）第2条规定，本案未达到山东省高级法院受理第一审民商事案件的管辖标准，山东省高级人民法院对本案没有管辖权。一审法院根据《最高人民法院关于在经济审判工作中严格执行〈中华人民共和国民事诉讼法〉的若干规定》第2条"当事人基于同一法律关系或同一法律事实而发生纠纷，以不同诉讼请求分别向有管辖权的不同法院起诉的，后立案的法院在得知有关法院先立案的情况后，应当在七日内裁定将案件移送先立案的法院合并审理"的规定，将本案移送东营市中级人民法院审理并无不当。

综上，中国建筑第二工程局有限公司的上诉理由不成立，本院不予支持。依照《中华人民共和国民事诉讼法》第一百七十条第一款第一项、第一百七十一条规定，裁定如下：

驳回上诉，维持原裁定。

本裁定为终审裁定。

审判长：杨国香
审判员：刘京川
审判员：宋　冰
二〇一九年七月十五日
书记员：席林林

第十章

建设工程案件证据中的热点法律问题

第一节 作为证据的监理日志

一、监理文件资料的范围

住建部制定的《建设工程监理规范》[(GB/T 50319－2013),以下简称13版《监理规范》]规定了18种监理文件资料,本节选取其中的监理日志阐析其在诉讼过程中作为证据的证明力问题。

所谓监理日志,是指项目监理机构每日对建设工程监理工作及施工进展情况所做的记录。它由专业监理工程师组织编写,主要内容包括:天气和施工环境情况;当日施工进展情况;当日监理工作情况,包括旁站、巡视、见证取样、平行检验等情况;当日存在的问题及处理情况;其他有关事项。

在司法实践中,除监理日志外,监理文件资料中的监理月报、监理工作总结等两类文件也具有类似的证据证明力作用。监理月报是指项目监理机构每月向建设单位提交的关于建设工程监理工作及建设工程实施情况等的分析总结报告。它由总监理工程师组织并由专业监理工程师参与编写,主要内容包括本月工程实施情况、本月监理工作情况、本月施工中存在的问题及处理情况、下月监理工作重点。而监理工作总结的主要内容包括:工程概况;项目监理机构;建设工程监理合同履行情况;监理工作成效;监理工作中发现的问题及其处理情况、说明和建议。

二、监理日志在司法实践中的证据证明力

(一)监理日志作为工期认定证据的证明力

《司解一》第 8 条[①]规定了开工日期认定的几种方式,尤其是在工程实践中存在没有发出书面开工通知、无法证明开工条件是否具备、实际进场之日证明障碍等情形,《司解一》规定此种情况下应当综合考虑开工报告、合同、施工许可证、竣工验收报告或者竣工验收备案表等载明的时间确定开工日期。虽然上述规定没有将监理日志作为考量因素,但在司法实践中经常出现当事人将监理日志作为支持己方主张之证据的现象。笔者认为,结合司法实践的实际情况,监理日志作为工程监理制作的文件资料,可以在一定程度上——有时甚至是唯一的——作为证明承包人开竣工等事实的书证。

以无锡市中级人民法院二审审理的无锡康柏斯机械科技有限公司与无锡市神扬建筑工程有限公司建设工程施工合同纠纷一案[②]为例。发包人主张开工日期为合同约定的 2013 年 1 月 2 日,承包人主张是取得施工许可证的 2013 年 4 月 22 日,但发包人提供的监理日志反映开工时间为 2013 年 1 月 9 日。虽然监理是由发包人委托的,但在双方均无其他证据推翻监理日志内容的情况下,应以监理日志中载明的日期作为开工日期。

(二)监理日志作为签证工程内容发生与否证据的证明力

以江苏省高院二审审理的苏州国信建设集团有限公司、中国核工业芜湖基础工程公司等与青岛时代建筑设计有限公司建设工程施工合同纠纷一案[③]为例。本案涉及对一份有施工单位签字盖章而无建设单位和监理单位签字盖章的编号为基 - 009 的签证单中的工程量应否计入结算总价的问题。鉴定机构认为,依据竣工图纸和监理日志可以认定该签证单中涉及的工程内容已经由承包

---

① 《司解一》第 8 条:“当事人对建设工程开工日期有争议的,人民法院应当分别按照以下情形予以认定:(一)开工日期为发包人或者监理人发出的开工通知载明的开工日期;开工通知发出后,尚不具备开工条件的,以开工条件具备的时间为开工日期;因承包人原因导致开工时间推迟的,以开工通知载明的时间为开工日期。(二)承包人经发包人同意已经实际进场施工的,以实际进场施工时间为开工日期。(三)发包人或者监理人未发出开工通知,亦无相关证据证明实际开工日期的,应当综合考虑开工报告、合同、施工许可证、竣工验收报告或者竣工验收备案表等载明的时间,并结合是否具备开工条件的事实,认定开工日期。”

② 参见(2016)苏 02 民终 4777 号民事判决书。

③ 参见(2017)苏民终 1672 号民事判决书。

人施工,应计入总价。法院经审理认可了鉴定机构的意见。

(三)监理日志作为发包人是否认可施工方案变更事项证据的证明力

以江苏省高院二审审理的江苏今达纺织实业有限公司与大丰区华厦建筑工程有限公司建设工程施工合同纠纷一案[①]为例。本案中,承包人提供监理日志一本,以其中15份日志内容证明发包人认可存在设计变更的事项。法院经审查认为:监理日志明确15厘米碎砖、15厘米灰土两层,以及灰土压实、地坪碎砖等,与承包人主张的变更后的地坪基础施工方案为“三七泥灰+碎砖”相符,故实际的地坪基础施工方案即为“三七泥灰+碎砖”,该施工方案得到了作为发包人代表的监理单位的认可;加之地坪基础部分已经通过分项验收,可以认定发包人在施工中对于该项施工方案的变更是认可的。

(四)监理日志作为措施项目是否发生证据的证明力

以江苏省高院二审审理的宜兴市工业设备安装有限公司与连云港海鸥可可食品有限公司、上海天坛国际贸易有限公司等建设工程施工合同纠纷一案[②]为例。本案中,发承包双方对是否发生了夜间施工、冬季施工、已完工程及设备保护等三项措施项目产生争议。法院经审理认为,由承包人提供的监理日志中载明了夜间加班施工的情况,并结合现场照片、会议纪要、监理证明等证据足以认定承包人在施工中存在夜间加班赶工、冬雨季施工及对已完工程设备采取保护措施的事实。

(五)监理日志作为反驳监理证人证言之证据的证明力

以江苏省高院二审审理的淮安金地置业有限公司与宜兴市太湖地基工程有限公司、宜兴市太湖地基工程有限公司淮安分公司建设工程施工合同纠纷一案[③]为例。本案中,发承包人施工合同中约定:本工程采用总价包干的承包方式,其中降水期暂定三个月,超出按定额的50%收取台班费。诉讼中,双方对于降水期是否超出三个月产生争议。为此,承包人举示经监理签确的《降水井验收记录》用以证明降水期已超出三个月,而发包人认为,该验收记录中仅有监理签字对其不具有约束力,且认为该验收记录系事后补签。江苏省高院经审理认为:发包人无证据证明其明确约定排除监理在三个月外《降水井验收记录》上签

① 参见(2016)苏民终454号民事判决书。

② 参见(2015)苏民终字第0069号民事判决书。

③ 参见(2017)苏民终1092号民事判决书。

字的权限且将该约定告知承包人,因此,监理签确的《降水井验收记录》具有证明力;监理人员虽出庭作证《降水井验收记录》系事后补签,但证人证言的证明力较低,并且无法提供现场监理日志以印证其观点。故而,法院采信《降水井验收记录》。

(六)监理日志作为确认实际施工人身份和地位证据的证明力

以江苏省高院二审审理的徐吉坤与无锡市重点水利工程建设管理处建设工程施工合同纠纷一案①为例。庭审中,当事人之间就徐吉坤是否为实际施工人的身份产生争议,法院综合以下事实和证据认定其为实际施工人:(1)名义上承包人未能提供其管理、控制涉案工程项目部及涉案工程专有银行账户的证据;(2)案涉工程的工程款结算支付单、发票、完税凭证等原件由徐吉坤持有,徐吉坤并提供了施工期间向施工管理人员及施工人员的工资发放凭证、送货单、相关支付凭证等,工程资料亦由徐吉坤持有;(3)施工期间,徐吉坤作为施工方的代表多次参加协调会,监理日志亦有其作为施工方人员的相关记录。

三、有关监理日志的举证责任分配

(一)"谁主张,谁举证"原则

根据民事诉讼法"谁主张,谁举证"的一般举证责任分配原则,将监理日志作为己方有利证据的一方需要向法庭举示。在司法实践中,经常发生承包人主张对因发包方原因造成的停窝工损失进行鉴定,但无法提供归责原因的相关资料而不具备鉴定条件,被法院驳回的情形。

以江苏省高院二审审理的武汉凌云建筑装饰工程有限公司与苏州中润置业有限公司建设工程施工合同纠纷一案②为例。承包人认为,因发包人没有提供作业面等原因导致其停工、窝工并申请对损失进行鉴定,上述停窝工的原因只能通过监理日志予以证明,但监理方因发包人未付清监理费用拒绝提供监理日志,导致鉴定无法进行,因此,应当认定发包人举证不能并承担相应的法律责任。法院经审理认为,证明由发包人原因导致停窝工的举证责任在于承包人,在承包人提供证据不足的情况下,鉴定机构因鉴定条件不具备而未能进行鉴定的法律后果应当归属于承包人。

---

① 参见(2017)苏民终463号民事判决书。

② 参见(2017)苏民终1540号民事判决书。

(二)未能提供监理日志作为佐证的一方应当承担不利后果

以江苏省高院二审审理的江苏天星建设集团有限公司与南通新景置业有限公司建设工程施工合同纠纷一案①为例。发包人提供监理公司出具的证明,证明地下室机械土方人工配合应按照100MM计取工程量。法院审理认为:首先,监理公司的说明并非施工时形成,且在法院要求发包人提供监理日志等证据佐证时,发包人一直未能提供;其次,图纸设计说明要求按300MM计算,且施工规范亦要求为300MM,在发包人未能提供相应的设计变更资料的情况下,应当按照300MM计取地下室机械土方人工配合的工程量。

(三)人民法院对施工日志的调取

1. 人民法院能否依职权调取施工日志。《民诉法司法解释》第96条规定了五类人民法院依职权调查收集证据的情形,根据该条规定,人民法院依职权调取施工日志的可能性较小,除非有证据证明存在上述五类情形。

2. 人民法院依申请调取施工日志。《民诉法司法解释》第94条规定了三类人民法院可依申请调取证据的类型:证据由国家有关部门保存,当事人及其诉讼代理人无权查阅调取的;涉及国家秘密、商业秘密或者个人隐私的;当事人及其诉讼代理人因客观原因不能自行收集的其他证据。《13版监理规范》第7.3.2条规定:"工程监理单位应根据工程特点和有关规定,保存监理档案,并应向有关单位、部门移交需要存档的监理文件资料。"因此,有些监理文件资料是需要按照规定移交国家有关部门存档的。笔者认为,当事人可以申请人民法院调查收集这部分监理文件资料(包括施工日志)。另外,由于监理日志一般不会保存在承包人处,承包人很难自行收集,因此,笔者认为,承包人可以申请人民法院调取不在承包人处的施工日志。

四、余论

监理日志作为监理对建设工程每日的监理工作以及施工进展情况所做的书面记载,其可以作为证明当事人一方之主张的重要证据之一,在民事诉讼法规定的证据体系中属于"书证"的范畴。因此,认真对待监理日志对于发承包双方固定证据以及在诉讼中的事实认定均具有重要意义。

---

① 参见(2015)苏民终字第00051号民事判决书。

综合上文之阐述，笔者认为，当事人将监理日志作为证据以证明自身主张时应当注意三个方面的问题。

1. 监理日志的形成时间。根据监理日志系在施工过程中形成的这一属性，如果有证据证明当事人一方提交的监理日志系施工完成后形成的，应当否定其作为证据的资格；除非有其他证据能够证明后补的施工日志所记载的内容系真实。

2. 在没有其他证据推翻真实施工日志记载内容的情形下，施工日志可以作为对相关事实认定的直接证据。这一点尤其反映在司法实践对工期的相关认定中。

3. 施工日志在工程计量和计价方面的证明力必须要结合其他证据方可认定。由于施工日志系对某项施工内容是否发生的记载，仅凭施工日志无法确定某项施工内容所发生的实际工程量和工程价款，对承包人而言，仍需通过提供其他证据证明该施工内容项下实际发生的工程量以及对应的工程价款。

第二节　仅有监理签确的施工文件作为证据的证明力

《建筑法》第30条规定，国家推行建筑工程监理制度。监理制度的引进有利于保障建筑工程施工中的质量和安全，监理单位和监理人员有权在法律规定和合同约定的职权内向施工单位和设计单位发出指令并在相关文件中签字确认。但在工程实施过程中，监理单位和监理人员因职责不清发生乱作为或者不正确履行其职责的行为如何定性在建设工程施工合同纠纷案件中也常见分歧。本节讨论仅有监理签字确认的施工文件在司法实践中的法律效力问题。

一、《建筑法》赋予监理单位和监理人员的法定职权

《建筑法》第32条规定："建筑工程监理应当依照法律、行政法规及有关的技术标准、设计文件和建筑工程承包合同，对承包单位在施工质量、建设工期和建设资金使用等方面，代表建设单位实施监督。工程监理人员认为工程施工不符合工程设计要求、施工技术标准和合同约定的，有权要求建筑施工企业改正。工程监理人员发现工程设计不符合建筑工程质量标准或者合同约定的质量要求的，应当报告建设单位要求设计单位改正。"

故此,监理单位和监理人员的法定职责可归结为以下三点:(1)对承包单位的监督权,其监督权限包括承包单位的施工质量、建设工期和建设资金使用等。(2)对承包单位发出指令的权利。根据《建筑法》的上述规定,在施工不符合工程设计要求、施工技术标准和合同约定的情况下,监理人员有权向承包单位发出改正指令。(3)对建设单位的设计修改建议权。监理人员无权直接向设计单位发出修改设计的指令,只能通过向建设单位提出建议的方式进行。

另外,原建设部在2000年发布《建设工程监理规范》,分别从监理单位、总监理工程师、总监理工程师代表、专业监理工程师、监理员的角度具体细化了相关职责。

监理单位和监理人员应当在自身的法定和约定职权范围内从事监理工作,发包人和承包人也应当根据法律规定和合同约定区分监理人员签确的相关施工文件是否具有法律效力,以避免不必要的争议和纠纷。

笔者将在下文中梳理司法政策和司法实践中经常出现的因监理单方签确的施工文件而产生争议的类型,并结合法律和司法解释以及各地高级人民法院的相关司法文件进行阐释和评析。

二、施工合同中明确约定监理权限的

首先需要明确的是,《建筑法》第32条第1款虽然赋予了监理法定的监督权,但其权利来源系法律、行政法规和施工合同的约定。因此发承包双方在施工合同中明确约定监理权限的,该约定有效,监理超出合同约定权限签确的工程文件对发承包双方均不产生约束力。

以贵州省高院二审、最高院再审的贵阳市虹桥建筑工程处与贵州工商职业学院建设工程施工合同纠纷一案①为例。本案中,发承包双方在合同中约定:"监理单位委托的工程师姓名:崔某某,职务:总监理工程师,发包人委托的职权:按照本建设工程监理合同的有关条款执行,监理签证仅限于技术签证,不涉及工程造价、工程量的变更等。"诉讼中,承包人提交了一份仅有监理单位的签字盖章但没有建设单位签字盖章的工程量现场签证单,并据此主张该部分工程量所对应的工程价款。法院经审理认为,施工合同明确约定了监理单位无权单方签署涉及工程造价、工程量变更的现场签证文件,承包人的相应主张缺乏事

① 参见(2017)最高法民申4433号民事裁定书。

实和法律依据。

三、监理签署的有关工期的施工文件

《司解一》已经对这个问题进行了部分明确：

1. 根据《司解一》第 8 条，监理有权向承包人发出开工通知，开工通知载明的开工日期可以作为建设工程的开工日期。

2. 根据《司解一》第 10 条，监理有权对承包人提出的工期顺延签证文件进行确认，经监理签确的工期顺延签证文件对发包人具有约束力。但值得注意的是，《司解一》这一条设置了"当事人约定顺延工期应当经发包人或者监理人签证等方式确认"的适用前提，这意味着并非监理签确的工期顺延签证均可对发包人产生约束力，具体还要分析施工合同中约定的监理权限。但是，在该适用前提下，即使承包人未取得发包人或者监理人的顺延工期签证确认，只要承包人能够证明在合同约定的期限内已向发包人或者监理人提出过工期顺延之申请，且该顺延事由符合合同约定的，工期亦应当顺延。

四、在施工合同没有监理权限约定的情形下，监理签确的有关工程量和工程价款的现场签证文件

（一）现场签证的一般理论

需要指出的是，现场签证并非一个严格意义上的法律术语，它是为工程实践所创设并被广为接受和采纳的用于快速解决和确认发承包双方在施工过程中相关工程量和工程价款的技术性手段，在法律和规范的层面可以将之视为补充协议的一种。《13 版清单规范》首次对现场签证正式给出了规范定义："发包人现场代表（或其授权的监理人、工程造价咨询人）与承包人现场代表就施工过程中涉及的责任事件所作的签认证明。"具体是指："承包人应发包人要求完成合同以外的零星项目、非承包人责任事件等工作的，发包人应及时以书面形式向承包人发出指令，并应提供所需的相关资料；承包人在收到指令后，应及时向发包人提出现场签证要求。"

施工实践中，一份规范的签证文件应当包括签证事项的事由、证明材料以及基于该事项所产生的包括工程量、价款的增加和工期等方面的请求。因此，规范的现场签证中既有对该签证项下工程量的确认，亦有对该部分工程量相对

应的工程价款的确认。笔者首先针对监理在现场签证中涉及的价款确认之效力进行分析。

（二）监理签确的现场签证中涉及的价款或进度款支付问题

对这一问题，各地的司法政策和司法实践较为统一，监理签确的现场签证中涉及的价款不能直接作为结算依据（除非对此有明确的授权）。

1. 司法政策——以北京市和浙江省为例

《北京高院关于施工合同的解答》第 10 条规定："工程监理人员在签证文件上签字确认的效力如何认定？工程监理人员在监理过程中签字确认的签证文件，涉及工程量、工期及工程质量等事实的，原则上对发包人具有约束力，涉及工程价款洽商变更等经济决策的，原则上对发包人不具有约束力，但施工合同对监理人员的授权另有约定的除外。"可以看出，北京市高级人民法院对监理签字确认的涉及工程价款的签证原则上不予认可。

另外，《浙江高院关于施工合同的解答》对这一问题亦持有相同意见，该解答第 11 条规定："施工过程中谁有权利对涉及工程量和价款等相关材料进行签证、确认？要严格把握工程施工过程中相关材料的签证和确认。除法定代表人和约定明确授权的人员外，其他人员对工程量和价款等所作的签证、确认，不具有法律效力。没有约定明确授权的，法定代表人、项目经理、现场负责人的签证、确认具有法律效力；其他人员的签证、确认，对发包人不具有法律效力，除非承包人举证证明该人员确有相应权限。"

2. 司法实践中的认定

以江苏省盐城市中级人民法院二审、江苏省高级人民法院再审的扬州五星设备安装工程有限公司与江苏驿都国际大酒店有限公司建设工程施工合同纠纷案件为例①析之。承包人起诉发包人要求支付工程进度款及利息。为证明其主张，承包人提供了以下证据：（1）《工程计量申报表》，载明："兹申报 2013 年 3 月 1 日至 2014 年 12 月 11 日完成的江苏驿都国际大酒店二期暖通空调工程合格工程量，请予核查。"专业监理工程师孔某某签署的审查意见为"所报工程量现场基本完成"，总监理工程师程某签署的审核意见为"所报工程量均已基本完成，具体工程量及费用请审计确认"，同时加盖了监理公司的章印。（2）《工程款支付申请表》，载明已完工程量相对应的工程价款总额以及应付金额。（3）监

① 参见（2017）苏民再 472 号民事判决书、（2016）苏 09 民终 0286 号民事判决书。

理公司向发包人提交的《工程款支付证书》,载明同意按照承包人申请的数额支付工程款;孔某某和程某签字并加盖监理公司印章,但并无发包方签章。二审法院经审理认为,上述证据中仅有监理的签字,并没有建设单位的签字或章印,合同约定监理只能确认工程量及质量,并未约定监理可以确认价款,因此,承包人无权以上述证据中载明的工程款总额为基数主张进度款。

(三)监理签确的现场签证中涉及的工程量问题

各地司法政策和司法实践对这一问题的争议较大,按照《北京高院关于施工合同的解答》第 10 条的规定,涉及工程量、工程质量等事实经监理签字确认的,原则上对发包人具有约束力;但按照《浙江高院关于施工合同的解答》第 11 条的规定,若监理人员没有获得明确授权,其对工程量的签证和确认没有法律效力。

以安徽省高级人民法院二审、最高人民法院再审审查的张某某与江西久久园林开发有限公司等建设工程施工合同纠纷案件[①]为例。本案中,鉴定机构出具一份《关于对巢湖市龟山休闲广场工程总价鉴定报告中争议部分的说明》,其中载明:"其他争议部分造价基本为工程量有监理工程人员签字并盖监理单位章,无总监理工程师、建设单位人员等签字确认部分。"诉讼当事人对于该部分仅有监理签字盖章的工程量是否应按照鉴定机构的鉴定造价计入工程总造价发生分歧。安徽省高院及最高人民法院认为,争议部分仅有监理人员签字,无总监理工程师、建设单位人员签字,且无其他的工程施工单据佐证,故不予确认。

但在山东省高级人民法院一审、最高人民法院二审的山东兴润建设有限公司淄博分公司与日照市住房和城乡建设局建设工程施工合同纠纷一案[②]中,两级法院却采取了另外一种态度。山东省高院认为:施工过程中形成的工程签证等书面文件是确认工程量和工程价款的基本依据;双方当事人未在合同中约定施工签证必须加盖日照市住建局单位印章,且项目监理单位作为日照市住建局委托的监理人,其在工程施工中具有特殊的地位。故结合监理单位的监理职能,对争议签证部分的真实性应予确认,在日照市住建局不能提出相反的证据予以推翻的情况下,该部分签证中所涉及的工程量应当按照鉴定单位的鉴定造

---

① 参见(2017)最高法民申 4581 号民事裁定书、(2016)皖民终 795 号民事判决书。

② 参见(2017)最高法民终 475 号民事判决书。

价计入工程总造价。最高院在二审判决中亦认可了这一论断。

五、向《建筑法》回归的“委托—代理”关系型构

《建筑法》第31条规定:“实行监理的建筑工程,由建设单位委托具有相应资质条件的工程监理单位监理。建设单位与其委托的工程监理单位应当订立书面委托监理合同。”《民法典》第796条也规定:“建设工程实行监理的,发包人应当与监理人采用书面形式订立委托监理合同。发包人与监理人的权利和义务以及法律责任,应当依照本编委托合同以及其他有关法律、行政法规的规定。”依照两部法律的规定,发包人与监理之间系典型的“委托—代理”关系。本节所要讨论的核心法律问题即是在施工合同中对作为代理人的监理权限没有约定或者约定不明的情况下,监理在施工过程中签署的涉及工程量和工程价款的施工文件在司法实践中引发的对发包人和承包人之法律效力的争议。笔者认为,这一争议的司法解决必须要回归《建筑法》关于监理权限的规定以论证监理在相关施工文件中的签确行为是否为有权代理。

若施工合同中对监理权限没有约定或者约定不明以致无法仅仅根据施工合同判断仅有监理签确施工文件法律效力的,应当依据监理的法定代理权予以判断。根据《民法典》第796条的上述规定,发包人与监理之间的权责利应当依照法律、行政法规的规定。如本节开头所述,《建筑法》第32条规定了监理对施工单位的法定权限,包括施工质量、建设工期、建设资金使用、工程施工是否符合工程设计要求、施工技术标准和合同约定等,因此,监理在实施上述行为过程中所签署的施工文件,其法律后果应当归属于作为监理委托人的建设单位。

正如在江苏省高院二审审理的南通新华建筑集团有限公司与苏州东宝置业有限公司建设工程施工合同纠纷案件①中,江苏省高院认为,承包人因设计缺陷、地质实际而改变《施工方案》并经监理批准的,虽然未经发包人签字认可,但由于《施工方案》关涉施工质量及技术标准,需由发包人承担相关费用增加的责任。

综合上述分析,笔者认为在北京市高级人民法院与浙江省高级人民法院的相关司法政策中,北京市高级人民法院的解答更能够符合立法本旨,即监理对相关事项作出的有关能够证明工程量的签确文件应该作为结算依据;只是,监

---

① 参见(2016)苏民终213号民事判决书。

理并非造价人员，对于工程价款以及进度款的支付无权作出批准。

但值得注意的是，《13 版清单规范》第 9.14.4 条规定："合同工程发生现场签证事项，未经发包人签证确认，承包人便擅自施工的，除非征得发包人书面同意，否则发生的费用由承包人承担。"该条规定表面上看否认了仅有监理签确的所有签证文件对发包人所具有的约束力，但笔者认为，该条的规定与笔者的上述观点并不冲突。其根本原因在于，虽然该条规定所有签证需要经过发包人确认，但监理系发包人的受托方，根据"委托—代理"关系的相关规定和理论，在监理具有法定代理权限的情况下所作出的相关行为系属发包人之行为，该行为的法律后果归属发包人。

第三节　《司解一》第 30 条语境下的行政审计报告

一、行政审计的法律依据

《审计法》第 22 条规定："审计机关对政府投资和以政府投资为主的建设项目的预算执行情况和决算，进行审计监督。"第 24 条规定："审计机关对国际组织和外国政府援助、贷款项目的财务收支，进行审计监督。"审计机关的审计成果反映为《审计报告》和《审计决定》。

《审计法实施条例》第 2 条给出审计的定义，即"审计机关依法独立检查被审计单位的会计凭证、会计账簿、财务会计报告以及其他与财政收支、财务收支等有关的资料和资产，监督财政收支、财务收支真实、合法和效益的行为"。

根据上述法律和行政法规对审计的规定，审计之本质系审计机关对审计监督的对象单位实施的监督活动，它体现的是监督与被监督的行政法律关系。审计活动通过被监督对象单位发包工程项目的行为与建设工程施工合同法律关系联系起来，但后者体现的是被监督对象单位与施工单位之间的民事法律关系。

因此，行政法律关系在缺乏更深一层依据时不能影响和约束民事法律关系，而这更深一层之依据即是建设工程施工合同中是否明确约定将审计机关的审计报告作为被监督对象发包单位与施工单位之间工程造价的结算依据。这一点已被司法实践和司法政策所采纳。例如，《安徽高院关于施工合同的指导意见（二）》第 10 条规定："政府投资和以政府投资为主的建设项目，当事人在合同中约定以审计机关出具的审计报告、财政评审机构出具的评审结论作为工程价款结算依据,发包人请求依据审计报告、评审结论结算工程价款的,予以支持。"《江苏高院关于施工合同的解答》第10条也规定:"当事人约定以行政审计、财政评审作为工程款结算依据的,按照约定处理。但行政审计、财政评审部门明确表示无法进行审计或者无正当理由长期未出具审计结论,当事人申请进行司法鉴定的,可以准许。"

二、司法机关对行政审计条款的审查

以最高院二审审理的黑龙江四海园建筑工程有限公司与哈尔滨市第五医院建设工程施工合同纠纷一案①为例。本案中,发承包人在合同第一部分"协议书"第5条及第三部分"专用条款"第55.2条、62.1条均约定,最终结算价款应经过审计;双方对该约定的"审计"系社会审计还是行政审计产生分歧。最高法院认为:(1)审计机关与被审计单位之间的行政审计属于行政法律关系调整的范畴,无论被审计单位是否同意,其一旦被纳入审计对象,必须无条件接受审计机关的审计。而发包人与承包人之间的建设工程施工合同法律关系,属于平等主体之间的民事法律关系,审计机关介入当事人之间的民事法律关系,尤其是将行政审计结论作为工程款结算的依据,必须有当事人明确的合意。但在本案中,当事人并未在合同中明确约定审计部门即为哈尔滨市审计局。(2)由于审计机关依法独立开展审计,并不受民事主体的合意约束,如果建设工程施工合同将行政审计结果作为工程款结算的依据,则应当具备合同签订时审计机关已经将相关工程列入了审计范围这一前提条件。但在本案中,发包人并未提供证据证明具有该前提条件。(3)在施工合同签订前,发包人已与造价咨询企业签订了《审计合同》,结合《建设工程施工合同》《审计合同》其他条款内容及实际履行情况,施工合同中约定的审计应当是社会审计而非行政审计。

因此,"审计"既是一个《审计法》意义上的法律术语,又是建设工程价款结算意义上的行业术语,在工程结算中应当予以严格区分。需要注意的是,根据最高人民法院在广东省建筑工程机械施工有限公司与滨海县交通运输局建设工程施工合同纠纷一案②中的裁定说理,发承包双方以行政审计报告作为结算

① 参见(2015)民一终字第94号民事判决书。

② 参见(2014)民一终字第317号民事裁定书。

依据的，需要在合同中明确约定审计机关。

对于合同当事人双方的结算应否经过国家机关的审计行为而确定的问题，最高人民法院在其提审的中铁十九局集团有限公司与重庆建工集团股份有限公司建设工程合同纠纷这一公报案例①中给出了经典的阐释：根据审计法的规定，国家审计机关对工程建设单位进行审计是一种行政监督行为，审计人与被审计人之间因国家审计发生的法律关系与本案当事人之间的民事法律关系性质不同。因此，在民事合同中，当事人对接受行政审计作为确定民事法律关系依据的约定，应当具体明确，而不能通过解释推定的方式，认为合同签订时，当事人已经同意接受国家机关的审计行为对民事法律关系的介入。

三、行政审计规则与民事结算规则之冲突问题

从法律的层面看，《审计法》第 3 条第 2 款规定："审计机关依据有关财政收支、财务收支的法律、法规和国家其他有关规定进行审计评价，在法定职权范围内作出审计决定。"故此，审计机关的行政审计活动的依据和基础在于国家法律、法规和其他规范性文件，这就为审计机关在对审计监督对象的单位发包的建设工程项目进行审计时有意或者无意地忽略施工合同的具体约定提供了法律空间。

从审计机关的审计实践看，审计机关的审计更多是依照行政职权及上级指令对工程结算情况进行行政审计，而并非依据发承包双方签订的受民事法律关系调整的施工合同。在最高人民法院二审审理的山东黄河工程集团有限公司与淄博市周村区人民政府建设工程施工合同纠纷一案②中，作为审计机关的周村区审计局亦明确认可了这一观点。

在重庆市第一中级人民法院二审审理的重庆豪美实业（集团）有限公司与重庆市铜梁区公安局建设工程施工合同纠纷一案中，审计局的审计方式即能够非常明显地反映实践中行政审计规则与民事结算规则之冲突。③ 本案中，审计局认为承包人存在不平衡报价，在审计过程中，对于承包人送审减少的工程量按照对承包人不利的投标清单综合单价计算，但对于送审增加的工程量却又按

---

① 参见（2012）民提字第 205 号民事判决书。

② 参见（2014）民一终字第 89 号民事判决书。

③ 参见（2018）渝 01 民终 1950 号民事判决书。

照对承包人不利的合同中约定的增减工程造价结算办法进行结算。审计机关的审计对于增加的工程量和减少的工程量按照不同的且均对承包人不利的结算依据进行结算,结算依据的双重标准无疑会损害承包人的利益。

四、结论

为了有效规避行政审计规则与民事结算规则之冲突,笔者认为,首先应当在庭审中充分发挥双方当事人对行政审计报告的质证权利,其次亦需注意《2018 版司解二》第 13 条对行政审计条款在司法实践中的应用。

1. 一方面,如上文所述,由于审计机关的审计依据具有特殊性,而我国对建筑工程市场管制的范围广、内容深入具体,相关的管制依据不仅存在法律、行政法规,而且还存在部门规章、国家标准、地方性规范文件等,管制依据的多样性势必导致管制依据之间存在冲突。因此,审计机关的审计可能会出现法律适用错误的风险。另一方面,即使审计机关的审计是按照合同约定的结算方式进行的,但审计报告也可能出现因对事实认定错误而导致审计结果错误的风险。因此,即使施工合同当事人双方明确约定了将行政审计报告作为双方结算的依据,在诉讼过程中仍需保障双方当事人对审计报告进行充分质证的权利;毕竟,一方当事人在法庭上出示的审计报告仍然属于一份证据,法庭唯有在双方当事人充分质证后方可决定是否采信审计报告以及采信的程度。

鉴于此,笔者赞同最高人民法院在《2015 年全国民事审判工作会议纪要》中的下述规定:“合同约定以审计机关出具的审计意见作为工程价款结算依据的,应当遵循当事人缔约本意,将合同约定的工程价款结算依据确定为真实有效的审计结论。承包人提供证据证明审计机关的审计意见具有不真实、不客观情形,人民法院可以准许当事人补充鉴定、重新质证或者补充质证等方法纠正审计意见存在的缺陷。上述方法不能解决的,应当准许当事人申请对工程造价进行鉴定。”

2. 需要注意的是,《司解一》第 30 条规定:“当事人在诉讼前共同委托有关机构、人员对建设工程造价出具咨询意见,诉讼中一方当事人不认可该咨询意见申请鉴定的,人民法院应予准许,但双方当事人明确表示受该咨询意见约束的除外。”笔者认为,该条规定,无疑会改变行政审计条款在司法实践中的运用。施工合同中约定的审计机关可以理解为“当事人在诉讼前共同委托有关机构、人员对建设工程造价出具咨询意见”,但如若一方当事人不认可行政审计机关的审计报告,应当在诉讼中进行鉴定。《司解一》的该条规定也并不违背最高人民法院《2015 年全国民事审判工作会议纪要》,在司法实践中应当予以重视。

第四节 复印件在建设工程案件中的证明力

建设工程施工合同纠纷案件中的证据种类较多且数量繁杂,本节以最高院二审审理的天津博海缘置业投资有限公司与北京住总第六开发建设有限公司建设工程施工合同纠纷案件①为例,分析复印件在施工合同纠纷案件中的证据适用。

【基本案情】

2008 年 6 月 25 日,发承包双方签署《建设工程施工合同》,约定:开工日期 2008 年 6 月 25 日,竣工日期 2009 年 1 月 14 日。承包人依约定时间开工。

2009 年 11 月 10 日,发包人通知承包人:"由于受到金融危机的影响及我公司原因,原合同约定的竣工日期,经公司研究决定,将顺延至 2010 年 5 月 30 日。"案涉工程实际完工时间为 2010 年 12 月 14 日。

庭审中,承包人主张停工期限为 2008 年 11 月 27 日至 2009 年 11 月 25 日,时间为一年。发包人未否认有停工事实,但具体停工期间不清楚。

另外,承包人为证明其主张,提交一份落款时间为 2011 年 1 月 24 日有双方盖章的《备忘录》复印件,主要内容为:"施工期间,由于受到金融危机等原因的影响,甲方资金没有到位,造成乙方垫资施工至结构封顶后工程又停工一年。双方经友好协商达成以下协议:甲方补偿乙方停工损失费、垫资利息等各项费用 600 万元。"

【争议焦点】

双方对发包人是否应向承包人支付上述 600 万元产生争议。发包人认为,承包人提交的复印件不可作为其主张损失的证据。承包人主张,《备忘录》原件已被发包人收回。

【法院审理】

首先,结合发包人 2009 年 11 月 10 日的通知,可以认定案涉工程施工中确

---

① 参见(2016)最高法民终 259 号民事判决书。

实存在发包人原因造成的工程停工并导致工期拖延,且发包人并不否认有停工事实。因此,承包人据此主张停工损失,符合本案事实。

其次,《备忘录》虽是复印件,但结合本案其他证据尤其是经发包人盖章确认的《求实结算审核书》内容,可以与承包人提交的《备忘录》复印件相互印证,复印件《备忘录》应当采信。具体印证表现为:

1. 2011 年 1 月 13 日,发包人签收了承包人报送的工程结算书。结算书汇总表列明报送价款为 86, 832, 967 元,其中包含:“五、其他 16, 645, 499 元(包含停工损失费及延期付款利息等 14, 109, 648 元),六、税率差额 768, 702 元;两项合计 17, 414, 201 元。”

2. 发包人委托的求实公司出具的《求实结算审核书》载明送审价为 86, 832, 967 元,其中“二、经济洽商部分”的送审金额是 17, 414, 201 元,审减金额为 11, 414, 201 元,审核金额为 600 万元。发包人在该审核书上盖章。

3. 分析上述证据及事实可知,发包人曾将承包人报送的工程结算书委托求实公司进行审核,且对求实公司出具的审核书内容是认可的。尽管工程结算书所列项目与审核书中送审项目的名称不完全一致,但通过对比可以确定工程结算书中五、六两项对应的就是审核书中的“二、经济洽商部分”。又因“停工损失费及延期付款利息损失”是工程结算书五、六两项金额的主要构成,故可以认定审核书最终核定的“经济洽商部分 600 万元”指向的主要是停工损失及延期付款利息损失的金额。

4. 虽然发包人认为,审核书中经济洽商部分 600 万元没有明确为停工损失费及延期付款利息,也有可能包括塔吊基础等施工费用;但审核书中送审金额中塔吊基础及预制桩等 5 项施工费用共 2, 535, 851 元,远低于审核金额 600 万元,且从时间上看,该审核晚于《备忘录》的时间,能够与《备忘录》的内容相互印证。

综合以上内容,可以印证《备忘录》的内容是真实的,即发包人同意补偿承包人停工损失、垫资利息等各项费用 600 万元。

【评析】

《民事诉讼法》第 70 条规定:“书证应当提交原件。物证应当提交原物。提交原件或者原物确有困难的,可以提交复制品、照片、副本、节录本。提交外文书证,必须附有中文译本。”

上述规定确立了关于书证原件的规则。但在(尤其是在)建设工程施工合同纠纷案件中,证据种类和证据数量较多,加之发包人的甲方地位及结算审核的便利,在施工过程中形成的一些经济性文件,如签证、会议纪要、备忘录、索赔文件等原件往往在结算过程中已由承包人提交给发包人,而承包人仅仅保留相关文件的复印件。但复印件毕竟属于证据类型中的"书证",其能否作为定案证据被采信,还需要结合法律的其他规定予以认定。

例如,《民诉法司法解释》第111条①确立了书证原件规则的例外情形,《民诉法司法解释》第112条②规定了书证中证明妨害的规则,且《新民诉证据规定》第45条③对该规则也给出了进一步的细化规定。

因此,根据上述规定,建设工程施工合同纠纷案件中的当事人及其代理人切不可陷入《民事诉讼法》第70条前两句以及证据认定惯性的束缚,误以为复印件在对方予以否认时便不具有证明力而应当在充分挖掘既有原件书证的基础上结合该条后半句,《民诉法司法解释》第111条、第112条以及《新民诉证据规定》第45条的规定以及案件的具体情况,正确而全面地判断该复印件是否能够作为认定案件事实的根据。

第五节 《新民诉证据规定》第41条中的"意见"

《新民诉证据规定》中有19个条文涉及鉴定的内容,比《02版民诉证据规

① 《民诉法司法解释》第111条:"民事诉讼法第七十条规定的提交书证原件确有困难,包括下列情形:(一)书证原件遗失、灭失或者毁损的;(二)原件在对方当事人控制之下,经合法通知提交而拒不提交的;(三)原件在他人控制之下,而其有权不提交的;(四)原件因篇幅或者体积过大而不便提交的;(五)承担举证证明责任的当事人通过申请人民法院调查收集或者其他方式无法获得书证原件的。前款规定情形,人民法院应当结合其他证据和案件具体情况,审查判断书证复制品等能否作为认定案件事实的根据。"

② 《民诉法司法解释》第112条:"书证在对方当事人控制之下的,承担举证证明责任的当事人可以在举证期限届满前书面申请人民法院责令对方当事人提交。申请理由成立的,人民法院应当责令对方当事人提交,因提交书证所产生的费用,由申请人负担。对方当事人无正当理由拒不提交的,人民法院可以认定申请人所主张的书证内容为真实。"

③ 《新民诉证据规定》第45条:"当事人根据《最高人民法院关于适用〈中华人民共和国民事诉讼法〉的解释》第一百一十二条的规定申请人民法院责令对方当事人提交书证的,申请书应当载明所申请提交的书证名称或者内容、需要以该书证证明的事实及事实的重要性、对方当事人控制该书证的根据以及应当提交该书证的理由。对方当事人否认控制书证的,人民法院应当根据法律规定、习惯等因素,结合案件的事实、证据,对于书证是否在对方当事人控制之下的事实作出综合判断。"

定》多8个条文;即使是保留了的相关条文,也都进行了或重大或微妙的修订。上述规定内容的沿革,不仅体现了最高院为应对司法实践中越来越多的鉴定事务作出的努力,同时也更体现了最高院回应《02版民诉证据规定》施行以来法律界对证据认识水平的提高——《新民诉证据规定》第41条对单方委托机构或人员出具的意见之相关规定即为典型之一例。

众所周知,司法实践中对于工程造价的确定在很大程度上需要依赖鉴定的方式,故本书结合工程造价的鉴定对该第41条予以解读。

一、鉴定结论与鉴定意见

《新民诉证据规定》与《02版民诉证据规定》相比,对鉴定机构出具结论的称谓进行了重大调整:后者称为"鉴定结论",前者改称为"鉴定意见"。很显然,称谓的沿革来自《民事诉讼法》的改变——在1982年《民诉法试行》第55条规定的证据类型中称为"鉴定结论",而2012年修正的《民事诉讼法》第63条规定的证据类型中改称为"鉴定意见"。因此,《新民诉证据规定》中的称谓变动是对《民事诉讼法》修改的回应。

另外,"鉴定意见"是对这类证据的准确表述。鉴定人在对所提交的鉴定物进行鉴定后,确实需要出具一份具有结论性质的鉴定报告,即便由于检材本身的原因无法作出确切的判断,鉴定人也需要在鉴定报告中写明无法形成确切判断的结论性意见。就此而言,把这类证据命名为"鉴定结论"似乎也并无问题。然而,如果把它们称为"鉴定结论",容易混淆其在诉讼中的实际效力,模糊鉴定人与法官在诉讼中的地位和职责。诚然,鉴定人运用其专业性知识通过鉴定形成的意见对法官判断争议事实会有很大的影响,审判实务中法官根据鉴定意见对争议事实作出认定的情况也屡见不鲜,但无论如何,鉴定人的意见不是最终的结论,不能拘束法官,鉴定意见只是证据的一种,要作为认定事实的依据,还需要经过质证这一法定程序,需要经过法官的审查判断。[①]

在工程法律实践中,广受诟病的一种现象即为"以鉴代审",鉴定机构对工程造价出具的鉴定文件在很大程度上发挥了"结论"的作用。人民法院虽然能够从程序上保障鉴定的启动、鉴定机构的选择、对鉴定材料的质证、对鉴定结果的质证等,但就判决结果而言,造价鉴定意见大多被作为定案依据。人民法院

① 李浩:《民事证据规定:原理与适用》,北京大学出版社2015年版,第256页。

较少从工程造价原理、工程计价规范等造价本体的角度对造价鉴定意见作出充分且有说服力的说理和论证，尤其是对双方存在较大分歧的争议项。即使进行说理的，说理过程往往也极为简单和格式化：异议方虽对鉴定意见中的某问题提出了异议，在鉴定人已经出庭作证并作出相应说明，异议方未能提供证据推翻鉴定意见的情况下，鉴定意见应予采信。这种说理过程未能真正回应异议方的关切，而经由这种说理过程形成的“以鉴代审”之现象，与将鉴定之成果性文件视为“鉴定结论”的做法也颇为一致。

因此，从“鉴定结论”到“鉴定意见”的词语变化反映的是审判权的回归，经由鉴定程序所作出的成果性文件不能作为认定案件事实的“结论”，它需要在经过法定的程序后方能作为或者不作为认定案件事实的依据，进一步弱化了鉴定结果文件不能被推翻的意识。毕竟，“鉴定意见不是对案件事实的客观记录或描述，而是鉴定人在观察、检验、分析等科学技术活动的基础上得出的主观性认识意见”①。既然是主观性的认识意见，它便不能作为认定案件事实的天然依据或者结论，它也具有可推翻性——这尤其体现在工程造价鉴定活动中，它因不需要借助精密的仪器而更多地依靠鉴定人对施工合同条款的理解和对工程造价的知识性、经验性的掌握，而呈现出更为浓厚的主观特性。也许，正是为了矫正长期以来司法实践将鉴定的结果性文件作为鉴定“结论”的误解，《新民诉证据规定》将《02 版民诉证据规定》第 71 条②予以了删除。

上文关于“鉴定结论”和“鉴定意见”的阐述，为下文从工程造价的角度解读《新民诉证据规定》第 41 条的分析框架提供了概念工具。

二、《新民诉证据规定》第 41 条的历史沿革

该条规定系在《02 版民诉证据规定》第 28 条的基础上进行的修订。该条规定：“一方当事人自行委托有关部门作出的鉴定结论，另一方当事人有证据足以反驳并申请重新鉴定的，人民法院应予准许。”而《新民诉证据规定》第 41 条将之修改为：“对于一方当事人就专门问题自行委托有关机构或者人员出具的意见，另一方当事人有证据或者理由足以反驳并申请鉴定的，人民法院应予

① 何家弘、刘品新：《证据法学》，法律出版社 2019 年版，第 189 页。

② 《02 版民诉证据规定》第 71 条规定：“人民法院委托鉴定部门作出的鉴定结论，当事人没有足以反驳的相反证据和理由的，可以认定其证明力。”

准许。”

上述修改内容,从表面上看区别不大;但细细考量,任何一个词语的变动都蕴含着最高院对何为鉴定的认识、对单方委托形成之意见的证据种属的认识、对法定证据类型的认识以及对法官内心确信程度认识等问题的变化。

另外,也只有对两个条文的沿革性差异作出仔细分析,才能正确理解和适用《新民诉证据规定》第 41 条以及理解该条对工程造价鉴定的启示。

三、鉴定与司法鉴定

现有的法律规定中并没有对鉴定给出定义,仅对司法鉴定给予界定。例如,《全国人大常委会司法鉴定决定》第 1 条规定:“司法鉴定是指在诉讼活动中鉴定人运用科学技术或者专门知识对诉讼涉及的专门性问题进行鉴别和判断并提供鉴定意见的活动。”再如,最高人民法院于 2001 年发布的《人民法院司法鉴定工作暂行规定》第 2 条规定:“本规定所称司法鉴定,是指在诉讼过程中,为查明案件事实,人民法院依据职权,或者应当事人及其他诉讼参与人的申请,指派或委托具有专门知识的人,对专门性问题进行检验、鉴别和评定的活动。”

根据上述对司法鉴定的定义,司法鉴定特指诉讼活动或者诉讼过程中的鉴定行为。问题是,当事人单方在诉讼前或后,自行委托有关机构或人员对专门性问题进行的检验、鉴别和评定活动也应属于广义上的“鉴定”活动①,如承包人在诉前委托造价咨询企业对工程造价进行评定的活动;但经由该活动所形成的结果性文件能否成为《民事诉讼法》第 63 条中的“鉴定意见”这一法定证据类型,则存在分歧。此等实践之争议,概源于人们对“鉴定意见”这一法定证据类型在发生学意义上的不同认识,以及对鉴定和司法鉴定的认识分歧。

笔者认为,作为法定证据类型的“鉴定意见”是经由司法鉴定而形成的,它特指在诉讼过程中通过鉴定方式形成的结果性文件,而当事人就专门性问题单方委托相关机构或个人通过鉴定过程形成的意见不属于“鉴定意见”这一法定证据类型。换言之,《新民诉证据规定》第 41 条规定的“意见”不是鉴定意见。

---

① 但笔者并不认为它能够成为法律意义上的“鉴定”。

四、《新民诉证据规定》第 41 条规定“意见”的司法性质

（一）其不属于“鉴定意见”

该条规定的“意见”之所以不能成为法定的“鉴定意见”，主要基于下述理由。

首先，从鉴定程序的启动方式看，《新民诉证据规定》规定了两种启动方式，一种为第 30 条规定的人民法院对符合《民诉法司法解释》第 96 条第 1 款①规定情形的依职权委托鉴定，另一种为第 31 条规定的依当事人申请鉴定。包括《新民诉证据规定》在内的法律、法规和司法解释均未承认当事人一方可自行委托相关机构或者人员就专门性问题进行鉴定。也正因如此，从这个意义上，笔者认为相关机构或者人员接受委托就专门性问题所进行的检验、鉴别和评定等活动虽属于广义上的“鉴定”范围，但它并不构成法律意义上的鉴定，民事诉讼法意义上的鉴定仅指司法鉴定。

其次，《02 版民诉证据规定》第 28 条将“一方当事人自行委托有关部门作出的”结果性文件界定为“鉴定结论”，而彼时有效的《民诉法试行》第 55 条将“鉴定结论”作为法定的证据类型对待；职是之故，当事人单方委托所形成的该种结果性文件在《02 版民诉证据规定》时代为法定证据类型中的“鉴定结论”。但《新民诉证据规定》第 41 条仅将其视为“意见”，这一方面体现了“结论”与“意见”在案件事实认定上的差异，另一方面，由于该条规定在“意见”一词之前未加“鉴定”二字，故在《新民诉证据规定》时代，当事人单方委托所形成的结果性文件不属于鉴定意见，更不属于法定证据类型中的“鉴定意见”。

再次，《02 版民诉证据规定》第 28 条规定，另一方当事人有证据足以反驳一方当事人自行委托有关部门作出的鉴定结论的，人民法院准许其“重新鉴定”的申请。既是“重新”鉴定，则《02 版民诉证据规定》是将之前单方委托的鉴定视为民事诉讼法意义上的鉴定，经其形成的“鉴定结论”属于法定证据类型中的“鉴定结论”。而《新民诉证据规定》第 41 条在用词方面却删除了“重新”二字，

---

① 《民诉法司法解释》第 96 条第 1 款规定：“民事诉讼法第六十四条第二款规定的人民法院认为审理案件需要的证据包括：（一）涉及可能损害国家利益、社会公共利益的；（二）涉及身份关系的；（三）涉及民事诉讼法第五十五条规定诉讼的；（四）当事人有恶意串通损害他人合法权益可能的；（五）涉及依职权追加当事人、中止诉讼、终结诉讼、回避等程序性事项的。”

这一变化也足以折射出最高院已不再将单方委托的鉴定视为民事诉讼法意义上的鉴定,根据该单方委托形成的意见也不再属于《民事诉讼法》规定的"鉴定意见"这一证据类型。同样,《司解一》第30条[①]规定的可"申请鉴定"事项中,也没有使用"重新鉴定"一词,因此,即使是当事人在诉前共同委托有关机构或人员对建设工程造价出具咨询意见的,该咨询性意见也不属于法定证据类型中的"鉴定意见"。

复次,从反证法的角度,如若能将该等结果性意见视为法定的"鉴定结论"或者"鉴定意见",则在工程造价纠纷案件中,当事人一方在终审判决后完全可以另行委托有资质的造价咨询企业就案涉工程的价款进行重新认定,该等认定的结果完全符合《民诉法司法解释》第388条第3项[②]的要求,从而可以轻易启动再审程序。而这将直接导致《民事诉讼法》第200条第1项[③]规定的"新的证据"制度在再审程序中的滥用,也可能使《司解一》第29条的规定[④]成为谬误。

最后,即使在《02版民诉证据规定》时代,最高院的相关案例也已经正确地意识到一方当事人在诉前或者诉后单方委托形成之结果性意见不属于彼时能够作为法定证据类型的"鉴定结论"的范畴。

例如,在最高院再审审理的白山市舜发硅藻土科技有限公司与吉林省新金山建筑工程有限公司建设工程施工合同纠纷案件[⑤]中,最高院认为,第三方检测公司作出的检测报告系承包人在诉前单方委托鉴定,鉴定意见因缺乏民事诉讼程序保障而影响其鉴定结论的证明力。《民事诉讼法》第68条及《民诉法司法解释》第103条、第104条、第105条等法律、司法解释规定,应当按照法定证据运用规则,对证据进行分析判断,未经当事人质证的证据,不得作为认定案件事实的根据。根据《民事诉讼法》第76条第1款及《新民诉证据规定》有关委托鉴定的规

---

① 《司解一》第30条规定:"当事人在诉讼前共同委托有关机构、人员对建设工程造价出具咨询意见,诉讼中一方当事人不认可该咨询意见申请鉴定的,人民法院应予准许,但双方当事人明确表示受该咨询意见约束的除外。"

② 《民诉法司法解释》第388条第3项规定:"再审申请人证明其提交的新的证据符合下列情形之一的,可以认定逾期提供证据的理由成立:……(三)在原审庭审结束后形成,无法据此另行提起诉讼的……"

③ 《民事诉讼法》第200条规定:"当事人的申请符合下列情形之一的,人民法院应当再审:(一)有新的证据,足以推翻原判决、裁定的;……"

④ 《司解一》第29条规定:"当事人在诉讼前已经对建设工程价款结算达成协议,诉讼中一方当事人申请对工程造价进行鉴定的,人民法院不予准许。"

⑤ 参见(2019)最高法民申835号民事裁定书。

定，当事人申请鉴定，由双方当事人协商确定具备资格的鉴定人，协商不成的，由人民法院指定。实务中，委托鉴定一般是当事人协商确定一家有资质的鉴定机构或者法院从当事人协商确定的几家鉴定机构中择一选定，法院指定鉴定机构一般采取摇号等随机抽取方式确定；在法院主持下，经双方当事人当庭质证后确定哪些材料送鉴；鉴定机构及其鉴定人员有义务就鉴定使用的方法或标准向双方作出说明，有义务为当事人答疑，有义务出庭参与庭审质证；允许双方当事人申请法院通知具有专门知识的人出庭，就鉴定意见或者专业问题，形成技术抗辩。《民事诉讼法》第 78 条规定，鉴定人拒不出庭作证的，鉴定意见不得作为认定事实的根据。在本案中，第三方检测公司受承包人单方委托作出的鉴定结论，因未纳入民事诉讼程序，为保障当事人充分行使诉权，不具有鉴定意见的证据效力。

笔者认为，最高院在上述案件中的说理，已经从鉴定程序的启动方式以及保障当事人双方充分行使诉权的角度，正确地指出单方委托作出的结果性文件的非“鉴定意见”性，其不可作为法定证据类型中的“鉴定意见”而被采信。最终，最高院结合其他理由，指令二审法院再审本案。

(二)其能否构成其他法定证据类型

但《新民诉证据规定》第 41 条毕竟将单方委托形成的结果性文件作为了证据(至少具有一定证明力)，若非如此，不会有后半句的规定；那么，该文件能否归属于《民事诉讼法》规定的八种法定证据类型中的其他类型？

1. 书证？

从该结果性文件的内容看，其与书证的特征比较相像。书证的主要特征系以记载的内容来证明案件事实，而该结果性文件也是以其记载的内容来证明当事人一方想要证明的案件事实。例如，单方委托形成工程造价咨询性意见也是以该意见中记载的工程价款之数额作为承包人主张发包人支付尚欠工程款或者发包人主张承包人返还超付工程款的依据或者证据。

但依学理，“书证中记载的内容可以证明诉讼案件中争议或者待证的事实，但是书证一般都不是为特定案件的诉讼活动制作的，而是在诉讼活动开始之前制作的，或者是在与诉讼活动没有联系的情况下制作的。这是书证与当事人、证人、鉴定人等诉讼参与人提供的书面证明材料之间的主要区别。当事人陈述、证人证言和鉴定结论也可以是书面形式，其内容也可以证明案件事实，但它们不属于书证的范畴。在有些案件中，上述书面证言或陈述与书证有很多相似之处,司法人员要根据具体书面材料的制作情况来判断其是否属于书证"①。

具体到工程造价法律实务,自承包人的视角,其单方委托第三方出具工程造价咨询意见在形成时序和目的上存在如下三类情形:(1)承包人基于正常请款或结算之目的聘请第三方造价咨询机构作出结算性文件;(2)承包人因拖延结算,为诉讼之目的聘请第三方作出结算性文件以明确其诉讼请求;(3)承包人在诉讼结束后,为二审或者再审之目的聘请第三方作出结算性文件以期将之作为二审新证据或据以启动再审程序。上述第(2)(3)类文件因系"为特定案件的诉讼活动制作",故不属于书证的范畴;唯第(1)类文件,若承包人已为正常请款或者结算之目的将其提交给发包人,但发包人拒绝审核或者拖延审核,承包人提起民事诉讼并将之作为证据以证明发包人欠付工程款数额的,其具备书证的品格。当然,虽具有书证之品格,但一般而言,其并不能作为定案之依据,除非发包人对该结算文件中的结算数额予以认可。这一点完全可以通过《司解一》第30条的规定予以揭示。

2. 当事人陈述?

笔者认为,上述第(2)(3)种情形下的造价咨询性意见在性质和特征上类似于《民事诉讼法》第79条②、《民诉法司法解释》第122条③和《新民诉证据规定》第83条④规定的专家辅助人制度中的有专门知识的人发表的意见。首先,无论是造价咨询企业还是专家辅助人,均是由当事人一方单方聘请;其次,二者的目的都是通过造价咨询企业或者专家辅助人支撑己方之观点。

但二者还存在根本上的区别,即专家辅助人一般需要出庭,其在法庭上就专业问题提出的意见依《民诉法司法解释》第122条第2款属于"当事人的陈述",而在司法实践中,当事人一方自行委托的造价咨询企业一般不出庭。在这

① 何家弘、刘品新:《证据法学》,法律出版社2019年版,第162页。

② 《民事诉讼法》第79条规定:"当事人可以申请人民法院通知有专门知识的人出庭,就鉴定人作出的鉴定意见或者专业问题提出意见。"

③ 《民诉法司法解释》第122条规定:"当事人可以依照民事诉讼法第七十九条的规定,在举证期限届满前申请一至二名具有专门知识的人出庭,代表当事人对鉴定意见进行质证,或者对案件事实所涉及的专业问题提出意见。具有专门知识的人在法庭上就专业问题提出的意见,视为当事人的陈述。人民法院准许当事人申请的,相关费用由提出申请的当事人负担。"

④ 《新民诉证据规定》第83条规定:"当事人依照民事诉讼法第七十九条和《最高人民法院关于适用〈中华人民共和国民事诉讼法〉的解释》第一百二十二条的规定,申请有专门知识的人出庭的,申请书中应当载明有专门知识的人的基本情况和申请的目的。人民法院准许当事人申请的,应当通知双方当事人。"

个意义上,上述第(2)和第(3)种情形下的造价咨询性意见又有些类似于司法实践中被当事人或者代理人采用用于增强己方观点说服力的"专家意见",不同的是,后者往往也对法律适用发表意见,而前者仅仅对工程造价发表意见。

因此,如果上述第(2)和第(3)种情形下的造价咨询性意见能够被视作法定证据类型,也仅能被划入"当事人陈述"的范畴,当事人只不过是通过造价咨询企业的"口"陈述对己有利的"事实"。

(三)小结

从上文分析可以看出:(1)单方委托形成的结果性文件肯定不属于鉴定意见的范畴;(2)在少数情况下可以作为书证待之;(3)一般而言,其属于当事人陈述的证据类型。

但是,如上述(1),或者如上述(2)但因发包人不予认可而无法证明案件事实,或者如上述(3)但根据《新民诉证据规定》第90条①第1项之规定不能单独作为案件事实之根据;故笔者认为,在适用《新民诉证据规定》第41条时,首先需要正确认识该条规定中"意见"的证据资格和证据种属问题。

(四)案例实务

笔者曾代理一起建设工程施工合同纠纷案件,该案的代理过程和裁判结果与上文阐述内容相一致,现分析如下。

某工程承包人A从甲企业处承接脚手架工程并于2013年6月25日签署《外脚手架承包合同》,2015年2月16日,双方签署《工程结算单》,结算金额为3,664,368元。2016年年初,承包人A起诉请求撤销上述《工程结算单》,理由为存在胁迫、欺诈和显失公平。法院经审理驳回了原告A的诉请。

在上述判决生效后,承包人A单方委托某造价咨询企业于2018年9月13日就案涉脚手架工程编制《工程造价咨询报告书》,该报告书载明的结算金额为6,728,942元。承包人A据此认为,案涉《工程结算单》的结算金额比《工程造价咨询报告书》少出3,064,574元,少出比例为45.5%。故承包人A以该《工程造价咨询报告书》作为认定属于显失公平的新证据而提起再审申请。

---

① 《新民诉证据规定》第90条规定:"下列证据不能单独作为认定案件事实的根据:(一)当事人的陈述;(二)无民事行为能力人或者限制民事行为能力人所作的与其年龄、智力状况或者精神健康状况不相当的证言;(三)与一方当事人或者其代理人有利害关系的证人陈述的证言;(四)存有疑点的视听资料、电子证据;(五)无法与原件、原物核对的复制件、复制品。"

作为甲企业在本案中的代理人,笔者在再审审查听证程序中开宗明义地提出如下观点,即承包人A举示的《工程造价咨询报告书》不属于法定证据类型中的任何一种(并充分说明了为何不属于"鉴定意见""书证"等,同时指出其至多属于"当事人陈述"的观点),更遑论属于《民事诉讼法》第200条规定的"新证据"。具体的理由基本如上文中的充分阐释①,并提供了最高院(2019)最高法民申1213号《民事裁定书》供法庭参考。在笔者提供的该份参考案例中,再审申请人(发包人)提供新证据《关于某工程不合格及未施工工程造价报告》,拟证明承包人施工的工程不合格部分和未施工部分的造价;但最高院认为该《工程造价咨询报告书》系再审申请人单方委托作出,被申请人对此不予认可,故对该份证据不予采信。②

在笔者的努力下,法院最终驳回本案再审申请人的再审申请。③

五、《新民诉证据规定》第41条的司法价值

笔者认为,该条的司法价值仅是对人民法院是否准许另一方当事人提出鉴定申请进行的规制,当然,其也隐含了对单方委托出具的意见的证据资格和证据种属的认定问题。因此,其在司法实践中的适用具有严格的限制。

(一)该条另一处明显变动之处的实践价值

通过对比《02版民诉证据规定》和《新民诉证据规定》,二者之间在条文内容上还存在如下重大差别,即前者规定"另一方当事人有证据足以反驳",而后者规定"另一方当事人有证据或者理由足以反驳",后者比前者在内容上多出了"有理由"反驳的规定。

---

① 当然,本案在发生时,《新民诉证据规则》还未公布,在笔者的代理意见中,未能如前文从最高院新旧规定的对比角度进行阐述。

② 事实上,在《02版民诉证据规定》时代的司法实践中,当事人一方通过委托第三方造价咨询机构出具造价报告并将之作为再审中的新证据是一种比较常见的现象;但即使单方委托形成的结果性文件被《02版民诉证据规定》作为法定证据类型中的"鉴定结论",但法院一般都不予采信。再如(2018)最高法民申5168号案件中,最高院也认为再审申请人单方制作的审计结论不能推翻原判决结论,不属于《民事诉讼法》规定的新证据。

③ 当然,上述《工程造价咨询报告书》是否属于证据或者新证据的问题仅是本案争议问题之一。笔者在代理本案过程中也同时提出,即使上述报告书可以作为新证据但也无法证明案涉《工程结算单》构成"显失公平"。因为,根据原《民通意见》第72条关于"一方当事人利用优势或者利用对方没有经验,致使双方的权利与义务明显违反公平、等价有偿原则的,可以认定为显失公平"的规定,本案并没有证据证明《工程结算单》系一方当事人利用优势或者利用对方没有经验而作出。

这一增加的内容不仅证实了上文关于单方委托出具“意见”在有限的程度上可以作为法定证据的论断,同时也放宽了另一方当事人“足以”反驳该“意见”的路径。也即,在《02版民诉证据规定》将单方委托出具的造价咨询意见视为“鉴定结论”的情况下,另一方当事人要否认或者推翻该造价咨询意见需要有其他“证据”予以证明;但在《新民诉证据规定》时代,另一方当事人除了在有证据的情况下可以否认或者推翻该造价咨询意见之外,在其没有证据但有充分理由的情况下也可以否认或者推翻该造价咨询意见。

笔者认为,在《新民诉证据规定》否认单方委托出具的造价咨询意见为“鉴定意见”的前提下,另一方仅在诉讼中提出该咨询意见不具有证据资格或者属于“当事人陈述”的证据范畴之“理由”即已“足以”反驳一方当事人提供的造价咨询意见。在此等情况下,若该另一方当事人对涉争工程申请造价鉴定,人民法院应依《新民诉证据规定》第41条之规定予以准许。当然,这里还存在是否必须申请鉴定以及由谁申请鉴定的问题。

(二)《新民诉证据规定》第41条中的鉴定申请

在工程造价纠纷案件中,解决上述关于是否必须申请鉴定以及由谁申请鉴定的问题,存在如下三个变量:举证证明责任归属于谁?单方咨询意见能否作为证据使用?另一方当事人有证据反驳还是有理由反驳?

该问题因涉及的变量较多而显得极度复杂,本书尝试以最高院再审改判的新疆瑞基工程建设有限责任公司与上海大智科技发展有限公司、山东格瑞集团有限公司等建设工程施工合同纠纷案件[①]为例予以阐析。

1. 相关案情及判决说理

本案案涉工程为未完工程,承包人诉请发包人支付工程款,发包人反诉诉请承包人返还超付工程款;本案的争议焦点在于承包人已完工程的工程价款如何确定。为支持己方诉请,承包人向法庭提交经双方签字确认的《工程款(劳务工资)审批表》,发包人向法庭提交其单方委托建行咨询公司出具的《建筑安装工程预算书》。在一审审理过程中,经一审法院释明,承包人以已完工程量已不具备鉴定条件为由、发包人以其已委托审计为由,均明确表示不对已完工程的工程价款进行鉴定。

对此,一审法院认为,结合本案当事人提交的证据以及当庭陈述,承包人出

---

① 参见(2016)最高法民再147号民事判决书。

具的《工程款(劳务工资)审批表》,其目的是申请支付工程进度款,而并不具有工程结算的性质,不能作为认定工程最终结算的证据。对于发包人按照其委托建行造价咨询公司审计的工程款与承包人进行结算的主张,因承包人主张该审计系其单方委托,不予认可,因此也不能作为认定承包人已完成施工工程的结算依据。发包人和承包人对已完工程价款的主张均未提交充分证据证实,故一审法院同时驳回承包人的本诉请求和发包人的反诉请求。

发包人不服一审判决,并提起上诉。二审法院针对发包人的上诉,经审理认为,发包人应依法对其关于要求承包人返还超付工程款的主张承担举证责任。发包人就此提交了单方委托建行咨询公司对案涉工程量进行审核出具的《建筑安装工程预算书》,该预算书系由建行造价咨询公司委派具有造价师资质的人员依据图纸并结合现场实际情况作出。依据《02 版民诉证据规定》第 28 条,一方当事人自行委托有关部门作出的鉴定结论,另一方当事人在没有相反证据反驳并申请重新鉴定的情况下,仍然应当予以采信。承包人虽对发包人单方委托出具的《建筑安装工程预算书》存在异议,但并未提交足以反驳的相反证据,也未申请重新鉴定,依上述第 28 条该预算书应当予以采信。二审法院据此推翻了一审判决。

后,双方当事人均向最高院提起再审申请。再审审查期间,最高院认为,承包人的再审申请符合《民事诉讼法》第 200 条第 2 项关于"原判决、裁定认定的基本事实缺乏证据证明"的规定,于是提审本案。

最高院再审认为:首先,《工程款(劳务工资)审批表》是双方对已完成的工程量价款进行确认,该工程量价款包括施工人员工资和已使用的空调设备款。其次,《建筑安装工程预算书》系发包人单方委托,承包人没有参与也不认可。本案中,鉴定单位建行造价咨询公司对《建筑安装工程预算书》作出说明:"关于该预算书,因发包人委托其对本工程已完成部分造价进行鉴定时,工程尚未完工,且无竣工资料,仅根据施工图及现场情况对造价进行预算编制,因此按照行业规定出具了建筑安装工程预算书,特此说明。"根据该说明,《建筑安装工程预算书》并非对承包人完成的工程量的全部鉴定,而《工程款(劳务工资)审批表》系双方对完成工程量价款的确认,并经发包人签字认可。根据《02 版民诉证据规定》第 73 条第 1 款①规定,《工程款(劳务工资)审批表》的证明效力大于《建

① 《02 版民诉证据规定》第 73 条规定:"双方当事人对同一事实分别举出相反的证据,但都没有足够的依据否定对方证据的,人民法院应当结合案件情况,判断一方提供证据的证明力是否明显大于另一方提供证据的证明力,并对证明力较大的证据予以确认。因证据的证明力无法判断导致争议事实难以认定的,人民法院应当依据举证责任分配的规则作出裁判。"

筑安装工程预算书》,应作为确认承包人完成工程量价款的依据。最高院据此推翻了二审法院的判决。

2. 基于《新民诉证据规定》的简要评析

(1)《建筑安装工程预算书》的证据种类

根据最高院再审判决中的说理理由,其将《建筑安装工程预算书》作为《02版民诉证据规定》中的"鉴定结论",不得谓之不当。然而,在《新民诉证据规定》时代,根据上文所述,其不应构成证据类型中的"鉴定意见",所能够构成的法定证据类型无非为书证或者当事人陈述,区分二者的依据在于是否为单方委托方为诉讼目的而为。但对此根据三级法院的法律文书均无法予以判断,下文将对两种情况予以考量分析。

(2)《新民诉证据规定》时代下的举证证明责任归属问题

以本案发包人诉请承包人返还超付工程款的反诉部分阐析。根据"谁主张,谁举证"的一般举证证明责任归属原则,发包人应首先举证证明承包人已完工程的造价。为此,其举示单方委托建行造价公司出具的《建筑安装工程预算书》。在《新民诉证据规定》时代,承包人可以对其作如下质证:

如果该预算书构成法定证据类型中的当事人陈述,依据《新民诉证据规定》第90条第1项,该证据不能单独作为认定案件事实的根据。至此,承包人已经达到了《新民诉证据规定》第41条规定的"有理由"足以反驳的程度。

如果该预算书构成法定证据类型中的书证,承包人已经在本诉中举示了经双方签字认可的《工程款(劳务工资)审批表》作为证据。至此,承包人也已经达到了《新民诉证据规定》第41条规定的"有证据"足以反驳的程度。

(3)举证证明责任转移问题

自行为意义上举证责任[①]而言,无论案涉《建筑安装工程预算书》在《新民诉证据规定》时代的证据类型为何,本案的举证证明责任依据《民诉法司法解释》第90条第1款之规定已再次转移给发包人,发包人仍需继续举证以支持其诉请。

---

① 行为意义的举证责任也称为主观上的举证责任,是指当事人在具体的民事诉讼中,为避免败诉的风险而向法院提出证据证明其主张的一种行为责任。行为意义的举证责任也是一种动态的举证责任,它随着双方当事人证据证明力的强弱变化在同一当事人身上可能多次存在,围绕法官对待证事实的心证程度的变化而在当事人之间发生转移。参见沈德咏主编:《最高人民法院民事诉讼法司法解释理解与适用》(上),人民法院出版社2015年版,第310页。

若发包人无法举证或者举示证据的证明力低于《工程款(劳务工资)审批表》,其将依据《民诉法司法解释》第90条第2款之规定承担结果意义上的举证责任[①],即承担不利的后果。

(4)《新民诉证据规定》第41条的鉴定申请问题

《02版民诉证据规定》第28条和《新民诉证据规定》第41条均使用了另一方当事人"并申请鉴定"的表述。这很容易招致人们的如下误解,即即使在上述论述中的举证证明责任已再次转移给发包人,承包人仍有义务通过申请鉴定的方式举证反驳发包人的《建筑安装工程预算书》。

但笔者认为:首先,在上述有证据或者有理由充分反驳发包人的情形下,承包人仍坚持申请鉴定的,人民法院应予准许而不应拒绝。其次,上述两条规定不排斥承包人的鉴定申请并不意味着承包人负有申请鉴定的法定义务;如果承包人认为其证据和理由能够达到法官对待证事实的心证程度而不至于承担败诉风险,其当然可以不申请鉴定。最高院在本案中的再审判决也已经充分证实了以上观点。

第六节 高度盖然性的证明标准在施工合同案件中的运用

所谓盖然性,是指一种可能的状态,是一种可能而非必然的性质。《民诉法司法解释》首次将高度盖然性引入证明标准的体系,该解释第108条规定:"对负有举证证明责任的当事人提供的证据,人民法院经审查并结合相关事实,确信待证事实的存在具有高度可能性的,应当认定该事实存在。对一方当事人为反驳负有举证证明责任的当事人所主张事实而提供的证据,人民法院经审查并结合相关事实,认为待证事实真伪不明的,应当认定该事实不存在。法律对于待证事实所应达到的证明标准另有规定的,从其规定。"

---

① 结果意义的举证责任又称客观上的举证责任,是指待证事实的存在与否不能确定、真伪不明时,由哪一方当事人对不利后果进行负担的责任和风险。与行为意义的举证责任相对,结果意义的举证不受当事人主张的牵引,是一种不能转移的举证责任。结果意义的举证责任建立在法官不能因事实不清而拒绝裁判的理念之上,它所解决的是待证事实真伪不明时法官如何裁判的问题,实质上是对事实真伪不明的一种法定的风险分配形式。参见沈德咏主编:《最高人民法院民事诉讼法司法解释理解与适用》(上),人民法院出版社2015年版,第310页。

在建设工程施工合同纠纷案件中，施工活动的复杂性、长历时性以及各主体间的实质不平等性，极易导致诉讼各造于诉讼活动中所提交的证据难以直接证明待证事实的情形。案件裁判者在综合其他事实和证据的基础上，确信待证事实存在高度可能性的，应当认定该事实存在；对于案件代理人而言，应提供足够多的证据形成完整的证据锁链以提升法官的内心确信。

本节通过五个案例对高度盖然性证明标准在建设工程施工合同纠纷中的运用做一些基础性的梳理工作。

一、高度盖然性标准在认定承包主体中的适用

在最高院审理的深圳市中邦(集团)建设总承包有限公司安阳分公司、安阳市中讯京能绿色生物工程开发有限公司建设工程施工合同纠纷再审审查一案[①]中，原告提起诉讼主张其是案涉工程的承包人，而发包方和第三人主张该第三人系承包人。综合双方的证据，原告未与发包人签订施工合同，而第三人则有；原告提交的其他证据多为复印件，证据原件由第三人保管；原告提交的勘察合同、设计合同、检测合同、检验报告等均被相关出具单位否认真实性或证明目的，提交的工程施工报告、验收记录等无监理单位签字或盖章，而第三人持有的相关施工资料则形式完备。此种证据情况下，法院未认定原告为案涉工程承包人。

二、高度盖然性标准在认定承包范围中的适用

在南京市中院审理的刘振茂、南京海外建筑工程有限公司与南京钟山风景区建设发展有限公司、南京赛雅悦翔商贸实业有限公司建设工程施工合同纠纷案件[②]中，虽然下述三组证据不能完全反映案涉土建工程实际的施工情况，但其所反映的事实表明，原告在案涉土建工程中所从事的工作已经远远超出了劳务分包人的工作范畴，故认定原告系案涉土建工程的实际施工人具有高度可能性。

1. 根据原告所举证据，关于劳务，可以确定土建工程的劳务均由原告负责签订施工协议并进行结算；关于机械、钢管扣件租赁，系由原告负责签订协议并

---

① 参见(2018)最高法民申3888号民事裁定书。

② 参见(2018)苏01民终10162号民事判决书。

进行结算;关于钢材、混凝土、保温板之外的其他材料及部分专业分包,亦由原告与各供应商签订协议并结算。故土建工程的劳务、材料、机械项目主要由原告负责实施。被告所举证据大部分系其支付劳务、材料、机械或专业分包款项的财务凭证。从双方举证来看,被告支付上述款项系按照原告及其工作人员的付款审批表等材料进行付款,亦可以证明劳务、材料、机械项目系由原告负责实施。

2. 关于施工过程中的技术负责人,原告所举证的竣工图的编制人员为原告在土建施工期间的工作人员,土建工程的技术核定单中的技术负责人亦为原告的工作人员。从被告举证的会议记录及相关工程资料判断,施工过程中的技术提供主要由原告负责。并且,原告持有大量的工程施工资料,其中,工序质量报验单等材料被告认可系由原告制作,但工序质量报验单等材料并不是劳务分包负责人应制作的材料。原告提交的电脑硬盘中存有的部分电子资料可以印证其举证的纸质材料,能够反映原告提交的施工资料部分或大部分系其制作填写,故从技术负责及工程资料方面亦可证明土建工程的施工主要由原告实际组织实施。

3. 某证人的证言可以证明被告投标的标书由原告雇人制作;另一证人的证言及电脑中所存决算资料可以反映原告确实参与了工程的预算及决算。

三、高度盖然性标准在认定工程价款结算中的适用

(一)(2019)最高法民申1620号《民事裁定书》

在承包人既不能举证证明其未使用发包人提供的建筑材料,也不能举证证明相应建筑材料系由其自行采购,且案涉工程已经完工并经竣工验收的情况下,应认定发包人已另行支付相应工程材料费用具有高度可能性,在工程价款结算时应扣除该部分建筑材料费用。

(二)(2019)最高法民申2650号《民事裁定书》

经法院委托鉴定机构对收条中签名笔迹和指印所作的鉴定意见,倾向认为检材收条上的签名系施工人原告所写。除收条外,被告还提交了施工人原告签订收条时的录音作为证据,施工人对该证据的真实性并不否认。故综合全部在案证据,认定原被告之间已就案涉工程剩余款项一次性解决这一收条中所载事实的存在具有高度可能性。

四、高度盖然性标准在认定已付工程价款中的适用

在最高院再审审查的湖南谭衡高速公路开发有限公司与湖南对外建设集团有限公司建设工程施工合同纠纷一案[①]中，承包人在诉讼中向法院提交了向案外人付款的凭证，且承包人与案外人之间并无其他业务往来，不存在其他付款事由。综合发包人根据自身运转情况在财务上采取的技术手段，即在案涉项目其他标段付款中也采取了相同的委托付款方式，最高院认为，承包人根据发包人的指令，代其支付材料款具有高度的可能性，该代付款应从已付工程款中扣除。

第七节　施工合同再审案件中对"新证据"的审查体系

再审程序从本质上而言，系一种事后补救程序，但该程序同时系下列两种法价值平衡之产物——生效裁判的稳定性(法律秩序的安定性)以及法律对实质的公平正义之内在规定性。

本节以下面最高院审理之个案为基础，分析并讨论施工合同再审案件中对"新证据"的审查体系。

【基本案情】

夏某因不服黑龙江省高院二审判决，以有新的证据为由向最高院提起再审申请。

夏某提供的新证据主要有：(1)夏某支付主材料款、劳务费等款项，并由刘某某亲笔签字的收条21份，合计金额4,518,841元；(2)夏某直接对外支付工程款但无刘某某出具收条的款项，合计金额45.57万元；(3)夏某为刘某某代扣代缴案涉工程款税金23.56万元的凭证；(4)夏某与刘某某签订的《协议书》，约定2010年夏某独立施工所发生的签证及变更归夏某所有，2011年发生签证付刘某某税后50%后全部余额归夏某。

【争议焦点】

上述证据是否属于再审"新证据"？夏某逾期提供上述证据是否存在正当

---

① 参见(2020)最高法民申286号民事裁定书。

理由？夏某应承担的法律后果为何？

夏某认为，其在二审庭审中虽未能提交上述证据，但根据二审法院要求，其已于庭后向二审法院邮寄了上述证据，但二审法院未组织质证。

刘某某认为，二审法院多次向夏某释明提交已付款凭证，但夏某拒绝提交，其在再审申请中提交的证据不属于新的证据。

【最高院裁判结果】

最高院经审理认为，夏某在一、二审中坚持主张刘某某并非实际施工人，并以此为由拒不提交其向刘某某付款的凭证，并无合理理由，属于故意逾期提供证据。但因本案争议的主要焦点问题即是夏某已经支付给刘某某的工程款金额，且二审法院系在夏某未能提供证据的基础上以刘某某的自认作为已付款金额予以认定，故夏某在再审申请中提供的证据属于与本案基本事实（已付工程款）有密切关联的证据，直接影响对双方当事人之间欠付款项数额的认定，应当予以采纳，并指令黑龙江省高级人民法院再审本案。①

另外，最高院经审查发现，夏某在二审开庭结束后向二审法院邮寄的证据材料并非其申请再审时补充提供的证据，且原审法院已向夏某反复释明其应提交向刘某某付款的全部凭证。其在原审中拒不提供原本持有的上述证据，却故意逾期在申请再审时才提供，对此，最高院依法对夏某作出罚款五万元的决定。②

【评析】

因建设工程施工周期较长，施工过程中形成的资料较多，任何一项工程资料都可能成为当事人一方在诉讼过程中支持其自身主张的证据。又由于不同施工单位或者建设单位对工程资料的管理能力和管理水平各异，加之各方当事人在案件审理中对于自身所负举证责任的主观判断不同等，导致在施工合同纠纷案件终审判决后，一方或者双方当事人很有可能以《民事诉讼法》第 200 条第 1 款关于“有新的证据，足以推翻原判决、裁定”的规定为由，提起再审申请。

但如此理由能否通过人民法院的审查进而进入再审程序，取决于再审申请人对法律关于再审“新证据”之规定的正确认识——《民事诉讼法》第 204 条第

---

① 参见（2019）最高法民申 4547 号民事裁定书。

② 参见（2020）最高法司惩 1 号决定书。

1 款规定:“人民法院应当自收到再审申请书之日起三个月内审查,符合本法规定的,裁定再审;不符合本法规定的,裁定驳回申请。有特殊情况需要延长的,由本院院长批准。”故,以“新证据”为由提起的再审申请需要根据《民事诉讼法》和《民诉法司法解释》等规定体系,从程序性要件和实质性要件两个角度对拟提供的“新证据”予以准确审视。

程序性要件主要包括再审申请的主体、期限、判裁调范围及管辖法院等。由于该等程序性要件为再审审查的通用条件,本节不予展开而主要讨论建设工程再审案件中对“新证据”的实质性要件及特殊程序性要件的审查体系。

一、审查要件之一——是否为法律意义上的“证据”

法定的证据类型包括八种,对再审“新证据”审查的第一步即为审查所提新证据能否构成该八种证据类型。在建设工程施工合同纠纷案件中,经常出现的一种现象是,当事人一方在生效判决作出后,单方面委托咨询机构或者检测机构对工程造价或者工程质量出具报告,并将该报告作为新证据申请再审。

笔者认为,该单方委托形成的报告仅能在有限的意义上构成“当事人陈述”这一证据类型,其无论如何都不能构成“鉴定意见”。对此,本书已在本章第五节予以了充分论述,本节不再赘述。

二、审查要件之二——是否属于“新”证据

通过考察最高院再审审查的案件发现,有当事人在提起再审申请时,将在原审程序中已经提交且进行过质证的证据作为新证据提交。但,该等证据无论如何都不能成为再审“新”证据。

例如,在最高院再审审查的北京建工集团有限责任公司与黄涛等建设工程施工合同纠纷案件①中,当事人一方在再审申请中提供的新证据系对方当事人于一审中提交的证据,并业经双方当事人之质证。最高院认为,该等证据材料并非新证据,不能予以采信。

三、审查要件之三——是否足以推翻原判决、裁定

“足以推翻原判决、裁定”是以“新证据”为由而启动再审程序的实质性要

---

① 参见(2019)最高法民申 1677 号民事裁定书。

件,但何谓"足以推翻",司法实践的把握标准不一。对此,《民诉法司法解释》第387条规定,再审申请人提供的新证据,能够证明原判决、裁定基本事实或者裁判结果错误的,方能达到"足以推翻"的标准。而基本事实是指对原判决、裁定的结果有实质性影响,用以确定当事人主体资格、案件性质、具体权利义务和民事责任等主要内容所依据的事实。

例如,本节节首所援引之案例,夏某所提交的在原审程序中并未提交的新证据,系对于案涉基本事实——已付工程款——有密切关联的证据,对当事人双方的具体权利义务和民事责任等具有实质性影响。故,该些证据因足以推翻原判决,方被最高院采信并作为启动再审程序的根本原因。

反面论之,若再审申请人提供的"新证据"不足以推翻原裁判,即无法证明原审裁判的基本事实或者裁判结果错误,再审程序则无法启动。例如,在最高院再审审查的苏州凯玛干细胞生物工程有限公司、安徽省第一建筑工程有限公司建设工程施工合同纠纷一案①中,当事人双方对彩瓦是否属于"甲供材料"发生争议。二审程序中,施工方提供由彩瓦供应商出具的《情况说明》,载明:"2007年元月我公司供安徽一建苏州凯玛项目部瓦片款,由安徽一建付清。特此证明。"二审法院据此认定彩瓦款系施工方所付。二审庭审结束后,发包方提交了彩瓦供应商出具内容为"我厂已收到全部瓦款,但具体是安徽一建还是凯玛公司不确定,以银行付款凭证和我妻子储红红签字为准"的补充说明及另外一份内容为"苏州凯玛项目瓦片由我厂供货,货款已经收清,收款人储红红系本人妻子,因年代久远本厂资料已遗失,但确认储红红已收清全部货款,具体证据按付款方提供证据为准(本人确认仅收清全部货款,未重复收款)"的情况说明。最高院经审查认为,发包方提供的前述两份新证据仅可以证明彩瓦供应商对其为施工方出具的《情况说明》作了一些修正或者模糊处理,并不能证明案涉彩瓦款系发包方支付的事实,不足以推翻二审判决基于二审证据关于彩瓦款系承包方实际支付的事实认定,不属于再审新证据。

四、审查要件之四——何为逾期提供证据的正当理由

根据《民诉法司法解释》第388条之规定,可以认定逾期提供证据之理由成立的情形有四种。

---

① 参见(2019)最高法民申818号民事裁定书。

1. 新发现的证据,即在原审庭审结束前已经存在,因客观原因于庭审结束后才发现的证据。

2. 新取得的证据,即在原审庭审结束前已经发现,但因客观原因无法取得或者在规定的期限内不能提供的证据。

3. 新形成的证据,即在原审庭审结束后形成,无法据此另行提起诉讼的证据。

4. 未质证的证据,即再审申请人在原审中已经提供,原审人民法院未组织质证且未作为裁判根据的证据;但原审法院依照《民事诉讼法》第 65 条规定不予采纳的除外。

除上述情形外,再审申请人逾期在再审申请程序中提出新证据的行为,均不存在正当之理由。例如,在最高院再审审查的浙江宝业建设集团有限公司与安徽鸿路钢结构(集团)股份有限公司(下称鸿路公司)建设工程施工合同纠纷案件①中,再审申请人在二审阶段提交了 11 份合同及附件,证明不可确定工程量非鸿路公司进行施工;后,其在二审程序中又将该 11 份合同撤回。在最高院组织的询问程序中,再审申请人主张其逾期提供该证据的理由为:一审法院已经确定了鸿路公司应承担不可确定工程量由其制作的举证责任,因此不予举证。最高院认为,再审申请人需说明其逾期提供该证据的理由,且仅限于因客观原因无法发现或者取得的情况下才能被法院采信。但在本案中,再审申请人逾期提供证据的理由系基于其自身对举证责任的主观判断,在二审法院多次释明的情况下,其依然撤回了 11 份合同,显然不属于因客观原因无法发现或者取得的情况,不符合《民诉法司法解释》第 388 条规定的情形。再审申请人应承担举证不能的法律后果。

五、审查要件之五——因故意或重大过失逾期提供证据的法律后果

正如最高院在上例中所述,再审申请人需说明其逾期提供证据的理由,且仅限于因客观原因无法发现或者取得的情况下才能被法院采信。当事人因故意或者重大过失逾期提供的证据,人民法院不予采纳。

例如,在最高院再审审查的吉林市松花江房地产开发有限公司与吉林市伊

① 参见(2018)最高法民申 6082 号民事裁定书。

瑞达建筑安装工程有限公司建设工程施工合同纠纷案件[①]中，再审申请人提交《吉林市松花江房地产开发公司付款申请单》一份，以证明案涉工程不存在冬季施工。最高院经审查认为，该份证据在原审庭审结束前已存在，再审申请人并未说明逾期提交的合理理由，且该证据亦不足以认定案涉工程未在冬季施工，故，该证据不属于“新证据”范畴，不予采信。

但在我国民事诉讼证据规则体系下，上述逾期失权的规定也存在例外情形——依据《民诉法司法解释》第102条第1款[②]之规定，因故意或者重大过失逾期提供的证据，若与案件基本事实有关的，人民法院应当采纳；但需要按照《民事诉讼法》第65条[③]、第115条第1款[④]的规定予以训诫、罚款。一如本节节首所援引之最高院的再审案例。

反观本节第四部分所援引之案例，最高院在再审审查中虽认为再审申请人逾期提供证据的理由不成立，但并未就再审申请人提供的新证据是否与案件事实有关予以审查和说理。这于再审案件中的申请人而言，具有重要的启示意义——再审申请案件中，即使逾期提供证据的理由不成立，也应在再审申请书中对于该（些）新证据与案件基本事实之间的关联性进行详尽说明。

六、一则最高院全面审查再审“新证据”的案例

上述审查体系中的相关因素，在最高院再审审查的松原市民信房地产开发有限公司（下称民信公司）与齐玉春建设工程施工合同纠纷案件[⑤]中能够得到充分的体现。

本案最为重要的争议焦点即为再审申请人民信公司所提交的证据材料（包括

---

① 参见（2018）最高法民申5921号民事裁定书。

② 《民诉法司法解释》第102条第1款：“当事人因故意或者重大过失逾期提供的证据，人民法院不予采纳。但该证据与案件基本事实有关的，人民法院应当采纳，并依照民事诉讼法第六十五条、第一百一十五条第一款的规定予以训诫、罚款。”

③ 《民事诉讼法》第65条：“当事人对自己提出的主张应当及时提供证据。人民法院根据当事人的主张和案件审理情况，确定当事人应当提供的证据及其期限。当事人在该期限内提供证据确有困难的，可以向人民法院申请延长期限，人民法院根据当事人的申请适当延长。当事人逾期提供证据的，人民法院应当责令其说明理由；拒不说明理由或者理由不成立的，人民法院根据不同情形可以不予采纳该证据，或者采纳该证据但予以训诫、罚款。”

④ 《民事诉讼法》第115条第1款：“对个人的罚款金额，为人民币十万元以下。对单位的罚款金额，为人民币五万元以上一百万元以下。”

⑤ 参见（2018）最高法民申3222号民事裁定书。

《中标通知书》及案涉工程招投标文件和中标文件,2018 年 11 月 21 日吉林省通远会计师事务所出具的《审计报告书》,民信公司与齐玉春之间资金往来的银行汇款、付款凭证等,张春雨等人与民信公司间的《商品房买卖合同》、租赁协议、借款借据复印件等)是否属于新证据,是否足以推翻原判决。最高院的分析如下。

1. 依据《民诉法司法解释》第 387 条和第 388 条之规定,民信公司申请再审提交的上述证据,不符合司法解释规定的新证据条件。

2. 案涉工程招投标文件、中标通知书等书证,在本案纠纷涉诉前已经形成,非民信公司一、二审因客观原因不能提供的书证,民信公司也不能说明逾期提供的正当理由。民信公司提交该部分证据意图证明案涉工程履行了招投标程序,中标单位为华泰公司,华泰公司为施工总承包人,齐玉春为华泰公司项目经理。但,民信公司与齐玉春成立实际施工民事合同关系,且已部分实际履行;在此之前,民信公司与华泰公司履行招投标程序订立施工合同的相关文件无法否定民信公司与齐玉春在施工中成立的实际施工合同关系。

3. 民信公司在再审申请中所提交的吉林省通远会计师事务所作出的《审计报告书》是在一、二审判决作出后形成,属民信公司单方委托审计,未纳入诉讼程序保障各方当事人充分行使诉权,不宜作为新证据采信。

4. 民信公司与齐玉春的资金往来银行汇款、付款凭证及银行流水等证据认定问题。民信公司提出逾期提交该等证据的理由为:一、二审中,民信公司职员与齐玉春恶意串通而导致原审时未予发现。再审审查期间,各方当事人接受法院询问时,齐玉春夫妇及其代理律师向法庭提交了民信公司银行流水表、民信公司支付的价款、执行和解书、抵账合同等民信公司内部资料,用以证明民信公司财产与实际控制人个人财产混同。法庭询问上述证据来源时,齐玉春夫妇及代理律师沉默不语,不能说明证据来源及取证方式。最高院认为,不能排除齐玉春利用民信公司经营管理方面存在的漏洞,通过不正当手段非法获取证据的可能性。对齐玉春提交的上述证据,不予认可。对民信公司提交的其他证据,最高院认为,其中一部分银行汇款凭证和支付凭证已在一审举证、质证,一审已作出认定,不属于新证据。另一部分银行汇款凭证中,汇款用途记载为“还款”“往来款”等。齐玉春与张庆民均认可,齐玉春与民信公司、张庆民、许志生之间除工程款往来外,另外存在民间借贷和其他资金往来,民信公司提供的往来凭证中有多笔为齐玉春向民信公司汇款。民信公司不能证明上述证据项下的钱款性质为案涉工程款。对该部分证据不予采信。

5. 关于民信公司提供的张春雨等人与民信公司之间《商品房买卖合同》、租赁协议、借款借据复印件等，一、二审时已客观存在，部分证据一审时已进行了举证、质证，不属于新证据。

综上，民信公司再审审查期间新提交的证据，均不符合再审“新证据”的条件，且不足以推翻一、二审认定的基本事实，不符合《民事诉讼法》第 200 条第 1 项规定的情形。

第十一章

建设工程案件鉴定中的热点法律问题

第一节　对固定总价施工合同的造价鉴定问题

一、固定总价施工合同纠纷中造价鉴定程序的启动

司法实践中对固定总价施工合同纠纷应否启动造价鉴定程序存在误解，其主要原因在于《司解一》第28条的规定：“当事人约定按照固定价结算工程价款，一方当事人请求对建设工程造价进行鉴定的，人民法院不予支持。”①根据该条的字面意思理解，固定总价施工合同应当按照固定总价予以结算，在案件审理过程中一律不应准许造价鉴定之申请。但该种解释方式是对固定总价合同的误读。

通过考察司法实践活动可以发现，有些案件准许固定总价合同的造价鉴定申请，有些则不准许固定总价合同的造价鉴定申请。下文分别析之。

（一）固定总价合同准予造价鉴定的情形

虽然《司解一》第28条规定了按固定价结算工程价款的不予准许造价鉴定的申请，但在具体情形下，人民法院仍有准予造价鉴定申请的必要。主要原因如下。

首先，发承包双方采取固定总价计价形式的，该固定总价的背

① 关于本条中关于“固定价”的说法，可参考本书第二章第五节的内容。另，《2004版司解一》第22条的规定与《司解一》第28条的规定基本一致。

后是明确的工程承包范围——一般而言，明确的工程承包范围是指深度足够的施工图纸或者较为具体的工程量清单；承包人只有在“正确而全面”地完成工程承包范围内的施工内容后方可有权向发包人主张按照固定总价结算工程价款。“正确而全面”系指承包人的施工内容与施工图和(或)工程量清单相吻合，不存在任何增减；如果在施工过程中，基于发包人设计变更或者清单错误等原因工程变更的，固定总价应当予以突破，司法实践也应当对该部分工程量相对应之工程价款启动造价鉴定程序以最终确定工程结算价格。

其次，如果发承包人双方在总价施工合同中明确约定了因物价变动引起工程价款的调整范围，工程施工中出现约定之物价波动情形时，若仍按照固定总价进行结算，则明显与合同约定不符且对当事人一方不公平。

因此，对《司解一》第28条不能作字面意思理解，在诉讼中是否启动造价鉴定程序取决于承包人是否“正确而全面”地履行了合同义务、工程变更以及价格风险等因素。

(二)固定总价合同不予准许造价鉴定的情形

当然，在实践中也存在虽然存在工程量的变更但仍不予准许造价鉴定的情形。例如，发承包人双方在固定总价施工合同中明确约定因某项或某几项原因导致工程量变更的，合同价款不予调整。那么，当实际施工中出现该等原因的，则应充分尊重当事人双方的意思自治，对合同价款不予调整；相应地，也就不予准许当事人一方在诉讼中提起的针对该某项或某几项原因导致变更工程的造价鉴定申请。

以最高院二审审理的北京住总第六开发建设有限公司与天津博海缘置业投资有限公司建设工程施工合同纠纷案件①为例。发承包双方在施工合同中约定，合同价款采用固定价格合同方式确定，合同价款中包括投标文件中报价工程量的风险，即工、料、机价格上涨的风险及施工方案措施费用计量的风险。在案件审理中，承包人认为，应当计算工程量清单与施工图纸之间量差和漏项部分的造价。但法院认为，工程量偏差及漏项属于合同约定的风险范围，该等风险应由承包人自行承担，对该部分内容不应进行价款调整，也不应予以造价鉴定。

另外，即使在施工过程中存在设计变更等可以调价的情形，但若发承包人

---

① 参见(2016)最高法民终259号民事判决书。

双方已经通过签证等方式对设计变更部分的工程价款达成一致意见,对设计变更部分价款仍然无需进行造价鉴定。例如,在最高院二审审理的四川晋业建筑工程有限公司与朔州市浩鑫房地产开发有限公司建设工程施工合同纠纷案件[①]中,根据双方《工程(增加)的变更、签证审核结算表》已能确定本案的工程造价,在现有证据已经可以证明案件事实和确定工程款的情况下,无需对造价问题再行鉴定。这也充分体现了造价鉴定的经济性原则。

(三)固定总价施工合同进行造价鉴定的范围

《2018 版司解二》第 33 条规定:"人民法院准许当事人的鉴定申请后,应当根据当事人申请及查明案件事实的需要,确定委托鉴定的事项、范围、鉴定期限等,并组织当事人对争议的鉴定材料进行质证。"因此,鉴定范围的确定对于案件的审理具有重要意义,鉴定范围不明确或者明确的鉴定范围不合法的,均有可能导致对案件事实的查明不清。[②]

一般而言,需要对固定总价施工合同之价款进行造价鉴定的范围包括:设计变更但发承包双方对变更部分的价款未能达成一致的、因工程承包范围增减而导致价款增减的、施工过程中出现合同约定的人材机价款调差的,以及固定总价施工合同解除后的已完成永久工程的价款、停窝工损失等。本节以前两项范围为例阐析。

二、对设计变更工程量进行的造价鉴定

(一)对设计变更进行造价鉴定的范围

设计变更是引起工程量变化和工程价款调整的重要因素。固定总价施工合同项下,承包人的投标报价系根据招标人提供的施工图纸计算工程量后作出的价格要约;它是承包人根据自身管理水平和实力对完成施工图中所有施工内容所需投入的成本和能赚取的利润的反映。在施工过程中出现设计变更的情形势必导致原施工图纸范围内的工程量增减,此时,施工合同中约定的固定总

---

① 参见(2015)民一终字第 409 号民事判决书。

② 另外,鉴定范围的确定应当在法院出具的鉴定委托书中予以先行明确。例如,《新民诉证据规定》第 32 条规定:"人民法院准许鉴定申请的,应当组织双方当事人协商确定具备相应资格的鉴定人。协商不成的,由人民法院指定。人民法院依职权委托鉴定的,可以在询问当事人的意见后,指定具备相应资格的鉴定人。人民法院在确定鉴定人后应当出具委托书,委托书中应当载明鉴定事项、鉴定范围、鉴定目的和鉴定期限。"

价因签约时的状态被改变而不再能真实反映实际工程量所对应之价格,也不能再反映发承包人在签约时对合同价款的合意。因此,对因设计变更导致的合同价款进行调整,也便成为司法实践中所不得不予以处理的重大问题。

由于固定总价是发承包人双方真实意思的体现,采用固定价格进行结算的合意应当得到司法实践的充分尊重。设计变更引起的总价合同调整,仅需要对因设计变更导致的工程量增减部分所对应之价款进行鉴定,然后在固定总价的基础上对设计变更部分的价款进行增减;一方当事人主张对全部工程量和工程价款提起鉴定申请的,则不应准许。

例如,在最高院二审审理的中建二局第四建筑工程有限公司与通辽京汉置业有限公司建设工程施工合同纠纷案件①中,承包人认为应当依据施工图对全部工程进行鉴定。法院经审理认为,虽然双方签订的施工合同无效,但该合同系双方真实意思表示,双方在合同中约定采用固定价结算的方式,且在签订该合同之前,承包人向发包人作出了书面承诺。因此,本案工程应采用固定价款结算,承包人之全面鉴定的主张不予支持;但对于设计变更的工程量应当按照合同签订时的工程定额进行造价鉴定。

(二)对设计变更导致增减部分工程量进行造价鉴定的依据

《司解一》第 19 条第 2 款对这一问题予以了如下规定:“因设计变更导致建设工程的工程量或者质量标准发生变化,当事人对该部分工程价款不能协商一致的,可以参照签订建设工程施工合同时当地建设行政主管部门发布的计价方法或者计价标准结算工程款。”这一规定由于没有考虑到建设工程施工合同的复杂性而同样招致误解——这里主要是指固定总价施工合同中对设计变更导致工程量增减部分的计价依据和调整方式进行明确约定的情形。

例如,2017 年版《建设工程施工合同(示范文本)》通用条款第 10.4.1 条便约定了具体的变更估价原则,除非专用条款另有约定,否则应适用该条约定的三种关于“有适用”、“有类似”和“无适用或类似”变更估价原则予以处理(《13 版清单规范》也有类似规定,只不过增加了一些新的约束)。

此时,如果发承包人在固定总价施工合同中作出了上述约定,即使双方对该部分工程价款不能通过签证等方式协商一致,也无法根据《司解一》的上述规定参照签订建设工程施工合同时当地建设行政主管部门发布的计价方法或者

---

① 参见(2018)最高法民终 244 号民事判决书。

计价标准结算工程款。笔者认为，通过考察各地高院的司法政策，北京市高级人民法院的做法更为妥当和明确。《北京高院关于施工合同的解答》第11条第1款规定："建设工程施工合同约定工程价款实行固定总价结算，在实际履行过程中，因工程发生设计变更等原因导致实际工程量增减，当事人要求对工程价款予以调整的，应当严格掌握，合同对工程价款调整有约定的，依照其约定；没有约定或约定不明的，可以参照合同约定标准对工程量增减部分予以单独结算，无法参照约定标准结算的，可以参照施工地建设行政主管部门发布的计价方法或者计价标准结算。"

三、对工程承包范围争议部分进行的造价鉴定

固定总价反映的是总价范围内所对应之工程内容的工程价款，因此，固定总价的采用必须要首先查明该固定总价项下实际施工范围和工程量，然后再结合其他证据对工程价款予以结算。

例如，在最高院再审审理的湖南湘源建设工程有限公司与湖南千足珍珠有限公司建设工程施工合同纠纷案件①中，承包人按照招标文件的要求编制了投标文件，投标总价为686.4万元。投标文件中明确系根据发包人提供的图纸，在将部分工程项目抽出之后就其余工程编制投标报价；编制说明中声明：本工程未计算在内的分部工程项目有土方开挖、所有图纸所设计的保温工程、所有附属工程。发包人的中标通知书中的中标价格为686.4万元。其后签署的施工合同中约定的合同价款也为686.4万元，且采用固定总价合同；承包范围为土建、水电安装、装饰工程按图纸内的全部内容（室内涂料、消防不在内）；因发包人原因造成工期延误、工程款不到位而导致材料上涨时可以调整；如工程量发生增加或减少，其价格按定额相应增减。

根据投标文件和施工合同的约定可以看出，二者中体现的合同价款虽然一致，但承包范围则不完全相同：前者报价中扣除了设计图纸中的土方开挖、保温工程和附属工程，而后者仅不包括室内涂料和消防。因此，发承包双方对合同价686.4万元所对应的承包范围发生争议。

最高院经审理认为，要约及承诺的合同形成机理，以及施工合同、施工合同补充协议和《后期工程承诺书》，均可以证明发承包人在施工合同中约定的

---

① 参见（2016）最高法民再123号民事判决书。

686.4万元工程款只是施工图纸中部分工程量的固定价格，未包含投标报价之外施工图纸中的其他工程量的工程价款；对于该部分未包含的施工内容需要通过鉴定程序确定相对应的工程价款。

综合以上内容，最高院认为，案涉工程款结算公式应为：合同约定的686.4万元固定价格+施工图纸之外施工量的工程款+承包人按照图纸施工的固定价之外的工程量价款－承包人对投标报价工程量未施工部分项目的工程价款+材料价差+人工工资调整款，并最终根据鉴定机构对上述几项价款的鉴定数字作出判决。

第二节　工程质量鉴定在司法实践中的应用

向工程承包人主张交付符合国家质量标准或者合同约定质量标准的建设工程之请求权是工程发包人基于建设工程施工合同所形成之交易的一项最基本也是最重要的权利，同时，承包人交付质量合格的建设工程后仍需在法律规定或者合同约定的期限内向发包人承担建设工程质量瑕疵担保责任。实践中，因建设工程质量问题而产生的纠纷因专业性非常强，审判实务往往借助司法鉴定程序解决此类纠纷。本节中，笔者在系统梳理近几年无锡市中级人民法院一审、二审中关于建设工程质量问题纠纷相关案例的基础上对建设工程质量鉴定中的相关法律问题予以分析。

一、涉及工程质量案件的基本审理思路

法院在审理此类案件中，对质量是否合格的鉴定系质量鉴定应用中的第一个环节。如若鉴定结论系房屋质量合格的，承包人自无须向发包人承担责任；若鉴定结论系房屋质量不合格的，根据《民法典》第801条的规定[①]以及《司解一》第12条的规定[②]，发包人享有向承包人主张在合理期限内无偿修理或者返

---

① 《民法典》第801条："因施工人的原因致使建设工程质量不符合约定的，发包人有权请求施工人在合理期限内无偿修理或者返工、改建。经过修理或者返工、改建后，造成逾期交付的，施工人应当承担违约责任。"

② 《司解一》第12条："因承包人的原因造成建设工程质量不符合约定，承包人拒绝修理、返工或者改建，发包人请求减少支付工程价款的，人民法院应予支持。"

工、改建的请求权(简称修补请求权);如若承包人拒绝修补或者存在修补障碍,则需要另行启动对修复方案和修复费用的鉴定程序。在完成该两个鉴定程序后,法官需要在对房屋质量鉴定意见中关于引起质量问题的原因力予以分析的基础上划定双方的责任比例,进而再根据该比例判令维修费用的担负。

上述审理思路大体可用图16予以表示。

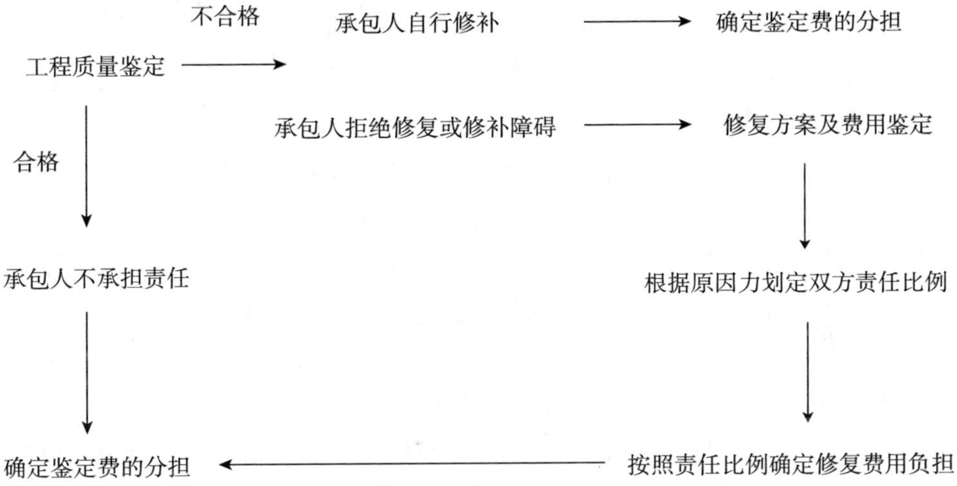

图16 审理工程质量问题基本思路示意

二、房屋质量鉴定程序的启动及相关法律后果

(一)主张工程质量问题的一方需要提供证据证明,否则将承担举证不能的法律后果

在吴江区林雪净化彩板有限公司与江苏锋驰绿色电源有限公司[1],沈阳远大铝业工程有限公司上海分公司与上海益发劳动服务有限公司、上海凯来普建筑工程有限公司[2]建设工程施工合同纠纷二案件中,发包人认为承包人所施工之工程存在质量问题,但在法院释明后,发包人未在规定时间内向法院提供足以证明存在工程质量问题的证据也未向法院申请质量鉴定,因此应当承担举证不能的法律后果。

① 参见(2018)苏02民终1074号民事判决书。

② 参见(2018)苏02民终4749号民事判决书。

（二）未在规定时间内支付鉴定费，应视为撤回鉴定申请

在南通考合斯贸易有限公司与上海杰联建设工程有限公司建设工程施工合同纠纷一案[①]中，法院认为，承包人申请就工程质量是否符合国家规范进行鉴定，但经法院催缴鉴定费，其未能在指定的期限内缴纳，应视为其撤回相关鉴定申请。

（三）擅自使用未经验收合格工程的质量鉴定问题

未经竣工验收合格，发包人擅自使用的，法院对当事人在诉讼中能否启动工程质量鉴定程序存在两种观点。

1. 不准许启动鉴定程序。在无锡市恒力建筑安装工程有限公司与无锡市长城电线电缆有限公司建设工程施工合同纠纷一案[②]中，法院认为，因案涉工程已经实际使用，质量问题属于保修范畴，不能再以此为由抗辩工程款支付条件并未成就，因此，虽然发包人提起质量鉴定，但已无进行鉴定之必要。

2. 准许启动鉴定程序，但并未完成整个鉴定过程。在南京大谋本慧环境工程有限公司与江苏鲁班建设集团有限公司建设工程施工合同纠纷一案[③]中，法院虽准许了发包人的鉴定申请，但在鉴定机构答复“部分无法鉴定、部分可以鉴定”的情况下，法院综合全案情况认为案涉工程已经实际投入使用，再进行鉴定已无必要，因此，未再支持再次鉴定的申请。

（四）虽提出质量鉴定申请，但结合其他证据，法院未准许启动鉴定程序

在信息产业电子第十一设计研究院科技工程股份有限公司（以下简称十一研究院）与杭州意科能源技术有限公司建设工程施工合同纠纷一案[④]中，发承包双方在施工过程中签署《会议纪要》，明确涉案工程项目不存在工程质量问题，十一研究院对于组件质量无需承担任何违约及赔偿责任，对于可能存在的质量问题共同督促组件商负责维修保养甚至更换。案件审理中，杭州意科公司提出了质量鉴定申请，但鉴于十一研究院根据《会议纪要》无需对质量问题承担责任，故法院并未准许启动司法鉴定程序。

---

① 参见（2017）苏02民终2579号民事判决书。

② 参见（2016）苏02民终296号民事判决书。

③ 参见（2017）苏02民终396号民事判决书。

④ 参见（2016）苏02民终2453号民事判决书。

三、工程未经竣工验收，经鉴定为质量不合格的法律后果

（一）在鉴定工程质量存在问题的情况下，承包人不再进行修复，但需要承担修复费用

在宜兴市新建烟机配件有限公司与华虹建筑安装集团有限公司建设工程施工合同纠纷一案[①]中，一审法院认为，承包人施工的本案诉争工程因质量问题与发包人发生争议，在多方协调下，双方制定了多个修缮方案并由承包人实际进行修缮，但根据法院委托鉴定单位出具的鉴定报告，经承包人修缮的涉案工程并未满足合同及国家规定的质量要求，仍存在诸多质量问题。鉴于承包人多次修复未成，法院对承包人的修复能力产生合理怀疑，同时为减少当事人诉累，认可由发包人对本案所涉工程存在质量问题的部分进行自行修复，由承包人支付修复费用。

二审法院认为，施工过程中双方即就工程质量问题进行协商，但至本案诉讼时质量问题仍未解决，因此，一审法院推定由承包人自行整改已不具有可行性并无不当。而且，根据建筑行业的特点，承发包双方产生纠纷后，由双方自行协商解决质量问题或者由施工方自行整改显然难度较大，也可能产生新的纠纷，因此，一般采用施工方赔偿修复费用的解决方式更为合理，也有利于减少矛盾。

（二）工程质量不合格，承包人拒绝维修的，合同解除

在无锡爱森仑特木业有限公司与江苏金涛建设工程有限公司、王林、厉灵建设工程施工合同纠纷一案[②]中，一审法院认为，鉴于案涉工程经鉴定系结构可靠性为三级，存在严重安全隐患，而承包人拒绝履行维修义务，因此工程发包人有权要求解除案涉施工合同。

二审法院认为，鉴于工程存在结构问题，影响安全使用，且承包人也不具备特种加固资质，无法履行维修义务，发包人已难以实现合同目的，故其依法有权解除施工合同。

（三）双方协商解除施工合同，经鉴定已完工程中因基坑支护不满足图纸设计要求而存在质量问题的，承包人需赔偿发包人损失并承担违约责任

在常州华基建设工程有限公司与无锡市荣宏置业有限公司建设工程施工

① 参见（2017）苏02民终2772号民事判决书。

② 参见（2018）苏02民终1803号民事判决书。

合同纠纷一案[①]中,承包人仅施工到±0.00,发包人认为承包人所施工的基坑支护、地下室外墙防水部分存在质量问题。庭审中经发包人申请就上述部分进行鉴定,鉴定结论为承包人上述部分施工不符合图纸设计要求,存在施工质量问题。庭审中,双方就地下室外墙防水质量问题达成一致赔偿意见。对于基坑支护部分,鉴定人认为基坑支护是为了保护地下主体结构施工与基坑周边环境的安全,对基坑采用的临时性支挡、加固、保护与地下水控制的措施,如果不符合图纸,价格相应地会有偏差;但是在鉴定时基础工程已经结束了,基坑支护作为临时设施,对负一层的正常使用影响不大。对此,经发包人申请对于基坑支护价款重新鉴定;经鉴定,由于基坑支护存在与设计图不符之情形,需调减21,000元价款。

一审法院认为,根据鉴定意见书,地下室外墙防水及基坑支护存在质量问题,主要是不符合图纸要求,故承包人确实存在施工质量问题,相应的责任应由承包人承担。其中,外墙防水采纳双方协商确定的数额,基坑支护系临时性措施,拆除重做已无必要,应当按质论价重新鉴定价款,故基坑支护采纳重新鉴定的补充意见,扣减相关价款。另外,由于承包人施工质量存在问题,可以适用合同关于质量不符合标准的违约金约定,即可以适用工程结算价5%作为违约金的条款。

发包人虽然对本案一审判决提出了上诉,但其对于一审法院关于因质量问题而作出的上述判决部分并未提出上诉。

【评析】

本案中,发承包双方在诉讼中协商一致解除施工合同,经鉴定基坑支护的施工不符合设计要求;但基坑支护是一种临时性支档、加固、保护与地下水控制的措施,并且在鉴定时案涉工程的基础部分已经完工,基坑支护已经不再具有存在的价值,因此不具有修复的必要性;只是支护与设计图纸不符的情况下会影响基坑支护的结算价格,因此根据《民法典》第806条[②]和第793条[③]的规定,对于该部分结算价差作为发包人的损失按质论价。

---

① 参见(2017)苏02民终2629号民事判决书。

② 《民法典》第806条第3款规定:"合同解除后,已经完成的建设工程质量合格的,发包人应当按照约定支付相应的工程价款;已经完成的建设工程质量不合格的,参照本法第七百九十三条的规定处理。"

③ 《民法典》第793条第2款规定:"建设工程施工合同无效,且建设工程经验收不合格的,按照以下情形处理:(一)修复后的建设工程经验收合格的,发包人可以请求承包人承担修复费用的;(二)修复后的建设工程经验收不合格的,承包人无权请求参照合同关于工程价款的约定折价补偿。"

四、工程经竣工验收合格，质保期内的质量鉴定问题

（一）因双方不再具有合作可能性，因而承包人不再实际进行维修，但需要支付修复费用

在江苏能讯光纤科技有限公司与无锡亚辉建筑工程有限公司建设工程施工合同纠纷一案[①]中，一审法院认为，考虑到双方之间存在多起诉讼，已失去继续合作的可能性，由承包人支付维修费用较为适宜。

二审法院认为，因工程的维修也需要建设单位的配合，而本案双方已发生多起诉讼，缺乏继续合作的可能性，另承包人表示其接到发包人 2011 年 10 月 19 日要求维修楼顶开裂的函件后已积极进行了维修，但从目前审理鉴定情况来看，各栋车间厂房屋面仍普遍存在开裂情况，发包人也明确表示对承包人已失去信任，在此情形下，一审在保修责任的承担上选择由承包人支付修复费用的形式并无不当。

（二）经鉴定，引发质量问题的原因不仅仅在于施工单位的，法院按照责任比例判定责任承担

在无锡新世界国际纺织服装城有限公司（以下简称新世界公司）与中国建筑第四工程局有限公司（以下简称中建四局公司）、中太建设集团股份有限公司建设工程施工合同纠纷一案[②]中，经鉴定机构鉴定，出现质量问题的原因有混凝土收缩和温度变形（主要原因）、施工质量不符合要求（次要原因）、沉降因素，一审法院通过质量维修义务负担规则、引发质量问题的原因力以及相关方在施工过程中所应尽之义务，酌情分配发包人与承包人的责任比例之负担。

五、鉴定意见认为造成质量问题系多种因素造成的责任负担

（一）新世界公司与中建四局公司、中太建设集团股份有限公司建设工程施工合同纠纷案[③]

上文已举示过该案。在该案中，经发包人申请委托鉴定机构就现场存在的裂缝、漏水现象进行鉴定，鉴定结论为：(1)所测构件混凝土抗压强度基本满足

---

① 参见(2017)苏02民终5526号民事判决书。

② 参见(2017)苏02民终2180号民事判决书。

③ 参见(2017)苏02民终2180号民事判决书。

设计要求;(2)所测1~4号地下室底板、墙板钢筋间距不符合设计及验收规范要求;(3)所测1~4号地下室底板、墙板保护层厚度不符合设计及验收规范要求;(4)1~4号地下室底板及墙体裂缝主要由混凝土收缩和温度变形造成;2号与3号主楼间地下室墙体及4号与5号主楼间地下室墙体的墙体斜向裂缝主要由混凝土收缩和变形、沉降因素共同造成;地下室墙体及底板保护层厚度及钢筋间距正偏差大于设计及验收规范要求,对裂缝的产生及发展存在一定的影响。

一审法院根据以上鉴定结论,认定案涉工程地下室底板及墙体裂缝等质量问题的原因及责任如下(该等认定同时也得到了二审法院的支持):

1. 主要原因——混凝土收缩和温度变形,即鉴定结论中所列第(4)项指称的"1~4号地下室底板及墙体裂缝主要由混凝土收缩和温度变形造成""2号与3号主楼间地下室墙体及4号与5号主楼间地下室墙体的墙体斜向裂缝主要由混凝土收缩和变形、沉降因素共同造成"。该情形的产生一般由施工因素、材料因素、自然因素等各种因素综合形成,在无证据证明存在其他外来影响因素的情况下,该部分责任均属施工单位在质保期应履行的保修责任。

2. 次要原因——施工质量不符合要求,即鉴定结论中所列第(2)(3)项所指称的"不符合设计及验收规范要求"以及第(4)项所指称的"地下室墙体及底板保护层厚度及钢筋间距正偏差大于设计及验收规范要求"。该原因系由施工不符合要求引起,应由施工单位承担。

3. 沉降因素,即鉴定结论中所列第(4)项所指称的"2号与3号主楼间地下室墙体及4号与5号主楼间地下室墙体的墙体斜向裂缝主要由混凝土收缩和变形、沉降因素共同造成",考虑到沉降因素对斜向裂缝的产生影响较为直接,故对于斜向裂缝的成因中的沉降因素法院酌定为80%的原因比例。施工单位理应对其承建过程中的所有施工行为负责,但发包人对造成工程质量缺陷有过错的,也应承担相应的责任。关于提前封闭后浇带的行为,现有证据可以表明新世界公司曾发函严令中建四局公司限期封闭后浇带,而实际施工过程中发包人处于最终核定工程质量并核发工程款的地位,其指令往往对整个施工过程具有较大影响力,发包人虽然可以随时对作业进度、质量进行检查,但应在不妨碍承包人正常作业的情况下进行,故新世界公司对于提前封闭后浇带的情形应负一定责任。而中建四局公司作为施工单位,理应具有专业施工经验和判断能力,应对其施工质量负责;对于发包人提出的违反法律、行政法规和建筑工程质量规定的标准,降低工程质量的要求,承包人未予拒绝而继续施工的,仍存在相应过错。故法院据此酌定造成斜向裂缝产生的沉降因素由新世界公司、中建四局公司各负50%的责任。

【评析】

在多原因造成建设工程质量问题的情况下,如何具体划分不同原因力所占比重以及确定相关方责任比例是一个极度专业之问题,即使鉴定机构也无法具体确定精确之比重和比例,根据司法裁判规则,这一判定只能留给法官的自由裁量权。

本案中,鉴定结论中涉及的关于混凝土收缩和温度变形,地下室底板、墙板钢筋间距,墙板保护层厚度不符合设计及验收规范要求均属于施工单位之原因引起,该部分责任应由施工单位承担。

但认定的难点在于,2号与3号主楼间地下室墙体及4号与5号主楼间地下室墙体的墙体斜向裂缝产生的原因既有混凝土收缩和变形也有沉降因素,法院首先划定了两种原因力对导致该部分工程质量问题产生的原因比重,即混凝土收缩和变形占20%(该部分责任由施工单位承担),沉降因素占80%。然而,本案中产生沉降的原因为提前封闭后浇带的行为,该行为的发生同时基于发包人之主动积极指令和承包人未能基于专业判断而消极认同,故而法院认定发承包方各自就该占80%比重的沉降因素承担50%的责任。

(二)华仁建设集团有限公司与无锡易北河塑胶科技有限公司建设工程施工合同纠纷案①

在该案中,鉴定机构认为,有些问题产生的原因是施工控制不当,属于施工质量问题,而有些问题产生的主要原因是施工不当,但不能排除随时间变化以及后期使用导致该问题的加剧。

针对此种情况,法院对不能全部归责为施工质量问题的部分所涉及的修复费用酌定予以扣除后,再根据经鉴定的修复费用总额计算承包人应当承担的修复费用。

六、余论——对鉴定结论的司法采信

通过对无锡市中级人民法院近几年关于建设工程施工质量纠纷案件的审

---

① 参见(2016)苏02民终1580号民事判决书。

理情况的考察发现，当事人双方尤其是施工单位在鉴定机构出具建设工程存在质量问题的鉴定结论时的质证要点基本包括：(1)针对鉴定机构，认为鉴定机构在鉴定过程中采用的检测方法不当、采用标准不当；(2)针对设计单位，认为鉴定结论中的质量问题系由于设计单位原因造成，设计方案未能充分考虑各种因素，设计优化方案不符合需求以及规范要求；(3)针对建设单位，认为工程出现质量问题是由于建设单位违反施工工序要求指令施工单位将某工序提前施工。

但几乎在所有此类案件中，由于当事人双方缺乏非常强势的对质量鉴定结论的异议意见，法院基本都完全采信了鉴定机构的鉴定结论。

第三节　鉴定人的出庭作证义务

出庭作证是鉴定人的一项法定义务，违反该义务的，将会产生相应的法律后果。本节中，笔者以最高院再审审理的山西多利多房地产开发有限公司与上海梵华信息技术有限公司建设工程施工合同纠纷案件[①]中的裁判要旨为例展开评析。

【裁判要旨】

鉴定人就工程造价《鉴定意见书》进行庭前质证后作出《补充说明》并作为鉴定意见组成部分。开庭时，双方当事人对该鉴定意见均有异议且均申请鉴定人出庭作证，但法院并未通知鉴定人出庭作证，属于原判决认定基本事实缺乏证据证明，符合再审事由，需交由原审法院再审。

【法理释评】

《民事诉讼法》第78条规定："当事人对鉴定意见有异议或者人民法院认为鉴定人有必要出庭的，鉴定人应当出庭作证。经人民法院通知，鉴定人拒不出庭作证的，鉴定意见不得作为认定事实的根据；支付鉴定费用的当事人可以要求返还鉴定费用。"

根据该条规定，鉴定人在两种情况下必须出庭作证：(1)当事人对鉴定意见有异议；(2)人民法院认为鉴定人有必要出庭的。在上述两种情形下，法院必须通知鉴定人出庭作证。鉴定人经通知后拒不出庭作证的，将发生两种法律后

① 参见(2018)最高法民申50号民事裁定书。

果:(1)鉴定意见不得作为认定事实的根据;(2)鉴定费用需返还。

根据该条规定,产生上述两种法律后果的前提是“经人民法院通知,鉴定人拒不出庭作证”;然而,当事人对鉴定意见有异议,但法院并未通知鉴定人出庭作证情况下将产生何种法律后果,该条规定并没有明确。最高院在本案中将该条规定作了扩大性解释,即认为同样发生不得将该鉴定意见作为认定事实根据的法律后果。笔者认为,该种扩大性解释符合民事诉讼法的立法精神,鉴定人出庭作证是一项基本的法定义务,无论是鉴定人拒不出庭作证抑或因法院原因未通知鉴定人出庭作证,其本质都是损害了当事人对于鉴定意见进行质证的权利。“虽然鉴定人通常对鉴定事项作出了书面意见,但因为鉴定意见作为一种证据也需要进行质证,所以,鉴定人亦有出庭陈述的义务。”①

【延伸阅读】

司法实践中存在另外一种情形,即法院通知鉴定人出庭作证,鉴定机构指派并非在鉴定意见书上署名的鉴定机构中的其他人员出庭作证。该种作证效力如何?司法实践中存在不同的意见。

一种观点认为,一审出庭作证的不是署名鉴定人,但署名鉴定人二审中出庭作证的,该鉴定意见可以采信。例如,在山东省高级人民法院二审审理的南通海洲建设集团有限公司与邹城市旺胜房地产开发有限公司建设工程施工合同纠纷案件②中,山东省高级人民法院认为,一审法院在庭审中通知到庭的鉴定人员虽然不是在鉴定报告上署名的人员,程序上存在瑕疵,但二审中,法院已通知鉴定报告的署名人员到庭接受质询,补正了这一问题。

另一种观点认为,出庭作证的鉴定人必须是署名鉴定人。例如,《江苏高院施工合同鉴定规程》第 20 条第 1 款规定:“当事人对鉴定意见有异议或者人民法院认为鉴定人有必要出庭的,人民法院应当通知在鉴定意见上署名的鉴定人员出庭作证。”

笔者认同第二种观点,理由有三:

其一,《全国人大常委会司法鉴定决定》第 10 条规定:“司法鉴定实行鉴定人负责制度。鉴定人应当独立进行鉴定,对鉴定意见负责并在鉴定书上签名或者盖章。多人参加的鉴定,对鉴定意见有不同意见的,应当注明。”既然鉴定人

---

① 张卫平:《民事证据法》,法律出版社 2017 年版,第 84 页。

② 参见(2017)鲁民终 1180 号民事判决书。

应当独立鉴定且对鉴定意见负责，那么仅有署名的鉴定人才最能明晰鉴定过程中所有的鉴定材料、鉴定依据，包括现场勘查中的实际；让鉴定人之外的其他人出庭作证无法确保其真正明了上述所有。更何况，如若此种方式可行，就完全没有必要让鉴定人署名或者盖章，仅鉴定机构盖章即可。

其二，山东省高院的做法有违民事诉讼法确立的直接言词原则。“民事诉讼采行直接言词原则，鉴定人应在剧场型的法庭向法官提交鉴定意见，并接受法官或者当事人的发问或者质询。因此，亲自出席庭审的到场义务是鉴定人的基本义务，违反该义务将会遭受民事诉讼法的制裁。”①

其三，非署名鉴定人出庭作证有违二审终审的审级制度。既然一审和二审出庭的鉴定人不恒定，于当事人而言即意味着质证对象非同一，一审质证对象为A，二审质证对象为B，这其中蕴含的道理即如本书开头援引之裁判要旨，好似对应当接受质证的证据仅仅在二审阶段才给予了质证，当事人对二审阶段才能质证之证据所能证明的案件事实丧失了上诉的权利。

第四节　工程造价鉴定的资质

【基本案情】

发承包人基于建设工程施工合同产生争议，在诉讼过程中，承包人就建设工程造价申请司法鉴定，法院委托A鉴定机构。在对A鉴定机构的鉴定意见进行质证时，发包人提出A仅具有乙级资质，无权鉴定涉案工程。法院亦以此为由要求备用鉴定机构参与鉴定。

【法理释评】

工程造价司法鉴定是否需要住建部《工程造价咨询企业管理办法》（以下简称《管理办法》）中规定的资质？换言之，《管理办法》是否有权对工程造价司法鉴定活动设定行政许可？

笔者在本节中从法律规定的角度重新审视司法实践中的相关做法，供读者参考。

---

① 肖建华主编：《诉讼证明过程分析——民事诉讼真实与事实发现》，北京大学出版社2018年版，第260页。

一、工程造价司法鉴定机构与司法鉴定资质

《02版民诉证据规定》第27条规定鉴定机构或者鉴定人员不具备相关鉴定资格的可以申请重新鉴定①，因此，司法实践中有一种几成惯例的做法，即在对工程造价司法鉴定意见进行质证时，双方当事人会围绕住建部《管理办法》就造价鉴定机构是否具有该办法中规定的工程造价咨询企业资质以及资质等级展开争论。本书所探讨之案例即为典型一例。但笔者认为，该种质证方式以及本节之案例中法院的做法不仅不当，亦且有违法之嫌。

这可从行政许可设定之形式以及行政许可设定之内容两个方面予以审量。

（一）形式上的审量

《行政许可法》第17条规定："除本法第十四条、第十五条规定的外，其他规范性文件一律不得设定行政许可。"第14条、第15条规定的设定行政许可的范围包括法律，行政法规，国务院决定，地方性法规，以及省、自治区、直辖市人民政府规章。但《管理办法》属于国务院部门规章的范畴，因此它无权对工程造价司法鉴定机构设定行政许可。而且，工程造价司法鉴定活动不同于一般的工程造价咨询服务活动，根据《全国人大常委会司法鉴定决定》第3条，对全国鉴定人和鉴定机构的登记管理工作归口于国务院司法行政部门，住建部无权管理鉴定人和鉴定机构，其制定的《管理办法》当然也不适用于司法鉴定活动。

（二）内容上的审量

如上文所述，法律有权设定行政许可，《全国人大常委会司法鉴定决定》第2条也明确，对四类从事司法鉴定业务的鉴定人和鉴定机构实行登记管理制度，即法医类鉴定，物证类鉴定，声像资料鉴定，根据诉讼需要由国务院司法行政部门商最高人民法院、最高人民检察院确定的其他应当对鉴定人和鉴定机构实行登记管理的鉴定事项。

---

① 《新民诉证据规定》第40条也规定："当事人申请重新鉴定，存在下列情形之一的，人民法院应当准许：（一）鉴定人不具备相应资格的；（二）鉴定程序严重违法的；（三）鉴定意见明显依据不足的；（四）鉴定意见不能作为证据使用的其他情形。存在前款第一项至第三项情形的，鉴定人已经收取的鉴定费用应当退还。拒不退还的，依照本规定第八十一条第二款的规定处理。对鉴定意见的瑕疵，可以通过补正、补充鉴定或者补充质证、重新质证等方法解决的，人民法院不予准许重新鉴定的申请。重新鉴定的，原鉴定意见不得作为认定案件事实的根据。"

需要注意的是，该条第1项与《02版民诉证据规定》相比，删除了鉴定机构不具有相应资格的情况。

很显然,工程造价司法鉴定并不属于法医类鉴定、物证类鉴定及声像资料鉴定;另外,根据笔者的检索,司法部与最高人民法院除在 2016 年共同发布《关于建立司法鉴定管理与适用衔接机制的意见》(以下简称《意见》)外,并没有再就对鉴定人和鉴定机构实行登记管理的事项作出过其他规定,且《意见》中也没有就工程造价司法鉴定的事项进行规定。

因此,我们可以从上述系列规定中得出下述结论:从事工程造价司法鉴定业务的鉴定人和鉴定机构不需要实行登记管理制度,或者可以换一种说法,从事工程造价司法鉴定业务的鉴定人和鉴定机构依法不需要相关资质。从这个角度上考量,也可以印证本节所援引之案例中当事人以造价鉴定机构应当根据《管理办法》取得资质为由所发表的质证意见之错误性。

笔者认为,根据目前现行的法律规定,工程造价鉴定机构不仅不需要住建部核发的甲级或者乙级资质,而且亦不需要司法部颁发的《司法鉴定许可证》。《全国人大常委会司法鉴定决定》第 3 条虽然赋予了国务院司法行政部门对鉴定人和鉴定机构进行登记、名册编制和公告的法定权力,第 16 条也赋予了其对该事项制定具体办法的权力,但司法部《司法鉴定机构登记管理办法》第 2 条、第 3 条也明确了其适用范围,即适用于《全国人大常委会司法鉴定决定》第 2 条的四类鉴定机构,对从事该四类司法鉴定活动的司法鉴定机构需要依法取得《司法鉴定许可证》。但根据上文所述,工程造价司法鉴定并不属于上述四类鉴定范围,因此,依法也不需要取得《司法鉴定许可证》。

二、工程造价司法鉴定人之资格

依循上文分析之机理,工程造价司法鉴定人亦不需要所谓的资质许可或者《司法鉴定人执业证》。但在对工程造价司法鉴定意见书进行质证的司法实践中也经常会出现另外一种情形,即通过证明鉴定人的社保没有缴纳在鉴定机构而是缴纳在其他企业从而申请重新鉴定。笔者认为,这一做法符合现行法律规定,应予准许。

《全国人大常委会司法鉴定决定》第 8 条第 2 款明确规定:"鉴定人应当在一个鉴定机构中从事司法鉴定业务。"虽然现行法律没有对工程造价司法鉴定人的资质进行许可的要求,但该条款的规定确也可以理解为对鉴定人鉴定资格的否定性评价。

三、结语

工程造价结算系一项极具专业性的工作，在建设工程施工合同纠纷案件中，在双方当事人基于建设工程价款产生的纠纷案件中，法院一般均需借助造价鉴定的手段予以解决。因此，在司法实践中，围绕鉴定意见发表有效的质证意见就显得尤为重要，并可以在很大程度上决定案件之结果。本节已就工程造价司法鉴定意见之程序性的质证方式予以探讨，但从鉴定意见之本身内容的角度进行的质证亦属重要，它需要凭借对施工合同的约定内容以及工程造价知识的掌握。

第五节　工程鉴定中的鉴定费及鉴定程序问题

一、本节讨论的主旨

《司解一》第32条[①]对当事人争议的工程造价、质量、修复费用等专门性问题的鉴定程序予以规定，本节紧扣该条的内容，结合笔者代理建设工程施工合同纠纷案件的实践、思考和相关司法案例，集中讨论如下几个看似无争议但经仔细琢磨却并非如此的关涉工程鉴定的法律问题（见图17）：

1. 鉴定费用在性质上能否归属于诉讼费用？应由何方当事人承担？由此，当事人针对鉴定费用的承担能否提起上诉？

通过对各级法院裁判文书的考察，人民法院会在绝大部分的裁判文书尾部就鉴定费用作出按责任比例进行分担的决定。该等处理方式是否符合法律规定以及工程实践？是否所有的工程鉴定费用都需依比例进行分担？

2. 工程案件中，包括造价、质量争议等，应如何分配当事人的举证责任？应当由哪一方当事人提起鉴定申请？是否一方当事人就某专门性问题提出主张

---

① 《司解一》第32条："当事人对工程造价、质量、修复费用等专门性问题有争议，人民法院认为需要鉴定的，应当向负有举证责任的当事人释明。当事人经释明未申请鉴定，虽申请鉴定但未支付鉴定费用或者拒不提供相关材料的，应当承担举证不能的法律后果。一审诉讼中负有举证责任的当事人未申请鉴定，虽申请鉴定但未支付鉴定费用或者拒不提供相关材料，二审诉讼中申请鉴定，人民法院认为确有必要的，应当依照民事诉讼法第一百七十条第一款第三项的规定处理。"

《2018版司解二》第14条的规定与之相同。

的就应由其担负举证责任？

例如，施工单位向建设单位提起工程价款之诉，是否无论在何种情况下，申请造价鉴定的义务均应归属于该施工单位？是否还存在其他可能？

3. 源于上一问题，法院如何正确地向负有举证责任的一方释明鉴定申请？法院未向负有举证责任的一方释明鉴定申请的法律后果是什么？

4. 当事人一方在二审程序中提起或者再次提起工程造价、质量等鉴定申请的，该如何处理？

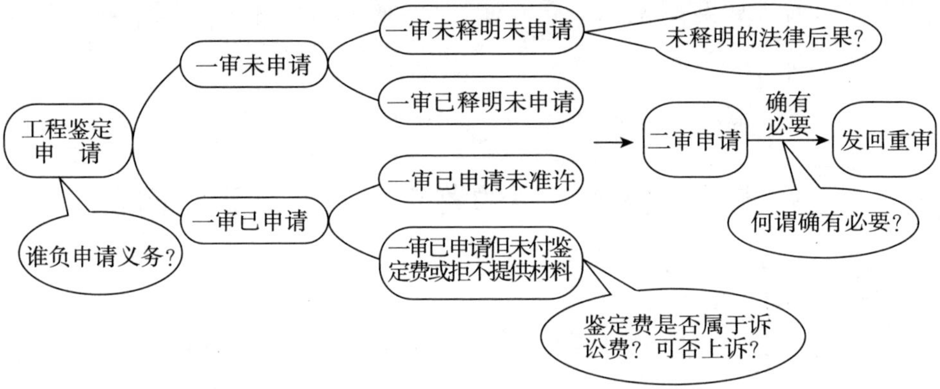

图 17　施工合同纠纷案件中有关鉴定的法律问题

二、鉴定费用的支付及其性质和担负

（一）未支付鉴定费用的法律后果

《司解一》第 32 条第 1 款规定了负有举证责任的当事人经释明申请鉴定但未支付鉴定费用的，应当承担举证不能的法律后果。《新民诉证据规定》第 31 条规定，当事人申请鉴定但不预交鉴定费用的，视为放弃申请；对需要鉴定的待证事实负有举证责任的当事人，在法院指定期间内无正当理由不预交鉴定费用，致使待证事实无法查明的，应当承担举证不能的法律后果。

根据《司解一》第 32 条第 1 款，负有举证责任的当事人因在一审中未支付鉴定费用而承担不利后果后，在二审诉讼中重新提起鉴定申请的，人民法院认为确有必要的，应当将案件发回原审法院委托鉴定重审。但一审程序未能启动鉴定程序以查明案件事实毕竟归咎于该当事人未能支付鉴定费用，故二审法院有必要要求该当事人按鉴定费标准交纳保证金后再发回重审。

例如,《江苏高院施工合同鉴定规程》第2条第2款规定:"当事人在一审中经人民法院释明后未提出鉴定申请,在二审中对同一事项申请鉴定,鉴定对案件处理有实质性影响的,一般应当要求当事人按鉴定费标准交纳保证金,并将案件发回原审法院委托鉴定。案件发回后当事人在重审中又不申请鉴定的,人民法院可以根据案件审理的需要依职权委托鉴定,鉴定费从保证金中扣除。"

再如,在陕西省高院二审审理的河南水木清华建设工程有限公司(以下简称水木清华公司)与被上诉人山东莱钢建设有限公司、咸阳丽莱房地产开发有限公司建设工程施工合同纠纷一案①中,水木清华公司在二审中申请鉴定工程造价,并缴纳了鉴定费保证金。陕西省高院认为,本案需要鉴定工程造价,故因出现新的情况(水木清华公司的鉴定申请),导致原审判决认定事实不清,将本案发回重审。

(二)鉴定费用的性质和担负

开宗以明义,笔者认为,工程鉴定费属于负有举证责任的一方当事人为完成其举证责任而发生的费用,其在性质上虽可归属于诉讼费用的范畴,但其不同于类似于案件受理费的诉讼费用,也不同于其他纠纷类型中的鉴定费,人民法院不应"一刀切"地对其在当事人之间按照责任比例予以分配。

1. 鉴定费用的性质应为诉讼费用

《诉讼费用交纳办法》第6条明确规定了三种应当向人民法院缴纳的诉讼费用,即案件受理费②,申请费③,证人、鉴定人、翻译人员、理算人员在人民法院指定日期出庭发生的交通费、住宿费、生活费和误工补贴。上述诉讼费用并不包含鉴定费用。

但《诉讼费用交纳办法》第12条第1款④对鉴定费用予以明确,即在诉讼过

---

① 参见(2019)陕民终1022号民事裁定书。

② 《诉讼费用交纳办法》第7条:"案件受理费包括:(一)第一审案件受理费;(二)第二审案件受理费;(三)再审案件中,依照本办法规定需要交纳的案件受理费。"

③ 《诉讼费用交纳办法》第10条:"当事人依法向人民法院申请下列事项,应当交纳申请费:(一)申请执行人民法院发生法律效力的判决、裁定、调解书,仲裁机构依法作出的裁决和调解书,公证机构依法赋予强制执行效力的债权文书;(二)申请保全措施;(三)申请支付令;(四)申请公示催告;(五)申请撤销仲裁裁决或者认定仲裁协议效力;(六)申请破产;(七)申请海事强制令、共同海损理算、设立海事赔偿责任限制基金、海事债权登记、船舶优先权催告;(八)申请承认和执行外国法院判决、裁定和国外仲裁机构裁决。"

④ 《诉讼费用交纳办法》第12条第1款:"诉讼过程中因鉴定、公告、勘验、翻译、评估、拍卖、变卖、仓储、保管、运输、船舶监管等发生的依法应当由当事人负担的费用,人民法院根据谁主张、谁负担的原则,决定由当事人直接支付给有关机构或者单位,人民法院不得代收代付。"

程中因鉴定等发生的费用,人民法院应根据“谁主张,谁负担”的原则,决定由当事人直接支付给有关机构或者单位。由于该条款被列置于《诉讼费用交纳办法》第二章“诉讼费用交纳范围”项下,故,鉴定费用在性质上归属于诉讼费用的结论毋庸置疑。

实践中存在的问题在于鉴定费用能否按照《诉讼费用交纳办法》第 29 条的规定由法院根据责任比例在当事人之间进行分配。

2. 司法实践中对鉴定费用担负的观点之争

(1)司法实践中的惯常处理及理由

在笔者所代理或者研究过的建设工程施工合同纠纷案件中,基本上大部分的裁判文书均在裁判文书的尾部就鉴定费用在当事人之间根据责任比例进行分担,且当事人无权针对裁判文书确定的鉴定费分担提出单独的上诉(依据为国务院《诉讼费用交纳办法》第 43 条的规定)。

例如,在最高院就湖南建工集团装饰工程有限公司与长沙神农酒店管理有限公司建设工程施工合同纠纷一案进行再审审查①时认为,案涉鉴定费用的性质属于诉讼费而非诉讼请求,二审法院漏判鉴定费的行为,不构成漏判诉讼请求,当事人可以依照《诉讼费用缴纳办法》第 43 条的规定向二审法院主张权利,不属于再审事由。

司法实践中,还有通过援引最高人民法院 1989 年《人民法院诉讼费收费办法》的规定而将鉴定费用归属于诉讼费的案例。例如,由吉林省高院二审审理的吉林安装集团股份有限公司与吉林泉德秸秆综合利用有限公司建设工程施工合同纠纷一案②中,吉林省高院认为,鉴定费属于当事人应当向鉴定机构直接交纳,由人民法院决定承担比例的诉讼费用,《诉讼费用交纳办法》颁布实施后,并未改变鉴定费依最高人民法院 1989 年颁行的《人民法院诉讼费收费办法》属于诉讼费用的属性,依照《诉讼费用交纳办法》第 43 条之规定,对当事人关于鉴定费分配的上诉主张不予支持。

(2)司法实践中的另类处理——《诉讼费用交纳办法》第 12 条与第 29 条的竞合

有观点认为,《诉讼费用交纳办法》第 12 条第 1 款主要是规定在鉴定、评估

---

① 参见(2019)最高法民申 4782 号民事裁定书。

② 参见(2019)吉民终 275 号民事判决书。

程序启动时,由申请鉴定、评估的当事人直接将相关费用交给鉴定、评估机构,禁止人民法院代收代付,而不是解决鉴定、评估费在当事人之间的最终分担问题;[①]对鉴定费的分配问题仍应适用《诉讼费用交纳办法》第 29 条第 2 款的规定,由人民法院根据案件的具体情况,按照诉讼费用的分担原则决定当事人各自负担的诉讼费用数额。

例如,最高院在其二审审理的江苏新兴建设工程有限公司与安徽盛仁投资有限公司建设工程施工合同纠纷案件[②]中明确:鉴定费系负有举证责任或主张法律关系存在的一方申请具备资质的机构对某项特定内容进行鉴定或评估所支出的费用,虽然性质上与诉讼费存在根本的差异,但费用负担可参照诉讼费的负担办法以及案件各方当事人对于导致鉴定行为的发生所存在的过错程度,由人民法院酌定当事人应负担的具体数额。

另有观点认为,《诉讼费用交纳办法》第 12 条第 1 款的规定不仅禁止人民法院代收代付,同时也明确了鉴定费用的负担原则——“谁主张,谁负担”。故,鉴定费用应由申请鉴定的一方(负有举证责任的一方)负担,人民法院对于鉴定费无需进行再次分配。

例如,在最高院再审审查的来安县金鹏置业有限公司(下称来安金鹏公司)与合肥建工集团有限公司(下称合肥建工集团)建设工程施工合同纠纷一案[③]中,最高院认为,本案存在工程质量鉴定及工程价款鉴定,相应鉴定费用已分别由来安金鹏公司、合肥建工集团在鉴定过程中缴纳,一、二审法院综合考虑本案实际,认定由来安金鹏公司、合肥建工集团分别承担各自已缴纳的鉴定费用,并无不妥,亦不违反《诉讼费用交纳办法》第 12 条第 1 款的规定。

再如,在最高院再审审查的西安龙钢酒店管理有限责任公司(下称龙钢公司)与陕西椰丰建筑装饰设计工程有限责任公司(下称椰丰公司)建设工程施工合同纠纷一案[④]中,最高院认为,在本案第一审程序中,龙钢公司因对椰丰公司的决算报告有异议,向原一审法院申请鉴定,预交了鉴定费。根据《诉讼费用交纳办法》第 12 条的规定,原审法院判决鉴定费由龙钢公司负担,并无不当。

---

① 参见(2018)最高法民终 557 号民事判决书。
② 参见(2018)最高法民终 305 号民事判决书。
③ 参见(2019)最高法民申 4742 号民事裁定书。
④ 参见(2018)最高法民申 5117 号民事裁定书。

(3)本书之观点

上述司法实践中的观点之争,其根源在于《诉讼费用交纳办法》对鉴定费的规定并不明确。笔者认为,对于工程鉴定费用的担负问题不能一概而论,而应在深究司法鉴定之本质的基础上,对司法鉴定进行类型化的研究,进而作出相应的决定。

所谓司法鉴定,是指在诉讼活动中鉴定人运用科学技术或者专门知识对诉讼涉及的专门性问题进行鉴别和判断并提供鉴定意见的活动。故此,司法鉴定活动最终以鉴定意见的形式呈现;而鉴定意见是《民事诉讼法》规定的一种证据类型。

当事人在诉讼中申请鉴定并获取鉴定意见的目的,系通过该鉴定意见的证据形式向法庭证明自己的主张或者反驳对方的主张,进而实现自身利益或规避自身的不利益,它本质上是一种举证证明活动;而鉴定费用是申请鉴定一方当事人为完成自身的举证责任,避免使自身陷入败诉之不利境地而依法支付的相应成本。

笔者认为,工程案件中的司法鉴定可以大致分为履约型鉴定和责任型鉴定两种。

所谓履约型鉴定,系指鉴定的事项和内容原本属于发承包双方依据施工合同或者法律规定互负的义务内容,只是双方基于各种原因对对方的履约结果不予认可或者因对方的不履约行为而导致不得不通过司法鉴定的方式以实现发承包双方履行互负的义务,最为典型者为工程造价鉴定。

而所谓责任型鉴定,虽然也具有一方当事人要求对方依法依约履行义务的目的,但其鉴定的事项和内容更偏重于确定某一现象产生的原因和责任归属。经由该等鉴定过程而形成的鉴定意见一旦被法院采信,其中一方当事人即向对方当事人承担义务,这种义务并不具有互负性,最为典型者为工程质量鉴定。

一般而言,因履约型鉴定而产生的鉴定费应当由负有举证责任的一方担负(但有例外),因责任型鉴定而产生的鉴定费则应当由人民法院根据责任比例在当事人之间予以分配。下文予以具体阐述。

三、负有举证责任的当事人

(一)为何重要?

众所周知,工程鉴定不仅需要耗费巨大的时间成本,亦需花费高昂的资金成本。而无论是《新民诉证据规定》第31条规定的申请鉴定主体，抑或《司解一》第32条第1款规定的法院释明鉴定申请的对象，均为"负有举证责任的当事人"。若人民法院错误地分配了举证责任，尤其是在被分配或被释明的对象因经济压力而无法承担高额鉴定费用的情况下，令其承担举证不能的法律后果显然不具有正当性。

而在司法实践中，也确实出现过类似情形。例如，在笔者曾参与研讨的一起建设工程施工合同纠纷案件（该案件发生在《2018版司解二》和《新民诉证据规定》施行之前）中，发包人在工程结束后屡次要求承包人提交结算材料以进行工程价款结算，但承包人始终不配合。发包人只得委托有关机构和人员出具结算意见。根据该结算意见，发包人已经超付工程款4000余万元。发包人据此提起要求返还超付工程款的诉讼。但庭审中，法院认为应由发包人承担举证责任并申请鉴定；而发包人由于已无力承担巨额的鉴定费用，最终承担了被驳回诉请的结果。

正确释明鉴定申请应当建基于人民法院对举证责任的正确认识，一次基于对举证责任错误的认识而作出的错误释明，很有可能给被错误释明的当事人一方带来灾难性的后果。故，正确地对举证责任进行分配，不仅关涉到法律的正确适用，更关系到当事人的切身利益。

囿于篇幅，下文仅从已完工程造价鉴定的角度对当事人举证责任的分配、鉴定申请之主体及鉴定费用的担负等进行讨论。

（二）已完工程造价的举证责任分配

1. 已完工程价款结算的程序

已完工程造价鉴定的目的是解决发承包人双方之间的工程价款结算问题，为更好地考察工程造价鉴定中的举证责任分配，有必要对已完工程价款结算的程序进行梳理。

《13版清单规范》第11.3.1条的规定与工程实践惯例相一致，即在合同工程完工后，承包人应汇总编制完成竣工结算文件，并在提交竣工验收申请的同时向发包人提交竣工结算文件。承包人未在合同约定的时间内提交竣工结算文件，经发包人催告后仍未提交或没有明确答复的，发包人有权根据已有资料编制竣工结算文件（上文所提及的笔者参与讨论的案件即如此），作为办理竣工结算和支付结算款的依据。发包人应在收到承包人提交的竣工结算文件后的一定期限内核对。发包人经核实，认为承包人应进一步补充资料和修改结算文件的,应在上述时限内向承包人提出核实意见,承包人在收到核实意见后的一定期限内应按照发包人提出的合理要求补充资料,修改竣工结算文件,并应再次提交给发包人复核后批准。

因此,发承包双方对于工程价款的结算是一项按照如上程序反复核对和对账以达至双方认可的结算文件的过程,它是具有程序要求的历时性作业且发承包双方在历时期限内互负义务。故,工程造价鉴定系因解决发承包双方以上互负义务而启动,属于典型的履约型鉴定。

2. 举证责任分配及鉴定费用的担负

在举证责任的分配上,应根据不同的情形予以区分,鉴定费用亦应区分不同情况而相应担负。

(1)承包人起诉工程款之前,未履行其提交结算资料义务的。由于承包人负有在工程竣工后提交结算资料的义务,诉讼过程中,应由承包人通过申请鉴定的方式进行举证,此时的举证责任归属于承包人,鉴定费用亦应由承包人担负。原因在于承包人在未能履行其义务的情况下提起诉讼,由此产生的鉴定费用相当于本应由其制作结算资料的费用,由其承担鉴定费用并未加重其负担。

(2)承包人起诉工程款之前,已提交结算资料,但发包人未在合同约定的期限内完成审核义务或者迟迟不予审核的。由于发包人对承包人提交的结算资料负有审核义务,在诉讼过程中,应由发包人通过申请鉴定的方式进行举证,此时的举证责任归属于发包人。至于鉴定费用因上述同样之原因而应由发包人担负。

(3)承包人起诉工程款之前已提交结算资料,且发包人已经审核完毕,但承包人不予认可的。此时,由于发承包双方均已完成了相关合同义务,只是承包人对发包人履行审核义务的结果不服;在诉讼过程中,应由承包人通过鉴定的方式进行举证,此时的举证责任归属于承包人。至于鉴定费用,则应由人民法院根据《诉讼费用交纳办法》第 29 条的规定予以决定。

需要注意的是,通过《新民诉证据规定》第 41 条的规定对上述情况进行分析,亦可得出相同的结论。[①] 当然,对于未完工程的造价鉴定以及由发包人起诉承包人要求返还超付工程价款等情形,亦可参照上述分析路径予以阐明,本书不予赘述。

---

① 参阅本书第十章第五节。

四、人民法院未予释明的法律后果

《司解一》第 32 条并未直接规定人民法院未予释明的法律后果，但该条却明确规定了人民法院负有向负有举证责任的当事人进行释明的义务，并使用了命令性语词，即“应当”。《新民诉证据规定》第 30 条规定：“人民法院在审理案件过程中认为待证事实需要通过鉴定意见证明的，应当向当事人释明，并指定提出鉴定申请的期间。”该条对人民法院的释明亦使用了命令性的“应当”。

故，人民法院向负有举证责任的当事人释明鉴定申请系人民法院的一项法定的程序性的义务。但根据《民事诉讼法》第 170 条第 1 款第 4 项[①]以及《民诉法司法解释》第 325 条[②]之规定，人民法院未依法履行鉴定释明义务，并不构成“严重违反法定程序”，当事人不能以一审法院严重违反法定程序为由就原判决请求二审法院发回重审。

但如若当事人在二审阶段就专门性问题提出鉴定申请的，则二审法院为查明案件事实，有可能依据《民事诉讼法》第 170 条第 1 款第 3 项[③]之规定，发回原审法院重审。

例如，在青海省高院二审审理的张学珍与吕本廷、安徽三建工程有限公司等建设工程施工合同纠纷一案[④]中，张学珍在一审审理中仅申请对案涉工程合格部分价款以及不合格部分维修费用进行鉴定，一审法院未向张学珍释明是否对案涉工程质量问题申请鉴定，又以“无法界定案涉工程属于合格还是不合格工程”为由，判决驳回张学珍诉讼请求。青海省高院认为，一审法院对于鉴定问题处理不当。另外，在二审庭审中，张学珍申请对案涉工程质量是否合格、合格部分工程价款以及不合格部分工程维修费用进行鉴定；青海省高院据此并依据《2018 版司解二》第 14 条第 2 款之规定认为，上述鉴定结果涉及张学珍诉求的

---

① 《民事诉讼法》第 170 条第 1 款第 4 项：“第二审人民法院对上诉案件，经过审理，按照下列情形，分别处理：……（四）原判决遗漏当事人或者违法缺席判决等严重违反法定程序的，裁定撤销原判决，发回原审人民法院重审。……”

② 《民诉法司法解释》第 325 条：“下列情形，可以认定为民事诉讼法第一百七十条第一款第四项规定的严重违反法定程序：（一）审判组织的组成不合法的；（二）应当回避的审判人员未回避的；（三）无诉讼行为能力人未经法定代理人代为诉讼的；（四）违法剥夺当事人辩论权利的。”

③ 《民事诉讼法》第 170 条第 1 款第 3 项：“第二审人民法院对上诉案件，经过审理，按照下列情形，分别处理：……（三）原判决认定基本事实不清的，裁定撤销原判决，发回原审人民法院重审，或者查清事实后改判……”

④ 参见（2020）青民终 60 号民事裁定书。

工程款数额以及工程款支付条件是否成就的问题，一审法院对于上述问题未予查清。故，裁定撤销一审判决并将本案发回重审。

五、当事人在二审诉讼中申请鉴定的法律后果

（一）一审未申请、二审申请的

根据《司解一》第 32 条第 2 款的规定，负有举证责任的当事人在一审中未申请鉴定，二审中申请的，人民法院认为确有必要的，应当裁定撤销原判、发回重审，或者查清事实后予以改判。在司法实践中，法院一般采取撤销原判、发回重审的方式。

当事人在一审中未申请鉴定的情况有两种：一审法院未向负有举证责任的当事人释明申请鉴定，该当事人在二审提出鉴定申请；一审法院已向负有举证责任的当事人释明但该当事人并未申请鉴定，其在二审程序中提出鉴定申请。

1. 一审法院未释明且当事人亦未申请，当事人在二审中提出申请的

例如，在最高人民法院二审审理的新疆百润房地产开发有限责任公司（下称百润公司）与郭英、谢明义建设工程施工合同纠纷一案[①]中，百润公司在一审中提交 30 号楼的鉴定报告及公证书、照片证明案涉工程存在质量问题，而郭英只提交了包括 30 号楼在内的 8 栋楼房的外墙保温工程检测报告，其他楼房没有检测报告。涉案工程质量是否合格属于基本事实，确有必要予以查清。二审中，百润公司申请对涉案工程质量问题进行鉴定。故，最高院依据《2018 版司解二》第 14 条和《民事诉讼法》第 170 条第 1 款第 3 项的规定，裁定撤销原判决并将本案发回新疆维吾尔自治区高级人民法院重审。

由于笔者并未查到本案的一审判决书，故无法清楚知晓一审法院是否向百润公司进行鉴定释明；另从二审裁定书的上述行文中，也无从知晓一审法院是否进行了释明。一般而论，若一审已经释明的，二审裁定书中会对该等释明情况予以载明（如下案）；故，笔者推知，一审应未进行释明。

2. 一审法院已释明但当事人未申请，当事人在二审中提出申请的

例如，在最高人民法院二审审理的四川省第一建筑工程有限公司（下称一建公司）与昭通市泰斗房地产开发经营有限公司（下称泰斗公司）建设工程施工

---

① 参见（2019）最高法民终 1743 号民事裁定书。

合同纠纷一案①中，最高院认为，一建公司向泰斗公司主张工程款，应当就泰斗公司的应付款金额提供证据证明。一建公司在一审时提交了其单方制作的4号、6号地块《竣工结算书》，并认为其已于2018年3月21日向泰斗公司送达了上述《竣工结算书》，泰斗公司在收到结算书之日起30个工作日内未予审核，按照双方合同约定，应以《竣工结算书》作为确定工程款的依据。但根据查明的事实，泰斗公司在收到结算书后于2018年3月29日向一建公司发出《工作联系函》，认为一建公司施工工程未全部完工及竣工验收，未达到竣工结算条件。泰斗公司同时在诉讼过程中对《竣工结算书》提出多项异议，认为《竣工结算书》存在多计、错计、重复计算工程量等情形。一审法院综合上述两方面因素，向一建公司释明是否就已完工程造价申请司法鉴定，在一建公司不申请鉴定的情况下，让其承担不利后果并无不当。现，一建公司在二审中提出鉴定申请，最高院根据《2018版司解二》第14条之规定认为，为进一步查清案件事实，确定工程价款，解决当事人纠纷，本案应发回云南省高级人民法院重审，进行工程造价鉴定。

（二）一审已申请，二审再次申请的

司法实践中之所以会产生一审已申请，二审又再次申请情形，主要原因有二：一是虽在一审中申请鉴定，但未支付鉴定费用或者拒不提供相关材料；二是虽在一审中申请鉴定，但未被法院准许。

1.一审已申请，但未支付鉴定费或者拒不提供相关材料

《司解一》第32条规定，负有举证责任的当事人在一审中虽申请鉴定但未支付鉴定费用或者拒不提供相关材料，该当事人应在一审中承担举证不能的法律后果；但其在二审诉讼中申请鉴定，人民法院认为确有必要的，应当裁定撤销原判、发回重审，或者查清事实后予以改判。

例如，在最高人民法院二审审理的李云清、陈玉刚与贵州警通集团公路桥梁工程有限公司（下称警通公司）等建设工程施工合同纠纷一案②中，李云清在一审阶段申请对案涉工程进行司法鉴定，后因无力交纳鉴定费用撤回申请。随后，李云清又向一审法院提交申请书，请求人民法院就警通公司自认的欠款进行判决，其他部分将另行主张，该申请书明确表示其并未放弃对剩余工程价款

① 参见（2019）最高法民终384号民事裁定书。

② 参见（2019）最高法民终890号民事裁定书。

的实体权利。最高院二审认为,对于该申请,一审法院应当依照《民事诉讼法》第153条[①]的规定,就已查明的部分先行判决,其余部分继续审理;或者要求李云清、陈玉刚以其他部分另行诉讼为由变更诉讼请求,未诉部分不予审理。但一审法院将该申请认定为权利处分,并以一审判决主文第四项驳回李云清、陈玉刚的其他诉讼请求,导致二人不能就此项目未予审理的部分另行提起诉讼。同时,李云清又在二审阶段申请司法鉴定,而该鉴定确有必要;故,最高院依据《2018版司解二》第14条的规定,裁定撤销原判决并将本案发回贵州省高级人民法院重审。

2. 一审已申请,但未被法院准许

人民法院针对当事人的鉴定申请,需要依据《民诉法司法解释》第121条[②]之规定审查是否准许,若人民法院经审查认为当事人申请鉴定的事项与待证事实无关联,或者对待证事实无意义的,不予准许。但是,对于二审法院经审查认为一审法院该等不予准许鉴定申请的理由不成立,且该当事人在二审中再次提起鉴定申请的法律后果,《司解一》并未进行明确规定。

笔者认为,该等情形下,若二审法院认为确有必要的,符合《民事诉讼法》第170条第1款第3项关于发回重审的规定,应参照《司解一》第32条第2款之规定处理。

例如,在青海省高院二审审理的牛忠坚与江苏万象建工集团有限公司(下称万象公司)建设工程施工合同纠纷一案[③]中,一审法院认为牛忠坚提交的证据无法证明其系案涉工程的实际施工人,故对其工程价款鉴定之申请不予准许。但二审青海省高院经对在案证据的审查,认为牛忠坚系案涉工程的实际施工人,且其在二审期间再次提出工程量鉴定申请;虽经当庭询问,万象公司不同意进行鉴定,但参照《2018版司解二》第14条第2款之规定,应当在一审程序中对牛忠坚实际施工工程量及工程造价进行鉴定。故,青海省高院撤销一审判决并将本案发回重审。

---

① 《民事诉讼法》第153条:"人民法院审理案件,其中一部分事实已经清楚,可以就该部分先行判决。"

② 《民诉法司法解释》第121条:"当事人申请鉴定,可以在举证期限届满前提出。申请鉴定的事项与待证事实无关联,或者对证明待证事实无意义的,人民法院不予准许。"

③ 参见(2019)青民终211号民事裁定书。

(三)二审法院发回重审的前提——认为确有必要

《司解一》第32条第2款规定的法律后果需要以“人民法院认为确有必要”为前提,但何为“确有必要”,其审查标准仍应回到《民诉法司法解释》第121条的规定,即审查申请鉴定的事项是否与待证事实有关联、对待证事实是否有意义。

例如,在河南省高院再审审理的王立强与陕西建工第八建设集团有限公司(下称陕西八建)、陕西省第八建筑工程公司第二工程处(下称陕西八建二处)、徐贵洲、方城县七峰山景区旅游开发有限公司(下称七峰山公司)建设工程施工合同纠纷一案[①]中,河南省高院认为,就本案而言,在二审诉讼中申请鉴定所需要满足的确有必要的条件是,陕西八建、陕西八建二处与王立强存在合同法律关系,应承担支付工程款的责任。根据原审查明事实,本案无法认定陕西八建、陕西八建二处与王立强之间存在合同法律关系。具体理由:虽然2011年1月29日陕西八建二处与七峰山公司签订《建设工程施工合同》,但该合同所涉开发项目已被方城县发改委于2011年2月21日发文声明废止。陕西八建二处与七峰山公司之间的建设工程施工合同并未实际履行。之后,徐贵洲私刻公章,以“陕八建第二工程处七峰山景区项目部”名义与王立强签订了《施工项目内部承包责任书》。徐贵洲冒用陕西八建二处名义的行为不能代表陕西八建二处,也不能代表陕西八建,该行为不是陕西八建二处的真实意思表示,其行为后果应由徐贵洲承担。一审诉讼中王立强未请求徐贵洲、七峰山公司承担责任,故在二审诉讼中申请鉴定不符合确有必要的条件,二审法院对王立强鉴定申请不予准许的处理结果并无不当(但二审法院以申请鉴定已超出举证期限为由不予准许的处理应予纠正)。

另外,相关司法解释以及地方高级人民法院的司法政策中规定的不予准许鉴定申请的情形,也对何为“确有必要”具有指引作用。

例如,《司解一》第28条规定:“当事人约定按照固定价结算工程价款,一方当事人请求对建设工程造价进行鉴定的,人民法院不予支持。”当然,当下的司法实践对该条的理解并不绝对,在符合一定条件下,固定总价的施工合同仍然允许进行造价鉴定。[②]

---

① 参见(2019)豫民再903号民事判决书。

② 参阅本书第十一章第一节。

再如,江苏省高级人民法院《建设工程施工合同纠纷案件委托鉴定工作指南》第3条规定:“当事人申请鉴定存在下列情形之一,且没有相反证据予以反驳或者推翻的,不予准许:(一)当事人对申请鉴定的争议事项已自行达成协议的;(二)当事人对申请鉴定的争议事项共同委托有关机构、人员出具咨询意见且双方明确表示受该咨询意见约束的;(三)当事人约定工程价款的结算以第三方结论如行政审计、财政评审等作为依据的;(四)当事人约定按照固定价(包括固定总价与固定单价)结算工程价款,未超出承包人约定承担的风险范围应当适用固定价的;(五)当事人约定发包人无正当理由未在约定期限内对竣工结算文件作出答复视为认可竣工结算文件的;(六)建设工程经竣工验收合格发包人提出质量异议,或者建设工程未经竣工验收合格发包人擅自使用后提出质量异议的;(七)当事人没有证据或者理由足以反驳另一方当事人就专门性问题自行委托有关机构或者人员出具的意见的;(八)其他足以认定鉴定申请所涉争议事项的情形。”

第十二章

建设工程案件中其他程序性热点法律问题

第一节 《九民会议纪要》第36条的适用及对建设工程案件的启示

《九民会议纪要》已经由最高人民法院于2019年11月8日予以公布，引起了各界尤其是法律界的强烈反响。本节中，笔者将结合自身代理建设工程施工合同纠纷案件的实践及最高院一案例，具体分析《九民会议纪要》第36条之规定对建设工程案件的启示意义。该第36条系人民法院对合同无效的释明问题的规定，而在所有的合同纠纷中，建设工程案件是涉及合同效力之争最多的纠纷类型，因此，该规定对于建设工程施工合同纠纷案件具有重大的程序意义。

一、《九民会议纪要》第36条

该条全文如下：

"在双务合同中，原告起诉请求确认合同有效并请求继续履行合同，被告主张合同无效的，或者原告起诉请求确认合同无效并返还财产，而被告主张合同有效的，都要防止机械适用'不告不理'原则，仅就当事人的诉讼请求进行审理，而应向原告释明变更或者增加诉讼请求，或者向被告释明提出同时履行抗辩，尽可能一次性解决纠纷。例如，基于合同有给付行为的原告请求确认合同无效，但并未提出返还原物或者折价补偿、赔偿损失等请求的,人民法院应当向其释明,告知其一并提出相应诉讼请求;原告请求确认合同无效并要求被告返还原物或者赔偿损失,被告基于合同也有给付行为的,人民法院同样应当向被告释明,告知其也可以提出返还请求;人民法院经审理认定合同无效的,除了要在判决书'本院认为'部分对同时返还作出认定外,还应当在判项中作出明确表述,避免因判令单方返还而出现不公平的结果。

"第一审人民法院未予释明,第二审人民法院认为应当对合同不成立、无效或者被撤销的法律后果作出判决的,可以直接释明并改判。当然,如果返还财产或者赔偿损失的范围确实难以确定或者双方争议较大的,也可以告知当事人通过另行起诉等方式解决,并在裁判文书中予以明确。

"当事人按照释明变更诉讼请求或者提出抗辩的,人民法院应当将其归纳为案件争议焦点,组织当事人充分举证、质证、辩论。"

"不告不理"是当代民事诉讼法的基本原则,是当事人充分行使自身诉权的制度性保障,因此,人民法院在诉讼案件审理过程中,对于当事人没有提出的诉请,或者当事人所依据之请求权基础发生错误但没有在诉中对诉请进行变更的情况下,人民法院不应予以审理。但为了能够达到案件审理的经济性效果,法律在特定情况下——尤其是在上述第二种情况下,赋予人民法院释明权告知当事人可以变更诉讼请求,从而尽可能一次性解决纠纷。《新民诉证据规定》第53条即为典型,该条规定:"诉讼过程中,当事人主张的法律关系性质或者民事行为效力与人民法院根据案件事实作出的认定不一致的,人民法院应当将法律关系性质或者民事行为效力作为焦点问题进行审理。但法律关系性质对裁判理由及结果没有影响,或者有关问题已经当事人充分辩论的除外。存在前款情形,当事人根据法庭审理情况变更诉讼请求的,人民法院应当准许并可以根据案件的具体情况重新指定举证期限。"

《新民诉证据规定》的上述规定即是解决当事人请求权基础错误情形下的人民法院释明权的问题。

二、释明无果之后果

实践中存在的问题是,若通过人民法院的释明,当事人并未变更诉请,人民法院应当如何处理?是否能够依据所查明的事实径行裁判?还是驳回诉请并在判决书中告知其另行提起诉讼?《九民会议纪要》第36条虽然基于审判经济的考量明确了法院释明权的行使,但对上述问题并未予以明确。

但最高院在其二审审理的北京城建集团有限责任公司与重庆尚信置业有限公司建设工程施工合同纠纷案件[①]中对此给出了答案——在释明无果的情况下,应当驳回诉请。

本案中,承包人据以提起诉请(支付工程款及利息、赔偿停工损失、赔偿垫付费用损失及利息以及对案涉工程享有工程价款优先受偿权等)的基础是其与发包人于2012年9月23日签订的《工程施工合同》,并且其诉请发包人支付工程款系以该份合同有效为前提而提出。一审法院经审查,在认定案涉《工程施工合同》因违反法律的强制性规定而无效的情况下,依据《02版民诉证据规定》第35条的规定向其作出释明,要求其以《工程施工合同》无效为基础提出诉讼请求。但承包人书面函复,坚持认为《工程施工合同》合法有效,并坚持其在诉状中以《工程施工合同》有效为基础所提出的诉讼请求。故一审法院认为,因承包人对《工程施工合同》的效力与一审法院根据案件事实作出的认定不一致,且在一审法院释明后承包人明确拒绝变更诉讼请求,一审法院继续对其诉讼请求进行审理将形成"判非所请",故对承包人的诉讼请求应当予以驳回,其可以《工程施工合同》无效为基础另行提起诉讼。

最高院经二审审理认为,在一审法院向承包人作出释明的情况下,最高院在二审庭审中再次进行释明,征求承包人是否以该《工程施工合同》无效为基础提出备用诉讼请求的意见;承包人当庭表示不同意该意见。故,最高院在此已认定了一审判决的正确性。

最高院的进一步说理又细致分析了何以驳回承包人诉请的法律理由:之所以驳回承包人的诉请,并非仅仅基于《02版民诉证据规定》第35条规定的理解和适用。上述司法解释条文规定的释明权,其立法宗旨在于一次性解决当事人之间纠纷,强调人民法院应当注重对诉讼活动的指挥和指导当事人正确行使权利,体现的是人民法院与诉讼当事人之间协同主义的诉讼价值。具体到某一案件的审理中,即使出现了当事人主张的法律关系的性质或者民事行为的效力与人民法院根据案件事实作出的认定不一致,人民法院在行使释明权后当事人仍然坚持原来诉讼请求的,也不宜简单地予以驳回。人民法院应当从请求权规范基础的裁判思维出发,在依法认定案件基本事实的基础上,对当事人提出的诉

---

① 参见(2019)最高法民终876号民事判决书。

讼请求作出必要的扩张解释以确定是否存在能够适用的实体法规范基础。但对当事人诉讼请求的扩张解释,应以不违背当事人的本意为限,不能限制或损害当事人在实体法及诉讼法上的权利。本案中,承包人之所以坚持以《工程施工合同》有效为前提主张包括工程款支付在内的权利,还涉及《工程施工合同》能否继续履行以及解除后的违约责任承担问题。对此,最高院认为,审理建设工程施工合同纠纷,合同是否有效,对当事人的实体权利将带来不同的裁判结果。如果人民法院不顾承包人的主张迳行以合同无效为基础作出裁判,势必影响其权利行使,不利于纠纷的合理解决。如上所述,最高院基于承包人坚持以案涉《工程施工合同》有效为前提主张权利的情形,对其诉讼请求予以驳回,其可以《工程施工合同》无效为基础另行提起诉讼。

分析上述两审法院判决之逻辑可以看出,一审判决之所以驳回承包人的诉请,根本原因在于,既然法院在查明事实的基础上进行了释明,而当事人未按照释明变更诉请,继续审理将造成"判非所请";该等判决符合《02 版民诉证据规定》第 35 条的规定意旨。但二审判决在此基础上再进一层,认为施工合同效力的不同将直接影响到当事人的实体权利,故人民法院应当兼顾纠纷的一次性解决与合理性解决,通过实用主义的路径倾向进一步强化了一审判决的合法性和合理性。

通过本案可以明确的是,一审法院在释明无果后应当判决驳回诉请;但问题仍然存在,如若当事人在二审中根据二审法院的释明变更了诉请的,该如何处理(上案并未出现该种情形)?《九民会议纪要》第 36 条对此也语焉不详——仅仅规定了一审未释明的,二审可以直接释明并改判。这同时也导致了另外一个不容回避的问题,即该等直接改判的行为是否违反了二审终审的审级制度(毕竟当事人在一审和二审依据的请求权基础已经发生了变化)?基于上述两个问题以及该两个问题背后所隐含的答案,笔者认为,在审判实践中,更不应该"机械地"适用《九民会议纪要》第 36 条的规定,尤其是该条第 2 款之规定。

三、对是否准许司法鉴定申请的启示

笔者认为,《九民会议纪要》第 36 条和《新民诉证据规定》第 53 条的规定背后实际上还隐藏了另外一层意思,即法官在对实体权利之诉请进行最终裁判之前,可以对诸如实体权利赖以形成的合同效力等前置性实体问题进行先行审查并作出判断;惟如是,方能通过释明权的运用引导诉讼的进程。将该层隐藏之

意推而演之,笔者认为,其同样可以适用于建设工程施工合同纠纷案件中另外一类普遍存在的问题,即法官应否准许当事人提出的造价或者质量鉴定申请。例如:发包人针对质量问题提出反诉请求,承包人对于发包人提出的质量鉴定申请发表不予同意的意见,理由是,案涉工程已经超出保修期,再对质量问题进行鉴定对于发包人的待证事实已经无意义;或者,承包人在其提起的支付工程款案件中提出造价鉴定申请,发包人发表不予同意的意见,理由是,案涉工程尚未经过竣工验收,依据合同约定尚不具备结算条件。

对于上述问题,笔者认为,法院需要对是否准许鉴定的前置性实体问题先予审查,即审查是否超出质保期或者结算条件是否成就,然后才能作出是否准许的判断。但遗憾的是,法官在诸如此类问题中,往往基于另一种实用主义的考量而倾向于接受无论何方提出的何种鉴定申请,基本理由是法官需要在完成整个庭审进程后方能查清案件的所有事实问题并进而正确适用法律(充其量,只是在双方对于该前置性问题争议较大,以致法官根据既有证据无法获致最基本的心证时,法官通过释明权的行使将鉴定申请的相关后果明确告知申请人,以令申请人作出深思熟虑的判断)。但该种逻辑实际上是对《民诉法司法解释》第 121 条[①]第 1 款关于人民法院不应予准许与待证事实无关联或者对待证事实无意义的鉴定申请之规定的消极适用;该逻辑同时也与《九民会议纪要》第 36 条和《新民诉证据规定》第 53 条规定之隐藏含义相违背。

这不仅带来了制度和逻辑层面的上述困境,同时也给当事人带来了更进一步的灾难性后果(想想造价鉴定和质量鉴定的期限!)。因此,尤其是考虑到《九民会议纪要》第 36 条规定的逻辑关系,笔者坚定地认为,法官应当对是否准许鉴定的前置性实体问题进行审查以合理合法且在最低审限限度内解决争端和纠纷。

这也许是《九民会议纪要》第 36 条之规定在造价和质量鉴定是否准许方面带给司法审判的最大启示。

---

① 《民诉法司法解释》第 121 条:"当事人申请鉴定,可以在举证期限届满前提出。申请鉴定的事项与待证事实无关联,或者对证明待证事实无意义的,人民法院不予准许。人民法院准许当事人鉴定申请的,应当组织双方当事人协商确定具备相应资格的鉴定人。当事人协商不成的,由人民法院指定。符合依职权调查收集证据条件的,人民法院应当依职权委托鉴定,在询问当事人的意见后,指定具备相应资格的鉴定人。"

第二节　发包人对法官关于施工资料移交范围之释明的应对

正如笔者在本书上编第五章第六节中所言,施工单位是否配合移交相应工程施工资料直接关涉到工程项目能否顺利办理竣工备案手续、交房手续及产证的办理手续等。职是之故,工程施工资料对于发包人具有重要的法律意义和经济价值。在诉讼过程中,发包人往往会提出请求判令承包人移交工程施工资料之诉请。于代理律师而言,若在诉状中并未列明具体的施工资料移交清单,会存在主审法官要求列明具体移交清单的释明;如何回应这一释明,是代理律师不得不考虑的问题。

一、对施工资料移交的司法观察

考察司法实践以及笔者代理的类似诉讼案件,发包人或其代理律师在起草诉状时有两种表述方式。

方式一:具体列明需要承包人移交工程施工资料的清单。

例如,在最高院再审审理的沈阳中安房地产开发有限公司与江苏南通二建集团有限公司建设工程施工合同纠纷案件①中,发包人以清单方式明确列明了需要承包人移交的工程施工资料的范围,法院经审理判决支持了发包人诉请。

方式二:笼统诉请承包人移交工程施工资料。

对于该种笼统的诉请方式,法院存在两种不同做法。

其一,法院亦笼统判决支持发包人的笼统诉请。

例如,在最高院二审审理的青海璞润投资有限公司与江苏邗建集团有限公司建设工程施工合同纠纷案件②中,发包人反诉请求判令施工单位向其提供竣工验收报告、竣工验收备案所需全套资料,并配合办理工程竣工验收备案的相关手续——但发包人在诉请中并未具体列明需要提交的施工资料的范围和清单;从该裁判文书的内容看,法院也并未要求发包人对此予以明确。最高院认

① 参见(2018)最高法民再326号民事判决书。

② 参见(2018)最高法民终1115号民事判决书。

为,承包人作为案涉工程的承包方有义务在其退场时将其所施工部分的施工资料交付发包人,并在后续工程完工时配合办理竣工验收及备案手续;最终笼统地判决承包人于判决生效后30日内向发包人交付其完成部分(地基基础及主体分部工程)的相关施工资料并配合办理竣工验收及备案手续。

其二,法院释明要求发包人明确具体的需要移交的工程施工资料清单。

法院之所以作如此释明,主要是基于诉讼请求的明确性以及可执行性等角度的考虑,如若判决书的判项中未明确施工资料的具体范围,在执行阶段则可能面临执行标的不明的境地。但笔者认为,即使发包人不予明确,法院笼统判决施工单位移交施工资料的判决文书也具有可执行性,其原因不仅仅在于有类似司法案例之判决的支撑,关键更在于:(1)施工过程中形成的施工资料由施工单位掌握,向发包人移交施工资料是施工单位的附随义务或者法定义务;而施工过程中形成了哪些施工资料只有施工单位最为清楚。(2)基于我国对建设工程领域的宽泛性规制,施工资料的移交属于住建部行政规制的范畴(住建部《建筑工程资料管理规程》中已经明确了竣工验收所需资料范围),而这一规程也属于社会各方包括法院所应知晓的范畴。因此,即使是笼统判决也具有可执行性,在执行中也具有明确的尺度。

虽然如此,但对于发包人代理律师而言,为万全计,仍应对施工资料的范围有全面理解,以从容应对庭审过程中法官的释明活动。

二、对施工资料移交的行政规制

住建部2013年发布的《房屋建筑和市政基础设施工程竣工验收规定》第5条明确了竣工验收所需要的十一项条件,其中有四项与施工单位的工程资料有关:(1)施工单位在工程完工后对工程进行了检查,确认工程质量符合有关法律、法规和工程建设强制性标准,符合设计文件及合同要求,并提出工程竣工报告。工程竣工报告应经项目经理和施工单位有关负责人审核签字。(2)有完整的技术档案和施工管理资料。(3)有工程使用的主要建筑材料、建筑构配件和设备的进场试验报告,以及工程质量检测和功能性试验资料。(4)有施工单位签署的工程质量保修书。上述四项资料中的第(4)项较为直观,即指工程质量保修书,一般在发承包双方签署施工合同时即已形成;在工程实践和司法实践中,最为繁杂的施工资料集中于上述第(1)(2)(3)项,具体又可分为以下几类:

1. 施工技术资料。

根据《建筑工程资料管理规程》的规定，需要施工单位提供且需到档案馆归档的施工技术资料包括图纸会审记录、工程洽商记录（技术核定单）等。

2. 施工管理资料。

根据《建筑工程资料管理规程》的规定，需要施工单位提供且需到档案馆归档的施工管理资料包括工程概况表，建设工程质量事故调查、勘查记录，建设工程质量事故报告书等。

3. 施工物资资料。

根据《建筑工程资料管理规程》的规定，需要施工单位提供且需到档案馆归档的施工物资资料包括砂、石、砖、水泥、钢筋、隔热保温、防腐材料、轻集料出厂质量证明文件等。

4. 施工记录。

根据《建筑工程资料管理规程》的规定，需要施工单位提供且需到档案馆归档的施工记录包括隐蔽工程验收记录、工程定位测量记录、基槽验线记录、地基验槽记录、地基钎探记录、大型构件吊装记录、预应力筋张拉记录、有粘结预应力结构灌浆记录、网架（索膜）施工记录等。

5. 施工试验记录及检测报告。

根据《建筑工程资料管理规程》的规定，需要施工单位提供且需到档案馆归档的施工试验记录及检测报告包括设备单机试运转记录，系统试运转调试记录，接地电阻测试记录，砌筑砂浆试块强度统计、评定记录，混凝土试块强度统计、评定记录，砂、石、水泥放射性指标报告，混凝土碱总量计算书，结构实体混凝土强度检验记录，结构实体钢筋保护层厚度检验记录，强度严密性试验记录，自动喷水灭火系统联动试验记录，电气接地装置平面示意图，电气设备空载试运行记录，建筑物照明通电试运行记录，综合布线测试记录，光纤损耗测试记录，视频系统末端测试记录，子系统检测记录，系统试运行记录，空调系统试运转调试记录，空调水系统试运转调试记录，制冷系统气密性试验记录，净化空调系统检测记录，防排烟系统联合试运行记录，电梯负荷运行试验记录，自动扶梯、自动人行道整机性能、运行试验记录等。

6. 施工质量验收记录。

根据《建筑工程资料管理规程》的规定，需要施工单位提供且需到档案馆归档的施工质量验收记录包括分部（子分部）工程质量验收记录、建筑节能分部工程质量验收记录等。

7. 竣工验收资料。

根据《建筑工程资料管理规程》的规定，需要施工单位提供且需到档案馆归档的竣工验收资料包括工程竣工报告、单位（子单位）工程质量竣工验收记录、单位（子单位）工程质量控制资料核查记录、单位（子单位）工程安全和功能检验资料核查及主要功能抽查记录、单位（子单位）工程观感质量检查记录等。

三、结语

作为发包人的代理律师，必须对《建筑工程资料管理规程》具有清晰的掌握，才能在起草诉讼请求或者在法官释明具体的移交资料清单问题时游刃有余。当然，有些承包人是发包人的专业承包单位，专业承包单位需要向发包人移交的施工资料清单需要结合《建筑工程资料管理规程》中 A. 3《分部（子分部）工程代号索引》以及上述"施工质量验收记录"资料而形成。

第三节　建设工程案件中的先行判决问题

众所周知，建设工程施工合同纠纷案件的审理周期较长，且涉及众多的法律关系；发承包双方都有可能在案件审理过程中基于切身利益计而产生就某项较为急切的法律关系主张先行判决的需要。《民事诉讼法》为此提供了明确的法律依据，该法第 153 条规定："人民法院审理案件，其中一部分事实已经清楚，可以就该部分先行判决。"

本节就建设工程施工合同纠纷案件中经常出现的先行判决之诉请进行讨论。

一、就双方无争议的造价部分先行判决

工程造价鉴定所需时间一般较长，如果待造价鉴定程序结束后就诉讼案件之整体作出判决，将会造成明显的利益失衡，对承包人不利，尤其可能导致承包人承受因现金流压力带来的源于材料供应商、劳务分包商等债权人的诉累。为此，人民法院可以在发承包人无争议的造价范围内先行判决发包人承担工程款的支付义务，工程款之结算及其他法律关系可留待造价鉴定结束后再行审理。

例如,在最高院二审审理的南昌市第一建筑工程公司与上饶市茂林房地产开发有限公司建设工程施工合同纠纷案件①中,承包人一审起诉诉请:(1)发包人支付工程款 102,478,760.07 元及利息 1 亿元;(2)依法拍卖、变卖工程并主张优先受偿权;(3)发包人支付违约分包工程的配合费及违约金合计 500 万元。

一审法院经查明,承包人单方制作的《工程决算报告》中载明案涉工程总体造价为 105,648,206.25 元,发包人通过单方委托审计,自认案涉工程总体造价为 75,249,196.96 元,两者之间的造价相差 3000 万元左右,双方在工程实际造价的计算上存在争议。一审法院认为,确认案涉工程总体造价需委托鉴定机构进行鉴定,然后再对发包人已支付工程款的金额进行认定,即可计算出发包人尚欠工程款的数额。但因委托鉴定所需的时间较长,为保障债权人债权尽早实现,一审法院依法就已查明、双方当事人无争议的部分案件事实先行判决。诉讼中,发包人自认案涉工程总造价为 75,249,196.96 元,主张已向承包人支付工程款共计 49,526,930 元。虽然承包人对发包人主张的工程总造价和已付工程款数额有异议,案涉工程总造价和发包人实际已付工程款数额需一审法院根据鉴定意见和其他证据再作认定,但对发包人而言,即使按其自认的工程总造价数额和已付工程款的数额,也至少应付承包人工程款 25,722,266.96 元(75,249,196.96 元 - 49,526,930 元)。因此,一审法院先行判决发包人向承包人支付工程款 25,722,266.96 元。对双方有异议的其他事实,法院在后续判决中再作认定。

二、就合同效力及欠付工程款先行判决

诉讼一方当事人在提起诉讼时可能会对施工合同的效力、施工合同的解除、工程款的给付等问题提出诉请,此时,法院在查明相关事实的基础上亦可对上述问题一并先行判决。

例如,在最高院二审审理的安阳中广发汇成置业有限公司与杭州建工集团有限责任公司建设工程施工合同纠纷案件②中,承包人诉请解除施工合同补充协议并支付工程款、违约金及资金占用费等,发包人反诉请求确认相关合同无效并赔偿工期延误损失、质量缺陷损失等。

---

① 参见(2018)最高法民终 332 号民事判决书。

② 参见(2019)最高法民终 275 号民事判决书。

一审法院查明,发承包双方总计签署了如下四份协议:(1)2012 年 11 月 5 日签署《工程施工补充合同》(简称 11.5 补充合同);(2)2014 年 5 月发包人对案涉工程进行招标,承包人中标,并于 2014 年 6 月 2 日签署《施工合同》并备案(简称 6.2 备案合同);(3)2014 年 8 月 28 日签署《补充协议》(简称 8.28 补充协议);(4)2015 年 4 月 16 日再次签署《补充协议》(简称 4.16 补充协议)。

一审法院根据以上协议认为:

1. 关于案涉合同的效力问题。(1)案涉工程属于必须招投标的范围,发包人未经招标与承包人签署 11.5 补充合同违反了《招标投标法》第 3 条的强制性规定,该补充合同无效;(2)发承包双方先行订立补充合同,再于 2014 年 5 月招标,2014 年 6 月签订备案合同,存在先定后招、明招暗定的情形,违反《招标投标法》第 43 条关于"在确定中标人前,招标人不得与投标人就投标价格、投标方案等实质性内容进行谈判"的强制性规定,该合同亦无效;(3)关于 8.28 补充协议和 4.16 补充协议,该两份补充协议系双方在施工建设过程中对施工进度、工程款支付、工程款结算、欠付工程进度款利息补偿等事项形成的合意,具有独立性,系双方当事人真实意思表示,未违反法律和行政法规的强制性规定,为有效合同。

2. 关于欠付工程款问题。根据发承包双方的会议洽谈记录及 4.16 补充协议,双方对于截至 2014 年 12 月 5 日承包人已完工程价款 16,215.96 万元无争议;虽然在诉讼前双方对自 2014 年 12 月 5 日至 2016 年 2 月 22 日承包人已完工程量及价款未作出确认,但根据发包人提交的《完成工程量已核对金额明细表》及其递交的管辖权异议上诉状内容,发包人主张上述期间内承包人已完工程价款为 3461.69 万元,故双方无争议的承包人已完工程价款为 16,215.96 万元 + 3461.69 万元 = 19,777.65 万元。双方诉讼发生前无争议的已付工程款金额为 14,192 万元,诉讼后发包人又支付 700 万元。根据 11.5 补充合同、8.28 补充协议、4.16 补充协议,双方的债务包括工程价款及资金占用费、违约金,其中双方约定的资金占用费实为发包人拖欠工程进度款而向承包人支付的利息损失。而双方对于发包人支付的上述 700 万元系用于支付工程款还是资金占用费或违约金未进行约定,根据原《合同法司法解释二》第 21 条,债务人除主债务之外还应当支付利息和费用,当其给付不足以清偿全部债务时,并且当事人没有约定的,按先利息后主债务的顺序抵充。因此,该 700 万元应当先抵充发包人应付的资金占用费,而非抵充工程欠款。综上,由于案涉工程价款的鉴定尚未完成，一审法院根据现已查明的部分事实认定发包人欠付工程款为5585.65万元（19,777.65万元－14,192万元）。

一审法院根据上述事实和认定，先行判决确认11.5补充合同、6.2备案合同无效，确认8.28补充协议及4.16补充协议有效，发包人并于判决生效之日起十日内支付承包人工程款5585.65万元。

最高院二审认为，根据《民事诉讼法》第153条之规定，人民法院审理案件，其中一部分事实已经清楚，可以就该部分先行判决。本案中，对于无争议已付工程的数额和无争议应付工程款的数额已经查明，前者采纳承包人认可的数额，后者采纳发包人所提举证据中显示的数额。在上述两个数额确定的基础上，在人民法院委托的司法鉴定机关未作出鉴定意见之前，发包人应当向承包人支付的工程款数额事实清楚。因此，一审法院在本案一部分事实已经清楚的基础上作出先行判决，符合法律规定。

三、就本诉部分先行判决

工程价款、工期及工程质量是发承包人在建设工程施工合同纠纷案件中最重大的三项争议焦点，在承包人提起工程价款请求时，发包人往往基于不同的目的就工期违约和工程质量提起反诉。但由于工程质量问题一般也需要经过漫长的鉴定程序而予认定，为了平衡双方之间的权益，法院可以就无争议的工程价款予以先行判决。

例如，在最高院二审审理的贵州建工集团第一建筑工程有限责任公司与松原市金滩源房地产开发有限公司建设工程施工合同纠纷案件①中，承包人诉请判令发包人给付工程款及窝工赔偿款共计5082万元（以工程造价审计结论为准）及利息，而发包人在本案中因工程质量问题等提起反诉。

一审法院通过委托鉴定机构对工程造价进行鉴定的方式确定工程结算款总额，并在查明发包人已付款的情况下，得出发包人尚欠承包人工程款金额。发包人虽提起质量鉴定、质量维修方案及修复造价鉴定，但因鉴定时间较长，为避免给当事人造成诉累及扩大损失，遂对承包人关于工程价款之请求的本诉部分先行判决，对于反诉部分待事实查明后再行裁判。

承包人虽对一审判决提起上诉，认为工程款结算金额有误，但二审法院在

① 参见（2017）最高法民终225号民事判决书。

最终查明事实的基础上维持了一审之判决。

四、就承包人配合办理竣工验收备案手续先行判决

发包人反诉承包人配合办理竣工验收备案的,法院可以在查清承包人是否具有履行义务的基础上先行判决;即使承包人提出发包人未按约支付工程款有权不配合的抗辩。对于逾期付款的行为,承包人应在本诉中解决。

例如,在最高院二审审理的浙江昆仑建设集团股份有限公司与安徽文越投资置业有限公司、安徽省文化厅建设工程施工合同纠纷案件①中,承包人起诉请求支付工程款、赔偿工期延误损失;发包人反诉请求承包人赔偿工期延误损失、利息损失,配合进行工程竣工综合验收及办理工程竣工验收备案,并请求一审法院对该竣工验收备案之反诉请求先行判决。

承包人认为:(1)本案双方对开竣工日期存在争议,备案资料信息不能确定;(2)精装修工程无合法报建手续,不能将其纳入工程备案范围;(3)发包人恶意不支付工程款,不符合竣工验收要求,承包人有权拒绝配合办理验收手续。

法院经审理认为:(1)发包人已经明确表示不以竣工验收备案表上的开工日期与竣工日期作为双方工期索赔的依据,双方可以在履行竣工验收备案手续时另行约定开工日期和竣工日期,而不单纯以竣工备案表中载明的日期为准。因此,开竣工日期争议在本案中并不影响承包人办理竣工验收备案手续。(2)发包人认可二次装修工程未纳入竣工验收备案范围,承包人以无法对二次装修工程验收为由,拒绝履行验收义务,缺乏依据。并且,承包人系案涉工程的总承包单位,其与发包人约定发包人可以对专业工程另行分包,承包人予以配合,因此,承包人应将发包人自行发包专业工程纳入总包管理范围,并履行竣工验收手续。(3)本案中,竣工验收备案手续不能及时办理,已经影响到购房者办理产权证的权利。权衡各方利益,法院应就此先行判决;若发包人存在逾期支付工程款的违约行为,可以在本诉中解决。

综上,法院依据原《合同法》第 60 条第 2 款、《建设工程质量管理条例》第 16 条第 1 款和第 49 条第 1 款等相关法律法规规定,先行判决承包人配合发包人办理竣工综合验收及竣工验收备案的相关手续。

---

① 参见(2015)民一终字第 269 号民事判决书。

五、就部分事实先行判决抑或全案判决的标准

在某建设工程施工合同纠纷案件中，究竟可否适用先行判决还是待全案事实查清后予以全案判决，是一个涉及主审法官事实判断的命题。全部事实是否查清以及何时能够查清取决于裁判者的内心确信，任何人都无法替代作出判断。

例如，在最高院二审审理的郑州市正岩建设有限公司与北京八威众信国际投资有限公司、通许县人民政府建设工程施工合同纠纷案件①中，承包人请求：(1)解除施工合同；(2)支付欠付的工程款；(3)退还履约保证金；(4)支付逾期付款违约金、律师费、停工损失等。发包人反诉请求：(1)确认施工合同已解除；(2)对承包人已完工程量进行评估结算；(3)交付相关施工资料。

一审法院经审理认为，案涉施工合同因违反《招标投标法》的强制性规定，系无效合同，双方要求解除施工合同的请求以及确认合同已经解除的请求不符合法律规定，一审法院不予支持。一审法院在审理中已向承包人释明，告知承包人已无滞留在施工现场的法律依据，应自行撤场。一审法院认为，鉴于案涉工程款的确定正在对鉴定的质证中，尚有较长的审理时间，为不影响本案工程建设，对当事人的部分诉讼请求先行判决如下：驳回双方关于解除合同或者确认合同解除的诉请；承包人撤出施工现场。

承包人认为，一审判决作出时，本案全部案件事实已经查清，一审法院应对全案作出判决；且承包人在诉讼中曾要求先行裁决80%的工程款来解决工人工资问题以避免增加社会不稳定因素，但一审判决对此未予处理，属于故意遗漏判项。

最高院二审审理认为：(1)本案全部事实特别是工程款问题是否已经查清，需要由负有裁判责任的一审法院作出判断，任何一方当事人都无权代替受诉法院作出判断。因此，对于承包人以全部案件事实已经查清为由主张一审法院作出先行判决属于适用法律错误的理由不予支持。(2)如果工程款的数额尚未查清，那么80%的工程款究竟是多少也显然无法确定。因此，承包人认为一审法院未先行判决支付其80%工程款属遗漏判项、程序违法的观点也不成立。

---

① 参见(2015)民一终字第118号民事判决书。

六、结语

《民事诉讼法》第153条的适用涉及部分判决抑或全案判决的认定问题,其制度设计之初衷在于有效缓释当事人通过诉讼途径所急需解决的法律问题与法定审理期限周期较长问题间的张力。而建设工程施工合同纠纷案件因涉及众多鉴定程序,若待全部鉴定程序完成后再行就全案进行判决,势必会导致于承包人而言的资金压力、于发包人而言的竣工验收阻碍等,进而造成因司法进程之缓滞带来的社会效率低下。因此,建设工程施工合同纠纷案件的当事人及其代理人甚至受诉法院,都应在建设工程施工合同纠纷案件处理中认真对待先行判决制度的适用。

后　记

当把历史的焦距回拉四十年左右，在我出生的那个具有千年传统文化背景的小乡村，变化已在悄然发生——在市场经济与农村土地政策变革的社会背景下，那些曾经被终身困于土地上的农民在时间上有了挣脱土地束缚的闲暇，在物质上更是摆脱了靠天吃饭的不确定性。于是，乡间那些祖祖辈辈仅对茅草屋享有所有权的农户们得以对祖屋进行重建或者翻修，住进了略具现代化气息的砖混结构房屋，并带来农村对房屋消费需求的急增。在此背景下，劳动力市场的供给也受到了重大冲击；那些在房屋建筑方面略有所长的村民纷纷在农闲时节涌入建筑市场。

在这种大的时代背景下，我的父亲成了远近知名的包工头，而我也被抛入"包二代"的行列；也正是父亲包工头的工作以及母亲辛劳的付出，使我得以完成西南政法大学的本科学业和中国政法大学的研究生学业！

还记得2010年年初的某个雪后清晨，北京的大街小巷被洁白的厚雪覆遮，帆哥（杨帆博士）送我与父亲至丽泽桥长途汽车站，大巴车将我们带回到了那个我曾生活了十八年的小乡村。于乡野寒冷的氛围中，我每日习琴读书且规划着自己的未来；四个月后，我毅然决定子承父业，欲在"包二代"的征途中再跨一步——期望着在建设工程法律领域有番作为。

在大学同宿舍老二（邓惠钧先生）的引介下，我买了一张南下宁波的火车票，到主业为钢结构制作和施工的浙江省二建钢结构有限公司（下称钢构公司）任职。本书所讨论的有关工程招投标以及工程价款结算等问题，都得益于我在这个阶段的知识积累和实践沉淀。为此，我要感谢时任钢构公司董事长的王剑平先生，感谢他在我任职期间对我的帮助和提携！我也要感谢时任钢构公司总经理的赵银海先生、党支部书记廖亦伟先生、总经济师梁艳香女士、人力资源部经理华俊荣先生，以及包括车桂荣女士、李进先生、李红标先生、谢宝伟先生、张彬先生、熊明鑫先生、吴义兵先生、张冰林先生、李立先生、陈昭明先生、朱妍女士、张宏海先生等在内的每一位同事和领导！最令我难忘的是被我称为小姨的车桂荣女士，她在我工作期间，给了我很多生活上的帮助和精神上的鼓励；而在与李红标先生等青年同事的交流中，我向他们学习了大量的工程方面的专业术语和专业知识。

钢构公司是隶属于浙江省二建建设集团有限公司（下称二建集团）的国有企业，我在钢构公司工作期间，时任二建集团董事长的蒋莹先生多次通过时任总经济师的王志敏先生邀请我到集团主持法务工作；但一则因我对基层工作尚有很大的欠缺，二则因我此前已向王剑平先生作出五年之诺，而被我婉拒。后来，在各种机缘巧合下，我于 2013 年到二建集团法律事务部任职，在此期间，我得以调转角度从法律的视角审视和服务于集团的工程项目施工。本书能够在法律和工程专业不断穿插，舍此期间的经历，定难实现！为此，我要感谢蒋莹先生的坚持邀请、王志敏先生的多次劝说！我还要感谢时任二建集团总经理的汤旭明先生、党委书记张明智先生、副总陈海燕女士、总会王水荣先生、总工陈春雷先生（陈春雷先生于 2018 年获国务院政府特殊津贴），以及包括赵学军先生、王贤权先生、史碧瑶女士、张培乔先生、郭升高先生、吴华斌先生、张明星先生、虞涵峰先生、王旭波女士、李明明先生、蒋晓燕女士、张扬子女士、倪杰先生、赵青青女士、梅智伟先生、毛军鑫先生、庄培存先生等在内的每一位同事和领导！

在完成施工合同乙方工作经历之“学业”（是的，我将之称为“学业”）的一年后，我又用了三年的时间在作为甲方的商业地产企业学习、工作和深造。三年后的 2018 年年底，经与江苏法舟律师事务所范凯洲主任交流后，我终如愿以偿地迈入自己整个职业规划链条的最后一环，成为一名建设工程法律领域的专职律师。而本书写作的主体时间即在我进入法舟律师事务所后的实习期间，为此，我要特别感谢既师亦友的范凯洲主任——感谢他给了能够让我安心写作的物质和时间保障！感谢他在我律师生涯伊始至今所给我的专业性辅导！感谢他在我母亲和夫人住院期间所给予的大力帮助！更感谢他为了律所及律所同仁之发展而作出的无私奉献！同时，我也感谢在此期间的每一位同事所给予我的认可和帮助!

当然,我还要感谢我的家人,尤其是我的夫人高琳女士,感谢她为这个家所付出的一切！更感谢她为了能够让我专心工作而承担起几近所有照顾我儿佳禾的重担!

最后,无论如何我都必须要感谢北京社科院王洁博士以及法律出版社何敏女士,是他们的不断鼓励和支持,令此书得以顺利出版!

图书在版编目(CIP)数据

建设工程法律实务热点问题研究 / 彭钊著. -- 北京 : 法律出版社, 2021

ISBN 978 - 7 - 5197 - 5677 - 2

Ⅰ. ①建… Ⅱ. ①彭… Ⅲ. ①建筑法－研究－中国 Ⅳ. ①D922.297.4

中国版本图书馆 CIP 数据核字(2021)第 103116 号

建设工程法律实务热点问题研究
JIANSHE GONGCHENG FALÜ SHIWU REDIAN WENTI YANJIU

彭 钊 著

策划编辑 何 敏
责任编辑 何 敏
装帧设计 汪奇峰

出版发行 法律出版社
编辑统筹 法律出版社总编室
责任校对 周合芝
责任印制 张建伟
经　　销 新华书店

开本 710 毫米×1000 毫米 1/16
印张 24.75　**字数** 390 千
版本 2021 年 8 月第 1 版
印次 2021 年 8 月第 1 次印刷
印刷 三河市龙大印装有限公司

地址:北京市丰台区莲花池西里 7 号(100073)
网址:www.lawpress.com.cn
投稿邮箱:info@lawpress.com.cn
举报盗版邮箱:jbwq@lawpress.com.cn
销售电话:010－83938349
客服电话:010－83938350
咨询电话:010－63939796

书号:ISBN 978－7－5197－5677－2
定价:98.00 元

凡购买本社图书,如有印装错误,我社负责退换。电话:010－83938349